인물로 보는 중국역사

이 저서는 교육부의 산업연계 교육활성화 선도대학(PRIME) 사업의 재원으로 수행된 것임.

인물로 보는 중국역사

초판 1쇄 발행 2018년 2월 10일

지은이   유지원
펴낸이   윤관백
펴낸곳   도서출판 선인
등 록   제5-77호(1998.11.4)
주 소   서울시 마포구 마포대로 4다길 4 곳마루빌딩 1층
전 화   02)718-6252/6257
팩 스   02)718-6253
E-mail   sunin72@chol.com

정가 35,000원
ISBN 979-11-6068-151-2 93910

인물로 보는
중국역사

유지원 저

도서출판 선인

대학에서 20여 년간 중국의 역사를 강의해 오면서 각 시대의 역사 전개를 그 시대에 활약하며 그 시대를 이끌었던 인물을 중심으로 정리해 보는 것이 필요하다고 느끼곤 했다. 그렇다고 영웅사관(英雄史觀, the Great Man Theory)에 집착하는 것은 절대 아니다. 그렇지만 역사의 전개를 서술할 때 빼놓을 수 없는 부분이 인물과 관련된 내용이다. 각 시대적 상황과 관련하여 펼쳐지는 여러 사건들 속에는 반드시 인물이 등장하였고, 이들 인물들이 상호 얽히면서 역사가 만들어져 왔다고 할 수 있다.

중국에는 소위 『25史』 혹은 『24史』라고 불리는 정사(正史)가 있다. 이러한 정사는 기전체(紀傳體) 형식으로 쓰여 졌는데, 이 기전체가 바로 각 시대에 활동한 주요 인물들을 중심으로 본기(本紀)와 열전(列傳)의 형식으로 서술한 것이다. 이런 의미에서 수천 년 계속된 장구한 중국의 역사 전개를 인물 중심으로 중국의 전 역사를 정리해 보는 것은 나름 의미 있는 작업일 것이다. 그러나 시간의 흐름에 따라 각 시대에 등장하는 인물을 정리하는 것은 편년체(編年體) 역사 서술 방식과 별반 다를 게 없을 것이다. 그래서 본서에서는 시대를 뛰어 넘어 비슷한 성격을 지닌 인물을 하나로 묶어 11개의 장을 구성하였고, 각 장에는 그에 해당하는 주요 인물을 시대 순으로 배열하여 절을 구성하는 방법을 채택하였다.

앞부분은 중국 문명 탄생 과정과 고대 문화 형성에 역할을 담당하였던 인물을 정리하였고, 그 다음에는 경국지색(傾國之色)과 관련된 내용·한 시대를 이끌었던 황제들·각 시대에서 활약한 환관들 그리고 삼국지(三國志)의 영웅들·모험가들을 서술하였다. 뒷부분에서는 청말 양무운동·변법 등 근대 중국의 개혁과 혁명을 이끌었던 지도자들을 모아 정리하였고, 마지막으로는 오늘의 중국으로 연결되는 길목에서 활약한 두 명의 혁명가를 모아 보았다.

이렇게 보면 유구한 중국 역사에 등장하는 수많은 인물들을 모두 정리하지는 못했지만, 시대의 변곡점에서 영향을 주었던 인물들을 통하여 전 중국의 역사를 주마간산(走馬看山)식으로나마 살펴볼 수는 있을 것이다.

여러 가지 연유로 자꾸 늦어지면서 불편을 드렸지만 혼쾌히 출간에 응해주신 출판사 여러분께 감사의 인사를 드린다. 그리고 출간을 준비하는 과정에서 많은 도움을 준 김영신 교수님과 강민성·이해원·김정은 선생님들께도 고마운 마음을 전하고자 한다.

유지원

목 차

제1장

신화와 전설의 인물들

1. 반고(盤古)

반고는 중국의 상고시대의 신화 전설에 등장하는
인물로, 곤륜산(崑崙山)에서 천지를 개벽하였다고 전
해져 온다. 반고에 대한 기록은 『삼오역기(三五歷
紀)』·『오운역년기(五運歷年記)』·『술이기(述異記)』 등
에 나온다. 반고의 천지개벽설은 삼국시대 서정(徐
整)의 『삼오역기』에 처음 나오며, 반고의 형상에 대한
표현으로는 『광박물지(廣博物志)』 등에 나오는 용두사
신(龍頭蛇身) 혹은 인면사신(人面蛇身) 등이 있다. 즉
반고는 중국의 신화 전설 중에서 가장 오래된 신(神)
으로 오래 전부터 사람들의 입에 오르내리다가 삼국
시대에 이르러 오(吳)나라 사람 서정(徐整)이 기록을
한 것으로 보여 진다. 역대 기록에 나타난 반고의 전
설 내용을 간단히 정리해 보면 다음과 같다.

아주 오래 전, 하늘과 땅은 아직 분리되지 않았고, 우주의 모습은 달걀 모습의 혼돈(混沌)의 한 덩어리일 뿐이었다. 천지개벽의 대신(大神) 반고라는 거인은 바로 이 혼돈 속에서 잉태되었다. 그는 이 혼돈 속에서 태어났고, 깊은 잠을 자면서 만 팔천 년이 지나갔다.

어느 날 갑자기 깨어나 눈을 떠보니 아무것도 보이지 않고, 눈앞이 흐릿하고 답답하여 손에 잡히는 큰 도끼를 잡아 힘껏 휘두르니 벼락 소리가 들리면서 눈앞의 혼돈의 달걀이 갑자기 둘로 갈라졌다. 맑은 부분(陽淸)이 천천히 상승하여 하늘(天)이 되고, 탁한 부분(陰濁)은 무겁게 떨어져 땅(地)으로 변하였다. 원래 혼돈의 구분이 안 되는 천지가 이렇게 반고가 휘두른 도끼에 의해 하늘과 땅으로 분리되었던 것이다. 또한 반고는 이 둘이 또 합쳐질까 두려워 하늘을 머리로 받치고 땅을 발로 밟아 천지의 가운데 서 있었는데, 그 사이의 모든 변화가 진행되었다. 하늘은 날마다 한 장(丈)씩 올라가고, 땅은 매일 한 장(丈)씩 두꺼워졌고, 반고의 몸도 매일 한 장(丈)씩 커지면서 다시 또 만 팔천 년이 지나가게 되었다.

이렇게 엄청나게 커진 반고의 온몸은 갑자기 여러 모습으로 변화하였다. 그의 입에서 나오는 공기는 바람과 구름으로 변하였고, 그의 왼쪽 눈은 태양으로, 오른쪽 눈은 달로 변하였고, 그의 머리와 팔다리는 오악(五岳)으로, 피와 눈물은 강과 하천으로 변하였으며, 눈은 해와 달로, 털은 풀과 나무로 변하였다. 그의 입김은 비바람으로, 음성은 천둥으로, 눈빛은 번개와 벼락이 되었다. 눈을 뜨고 있으면 낮이었고, 눈을 감으면 밤이 되었다. 입을 열면 봄과 여름이 되었고, 입을 다물면 가을과 겨울이었다. 기분이 좋으면 날이 맑았고, 화를 내면 날이 흐려졌다고 한다.

오악은 중국인들이 전통적으로 숭상하는 다섯 개의 산으로, 동악(東岳) 태산(泰山), 서악(西岳) 화산(華山), 남악(南岳) 형산(衡山), 북악(北岳) 항산(恒山), 중악(中岳) 숭산(崇山)을 가리킨다. 반고의 머리는 동악인 태산(泰山)이, 배 부분은 중악인 숭산(嵩山)이, 왼팔은 남악 형산(衡山)이, 오른팔은 북악 항산(恒山)이 되고, 두 발은 서악 화산(華山)이 되었다고 한다.

이렇게 반고가 온몸이 변하여 천지의 주요 형상을 이루었다는 것이 반고의 개벽신화의 주요 내용이다.

2. 삼황오제(三皇五帝)

삼황오제(三皇五帝)는 중국 상고시대의 신화와 전설에 등장하는 세 명의 황(皇)과 다섯 명의 제(帝)를 말하며, 영어로는 'Three Sovereigns and Five Emperors'라고 한다. 중국의 고대 문헌에 나오는 삼황오제는 두 가지 의미를 지닌다. 하나는 중국의 초기 문명 탄생단계에서 등장하는 인물을 지칭하는 것으로, 진정한 제왕을 말하는 것은 아니다. 다른 한편으로는 시기를 지칭하는 용어로 쓰이기도 한다. 즉 '상고시대' 혹은 '신화와 전설시대'를 말하기도 한다.

근대 이전의 중국에서는 삼황오제와 관련된 내용을 역사적 사실로 여겼으며, 몇몇 인물은 가장 이상적인 군주로 간주하기도 하였다. 그렇지만 근대 역사학 방법론이 유입되면서 삼황오제 관련 중국 고대 문헌기록의 역사성은 부정되고, 신화와 전설이라고 여겨졌다. 그러나 20세기 후반부터 중국은 정부 차원에서 각종 연구프로젝트를 진행하여 중국 문명의 기원을 상향시키고, 삼황오제를 비롯한 신화와 전설상

의 인물들을 실존적 인물로 주장하고 있어서 학계의 우려를 낳고 있기
도 하다.

중국 역사상 삼황(三皇)에 관한 기록은 여러 문헌에서 다르게 기록
하고 있는데, 그 주요 내용을 정리하면 다음 표와 같다.

삼황 명칭	출처	기타
천황(天皇), 지황(地皇), 인황(人皇)	『사기(史記)』「보삼황본기(補三皇本紀)」, 『삼오력(三五曆)』	
천황(天皇), 지황(地皇), 태황(泰皇)	『사기(史記)』「진시황본기(秦始皇本紀)」	
복희(伏羲), 여와(女媧), 신농(神農)	『풍속통의(風俗通義)』「황패편(皇覇篇)」	
복희(伏羲), 신농(神農), 공공(共工)	『통감외기(通鑑外紀)』	
복희(伏羲), 신농(神農), 축융(祝融)	『백호통(白虎通)』	
수인(燧人), 복희(伏羲), 신농(神農)	『풍속통의(風俗通義)』「예위(禮緯)」	
복희(伏羲), 신농(神農), 황제(黃帝)	『십팔사략(十八史略)』, 『제왕세기(帝王世紀)』, 『세본(世本)』	

위 표의 내용을 종합해 볼 때, 삼황으로는 대개 복희(伏羲)와 신농
(神農)은 공통적으로 꼽을 수 있고, 거기에 여와(女媧) 혹은 수인(燧
人)을 추가할 수 있을 것이다.

오제(五帝)에 대한 기록도 여러 문헌에 다양하게 기록되어 있는데,
그 내용을 정리해 보면 다음 표와 같다.

오제 명칭	출처	기타
복희(伏羲), 신농(神農), 황제(黃帝), 당요(唐堯), 우순(虞舜)	『황왕대기(皇王大紀)』	
황제(黃帝), 전욱(顓頊), 제곡(帝嚳), 당요(唐堯), 우순(虞舜)	『세본(世本)』,『대대례(大戴禮)』, 『사기』「오제본기(五帝本紀)」	
태고(太皐: 복희), 염제(炎帝: 신농), 황제(黃帝), 소고(少皐), 전욱(顓頊)	『예기(禮記)』「월령(月令)」	
황제(黃帝), 소고(少皐), 제곡(帝嚳), 제지(帝摯), 제요(帝堯)	『도장(道藏)』	
소호(少昊), 전욱(顓頊), 고신(高辛), 당요(唐堯), 우순(虞舜)	『상서(尚書)』,『십팔사략(十八史略)』, 『제왕세기(帝王世紀)』	

위와 같은 오제에 대한 여러 명칭 중『사기』「오제본기(五帝本紀)」에 나오는 황제(黃帝), 전욱(顓頊), 제곡(帝嚳), 요(堯), 순(舜)을 오제로 간주하는 경향이 가장 일반적이다.

그럼 삼황오제 즉 복희(伏羲), 여와(女媧), 신농(神農), 그리고 황제(黃帝), 전욱(顓頊), 제곡(帝嚳), 요(堯), 순(舜)에 대한 신화와 전설의 내용을 고문헌의 다양한 기록을 바탕으로 종합하여 정리해 보고자 한다.

1) 복희(伏羲)

복희는 전설 속에서 동이(東夷)의 수령으로 태호(太昊)라고 부르기도 한다. 여기에서 동이(東夷)란 한(韓)민족을 지칭하는 의미와는 별

개의 의미이다. 복희의 성(姓)은 풍(風)이며, 군주(君主)에 150년간 재위했다고 한다.

중국 상고 시대의 화서국(華胥國)에 '화서씨(華胥氏)'라는 아가씨가 있었는데, 뇌택(雷澤)에 놀러 갔다가 우연히 뇌신(雷神)의 커다란 자국에 호기심이 생겨 밟아 보았는데, 이로 인하여 임신하게 되어 12년 만에 아들을 낳았다. 이 아들이 사람의 머리에 뱀의 몸(人頭蛇身)을 하고 있었으며, 이름을 복희라고 지었다고 한다. 여기에서 중국인들의 용(龍)에 대한 토템이 시작된 것으로 여겨진다.

복희는 또한 팔괘(八卦)라는 간단한 부호를 만들어 천지간의 만사만물(萬事萬物)을 설명하였고, 거미줄의 모양을 본따 어망(漁網)을 만들어 고기잡이와 사냥의 방법을 널리 보급하였으며, 불을 활용하는 방법도 가르친 것으로 알려져 있다.

신화에 따르면, 복희와 여와는 남매관계로 곤륜산에서 서로 의지하며 살다가, 두 사람은 인류의 번성을 위해 부부로 맺어지게 되었다고 한다. 1942년 호남성 장사(長沙)에서 출토된 초(楚)나라 백서(帛書)에는 천지가 아직 형성되지 않았을 때 복희와 여와는 부부가 되어 네명의 아들을 낳았으며, 이 4명이 훗날 사시(四時)를 대표하는 사신(四神)이 되어, 세상을 창조하였다는 창세신화(創世神話)도 전하여 온다.

2) 여와(女媧)

여와는 중국 상고시대 신화와 전설 중 창세(創世)의 여신(女神)으로, 성은 풍(風)이고, 와황(媧皇), 여황(女皇), 여음(女陰) 등의 별칭이 있다. 사람의 머리에 몸은 뱀의 형태(人頭蛇身)를 띠고 있다고 하며, 본래 남매 사이였던 복희씨와 결혼하여 인류가 탄생되었다고 한다.

여와와 관련된 창세 여신신화에는 조인(造人)신화와 보천(補天)신화가 있는데, 여와가 자신을 본떠서 황토로 사람모양을 빚었고, 이것이 변하여 인간이 되었다는 내용이 조인신화이다. 또한 먼 옛날 무슨 원인인지는 모르지만 갑자기 자연계에 큰 재해가 발생하여 천지가 무너지고 맹금류가 나타나 사람들을 해치니 여와는 오색 돌을 다듬어 하늘을 메꾸었고, 맹금류를 죽이고, 기둥(四極天柱)을 다시 세워 하늘과 땅을 평평하게 하였다는 것이 보천신화이다.

여와는 생황(笙簧), 슬(瑟), 훈(壎)이라고 하는 악기를 만들었기 때문에, 사람들은 여와를 음악의 여신으로 여기기도 한다. 또한 여와는 인간을 대신해 혼인 제도를 만들어 젊은 남녀를 서로 혼배(婚配)시켜 자손을 번성하게 한 혼인의 여신으로 기록되어 있기도 하다.

또한 여와는 인간들의 단조로운 일상생활을 애석하게 여겨 감로(甘露)로 술을 만들어 인류에게 하사하였다. 그래서 인간들은 이 술로 피로를 풀고 즐거운 생활을 할 수 있게 되어, 술로 여와에게 경의를 표하는데, 이것이 의례화 되었으며, 이로 인하여 여와는 예의의 신이 되었다.

여와 신화에는 2가지 의미가 있는데, 하나는 여와가 창세의 여신으로 인류 혹은 대지의 어머니로 신격화되었다는 것이며, 다른 하나는 모계 씨족사회의 수령으로 형상화되었다는 것이다.

3) 신농(神農)

신농은 중국 상고(上古)시대 성(姓)이 강(姜)씨인 부족의 수장으로, 열산씨(烈山氏), 괴뢰씨(魁隗氏), 연산씨(連山氏)라고도 하며, 신농(神農)은 그의 호(號)이다. 그런데 강씨 부락의 수장이 불을 잘 활용하여 왕위를 얻었다고 해서 염제(炎帝)라고 부르기도 한다. 강(姜)씨부락은 신농부터 시작하여 모두 9대의 염제로 이어져 530년간 계속되었다고 한다.

신농의 고향과 관련하여 대개 6가지 기록이 있지만, 그 중 섬서(陝西)성 보계(寶鷄)의 강수(姜水)라는 곳이 가장 유력하다.

신농은 사람의 몸에 소의 머리를 가진 형상(牛首人身)으로 전해지는데, 이는 당시 농경에 있어서 소(牛)의 중요성이 반영된 토템이라고 할 수 있다. 또한 그는 나무(木)로 흙을 갈아엎는 농기구인 쟁기와 가래 등을 만들어 백성들에게 황무지를 개간하여 식량 작물을 경작하도록 가르쳤으며, 또한 부족민들로 하여금 취사용 토기와 도구를 만들어 사용하도록 지도하였다고 한다. 이러한 전설의 내용은 신석기시대의 농경과 목축 그리고 도구의 사용이라는 측면을 반영하는 것이라고 여겨진다.

또한 염제 신농씨는 농업 및 목축의 생산 활동 중 어떤 동식물을 잘못 먹으면 구토, 복통 등을 일으키고, 심지어는 혼수상태 혹은 사망에까지도 이르게 된다는 것을 알게 되었고, 어떤 동식물을 먹으면 신체의 어떤 질병이나 통증을 없앨 수도 있고, 어떤 식물을 먹어서 야기되는 중독 현상도 해소할 수 있음을 알게 되었다. 즉 신농은 자신이 스스로 수 백 가지의 약초를 직접 맛보며 질병을 치료할 수 있는 방법을 터득했다고 전해 온다. 그래서 신농은 중국 중의학(中醫學)의 기초를 다졌다고 추앙받고 있다

신농 즉 염제는 화하(華夏)의 부족연맹 수장을 차지하기 위해 황제(黃帝)와 펼친 판천전투(阪泉之戰)에서 패배한 이후, 황제(黃帝)부락과 융합하면서 염황 연합세력은 크게 확대되었다. 이후 염황 연합세력은 탁록전투(涿鹿之戰)에서 치우(蚩尤)를 물리치고 화하(華夏)라는 부족연합을 형성하게 되었다고 한다. 이들이 훗날 한족(漢族)을 형성하

게 되어, 중국 민족을 염황(炎黃)의 자손이라고 부르게 되었다고 한다.

4) 황제(黃帝)

황제는 중국 상고 시대 화하(華夏) 민족의 공주(共主)로, 오제(五帝)의 우두머리로, 중국 민족의 시조로 추앙받는 신화와 전설 속의 인물이다. 또한 헌원(軒轅)이라는 구릉에 거주했다고 해서 헌원씨(軒轅氏)라고도 하며, 유웅(有熊)이라는 지역에 도읍했다고 유웅씨(有熊氏)라고도 한다. 본성(本姓)은 원래 공손(公孫)이었으나, 훗날 희성(姬姓)으로 바뀌어 희헌원(姬軒轅)이라 부른다. 황제라는 이름은 그가 오행 중 토덕(土德)을 지녔다고 해서 붙여진 것이다.

황제가 즉위한 것은 B.C. 2697년이며 즉위 당시 20세였던 것으로 전해져 온다. 그럼 황제는 B.C. 2717년에 태어난 것으로 추정된다. 황제는 태어날 때부터 매우 총명하여 태어난 지 얼마 되지 않아 말을 할 수 있었고, 열다섯 살이 되어서는 이미 모르는 것이 없었다고 한다. 20세의 황제가 유웅(有熊)국의 왕위를 계승했는데, 그 이후 유웅씨 세력은 급속히 팽창하여 독립된 황제부락을 형성할 수 있었다. 황제부락은 희수(姬水)에서 동쪽으로 확장하는 과정에서 흡수한 신농(神農)씨의 농업생산 경험을 바탕으로 농업 기술을 고도로 발전시켜 황제부락을 급성장시켰다.

황제는 판천전투(阪泉之戰)에서 승리한 후 화하(華夏)의 부족을 통일하고, 염제 신농씨와 연합하여 탁록전투(涿鹿之戰)에서 구려(九黎)부족의 치우(蚩尤)를 물리치고 중화를 통일하였다.

황제는 천하를 통일한 후 국가의 직관(職官)제도를 만들어 관료를 임명하였으며, 또한 역법(曆法)도 제정하였다. 특히 황제의 가장 큰 공적 중 하나는 '예오종(藝五種)'으로 다섯 가지 곡식을 경작했다는 것이다. 여기에서 '오종'은 다섯 가지 곡식 즉 '黍(서: 기장), 稷(직: 조), 菽(숙: 콩), 麥(맥: 보리), 稻(도: 쌀)을 말한다. 신농씨시대에는 黍(서), 稷(직)만 재배할 수 있었는데, 황제에 이르러 더욱 많은 종류의 곡식을 재배할 수 있었음을 보여줌으로써 당시 원시농업의 발전 상황을 나타내고 있다.

황제의 재위가 지속되면서 국력이 강성해지고 정치가 안정되면서 문화도 더욱 발달하여 문자, 음악, 수학, 궁실, 배와 수레, 토지제도, 의관(衣冠)제도, 직조(織造)기술, 간지(干支), 악기 그리고 의학 등 많은 발명이 이루어졌다. 또한 국가의 통치체제도 정비하여 전국을 9주(九州)로 나누고, 관리를 파견하여 다스리게 하였다.

이렇게 신화와 전설 속에서 황제는 수많은 문물과 제도를 발명하여, 그의 후예로 전해지는 요(堯), 순(舜), 우(禹), 탕(湯) 등에 의해 전승 발전하였다고 전해지면서 중화 민족의 공동 시조로 추앙되고 있다.

5) 전욱(顓頊)

『사기(史記)』 등의 기록에 따르면, 전욱은 희씨 성(姬姓)이며, 고양씨(高陽氏)이다. 황제(黃帝)의 증손자, 창의(昌意)의 손자, 간황(乾荒)의 아들이며, 오제 중 한 명이다.

황제의 차남 창의는 약수(若水)지방의 제후로 임명되어, 촉산씨(蜀山氏)의 딸 창복(昌僕)과 결혼하여 전욱을 낳았다고 한다. 전욱은 약수에서 태어났으나, 황제의 적장자인 큰아버지 소호(少昊)가 통치할 때 그를 성공적으로 보좌하면서 공을 세워 고양(高陽)지방의 제후로 임명되었다. 소호가 죽은 후 공공씨(共工氏)와 제위(帝位)를 두고 다투어, 공공씨를 물리치고 소호를 계승하여 정권을 잡게 되니, 전욱을

"고양씨(高陽氏)"라 부르게 되었다.

전욱은 처음에 궁상(窮桑)이라는 곳에 도읍을 두었다가, 훗날 다시 상구(商丘)로 천도하였다. 그는 또 오행 중 수덕(水德)을 지닌 군주라고도 하며, 또한 북방을 관장하는 군주라 하여 현제(玄帝)라고도 부른다. 즉위 후 헌원 황제의 정책을 엄격히 따름으로써 사회를 안정시키고 태평성세를 이루었다고 전해진다.

전욱은 10세 때 소호를 보좌했고, 20세에 제위에 올라 재위 78년만인 98세에 세상을 떠났다. 사후 동군(東郡) 복양(濮陽) 돈구성(頓丘城) 밖 광양리(廣陽里)에 묻혔다고 한다.

6) 제곡(帝嚳)

제곡은 희씨 성(姬姓)이며, 이름은 준(俊)이다. 고신(高辛, 하남성 상구시 일대)에서 태어나 고신씨(高辛氏)라고도 불리우며, 황제(黃帝)의 증손자로 알려져 있다. 제곡이라는 말은 제곡 부락 수령의 칭호에서 나온 말이며, 제곡 부락은 전욱 부락과 근친(近親)관계로, 제곡은 훗날 전욱을 계승하여 동이부락집단의 수령이 되었다고 한다.

희준(姬俊)의 할아버지는 소호(少昊)이며, 아버지의 이름은 교극(蟜極)이다. 희준은 5세 때 신후(辛侯)로 임명되었으며, 15세에는 숙부(叔父) 전욱을 보좌하였다. 전욱이 죽은 후, 30세의 나이로 제위를 이어받아 군주가 된 희준은 박(亳, 하남성 상구시)에 도읍을 정하였다. 70년을 재위하다가 100세에 죽은 후 고신(高辛)에 묻혔다고 한다.

제곡은 민의를 잘 살피고 위민정책을 펼쳐 백성들을 신복(信服)시켜 큰 사랑을 받았으며, 박(亳)에 수도를 옮긴 후에는 홍수의 위험에서 벗어날 수 있게 하였고, 외적의 침입을 최소화시킬 수 있었다고 한다.

7) 요(堯)

요(堯)는 기(祁)씨 성(姓), 이름은 방훈(放勳)이며, 중국 상고시대 부족연맹의 수장, 오제(五帝) 중 한 사람, 제곡(帝嚳)의 아들이다.

요는 13세에 기지(祁地)에 봉해졌고, 20세에 제곡의 장자 제지(帝摯)를 대신해서 천자에 올라, 도당(陶唐)에 도읍을 정하였다. 천하가 패권을 다투는 난세 속에 그는 친족과 우방 세력을 규합하여 화하(華夏)를 통일하여 부족 만국 연맹의 수령에 추대되었다. 제요는 집정 기간에 신궁수 대예(大羿)를 보내 해를 쏘아 떨어뜨렸고, 곤(鯀)을 보내 황하를 치수하였으며, 역법을 제정하여 농업을 시키고, 백관을 정돈하였다고도 전한다.

요는 집권 초기에 기본적인 관료제도도 없는 부족 연합체를 조직화하여 국가 통치 시스템을 갖추었고, 각 직무에 따라 적절한 관료를 임명하여 중국 역사상 최초로 체계적인 통치질서를 수립하였다고 한다.

요가 어렸을 때 황하의 수위가 높아 산지 구릉 등에서만 사람이 살 수 있었는데, 요가 황하 물길을 잘 다스린 공로로 천자가 되었고, 그 결과 강물은 두 개의 큰 호수, 즉 소여기택수(昭余祁泽薮)와 진양호(晋阳湖)를 이루었다고 한다.

요의 집권 초기에는 천문역법이 갖추어지지 않아 농부들이 농시(農時)를 놓치는 경우가 빈번했다. 그래서 요는 기후의 변화규율을 파악하기 위해, 그는 희숙(羲叔)이라는 관리로 하여금 태양과 하늘을 관찰하여 비교적 정확한 역법을 제정하여 농민들에게 정확한 농시(農時)를 제공하여 농업의 발달을 가져오게 했다고 한다.

요는 농업을 발전시켜 백성들을 부유하게 하였는데, 이에 하늘에 감사하고 풍요로운 미래를 기원하기 위해 최고의 곡식을 선별하여, 모든 불순물을 제거한 정수(淨水)에 담가 복을 비는 물(祈福之水)을 만들었는데, 이를 '화요(華堯)'라고 하였는데, 이것이 바로 술(酒)의 기원이라고 전한다.

특히 요는 말년에 천자 자리를 순에게 양보했다는 선양(禪讓)의 고사로 유명하다. 이러한 내용은 사마천의 『사기』에 전하는데, 이로 인하여 유가(儒家)의 정치사상에서 가장 이상적인 천자 계승이라고 여겨지게 되었다. 한편 법가(法家)사상에서는 요가 순에게 축출당한 것으로 보고 있는 등 선양과 관련된 내용은 역대의 정치 사상적 측면에서 많은 논쟁이 있기도 하다.

요는 만년에 스스로 천자에서 물러나 순(舜)에게 선양하였고, 물러난 지 28년 후 뇌택(雷澤)에서 병사하고 곡림(谷林)에 묻혔다고 전한다.

8) 순(舜)

순(舜)은 헌원 황제(黃帝)의 8세손으로 삼황오제 중의 한 명이다. 요성(姚姓), 규(嬀)씨, 이름은 중화(重華), 자는 도군(都君)으로 제풍(諸馮)에서 태어났다.

순은 어려서부터 효심과 우애가 깊고, 특히 도자기를 잘 만들었다. 이에 전국 각지 제후들의 천거를 받고 검증을 거쳐 당요(唐堯)의 선양(禪讓)으로 천자에 올라, 포판(蒲阪)에 도읍하고 우국(虞國)을 세웠다. 즉위 후 간언을 겸허히 받아들여 간신을 징벌하고 사흉(四凶: 공공(共工), 환도(驩兜), 삼묘(三苗), 곤(鯀))을 유배시켰으며, 덕행과 재능이 뛰어난 인재를 등용하여(任賢使能), 각종 산업을 융성시키고 정치를 잘 하여 인심이 부드러워졌다(政通人和). 그래서 순은 결국 중원지역 최강의 부족연맹 수장이 되었다. 또한 만년에 전국 각지 제후들의 천거에 따라 대우(大禹)에게 선양하고, 천하를 순행하다가 창오군(蒼梧郡)에서 병사하여 구의산(九嶷山)에 묻혔다고 한다. 시호 순(舜)으로, 역사적으로 순(舜), 우순(虞舜), 순제(舜帝)라고도 칭한다.

순은 전욱의 6대손(전욱-궁선(窮蟬)-경강(敬康)-구망(句望)-교우(橋牛)-고수(瞽叟)-중화(重華))으로 5대조 궁선 때부터 모두 평민 출신이다. 순은 어려서부터 아버지 고수와 계모, 그리고 이복동생의 차별을 받았지만, 여전히 부모에게 효도하고 이복동생도 아끼고 사랑하여 주변 이웃의 칭송을 받았다. 그래서 그는 항상 부모에게 효도하고, 이웃과의 화목을 강조했다고 전해진다.

그 결과 제풍(諸馮)에서 농사를 지으면서 토지 소유를 두고 현지인들과 다투지 않고 서로에게 양보하니 많은 사람들이 그와 가까이 살기를 원해 불과 2, 3년 만에 한 촌락을 형성할 수 있었다. 이러한 소문이 널리 퍼져 제요(帝堯)가 고령으로 후계자를 선출하려고 하였는데, 사악(四岳: 천하의 제후들)이 모두 순을 추대하자 요는 자신의 두 딸 아황(娥皇)과 여영(女英)을 순에게 시집보내고, 또한 여러 직책을 맡겨 그의 통치력과 덕행을 살펴 본 후 각종 행정 업무를 담당하도록 명하였다.

순은 왕이 되기 전 규하(嬀河)의 주변에 살아 그들의 자손들을 규(嬀)씨라 하며, 또한 순이 요(姚)라는 곳에서 태어났기 때문에 요(姚)씨로도 불린다.

요가 제위를 순에게 선양하고 28년 만에 죽은 후, 순은 팔개(八愷), 팔원(八元) 등 어질고 유능한 인재를 등용하여 사흉(四凶)을 추방시켰고, 우(禹)로 하여금 치수(治水)를 담당케 하여 요가 완성하지 못한 치수라는 대업을 완성시킬 수 있었다.

또한 순은 천하를 순시하며 예제(禮制)를 정비하고, 형벌을 감경했다. 그는 정부조직을 다음과 같은 아홉 단계로 개편했다. 사공(司空,

내무부 장관), 후직(后稷, 농산부 장관), 사도(司徒, 국방부 장관), 공공(共工, 광업부 장관), 사(士, 법무부 장관), 짐우(朕虞, 수리부 장관), 질종(秩宗, 제사부 장관), 전락(典樂, 음악부 장관), 납언(納言, 감찰부 장관)이 그것이다.

순은 50년간 재위했고, 100살까지 살았는데, 만년에 요가 그랬던 것처럼 치수사업에 성공한 우(禹)에게 임금 자리를 선양하고 천하를 순행하다가 창오군(蒼梧郡)에서 죽어 구의산(九嶷山: 현재 湖南省 永州市 부근)에 묻혔다고 한다. 그렇지만 이와 반대로 우에게 자리를 빼앗겨 쫓겨나 창오(蒼梧)에서 죽었다는 설도 전하고 있다.

아황과 여영은 전설 속 요 임금의 두 딸이자 순 임금의 부인들이다. 아황은 왕후가 되었고, 여영은 왕비가 되었다고 한다. 훗날 순이 순행을 하다가 창오(蒼梧)에서 죽자, 두 사람도 그곳으로 달려가 모두 소상(瀟湘: 호남성에 흐르는 소수(瀟水)와 상강(湘江)을 가르킴)에 몸을 던져 죽었다고 한다. 그래서 아황은 상군(湘君)이, 여영은 상부인(湘夫人)이 되었다고 전하고 있다.

3. 하(夏)왕조 우(禹)

중국의 신화와 전설에 의하면, 삼황오제의 마지막 천자 순(舜)이 치수(治水)에 성공한 우(禹)에게 선양(禪讓)하여 하(夏)왕조가 시작되었다고 한다. 먼저 하왕조에 대하여 간단히 설명하면, 중국의 고대 문헌에 의하면, 하(夏), 상(商), 주(周) 세 왕조가 수립되면서 중국의 고대 국가가 시작되었다고 한다. 20세기 초 고사변파(古史辨派)에 의해 제기된 의고설(擬古說)에 의해 고대삼조(古代三朝)의 존재가 부정되기도

하였으나, 갑골문자가 발견된 이후 계속된 고고학 발굴로 상(商)과 주(周)의 존재는 확정되었다.

이와 함께 하(夏)왕조의 실재에 대하여서는 20세기 말 중국에서 진행된 하상주단대공정(夏商周斷代工程), 중국고대문명탐원공정(中國古代文明探源工程) 등의 연구와 이리두(二里頭)문화 유적 등의 발굴로 인하여 상당히 많은 부분에서 실존 가능성이 증명되고 있다. 그러나 중국 연구자들의 국수(國粹)적 연구로 인하여 객관성이 상실된 연구결과도 포함하고 있어서, 여전히 조심스러운 측면이 많이 존재한다. 특히 하왕조의 개창자로 알려진 우(禹)와 관련해서는 많은 부분에서 치수전설 등의 내용으로 각색되어 있어서 여전히 신화와 전설이라는 측면에서 다룰 수밖에 없다.

우(禹)는 사(姒)씨 성(姓), 하후씨(夏後氏), 이름은 문명(文命)이다. 중국의 상고시대 하후씨(夏後氏)의 수령으로, 하(夏)왕조 개국 군주이며, 역사적으로 치수(治水)로 유명하다. 역사적으로 대우(大禹), 제우(帝禹), 신우(神禹)로 불리며, 각종 고대 문헌에는 황제(黃帝)의 현손(玄孫), 전욱의 후손, 곤(鯀)의 아들, 어머니는 유신씨(有莘氏)의 딸 수기(脩己)라고 전하고 있다. 일설에는 우가 전욱의 6세손이어야 한다는 주장도 있다.

우는 홍수를 다스리는 데 공을 세웠고, 제순(帝舜)의 선양을 받아 부락의 수장을 계승했다고 전해진다. 제순이 재위 33년만에 정식으로 천자 자리를 우에게 선양하였다가 17년 후 순행도중에 사망하였다. 3년 상(喪)이 끝나자 우는 하나라의 작은 읍인 양성(陽城)에 머물며 순의 아들 상균(商均)에게 제위를 물려받도록 하였다. 그렇지만 천하의 제후들이 모두 우를 찾아와 추대하니 정식으로 즉위하여 양성(陽城)에 도읍을 두고, 국호는 하(夏)로 정하였다. 그리고 요(堯)의 아들 단주

(丹朱)를 당국(唐國), 순(舜)의 아들 상균(商均)을 우국(虞国)에 분봉하였다고 한다.

우는 아버지 곤(鯀)을 따라 동천(東遷)하여 중원으로 왔다. 그의 아버지 곤은 제요에 의해 숭(崇)에 분봉되었는데, 당시 중원지역은 황하가 범람하여 수재(水災)가 발생하여 제요(帝堯)는 곤에게 치수를 하도록 하였다. 곤은 강기슭에 제방을 설치하는 장수법(障水法)을 시행하였지만, 9년이 지나도록 수재(水災)를 잠재우지 못하고 실패하였다. 뒤이어 우가 사공(司工)에 임명돼 치수를 담당하게 되었다.

우는 후직(后稷) 등과 함께 백성을 동원하여 치수사업을 전개하였다. 우는 먼저 수로(水路)를 시찰하면서 아버지 곤의 치수 실패 원인을 찾아내 치수 방법을 고쳤다. 물이 낮은 곳으로 흐르는 자연 현상을 이용해 구하(九河)를 소통시켰다. 치수사업을 하는 동안 우는 산과 강을 건너 동분서주하면서 지형의 고저를 측량하고, 푯대를 세워 수로를 설계하였다. 그 후 그는 인부들을 동원하여 푯대에 따라 산을 깎고 둑을 쌓아 물길을 연결시켜 바다로 흘러가도록 하였다.

우는 치수를 하느라 백성과 풍찬노숙하며 온갖 고생을 하면서 쉬지도 못했고, 자신의 집앞을 지나면서도 3년간 집에 들르지도 않았다고 한다. 마침내 13년 만에 치수에 성공하여 중원지역의 홍수를 방지할 수 있었다. 이에 사람들은 치수의 공로에 대한 고마움으로 그를 '대우(大禹)'라고 존칭한다.

한편 우는 하(夏)를 개창한 이후 전국 각지의 제후들을 불러 모아 도산(涂山)대회를 개최하고, 그들을 설복시켜 하왕조에 적극 참여하고 협조하도록 이끌었다. 도산대회 이후 각 제후들이 경의를 표하기 위해 헌상하는 청동이 해마다 늘어나자 우(禹)는 도산대회를 기념하기 위해 황제가 구정(九鼎)을 주조했던 것을 계승하여, 각 제후들이 헌상한 청동으로 몇 개의 대정(大鼎)을 주조하였다. 이를 후구정(後九鼎)이라 하는데, 즉 기주정(冀州鼎), 연주정(兗州鼎), 청주정(青州鼎), 서주정(徐州鼎), 양주정(揚州鼎), 형주정(荆州鼎), 예주정(豫州鼎), 양주정(梁州鼎), 옹주정(雍州鼎)에는 각 주의 산천, 명물과 진기한 동물의 문양을 주조하여 구주(九州)를 상징하게 하였다. 구정(九鼎) 중 예주정(豫州鼎)은 중앙대정(中央大鼎)으로, 중앙정부를 상징하여 구주(九州)를 거느림으로써 하왕조를 중심으로 천하가 통일되었음을 상징하는 것이라고 한다.

또한 우는 치수를 하기 위해 천하를 돌아다니며 각지의 지형, 풍속, 물산 등을 속속들이 파악하고 있었다. 그래서 이후 우는 천하를 9개 주(州)로 재편성하여, 각 주의 공물(貢物)의 종류를 지정하였다. 또한 우는 천자의 땅(帝畿)의 바깥 오백 리 땅을 전복(甸服), 그 바깥 오백 리의 땅을 후복(侯服), 그 밖의 오백 리의 땅을 수복(綏服), 그 밖의 오백 리의 땅을 요복(要服), 다시 그 밖의 오백 리의 땅을 황복(荒服)으로 구분하였다. 전복, 후복, 수복 삼복은 서로 다른 공물(貢物)이나 요역(徭役)을 부담하였고, 요복은 공물과 요역을 면제 받고, 정부의 통제만 지키면 되었고, 황복은 각자의 풍습에 따라 관리하며, 중앙 정부의 통제를 강요하지 않았다.

우는 하(夏)왕조 첫 번째 천자로 후세에서는 하우(夏禹)라고 불리며, 복희(伏羲), 황제(黃帝)와 함께 중국 신화와 전설시대의 3대 군주로 여겨지고 있다. 우의 가장 뛰어난 업적으로는 황하의 홍수를 다스리고(治水), 구주(九州)를 획정하여 통치 기반을 정립한 것이다. 우는 죽은 후 회계산(會稽山)에 묻혔고, 후세의 역대 제왕들은 대부분 우릉(禹陵)에 제사를 지냈다고 한다.

제2장

춘추전국의 영웅들

1. 제(齊) 환공(桓公)

제 환공(桓公, ?-B.C. 643년), 성(姓)은 강(姜)이
고, 씨(氏)는 여(呂)이며, 이름은 소백(小白)이다. 제
나라 16대 국군(國君, B.C. 685-B.C. 643년 재위)
으로, 첫 번째 춘추오패(春秋五霸)이며, 강태공(姜太
公) 여상(呂尙)의 12대 손이다. 제 희공(僖公) 녹보
(祿甫)의 셋째 아들이며, 어머니는 위희(衛姬)이고,
그의 형은 제나라 14대 군주 양공(襄公)이다.

춘추시대 제나라는 희공(僖公)이후 즉위한 양공(襄
公)시기 정치가 매우 혼란하여, 관중(管仲)과 소홀(召
忽) 등은 공자(公子) 규(糾)를 노(魯)나라로, 포숙아
(鮑叔牙)는 소백을 거(莒)나라로 피신시켰다. 양공의
방탕하고 무능한 정치가 계속되자 B.C. 686년에 사
촌 공손무지(公孫無知)가 양공을 죽이고 스스로 즉위
하였지만, 그 이듬해 옹름(雍廩 혹은 雍林)은 무지를

살해하고, 다른 국군의 옹립을 논의하였다. 이 소식을 들은 소백은 귀국길에 올랐고, 노나라도 뒤늦게 소백의 형 공자 규를 귀국시키면서, 관중을 보내 귀국하는 소백을 공격하여 죽이려 하였다. 그러나 관중이 쏜 화살이 소백의 허리 띠 장식에 맞았으나, 죽은 채 하여 위기를 넘기고 서둘러 제나라로 귀국하였다. 이 때 관중은 노나라로 돌아가 소백의 죽음을 알리니, 노나라는 천천히 공자 규를 돌려보내 6일 만에 제나라에 도착하였으나, 이미 소백이 먼저 귀국하여 국군(國君)으로 즉위한 이후였다. 이렇게 즉위한 소백이 바로 제나라 환공(桓公)이다.

국군(國君)에 즉위한 제 환공은 먼저 노나라를 공격하여 패퇴시키고, 포숙아는 노나라 제후에게 편지를 보내 「공자 규는 제나라 국군의 형제인지라 차마 죽일 수 없으니 노나라가 알아서 죽이면 좋겠다. 공자 규의 스승인 소홀(召忽)과 관중(管仲)은 우리 제나라의 원수이니 송환해 줄 것을 요청한다. 우리의 요청을 따르지 않게 되면 노나라를 토벌하기 위해 우리 군대가 출병할 것」이라고 했다. 결국 노나라 사람들은 공자 규를 죽였고 관중은 옥에 갇히게 되었다. 이후 환공이 관중을 죽이려 하자 포숙아는 「신은 운 좋게 당신을 모실 수 있었고, 당신은 이제 국군이 되었습니다. 만약 당신이 제나라 만 다스리려 한다면 저 포숙아와 고혜(高傒)만 있으면 충분합니다. 그렇지만 만약 당신이 천하의 패업을 이루실 생각이 있다면 관중이 없으면 안됩니다. 관중이 있는 곳이 최고로 강성할 수 있습니다.」라고 말했다. 이에 환공은 포숙아의 건의를 받아들여 자신을 죽이려한 원수 관중(官仲)을 노나라로부터 데려와 상국(相國)에 임명하고, 포숙아를 대간(大諫)에 임명했다.

제 환공이 관중을 상국에 임명한 후, 제나라 군신(君臣)들은 모두 적극 협력하여 존왕양이(尊王攘夷)의 명분을 내걸고 대외정책을 펼치면서 개혁을 추진하였다. 특히 제 환공은 소질과 능력이 뛰어난 인재들을 발탁하여 등용하였는데, 대표적인 것이 '환관오걸(桓管五杰)'이다. 영척(甯戚), 왕자성보(王子成父), 빈수무(賓須無), 습붕(隰朋), 동곽아(東郭牙) 등 5명이 바로 그들인데, 영척은 군량과 마초(馬草)를, 왕자성보는 군대를, 빈수무는 형법을, 습붕은 외교를, 그리고 동곽아는 간언(諫言)을 담당하였다. 그러나 이들이 잇따라 세상을 떠나면서 굳건했던 제나라의 기반도 크게 동요하게 되었다.

환공이 관중을 발탁하여 여러 개혁정책을 시행하였는데, 그 첫 번째가 바로 행정제도의 개편이다. 먼저 중앙의 행정을 3개 부문으로 나누어 3관(三官)을 설치하고, 3재(三宰)를 임명하였다. 그리고 공업(工業)에는 삼족(三族)을, 상업(商業)에는 삼향(三鄕)을, 천택업(川澤業)에는 삼우(三虞)를, 산림업(山林業)에는 삼형(三衡)을 설치하여 관리하도록 하였다.

다음으로 삼국오비(參國伍鄙)제도를 실시하였다. 국도(國都)를 6개 공상향(工商鄕)과 15개 사향(士鄕)으로 나누었는데, 여기에서 15개의 사향은 제나라의 주요 병력(兵力) 징발의 대상으로, 환공 본인이 5개 향을 직접 다스리고, 나머지 10개 향은 상경(上卿)이라는 직책을 담당한 국자(國子)와 고자(高子)가 각각 5개 향씩 나누어 관할하였다. 이를 삼국(參國)이라 하였다.

그리고 교외(郊外)지역에는 30가구를 1읍(邑)으로, 10개 읍을 1졸(卒)로. 10개 졸을 1향(鄕)으로, 3개 향을 1현(縣)으로, 10개 현을 묶어 속(屬)을 설치하고, 읍에는 사관(司官)을, 졸에는 졸사(卒師)를, 향에는 향사(鄕師)를, 현에는 현사(縣師)를, 속에는 대부(大夫)를 임명하여 관할하게 하였다. 이렇게 전국을 5개 속(屬)으로 나누고, 이를 5명의 대부(大夫)가 관할하게 하였는데, 이를 오비(伍鄙)라고 한다. 5명의 대부는 자신이 관할하는 속(屬) 내의 상황을 환공에게 보고하여 통제를 받도록 하여 전국이 중앙 정부의 통일적 지배를 받도록 하였다.

그리고 환공은 군사제도도 개혁하여, 소위 '우병어농(寓兵於農)"이라는 병민일치제(兵民一致制)를 실시하였다. 이미 개편된 행정구획의 각 단위마다 군사 책임자를 임명하여 관할하게 하였다. 이렇게 전국에서 징발하여 군대로 편성한 병사들을 환공, 국자, 고자 3명이 원수(元帥)가 되어 지휘할 수 있게 하였다. 이러한 제도는 평상시에는 농사를 지으면서 훈련을 하고, 전시(戰時)에는 군인이 되어 전투에 참가하게 함으로써 막강한 군사력을 유지할 수 있게 하였다.

또한 환공은 관중을 통해 새로운 토지세 징수 방법으로 '상지이쇠징(相地而衰徵)'을 실시하였는데, 이는 토지의 좋고 나쁨에 따라 징세액에 차등을 두도록 하여 농민들의 생산 의욕을 고취하는 효과가 있었다. 아울러 재정을 관할하는 '경중9부(輕重九府)'를 설치하여 백성들의 농경 작황, 경제적 수요 등을 반영하여 징세하고, 국가가 직접 화폐를 주조하고, 어업과 염업을 발전시키며, 대외 무역도 장려하였다. 이러한 환공시기의 각종 경제 정책이 효과적으로 시행되면서 제나라 경제가 크게 번영하였다.

환공의 가장 큰 업적으로 꼽을 수 있는 것은 위와 같은 개혁을 기반으로 천하를 호령하는 패업(霸業)을 달성하였다는 것이다.

환공이 일찍이 공자시절에 거국(莒國)으로 피신하면서 경유했던 담국(譚國)이 자신에게 소홀했던 점을 빌미로 즉위 후 군대를 보내 B.C. 684년에 멸망시켜 담국의 제후가 거국으로 도망하는 사건이 발생하였다. 이를 계기로 환공은 B.C. 681년, 제(齊), 송(宋), 진(陳), 채(蔡), 주(邾) 등 5개 제후국의 국군(國君)을 불러 모아 '북행회맹(北杏會盟)'을 개최했는데, 이는 환공이 주관한 첫 번째 회맹이었다. 이 회맹을 통해 제 환공의 명망이 제후들 사이에서 크게 높아지게 되어, 이 회맹

에 입맹을 요청받고 거절한 수국(遂國)은 북행회맹 후 환공에게 병탄
되기도 하였다.

환공은 B.C. 681년에 노(魯)나라를 공격하고 승리하여 노나라 장공
(莊公)으로부터 할지(割地)를 약속받고 전쟁을 종식하는 가지회맹(柯
地會盟)을 열었다. 이 회맹에서 노 장공의 신하인 조말(曹沫)이 칼로
환공을 위협하여 빼앗긴 땅을 되돌려 받기로 약속 받았다. 이후 환공
은 땅을 돌려주지 않고 오히려 조말을 죽이려 하였는데, 관중이 "땅을
되돌려 주지 않는 것은 일시적 이익일 뿐입니다. 다른 나라 제후들에
게 신뢰를 상실하면 천하의 사람들이 우리를 돕지 않을 것입니다."라
고 건의하여, 결국 환공은 약속을 지켜 땅을 노나라에 돌려주었다. 이
후 각국의 제후들은 제나라 환공의 공신력을 믿고, 점차 제나라에 귀
부(歸附)하게 되었다고 한다.

또 B.C. 679년에 환공은 북행회맹에 참여하였다가 배신한 송(宋)나
라를, 주(周) 왕실의 동의 아래 환공이 주도한 견지회맹(鄄地會盟)에
다시 참여시키기도 하였다. 이 회맹을 주 왕실이 지지하는 것을 목도
한 각 제후국은 환공을 맹주(盟主)로 받들게 됨으로써, 이후 환공이
패자(覇者)의 지위가 확립되기 시작하였다.

이후 환공은 B.C. 663년 북쪽의 연(燕)나라를 침입한 산융(山戎)을
대신 물리치기도 하였고, B.C. 656년에는 정(鄭)나라를 침략한 초(楚)
나라를 물리치고 소릉지맹(召陵之盟)을 주도하였다. 또 B.C. 655년에
는 주 왕실의 왕위계승에 개입하여 도회맹(洮會盟)을 주도하고, 주 양
왕(周襄王)의 즉위를 돕기도 하였다.

특히 B.C. 651년에 환공은 규구회맹(葵丘會盟)을 주도하였는데, 여
기에는 노(魯), 송(宋), 위(衛), 정(鄭), 허(許), 조(曹) 등의 국군(國君)
이 회맹에 참가하였고, 주(周) 양왕도 대표를 보내 환공을 극진히 표

창하였다. 이 때 주왕은 조육(胙肉, 제사용 고기)와 동궁실(彤弓矢, 왕실 전용 붉은 활과 화살)과 천자용 거마(車馬) 등을 선물로 보냈다. 이렇게 귀중한 선물을 보낸 것은 주 왕실이 환공의 패권을 인정한 것으로, 제 환공이 주 천자를 대신하여 제후들을 호령하는 패업이 달성되었음을 보여주는 것이다.

환공은 '존왕양이(尊王攘夷)'의 명분으로 활동하면서 춘추시대에 처음으로 주 왕실을 대신하여 천하를 호령하는 패자(覇者)로 등장하였고, 이로써 춘추오패(春秋五覇)의 선구(先驅)를 이루었다.

이렇게 환공은 패자의 지위에 올랐지만, 만년에 이르러서는 혼용(昏庸)해졌는데, 특히 B.C. 645년 관중(管仲)이 죽고 난 후 생전의 충고를 듣지 않고, 간신배 역아(易牙), 수조(竪刁), 개방(開方), 상지무(常之巫) 등을 총애하게 되면서 정치는 더욱 흐트러지게 되었다. 그 후 B.C. 643년에 환공은 병이 더욱 위중해져 10월에 병사하였는데, 다섯 아들들이 서로 계승권을 두고 다투느라 아버지의 시체를 2달이나 방치했다는 비참한 최후와 관련된 고사가 전해오기도 한다.

2. 관중(管仲)

관중(管仲, B.C. 723년-B.C. 645년), 성(姓)은 희(姬)이며, 씨(氏)는 관(管)이고, 이름은 이오(夷吾), 자는 중(仲), 시호는 경(敬), 영상(潁上, 현재 안휘성 영상현) 사람이다. 중국 고대의 저명한 경제학자, 철학자, 정치가, 군사전문가로, 춘추시대 법가의 대표적 인물이며, 주(周) 목왕(穆王)의 후손으로 알려져 있다.

제 희공 33년(B.C. 698년)부터 공자(公子) 규(糾)를 보좌하다가

B.C. 685년에 친구 포숙아의 추천으로 환공에 의해 국상(國相)에 임명되었다. 그 후 환공을 보좌하여 개혁정치를 추진하여 대내적으로는 부국강병(富國强兵)을 이룩하였고, 대외적으로는 존왕양이(尊王攘夷)를 명분으로 주 왕실을 대신하여 환공이 패자의 지위에 올라 천하를 호령하도록 하였다. 이러한 공로로 인하여 관중은 '중부(仲父)'로 추앙받고 있다.

관중은 B.C. 645년에 병사하였는데, 후세 사람들은 '관자(管子)', '성인지사(聖人之師)', '중국의 최고의 재상(華夏第一相)'이라고 칭송하고 있다.

초기 활동

관중은 B.C. 723년에 태어났는데, 주(周) 목왕(穆王)의 후손으로 알려진 것처럼 귀족출신으로, 아버지 관장(管莊)은 제나라의 대부(大夫)였지만, 가세가 기울어 관중은 어려서부터 매우 빈궁한 생활을 하면서 생계를 위해 친구 포숙아와 장사를 하였지만 실패하였다. 관중은 비록 미천한 상인이었지만, 이 시기 전국 각지를 돌아다니며 각양각색의 사람들을 만나면서 풍부한 사회 경험을 쌓을 수 있었다. 또 군에 입대한 후 전투에서 도망치기도 했고, 여러 차례 관리가 되고자 하였으나, 모두 실패하였다.

B.C. 698년에 제나라 희공(僖公)이 3명의 아들 즉 태자 제아(諸兒), 공자 규(糾), 그리고 소백(小白)을 남기고 죽자, 태자 제아가 즉위하여 양공(襄公)이 되었다. 당시 관중과 포숙아는 각각 공자 규와 소백을 보좌하고 있었는데, 양공이 자신의 여동생이며 노(魯)나라 환공(桓公)의 부인이었던 문강(文姜)과 내통하며 노나라 환공을 죽이는 일이 발생하였다. 이를 본 관중은 곧 제나라에 대란이 발생할 것을 예감하고,

공자 규의 생모가 노나라 출신인 것을 알고 소홀(김忽)과 함께 규를 보호하고 노나라로 피신하였다.

B.C. 686년, 제나라의 정국이 혼란스러워지자 다른 나라로 피신했던 두 공자가 서로 급히 귀국하여 국군 자리를 차지하려 하였다. 특히 노나라 장공(莊公)은 즉시 군대를 파견하여 규를 호송하여 귀국시켰는데, 거(莒)나라로 피신했던 소백이 먼저 귀국하고 있음을 알게 되었다. 이에 관중은 군대를 이끌고 가서 소백이 귀국하지 못하도록 저격하여 죽은 줄 알고 되돌아 왔다. 그렇지만 사실 소백은 관중이 쏜 화살이 허리띠 고리에 맞아 생명을 구할 수 있었고, 혀를 깨물어 피를 흘리며 죽은 척하여 살아날 수 있었다. 목숨을 구한 소백은 포숙아의 도움을 받으며 서둘러 제나라의 수도 임치(臨淄)성으로 돌아왔다. 그리고 제나라 정경(正卿) 고씨(高氏)와 국씨(國氏)의 추대로 국군(國君)으로 옹립되었는데, 이가 바로 역사적으로 유명한 제나라 환공(桓公)이다.

절친 포숙아의 천거

B.C. 685년, 즉위한 환공은 서둘러 인재를 구하면서 포숙아를 재상에 임명하려 하였으나, 포숙아는 자신의 재능이 관중보다 못하다며 제나라가 천하의 패권을 장악하려면 관중을 재상에 임명해야 한다고 강력히 건의하였다.

한편 관중과 규 일당은 소백이 죽었다고 생각하여 자신들과 국군의 자리를 다툴 사람이 아무도 없을 것으로 여겨 서두르지 않았다. 결국 6일이 지난 후에야 제나라에 도착해 보니 제나라에는 이미 국군이 즉위해 있었고, 그가 바로 소백이었던 것이다. 이에 노나라 장공은 즉시 제나라에 군대를 보내 내정을 간섭하고 국군의 자리를 빼앗으려 하여, 쌍방 간 건시회전(乾時會戰)이 발생하였다. 이 전투에서 관중은 소백의 마음이 흔들리는 것을 틈타 선제공격을 건의했지만, 노나라 장공은 관중이 이전에 소백을 죽이지 못한 사실을 탓하며 관중의 건의를 듣지 않았다. 그 결과 노나라 군대는 제나라의 매복군대의 습격을 받아 대패하여 규와 관중은 노나라 장공을 따라 노나라로 돌아갈 수밖에 없었다. 이후 제나라 군대는 승승장구하며 노나라 경내로 쳐들어갔다.

제 환공은 후환을 없앨 목적으로 노나라 장공에게 서신을 보내 노나라로 하여금 규를 죽이고 관중과 소홀은 제나라로 송환하라고 요구하며, 이를 행하지 않으면 노나라를 전면 공격할 것이라고 위협하였다. 이에 노나라 장공은 대부 시백(施伯)과 의논하였는데, 시백은 제나라가 관중을 송환하도록 요구한 것은 복수하기 위한 것이 아니라, 그를 정치에 등용하기 위해서라고 생각했다. 관중과 같이 재능 있는 자를 세상에서 찾기 힘들고, 그를 발탁하는 나라는 부강해져서 천하를 제패할 수 있을 것이라고 하였다. 그리고 만약 관중(關仲)이 제나라에 임용된다면 노나라에게는 커다란 화근이 될 것이라고 생각했다. 그래서 시백은 관중을 죽여서 그 시신을 제나라에 돌려주자고 건의하였으나, 포숙아가 계략을 써서 환공이 관중에 대한 원한이 뼈에 사무쳐서 반드시 친히 관중을 죽여야 한다며, 송환을 강력히 요구하였다. 이에 노나라 장공은 또 다시 전투에서 패배하여 제나라 대군이 턱밑까지 쳐들어왔다는 소식을 듣고 겁에 질려 시백의 건의를 듣지 않고, 규를 죽이고 관중과 소홀을 사로잡아 환공에게 돌려보내게 되었다.

관중 또한 이러한 조치들이 모두 포숙아의 계략임을 알고, 호송 병사를 재촉하여 무사히 제나라에 도착할 수 있었다. 한편 제나라 환공은 당초 관중을 죽이려하였으나, 포숙아의 강력한 충언을 받아들여 관중을 등용하기로 결심하였다. 그래서 환공은 길일을 선택하여 성대한 예절로 관중을 친히 영접하였는데, 이는 환공이 얼마나 관중(管仲)을 중시하고 신임하는지를 보여 주는 것이며, 다른 한편으로는 얼마나 현자(賢者)를 우대하는 지를 만천하에 알리는 계기가 되었다. 환공은 관중을 재상에 등용하고 그를 '중부(仲父)'라고 부르게 되었다.

한편 관중이 제나라 재상으로 발탁된 것은 전적으로 절친 포숙아의 적극적이고 희생적 추천으로 이루어진 것이다. 그래서 관중과 포숙아의 깊은 우정을 설명하는 '관포지교(管鮑之交)'라는 사자성어가 등장하게 되었고, 이후 이해관계를 떠나 항상 친구를 위하는 깊은 우정을 말할 때 사용하게 되었다.

환공의 패업을 돕다

B.C. 684년, 환공은 관중의 건의를 듣지 않고 군비(軍備)를 강화하기도 하였고, 또 관중이 "내정이 정돈되지 않은 상태에서 대외 전쟁을 하는 것은 성공할 수 없다"는 건의를 듣지 않고 송(宋)나라를 공격하였다가 여러 제후들이 송나라를 구원하게 되면서 크게 패하게 되었다. 이렇게 관중의 충고를 듣지 않았던 환공은 여러 차례 실패를 맛본 후 관중의 정책을 철저히 따르게 된다.

B.C. 683년에 제나라는 관중의 건의를 받고 예법을 따르지 않는 담(譚)나라를 멸망시키고, 국가간 예법을 지키지 않을 경우 어떤 결과를 초래하게 됨을 천하에 알릴 수 있었다.

B.C. 681년에도 관중의 건의로 송(宋), 진(陳), 채(蔡), 정(鄭) 등과 함께 개최했던 북행(北杏)회맹에 초청을 받고도 불참한 수국(遂國)을 멸망시켜 제나라의 권위를 확립하였다.

제나라와 함께 산동지역에 위치한 노나라는 원래 상당히 강국이었는데, 제나라에 계속해서 패배하였고, 다른 제후국들이 대부분 제나라에 복종하는 것을 보게 되었으며, 특히 제나라에 불복하다가 멸망 당한 담(譚)과 수(遂)를 보고 결국은 제나라에 굴복하였다. 이후 양국은 서로 화해하여 가지회맹(柯地會盟)을 개최하게 되었는데, 바로 이 회맹에서 유명한 조말(曹沫)사건이 발생하였다. 관중의 건의에 따라 약속한 땅을 되돌려 주었던 환공은 자신의 약속을 지킬 수 있었고, 이로 인하여 환공은 여러 제후국의 신망도 얻을 수 있었다.

B.C. 680년에 이르면 노(魯), 송(宋), 진(陳), 채(蔡), 위(衛) 등 대부분의 제후국이 차례로 제나라에 귀부하였고, 담(譚), 수(遂) 등은 멸망되었는데, 오로지 정(鄭)나라만 내란으로 혼란하여 제대로 정리가 되지 않은 상태였다. 이에 관중은 환공에게 정나라 내란을 중재하여 제나라의 위상을 높이고 패자 지위를 확보할 수 있도록 건의하였다. 이에 환공은 B.C. 679년에 자신의 명의로 견지회맹(鄄地會盟)을 주도하여 주 왕실의 지지도 확보함으로써 명실상부한 패자(覇者)의 지위에 오를 수 있었다.

북쪽에서 산융(山戎)을 토벌하다

B.C. 662년 북쪽의 오랑캐 산융이 연나라를 공격하자 연나라는 제나라에 구원을 요청했고, 제 환공은 남쪽의 초나라가 더 큰 위협이라며 출병을 꺼려했다. 그러나 관중은 당시 남쪽에는 초나라가, 북쪽에는 산융이, 서쪽에는 적(狄)이 있어 사방이 모두 우환이라며, 만약 초나라를 정벌하려면 먼저 산융을 토벌하여 북방이 안정되어야 남방 정벌에 전념할 수 있다. 현재 연나라가 오랑캐의 침략을 당하여 우리에게 도움을 요청할 때, 거병하여 먼저 오랑캐를 토벌하면 반드시 각 제후국의 지지를 획득할 수 있을 것이라고 건의하였다. 환공도 이를 받아들여 연나라를 구원하도록 하였는데, 관중도 출전하여 산융을 토벌하고 돌아왔다.

B.C. 660년에도 서북방의 오랑캐 적인(狄人)이 중원을 침입하여 형국(邢國)을 공격하였다. 패자의 지위를 확보한 환공은 관중의 중원 나라들이 수수방관하지 않고 힘을 모아 오랑캐를 물리쳐야한다는 건의를 수용하여 군대를 보내 형(邢)나라를 구원했다. 또한 적인(狄人)들은 위(衛)나라를 공격하여 국군(國君)을 죽이고 멸망시켰으나 제나라 환공과 관중이 주변 중원지역의 제후국들과 연합하여 오랑캐를 막아내며 위나라를 구조하였다. 이렇게 관중은 환공으로 하여금 주 왕실을 대신하여 천하의 패자(覇者)로서 존왕양이(尊王攘夷)의 책임을 다할 수 있도록 철저히 보좌하였다.

초(楚)나라와 결맹(結盟)

춘추시대에 제나라 환공이 중원지역의 패자로 등장하여 호령하고 있을 때, 남쪽에는 초(楚)나라가 강국으로 등장하여 남쪽의 여러 나라를 호령하며 중원지역을 위협하고 있었다. B.C. 657년에 초나라는 또 정(鄭)나라를 공격하였는데, 이에 환공과 관중은 노(魯), 송(宋), 진(陳), 위(衛), 정(鄭), 허(許), 조(曹) 등과 8개국 연합군을 편성하여 초나라를 공략해 갔다. 이에 초나라는 사신 굴완(屈完)을 보내 환공 및 관중과 협상하였다. 처음에는 양측의 요구가 서로 강경하여 반년정도 대치하다가 전쟁으로 이어지면 쌍방이 손해라는 점을 인지하고, 협상하여 맹약을 체결하게 되었다.

규구회맹(葵丘會盟)

B.C. 651년 주(周) 혜왕(惠王)이 사망하여, 환공은 각 제후국과 함께 세자 정(鄭)을 천자로 옹립했는데, 이가 바로 주(周) 양왕(陽王)이다. 양왕은 즉위 이후 재공(宰孔)을 파견하여 환공에게 조육(胙肉)와

동궁실(彤弓矢)와 천자용 거마(車馬) 등 선물을 내려 보내며 환공의 공을 치하하였다. 이에 환공은 규구(葵丘)에 각 제후들을 소집하여 수사(受賜)의식을 거행하였다. 이 의식에서 재공은 양왕의 명을 전달하면서 환공이 늙고 덕이 높아 하배(下拜)할 필요가 없다고 하였다. 환공도 왕명을 따르려 하자 관중이 옆에서 "주왕이 비록 존중해 주지만, 신하는 불경해서는 안된다"고 충고하였다. 그래서 환공은 천자의 위엄은 조금도 침범해서는 안된다고 하며, 계단 아래로 내려와 머리를 조아리며 재배(再拜)하고, 왕의 하사품을 수령하였다. 이 광경을 목격한 여러 제후들은 예절을 잘 지키는 환공에 모두 감탄하였다고 한다. 그리고 바로 이 자리에서 환공이 주도하는 역사적으로 유명한 규구의 동맹이 맺어지게 된 것이다.

또한 B.C. 647년에 주 양왕의 동생 숙대(叔帶)가 오랑캐를 이끌고 수도 호경(鎬京)으로 쳐들어와 왕실이 매우 위급하였다. 환공은 관중을 보내 왕실의 내란을 수습하도록 하였고, 관중도 이 일을 잘 완성하였다. 이에 양왕은 관중에게 상을 내리면서, 패자의 신하를 존중한다는 의미로 상경예의(上卿禮儀)로 축하연을 베풀려 했으나, 관중이 사양하여 결국은 하경(下卿)의 예우를 받았다고 한다. 이를 통해 볼 때 관중은 철저히 예의를 지키면서 환공을 보좌하여 패자의 지위를 유지할 수 있도록 하는데 많은 공을 세웠던 것이다.

정치제도 개혁

B.C. 645년 관중이 죽기 전, 환공이 당신을 대신해 재상에 발탁할 인물이 누구냐고 묻자, 관중은 공손습붕(公孫隰朋)을 추천하고, 역아(易牙), 수조(竪刁), 개방(開方) 등 3명은 멀리하도록 충고하였다. 관중 사후 공손습붕과 포숙아 두 명은 상국이 되어 관중의 정책을 그대

로 계승하였다. 또한 관중의 후손들도 훗날 대부(大夫)에 임명되어 대대손손 계승되었다고 한다.

관중은 행정관리시스템을 개혁하여 삼국오비(參國伍鄙)제도를 실시하였다. 국도(國都)를 6개 공상향(工商鄕)과 15개 사향(士鄕)으로 나누고, 15개 사향은 다시 3개로 나누어 병력(兵力) 징발의 대상으로 삼아 집중 관리하도록 하였다. 그리고 소위 비야(鄙野)라고 불리는 교외지역을 5개 속(屬)으로 나누어 5명의 대부(大夫)가 나누어 관할하도록 하였다. 또 각 속(屬)을 다시 현(縣), 향(鄕), 졸(卒), 읍(邑) 4개 단계로 나누고, 각각 현수(縣帥), 향수(鄕帥), 졸수(卒帥), 사관(司官)을 임명하여 관할하도록 하였다. 관중이 이렇게 행정관리시스템을 정비한 목적은 정민지거(定民之居)에 있었다. 즉 사(士), 농(農), 공(工), 상(商)으로 하여금 각각 자신들의 직업에 종사하게 하여 사회조직을 안정적이고 효과적으로 유지하고자 하였던 것이다.

또한 인사정책에 있어서도 과거와 다른 원칙을 적용하였다. 관리의 임용 및 승진 등 각종 인사에 있어서 가문의 배경 등은 배격하고 철저히 능력과 실적 위주로 반영하였다. 특히 일반 서민들에게 신뢰를 얻는 실적이 있는 인물을 중용하였고, "자효(慈孝)", "총혜(聰慧)", "권용(拳勇)"에 출중한 인물은 아주 빠른 승진이 가능하도록 하였다. 이러한 인사정책은 혈연과 연공이 적용되는 세경세록제(世卿世祿制)와는 달라서 폭넓은 인재풀을 확보할 수 있었다.

관중의 정치사상은 매우 혁신적이다. 공리공담을 철저히 배격하고, 실용주의적 혁신을 주장하였다. 그는 경제의 중요성을 인식하여 인간의 모든 도덕관념은 물질의 풍요에서 나온다고 강조하였다. 특히 "창고가 가득 차야 예절을 알고[창름실이지예절(倉廩實而知禮節)], 입고먹는 것이 넉넉해야 영예와 치욕을 알게 된다[의식족이지영욕(衣食足

而知榮辱)]"라고 하였는데, 이 말은 곧 '백성이 가난하면, 국가가 통치할 수 없다'는 뜻이다. 즉 국가가 백성들을 못 살게 해놓고는 충성을 요구할 수 없기 때문인 것이다. 그래서 관중은 농업뿐만 아니라 각종 상공업도 발전시키기 위하여 직업기술교육을 강조하기도 하였다.

또한 환공은 관중(官仲)을 '중부(中父)'라고 부르며, 정치와 경제를 주도적으로 개혁하도록 권한을 부여하였다. 그래서 관중은 행정제도를 개편하였고, 삼국오비(參國伍鄙)를 기초로 군사제도도 정비하였다. 6개의 공상향(工商鄕)은 전쟁에 직접 참가하지 않으며, 실제 전쟁에 참여하는 것은 15개의 사향(士鄕)으로 5개 향(鄕)을 1개의 수(帥)로 묶어 모두 3개의 수가 있다. 제나라 국군이 지휘하는 1개의 수(帥)를 중군(中軍)이라 하며, 2명의 상경(上卿)이 각각 지휘하는 수(帥)를 좌군과 우군이라 하여, 모두 3군이 있다. 이렇게 행정조직과 군사조작을 결합한 병민합일(兵民合一)의 전투제제는 훗날 대규모 전쟁에서 유리하게 작용하게 된다.

이밖에 관중은 토지의 등급에 따라 토지세를 징수하도록 하였고, 귀족이 개인의 재산을 빼앗지 못하도록 금지하였고, 염철업을 발전시켰으며, 화폐를 주조하여 물가도 조절하였다. 이렇게 관중의 개혁정치는 실용적 대상에 집중하여 토지 및 인구제도 등 경제부분에서 커다란 효과가 나타나 제나라의 국력은 크게 신장되었다.

경제정책

관중의 경제정책을 보면, 첫 번째로 화폐의 중요성을 인식하고, 화폐주조를 통해 물가조절, 각종 경제활동을 통제하려 하였다. 두 번째로 소금(鹽)과 철(鐵)의 중요성을 인식하고 국가에서 이를 관리하였다. 세 번째로 징세를 통하여 곡물가격을 조절하였고, 곡물의 사적(私

的) 매매와 사전(私田)의 보유를 인정하였다. 네 번째로 '상지이쇠징 (相地而衰徵)'이라는 원칙을 적용하여 토질의 좋고 나쁨과 수확량에 따라 징세액을 정하였다. 다섯 번째로 산림자원과 어업자원을 효과적 으로 이용하기 위하여 "산택각치기시(山澤各致其時)"라는 법을 제정하 여, 벌목과 수렵 및 어렵활동은 정해진 기간에만 하도록 하였다. 이는 역사상 최초의 자연환경보호법이라고 할 수 있다.

『관자(管子)』

관중의 저서로 알려진 『관자』라는 책은 사실 선진시기 여러 학파의 주장을 모은 것이라고 한다. 현재 우리가 접할 수 있는 『관자』는 전한 (前漢) 말 유향(劉向)이 엮은 것으로 원래는 86편이었으나 당대(唐代) 에 이르러 10편이 유실(流失)되어 지금은 76편만 남아 있다.

이 책의 내용은 매우 방대하고 복잡하여 유가, 도가, 법가, 명가(名 家), 병가(兵家), 농가(農家), 음양가(陰陽家) 등의 각종 사상과 주장을 포함하고 있으며, 그 주요 사상에는 법치뿐만 아니라 도덕교화의 중요 성 그리고 예법(禮法)도 강조하고 있다.

이렇게 볼 때 『관자』라는 책은 관중이 제나라의 재상으로 활동하면 서 실제 정치에서 적용하면서 주장한 여러 내용을 후세의 학자들이 여 러 학파의 주장을 추가하여 저술하고, 그 책 이름을 정할 때 관중의 이 름을 빌렸을 가능성이 있다.

3. 합려(闔閭)

합려(闔閭, 혹은 闔廬, B.C. 547년-B.C. 496년), 성(姓)은 희(姬)
이며, 씨(氏)는 오(吳)이고, 이름은 광(光), 일명 공자 광(公子 光)으로
부르기도 한다. 오왕 제번(諸樊) 혹은 여매(余眛)의 아들로 춘추시대
말기 오나라 군주(君主)이며, B.C. 514년부터 B.C. 496년까지 재위
하였다.

B.C. 525년 오왕 요(僚)의 사촌형인 합려는 수군을 지휘하고 양자
강을 거슬러 올라 가 초나라 장안(長岸)을 공격하여 초나라에게 빼앗
겼던 오왕의 선박인 여황(餘皇)을 탈환하였다. 또 B.C. 519년에 합려
는 다양한 전술을 활용하여 초나라를 비롯한 7개국 연합군을 계보(鷄
父)에서 격파하기도 하였고, B.C. 515년에 이르러 결국 오왕 요를 암
살하고 오나라의 왕에 즉위하였다.

즉위 후 합려는 옛 초나라 신하 오자서(伍子胥)를 재상으로, 제나라
사람 손무(孫武)를 장군으로 임명하고, 먼저 강적인 초를 제압한 다음
월나라를 제압한다는 방략을 확정하였다. B.C. 506년에 오나라 군대
는 손무(孫武)와 오자서(伍子胥)의 인솔 아래 초나라 도성인 영(郢)을
함락시켰으며, 초나라 군주 소왕(昭王)은 도망쳐 진(秦)나라의 도움을
받아 겨우 회복할 수 있었다.

오왕 합려는 B.C. 496년에 월나라와의 취리전투(檇李之戰)에서 중
상을 입고 죽은 뒤, 소주(蘇州) 호구산(虎丘山)에 묻혔다.

공자 광(公子 光)으로 불리던 합려는 오왕 제번(諸樊)의 아들이다.
사실 오나라는 수몽(壽夢)이 왕위에 있을 때부터 강성해지기 시작하였
다. 수몽에게는 4명의 아들이 있었는데, 수몽이 죽은 후 앞의 세 아들

인 제번, 여제(餘祭), 여매(餘昧)가 차례로 즉위하였지만, 이후 넷째 아들인 계찰(季札)은 본인이 사양하여 여매의 아들 요(僚)가 즉위하게 된 것이다. 이러한 왕위 계승에 대하여 제번의 아들 합려는 불만을 갖게 되었는데, 숙부인 계찰이 계승하지 않을 경우 적장자 제번의 아들인 자신이 즉위해야 한다고 생각했던 것이다. 이에 합려는 은밀히 유능한 인재들을 사람들을 불러 모으면서 왕위 찬탈을 준비하게 되었다.

B.C. 525년에 오왕 요의 명령을 받고 출병했던 합려는 초나라를 공격하다가 선왕(先王)의 배 여황(餘皇)을 초나라에 빼앗기기도 하였으나, 오왕에게는 보고하지 않고 몰래 습격하여 왕선을 탈환한 후에야 회군하였다고 한다.

B.C. 522년, 초나라에서 도망친 오자서가 오나라에 귀순하여, 합려는 빈객(賓客)의 예(禮)로서 그를 접대하여, 매우 소중한 인재를 확보하게 되었다.

B.C. 518년, 초나라와 오나라의 접경지역에서 뽕잎을 따는 문제로 생긴 다툼으로 양국 간에 전쟁이 발생하여, 오왕 요는 합려를 보내 초나라를 토벌하고, 초나라 변경의 요새 거소(居巢)와 종리(鐘離) 두 성을 빼앗아 돌아왔다. 이에 오자서는 오왕 요에게 계속해서 초나라를 공격할 것을 건의했지만, 합려는 오자서가 사적인 원수를 갚기 위해서 초나라를 공격하려는 것으로 지금 초나라를 공격한다고 반드시 승리를 자신할 수 없다고 반대하였다. 이러한 상황에서 오자서는 합려가 오왕 요를 죽이고 자립하려는 야심이 있음을 알고 합려를 돕기로 한다. 이에 오자서는 뛰어난 전사(戰士) 전제(專諸)를 합려에게 추천하고, 자신은 시골로 물러나 농사를 지으면서 전제의 거사를 기다리게 된다.

B.C. 515년, 오왕 요는 초나라 평왕(平王)이 승하한 틈을 타 초나라

를 공격하였다. 이 틈을 타 합려는 정변을 준비하고 있다가, 오왕 요가 참석한 개선 축하연에서 전제로 하여금 물고기 배(魚腹)에 숨겨놓은 칼로 오왕 요를 암살하였다. 이 사건이 역사적으로 유명한 '전제자왕료(專諸刺王僚) 고사(故事)'이다. 이 사건을 통해 합려가 오나라의 왕에 즉위할 수 있게 되었다.

합려가 즉위할 즈음 오나라는 이미 강성해지기 시작했지만, 여전히 적지 않은 문제점도 안고 있었다. 예를 들면, 강과 바닷물이 범람하였고, 군사 방어시설이 여전히 부족하여 국가의 안전이 보장되지 않은 상태였다. 또한 곡창지대가 아직 부족하였으며, 황무지도 충분히 개간되지 않은 상태였다. 더욱이 서쪽의 이웃국가 초나라는 이미 중남부의 최대 강국이 되어 있었고, 남쪽의 월나라도 상당한 국력을 갖춰 오나라에 위협적 존재가 되어 있었던 것이다.

이런 엄중한 상황에서 뛰어난 리더쉽을 갖춘 합려는 널리 인재를 구하여 발탁했는데, 대표적 인물이 바로 오자서와 손무이다. 합려는 오자서를 행인(行人, 외교관)에 임명하여 대외정책을 책임지고 추진하게 하였다. 또한 합려는 오자서의 추천으로 군사전문가 손무와 만나 당시 국제정세를 토론한 후 손무의 저술 병법 13편을 읽고, 이에 크게 감명받아 그를 장군에 임명하였다.

한편 합려는 오자서로 하여금 합려대성(闔閭大城)을 축조하게 하여 방어시설을 갖추었고, 군량미를 축적하는 등 패자(覇者)가 되기 위한 준비를 하고 있었다. 수년간의 노력으로 오나라는 강력한 국력을 갖추고 난 후, 제일 먼저 초나라의 속국 서국(徐國)을 멸망시켰다.

합려의 계속된 개혁을 통해 강력한 경제력을 갖추게 된 오나라는 군사문제에 집중하여 발전을 도모하게 된다. 먼저 사졸(士卒)들을 훈련시켜 전쟁에 필요한 경험을 축적케 하고, 군사 전략가인 손무를 중용하여 전술적 능력을 향상시켰다. 이렇게 전쟁을 수행하기 위한 준비가 끝나자, 합려는 강력한 적대국 초나라와 전면전에 돌입하게 되었다.

B.C. 512년, 합려와 오자서(五子徐)는 군대를 이끌고 초나라를 공격하여 초나라의 서읍(舒邑)을 빼앗고, 오왕 요의 동생으로 일찍이 초나라에 투항한 촉용(燭庸)과 엄려(掩餘)를 잡아 죽였다. 그 후 곧바로 합려는 초나라의 수도 영(郢)으로 진격하려 계획을 세웠으나, 장군 손무는 "지금은 민중들이 피로하니 당장 공격하지 말고 다른 기회를 기다릴 것"을 건의하자, 합려도 이에 따랐다.

B.C. 511년에 또 다시 초나라를 공격하여 초나라의 첨읍(灊邑) 등 6개 읍(邑)을 빼앗았고, B.C. 510년에는 월나라를 공격하여 월나라 군대를 격퇴시키기도 하였다. 또 B.C. 509년에는 초나라가 침략해 왔는데, 오나라 군대가 반격하여 예장(豫章)에서 초군을 격파하고 초나라 땅 거소(居巢)를 빼앗고 철수했다.

B.C. 506년, 합려는 오자서와 손무의 건의를 받고 당(唐)나라 및 채(蔡)나라와 연합하여 군대를 출동시켜 한수(漢水)를 사이에 두고 초나라 군대와 대결하였다. 합려는 동생 부개(夫槪)를 선봉으로 초나라 군대를 급습하여 격파하고, 계속 추격하여 연전연승하면서 초나라 수도 영(郢)을 함락시키고 점령하였다. 이는 상대적으로 약소국이었던 오나라가 강대국 수도를 점령한 최초의 사건이었다.

B.C. 505년에 월왕(越王) 윤상(允常)은 오왕 합려가 초나라 수도 영(郢)에 체류하여 오나라가 텅 비어있음을 알고 군대를 이끌고 오나라를 공격하여 왔다. 이에 오나라는 군대를 보내 월나라 군대에 대응하게 하였다. 한편 수도를 빼앗긴 초나라는 진(秦)나라에 구원을 요청하여 진나라 군대와 함께 오나라 군대를 공격하였다. 이렇게 위기에 처한 오나라의 합려가 여전히 초나라 땅에 머물며 철수하지 않자, 합려

의 동생 부개(夫槪)는 몰래 오나라로 돌아가 스스로 오왕(吳王)이 되려 하였다. 이에 합려는 귀국하여 동생 부개를 공격하니, 부개는 초나라로 도망가 투항하고, 같은 해 9월에 수도 영(郢)으로 되돌아 온 초나라 소왕(昭王)으로부터 당계씨(堂溪氏)에 봉해졌다.

B.C. 504년에 합려는 태자 부차(夫差)를 파견하여 다시 초나라를 공격하여 번읍(番邑)을 함락시키니, 초나라는 결국 약(鄀)으로 천도하게 되었다. 이때부터 오나라의 위세가 천하에 떨치게 되었다고 한다.

B.C. 496년 여름, 합려는 군대를 동원하여 월나라를 공격하였고, 월왕(越王) 구천(句踐)도 군대를 이끌고 출동하여 취리(檇李)에서 대결하였는데, 이를 일컬어 취리전투(檇李之戰)라 한다. 이 전투에서 처음에는 월나라 결사대가 3번이나 출동하여 공격하였으나 모두 실패하게 되니 최후에는 사형수 부대를 보내 오나라 군대 앞에서 자결하게 하였다. 이러한 기이한 상황에서 오나라 군대가 방비(防備)를 허술하게 하는 시간을 틈타 월나라 군대가 습격하여 고소(姑蘇)라는 곳에서 오나라 군대를 대파했다.

이 전투에서 월나라 대부 영고(靈姑)는 합려를 공격하여 엄지발가락을 베었다고 한다. 부상을 당한 합려는 퇴각하다가 형(陘)이라는 곳에서 사망하게 되었다.

합려는 죽기 직전 태자 부차를 오왕에 임명하고, 부차에게 「구천이 네 아버지를 죽인 것을 잊지 말아야 한다」고 당부하였다. 이후 오왕 부차는 B.C. 494년에 부초(夫椒)에서 월나라 군대를 격파하고 월나라 수도 회계(會稽)를 함락시킴으로써 마침내 아버지 합려의 원수를 갚게 되었다.

이 때 월왕 구천이 사람을 보내 화의를 요청해 왔는데, 오자서는 이를 수락하지 말고 월나라를 멸망시켜 후환을 없앨 것을 권유하였으나,

오왕 부차는 스스로 만족하여 화의를 받아들이고 월왕 구천을 자신의 하인으로 근무하게 하였다. 이에 오자서가 여러 차례 간언을 했지만, 오왕 부차는 오히려 오자서를 죽여 버렸다. 오자서가 죽으면서 「반드시 내 눈을 오나라의 동문에 걸어 두어, 훗날 월나라 군대가 오나라 땅으로 들어오는 것을 보리라」 하였는데, 정말 오자서가 예상한 대로 오나라는 월나라에게 멸망당하게 되었다.

합려는 중국의 남쪽지역에서 최강자였던 초나라를 제압하고 패자의 지위에 오르는 성과를 거두었는데, 이는 그가 펼친 몇 가지 정책이 있었기에 가능했다고 생각된다. 먼저 정치적 측면에서 출신과 상관없이 훌륭한 인재 – 오자서와 손무 등 – 을 발탁하고, 그들을 철저히 신임하여 그들이 건의한 개혁정책을 실행에 옮겼기 때문이다. 다음으로 경제적 측면에서 당시 편벽한 지리적 위치로 인한 불리한 자연환경 등을 극복하기 위하여 오자서의 건의를 실천에 옮겨 농업생산량을 증가시키고, 수리관계시설을 확충하여 경제발전의 성과를 거두었기 때문이다. 또한 뛰어난 군사적 전략을 채택하였기 때문이다. 즉 오자서의 건의로 일단 북쪽의 중원 제후국들과 친교를 맺으면서, 먼저 초나라를 공략하고, 나중에 월나라를 공격하는 전략을 취한 것은 당시 중원 제후국들과 남방의 강국 초나라가 대결하고 있는 국제적 상황을 정확히 파악하고 있었기에 가능한 정책이었다.

또한 오나라가 강국인 초나라를 이기고 패자의 지위에 오를 수 있었던 배경에는 합려의 뛰어난 전략, 전술 그리고 정확한 적정(敵情) 파악 등이 있었다. B.C. 519년에 발생한 오초간의 종리(鐘離)전투에서 초나라 중심의 7개국 연합군의 공격에 합려는 그들이 숫자는 많지만 억지로 편성되었다는 약점을 파악하고, 먼저 상대의 선봉을 괴멸시켜 기세를 제압한 결과 최종 대승을 거둘 수 있었다. 그리고 B.C. 512년의 전투에서 무리하게 초나라 수도 영(郢)를 바로 공략하는 잘못을 범하지 않고, 더 많은 역량을 비축하고 전쟁 준비를 하면서 오자서의 전략에 따라 적을 괴롭히고(擾敵) 적을 피곤하게(疲敵) 하는 전술로 초나라를 약화시킨 후, B.C. 506년에 이르러 마침내 최강국 초나라의 수도를 함락시키고 점령할 수 있게 된 것이다. 이렇게 오초 간의 대결에서 오나라가 승리한 것은 약소국이 강대국을 상대로 승리한 대표적 케이스로, 이는 합려의 뛰어난 용인술(用人術)과 전쟁 방략(方略)의 결과물인 것이다.

4. 구천(勾踐)

구천(勾踐, ?-B.C. 464년), 성(姓)은 사(姒), 본명은 구천(鳩淺)이며, 회계(會稽) 사람이다. 춘추시대 월(越)나라의 군주로, B.C. 496년부터 B.C. 464년까지 재위했다.

월왕 구천은 하(夏)왕조 우(禹)의 후손으로, 하나라의 군주 소강(少康)의 서자 무여(無餘)의 직계 후손으로 알려져 있다. 무여는 회계(會稽)지역에 분봉되어 하우(夏禹)에 대한 제사를 관장하였다고 한다. 월나라는 본래 비교적 낙후된 지역으로, 국가가 성립된 이후 줄곧 중원지역과의 왕래가 드물었는데, 구천의 아버지 윤상(允常)이 재위하는 동안 오왕 합려와 자주 충돌하였으며, 윤상이 죽은 후 구천이 월왕에 즉위하게 된다.

B.C. 496년에 즉위한 구천은 취리(檇李)전투에서 오나라 군대를 크게 격파하였고, 오왕 합려는 이 전투에서 월나라 대부 영고(靈姑)에게

엄지발가락을 잘리는 큰 부상을 입고 결국은 죽게 된다. 합려는 죽으면서 아들 부차에게 월나라에 복수할 것을 당부하는 유언을 남겼다고 한다.

오왕 부차는 아버지의 원수를 갚기 위해 섶나무에서 자면서(臥薪) 밤낮으로 월나라를 공격할 준비를 진행하였는데, 이 소식을 들은 구천은 선제적으로 오나라를 토벌하기 위해 신하 범려(范蠡)의 만류에도 불구하고 B.C. 494년에 군대를 출동시켜 오나라를 공격하였다. 결국 월나라 군대는 부차가 파견한 오나라 정예 부대에게 부초(夫椒)의 전투에서 크게 패하게 되었다. 결국 구천은 범려의 권유에 따라 문종(文種)을 파견하여 오왕 부차에게 화해를 청하면서 스스로 부차의 신하가 되기를 원하였다. 이에 오왕 부차는 상국(相國) 오자서의 반대에도 불구하고 구천의 항복을 받아들여, 구천으로 하여금 무덤 옆 돌집에서 거주하며 말을 관리하는 일을 하게 하였고, 범려도 노비의 일을 하도록 했다. 이렇게 2년을 보낸 후, 부차는 구천이 진심으로 뉘우치고 항복한 것으로 여기고 구천을 석방하여 귀국시켰다.

구천은 귀국 후 그동안 부차에게 당했던 굴욕을 잊지 않기 위해 자신의 방에 쓸개를 걸어 놓고, 매 끼니마다 쓴맛을 보면서(嘗膽) 고난과 치욕의 경험을 잊지 않고자 했다. 그리고 구천은 백성들과 동고동락하며 한마음으로 국력을 신장시켜 나갔다.

또한 오나라의 국력을 약화시키는 여러 전략을 구사하였는데, 오왕에게 뇌물을 보내 방심케 하고, 오나라의 곡식을 사들여 오나라의 창고를 텅 비게 만들었고, 목재를 보내 오나라의 궁전을 건축케 하여 오나라의 인력과 물력을 소모하게 하였다. 또한 소문을 퍼뜨려 오나라 군신 간을 이간질하였고, 미인계를 써서 오왕이 정사에 전념하지 못하게도 하였으며, 심지어는 오나라의 유능한 신하 오자서를 죽이도록 유도하였다.

더욱이 구천은 월나라의 인구를 증가시킬 수 있는 법령을 반포하여 꾸준히 인구를 늘려 나갔으며, 농업생산 발전과 전투역량을 향상시키는 일련의 부국강병책을 추진하여 복수할 수 있는 실력을 갖추어 나갔다.

B.C. 482년, 오왕 부차가 패자가 되기 위해 정예부대를 이끌고 황지회맹(黃池會盟)에 참가한 틈을 타서, 구천은 군대를 거느리고 텅 비어있는 오나라를 공격해 들어갔다. 이에 부차는 황급히 진(晉)나라와 동맹을 맺고 돌아와 반격하였으나 구천이 이끄는 월나라 군대는 오나라를 막아내면서 일단 화의를 맺었다. 그 후 B.C. 478년에 구천은 다시 군대를 이끌고 오나라를 쳐들어가 입택(笠澤)전투에서 상대를 크게 격파하였고, 마침내 B.C. 473년에 이르러 오나라 수도를 함락시키니, 부차(夫差)는 자결하고 오(吳)나라는 멸망하게 되었다. 이에 월왕 구천은 회수(淮水)를 건너 제(齊), 송(宋), 진(晋), 노(魯) 등 북방 중원지역의 제후들을 불러 모아 서주(徐州)에서 회맹(會盟)을 주도하고, 수도를 낭야(琅琊)지역으로 옮김으로써, 구천은 결국 춘추시대 마지막 패자의 자리에 오르게 되었다.

【와신상담(臥薪嘗膽)】

월왕(越王) 구천(句踐)은 아버지 윤상(允常)이 죽은 뒤 왕위를 계승한 후, 오왕(吳王) 합려(闔閭)를 죽였다. 이에 합려(闔閭)의 아들 부차(夫差)는 아버지의 원수를 갚기 위하여 섶나무 위에서 자며 복수심을 불태웠는데, 이를 일컬어 와신(臥薪)이라고 한다. 2년 후인 B.C. 494년에 구천은 부차에게 패배하여 오왕의 몸종이 되었고, 그 후 풀려나 귀국한 구천은 자신이 당한 치욕을 씻기 위하여 쓸개를 핥으면서 치욕을 잊지 않으려 했는데, 이를 일컬어 상담(嘗膽)이라고 한다. 이렇게 구천은 힘든 고생을 하면서 부국강병(富國强兵)에 성공하여 마침내 부차를 공격하여 자살케 하였다고 한다. 이러한 내용이 바로 '와신상담(臥薪嘗膽)'이라는 고사의 줄거리이다.

【미인계(美人計)】

월왕 구천은 오나라와의 부초(夫椒)전투에서 패한 후 오왕 부차의 몸종생활을 하고 돌아와 복수를 준비하던 중, 신하 문종(文種)이 제안한 벌오구술(伐吳九術, 오나라를 토벌하기 위한 9가지 계략) 중 4번째인 미인계(미인을 파견하여 상대를 현혹하여 정치를 어지럽게 만드는 계략)를 채택한다. 그래서 저라산(苧蘿山) 부근에 사는 서시(西施)라는 여인을 발탁하여 미인궁(美人宮)에 거주시키면서 3년간 각종 기예(技藝)를 교육한 후, 범려로 하여금 오왕 부차에게 바치게 하였다. 이에 오왕 부차는 크게 기뻐하여 호화로운 궁전을 건축하여 서시를 살게 하고 총애하면서 주색에 빠져, 국정에는 소홀해짐으로써 결국 멸망에 이르게 되었다는 고사이다. 한편 서시는 왕소군(王昭君), 초선(貂蟬), 양귀비(楊貴妃)와 함께 중국 고대 4대 미녀로 꼽히고 있다.

【오월동주(吳越同舟)】

서로 원수지간인 오나라 사람과 월나라 사람이 같은 배에 탔다는 뜻으로, 사이가 좋지 않은 관계더라도 어려움에 부딪치면 서로 힘을 합친다는 말이다. 손무(孫武)의 병법서 『손자(孫子)』의 「구지(九地)」편에 나오는 "무릇 오나라 사람과 월나라 사람은 서로 싫어하지만, 같은 배를 타고 강을 건너다가 마침 풍랑을 만나게 되면 왼손과 오른손처럼 서로 돕게 된다(夫吳人與越人相惡也, 當其同舟而濟, 遇風, 其相救也如左右手)."라는 고사에서 유래한 사자성어(四字成語)이다.

5. 손무(孫武)

손무(孫武, 생졸년 미상), 자(字)는 장경(長卿), 춘추 말기의 제나라 낙안(樂安)사람이다. 춘추시대의 저명한 군사가, 정치가이며, 병성(兵聖), 무성(武聖), 손자(孫子)로 추앙받고 있으며, '병가지성(兵家至聖)', '백세병가지사(百世兵家之師)', '동방병학(東方兵學)의 비조(鼻祖)'라고도 불린다.

손무는 대략 B.C. 6세기 말에서 B.C. 5세기 초 사이에 활동하였는데, 제나라에서 오나라에 오고 난 후 후 오자서(伍子胥)의 천거로 오왕 합려를 만나 자신이 저술한 병법 13편을 바친 후 장군으로 중용되었다. 그는 백거(柏擧)의 전투에서 오나라 군대를 이끌고 초나라 군대를 대파하고 수도 영(郢)까지 함락하여 초나라를 거의 멸망 단계에 이르게 하였다.

손무는 후세의 추앙을 받는 대작 『손자병법(孫子兵法)』 13편을 저술하였는데, '병경(兵經)' 혹은 '병학성전(兵學聖典)'으로 불리고 있다. 이 저서는 중국뿐만 아니라 세계에서 군사학, 군사사, 철학 사상사에 있어서 매우 중요한 위치를 차지하고 있으며, 정치, 경제, 군사, 문화, 철학 등 각 분야에서 널리 활용되고 있다. 또한 영어, 프랑스어, 독일어, 일어, 등의 외국어로도 변역되어 세계 각지에서 출판되어 널리 읽히고 있다.

손무의 조상에 대해서는 서주시대 진(陳)나라 제후의 후손으로 알려져 있는데, 제나라 환공 때 진나라에 내란이 발생하여 진완(陳完)이라는 사람이 제나라로 옮겨와 활동하였고 그의 4대손 전환자(田桓子)가 상대부(上大夫)라는 관직에 올랐으며, 그의 4째 아들 전서(田書)가 거(莒)나라를 토벌할 때 공을 세워 낙안(樂安)에 봉해지면서 손(孫)이라는 성(姓)을 하사받았다. 이 전서 즉 손서(孫書)가 바로 손무의 할아버지이며, 그의 아들 손빙(孫憑)이 손무의 아버지이다.

B.C. 512년, 오나라 왕 합려는 오자서와 의논하여 서쪽으로 진출하려 준비할 때, 오자서의 추천을 받아 손무를 접견하게 된다. 손무는 이전 은둔생활을 하면서 이미 『손자병법(孫子兵法)』을 저술하였는데, 합려를 만나 자신의 저서를 증정하였다. 그 후 이 책을 읽은 합려는 찬탄하면서, 손무를 장군에 임명하였고, 항상 손무와 군사 및 정치 등 여러 방면의 주제에 대하여 토론하여 매우 만족스러운 답을 얻었다고 한다.

B.C. 508년에 오나라는 손무의 벌교(伐交, 상대의 외교관계를 깨뜨리는 책략)라는 전략을 채택하여 초나라가 주변의 제후국과 맺은 동맹을 깨뜨리게 함으로써 초나라 땅 일부를 빼앗을 수 있었다. 또 B.C. 506년에는 인량어적(因糧於敵, 상대의 군량을 빼앗아 아군의 식량으로 삼는 것)이라는 전략을 채택하여 초나라와 싸우는 과정에서 그들이 남긴 양식을 먹으면서 추격하여 5전 5승하여 결국 수도까지 함락시키는 결과를 얻을 수 있었다.

합려가 죽어 부차가 왕위를 계승한 후, 서둘러 원수를 갚고자 하였으나, 손무와 오자서 등이 보좌하여 먼저 군량미를 저축하여 창고를 충실히 하고, 무기를 제조하고, 군대를 확충하는 등 준비를 철저히 하여 2년 만에 국력을 회복한 후 드디어 B.C. 494년에 월나라 왕 구천을 굴복시킬 수 있었다.

손무는 50살쯤에 절친한 친구인 오자서가 피살되자, 더 이상 오나라의 전쟁에 관여하지 않고 향촌에 은거하면서 병법 저서의 수정작업에 전념하였다고 한다. 오자서가 죽은 지 얼마 되지 않아 손무도 나라와 백성들을 걱정하면서 자신의 뜻을 이루지 못해 침울해 하다가 B.C.

480년 무렵에 사망하였다. 손무는 은퇴 후 죽을 때까지 줄곧 오나라를 떠나지 않았으며, 사후에는 오나라 도성 교외에 묻혔다고 한다.

손무의 군사사상은 폭넓은 사회사상과 철학을 담고 있다. 그는 전쟁의 승패는 귀신에 의해 좌우되는 것이 아니라 깨끗한 정치, 경제의 발전, 외교적 노력, 군사적 능력, 자연의 조건 등 여러 요인이 작용하고 있다고 강조하며, 전쟁 승패를 예측하는 것은 이러한 여러 사회 전반적인 환경 조건들을 철저히 분석하여야 가능한 것이라고 주장하였다. 세상의 모든 존재는 객관적인 것일 뿐만 아니라 끊임없이 운동하며 변화하고 있다고 생각한 손무는 전쟁에 임할 때에는 적극적으로 유리한 여건을 만들어 상대에게 능동적으로 대처해야 한다고 강조하였다.

물론 손무의 군사이론에 결점이 없는 것은 아니지만, 동시대의 다른 병법서들을 훨씬 뛰어넘는 탁월한 식견으로 후세에 깊은 영향을 끼치면서 동서고금의 군사 전문가들로부터 높게 평가되고 있다. 이렇게 손무는 풍부한 내용과 이론을 갖춘 군사학이라는 구체적인 학문을 성립시키면서 또한 철학적 이론도 포함시켜 춘추시대 말기 사상 학술계의 새로운 영역을 구축하였다. 이에 손무는 손자로 불리면서 공자, 노자와 함께 춘추시대 3대 위대한 성자(聖者)로 추앙받기도 한다.

『손자병법(孫子兵法)』

『손자병법』은 『손무병법(孫武兵法)』, 『오손자병법(吳孫子兵法)』, 『손자병서(孫子兵書)』, 『손무병서(孫武兵書)』 등의 이름으로도 불린다. 프로이센의 장군 크라우제비츠(Clausewitz)의 『전쟁론(戰爭論)』보다 무려 2,300여 년 앞서서 쓰여진 현존하는 중국의 최초 병서이자, 세계 최초의 군사 저서이다. 현재 접할 수 있는 내용은 모두 6천여 자 정도이며, 모두 13편이다.

『손자병법』의 서술은 '손자왈(孫子曰)'로 시작하여 매 편(篇)마다 테마 별로 논리정연한 문장과 간결한 언어와 생동감 있는 비유를 사용하여 군대의 행동을 묘사하고 있다는 평가를 받고 있다.

또한 『손자병법』은 선대(先代)의 군사 이론을 계승·발전시켜 정치를 전쟁 승패를 결정짓는 가장 중요한 요소로 삼음으로써 전쟁의 원리 원칙으로 귀납하고 있다. 그래서 전쟁 이전의 준비상황, 전략의 활용, 작전의 배치, 적진에 대한 상황판단 등을 어떻게 해야 하는지를 상세하게 설명하고 있다.

『손자병법』은 중국 고대 군사문화의 뛰어난 작품으로, 그 내용은 폭넓고 사상은 심오하며 논리가 치밀하여 고대 군사사상의 정수를 보여준다.

현존하는 최초의 『손자병법』은 한(漢)나라 때 제작된 『손자병법』의 죽간(竹簡)으로, 1972년에 산동성 임기(臨沂)시 은작산(銀雀山) 한묘(漢墓)에서 출토되어 1975년 출판되었으나 불완전하여 전체의 내용을 전하지 못하고 있다. 현재 전체 내용을 파악할 수 있는 것은 1935년 중화학예사(中華學藝社)에서 출판한 남송(南宋)시대의 『십일가주손자(十一家注孫子)』 판본이 있으며, 그 이후 주(注)를 달은 여러 판본이 있다.

『손자병법』은 전체 내용을 크게 5부분으로 나누어 볼 수 있다.

첫 번째는 전략 설계 부분이다. 이는 제1편부터 3편까지로, 제1편에는 「시계편(始計篇)」, 「작전편(作戰篇)」, 「모공편(謀攻篇)」이 있다. 「시계편」에서는 출병 전에 적과 아군의 각종 조건을 따져 승패여부를 예측하면서 작전 계획을 세우는 것이 얼마나 중요한 지를 설명하고 있다. 제2편 「작전편」에서는 작전이라는 것이 단지 전쟁에서의 작전만을 뜻하는 것이 아니라 전쟁 이전의 준비와 계획을 뜻하는 것으로, 전쟁 준비에 있어서 경제의 중요성을 중점적으로 분석하고 있다. 「모공편」에서는 지략(智略)으로 공격하는 것, 즉 무력에만 의존하지 않고 온갖 수단과 방법을 동원해 적을 항복시켜야 함을 강조하고 있다.

두 번째는 작전 지휘부분이다. 이는 제4편에서 6편까지인데, 여기에는 「군형편(軍形篇)」, 「병세편(兵勢篇)」, 「허실편(虛實篇)」이 있다. 「군형편」에서는 전투력의 강약과 전쟁의 물질적 준비 등 객관적 요소들에 대해 설명하고 있다. 「병세편」에서는 병력의 배치 및 사기의 강약 등 주관적이고 우연성을 지닌 전쟁의 요소 등을 어떻게 준비해야 하는지를 강조하고 있다. 「허실편」에서는 전쟁에서 병력의 집결과 분산 그리고 포위와 우회의 방법을 통해 어떻게 적을 약화시키고 아군을 강하게 하는 방법에 대하여 설명하고 있다.

세 번째는 임기응변 부분이다. 이는 제7편에서 9편까지로, 「군쟁편(軍事篇)」, 「구변편(九變篇)」, 「행군편(行軍篇)」이 있다. 「군쟁편」에서는 "이우위직(以迂爲直, 우회함으로써 곧장 가는 것과 같은 효과를 거두는 전략, 즉 '돌아가는 것이 지름길이다'라는 의미로 사용)"·"이환위리(以患爲利, 예상하지 못한 어려움을 오히려 전화위복의 계기로 삼는다는 뜻)"하여 전쟁이 일어났을 때 어떻게 기선을 제압할 수 있는지를 설명하고 있다. 「구변편」에서는 장군들이 각각 다른 상황에 따라 다른 전략과 전술을 취해야 함을 강조하고 있다. 「행군편」에서는 행군 중에 어떻게 야영하고 적정을 살펴야 하는지를 설명하고 있다.

네 번째는 군사 지리부분이다. 이는 제10편에서 11편까지로, 「지형편(地形篇)」, 「구지편(九地篇」이 있다. 「지형편」에서는 각기 다른 6가지의 작전 지형과 그에 상응하는 전술을 설명하고 있다. 「구지편」에서는 주(主)와 객(客)의 형세 및 적진에 진입한 정도에 따라 9가지의 작전환경과 요구되는 전술에 대하여 설명하고 있다.

마지막으로 특수전 방법부분이다. 제12편부터 13편까지로 「화공(火攻篇)」과 「용간편(用間篇)」이 있다. 「화공편」에서는 불(火)로 공격을 보조하는 방법에 대하여, 「용간편」에서는 5가지의 간첩을 활용하는 방법에 대하여 설명하고 있다.

『손자병법』은 춘추시대 후기 즉 B.C. 515년-B.C. 512년에 쓰여진 중국 최초의 가장 완전하고 유명한 군사학 저서로서, 이 책에 담겨진 군사 사상은 후세의 역대 정치, 군사, 사상 등에 매우 심대한 영향을 끼쳤고, 이미 20여 종의 외국어로 번역되어 세계 각지에서 널리 유포된 "병학성전(兵學聖典)"이다.

『손자병법』은 현대 사회에서도 군사적 범위를 초월하여 정치적, 경제적 경쟁사회에서 폭넓게 적용하며 활용되어, 우리들로 하여금 많은 문제들을 해결하는 방법과 지혜를 제공해 주고 있다.

6. 손빈(孫臏)

손빈(孫臏)은 생졸년이나 본명 등에 대하여 정확하게 밝혀진 것이 별로 없다. 다만 산동 손씨 족보에는 그의 본명이 손백령(孫伯靈)으로 나오기도 한다. 손빈은 전국시대 제나라 출신으로 지금의 산동성에 위치한 아(阿), 견(鄄)이란 곳에서 출생하였으며, 손무(孫武)의 후손으로 알려져 있다. 주로 제나라 위왕(威王)과 선왕(宣王)의 재위 기간에 해당하는 B.C. 356년에서 B.C. 319년 무렵에 활동했던 군사 전략가이다.

손빈은 전국시대에 방연(龐涓)과 동문수학하면서 병법을 배웠는데, 항상 방연보다 우수하여 그의 질투를 받았다. 이후 방연은 위(魏)나라 혜왕(惠王)에 의해 장군에 임명되었는데, 당시 위나라는 제나라와 중원의 패권을 두고 자주 충돌하곤 하였다. 이 때 방연은 은밀히 사람을 보내 손빈을 위나라로 불러들여 감시하게 하였다. 특히 방연은 여러 가지 죄를 날조하여 손빈의 조상 손무가 남긴 병서를 확보하기 위해 죽이지는 않고, 무릎 아래를 잘라내는 형벌인 빈형(臏刑)과 얼굴에 죄인이라는 글자를 묵으로 새겨 넣는 경형(黥刑)을 가하여 영원히 세상에서 버림받는 인간이 되게 만들었다. 이렇게 손빈은 친구로부터 사악한 배신을 당하여 앉은뱅이 신세가 되었으나, 불굴의 의지로 극복하고, 손빈을 범상치 않게 여긴 제나라에서 온 사신의 도움으로 위나라에서 도망쳐 제나라로 돌아올수 있었다.

제나라에 돌아온 손빈은 장군 전기(田忌)에게 발탁되었는데, 당시 제나라에서는 귀족들 간에 거금을 걸고 경마도박이 유행하고 있었다. 이 경마에 참가하는 말들은 커다란 차이는 없지만, 대개 상, 중, 하 3개 등급으로 구분할 수 있고, 경마는 삼판양승으로 승부가 결정되는 것이었다. 이런 상황에서 손빈은 다음 경마에서 꼭 이길 수 있다고 장담하면서, 자신의 주군 전기에게 1,000 냥이나 되는 거금을 걸고 위왕(威王)을 비롯한 여러 공자(公子)들과 겨누게 하였다.

시합이 시작되기에 앞서 손빈은 전기에게 다음과 같은 방법을 일러주었다. 3번의 경마 중 첫 번째에서는 제일 못하는 하등(下等)의 말을 출전시켜 상대방의 상등(上等)의 말과 경기하게 하니 질 수 밖에 없을 것이다. 두 번째 경기에서는 상등(上等)의 말을 출전시켜 상대의 중등(中等)의 말과 경기하게 하여 이길 수 있게 하였다. 그리고 마지막으로 세 번째 경기에는 우리 쪽에서는 중등(中等)의 말을 출전시키면 상대방의 하등 말과 붙게 되고, 그 결과는 반드시 이길 수 있게 되어서, 최종적으로는 2승 1패를 거두어 승리할 수 있다는 것이었다. 손빈이 건의한 이 방법으로 전기는 경마도박에서 승리하여 거금을 딸 수 있었다고 한다. 손빈이 제시한 이 경마의 방법을 후세 사람들이 '삼사법(三駟法)'이라 이름 붙였다.

이로 인하여 손빈은 유명해졌고, 제나라 중신(重臣) 전기(田忌)도 손빈의 뛰어남을 알고 위왕(威王)에게 손빈을 추천하였다. 당시 중원지역의 패권을 다투고 있던 위왕은 손빈을 불러들여 전쟁관, 치군(治軍), 전술 등의 여러 현안들에 대하여 토론을 한 후, 그의 능력을 뛰어난 전략가로 평가하고 군사(軍師)에 임명하였다. 이후 손빈은 자신의 뛰어난 용병술과 군사이론으로, 전기(田忌)를 도와 계릉(桂陵)과 마릉(馬陵)전투에서 위나라를 격파하고 제나라를 강국으로서 위치를 확고하게 하였다.

B.C. 353년의 계릉(桂陵)전투는 당시 중원의 패권을 두고 다투던 제나라와 위나라 사이의 중요한 승부처였다. B.C. 354년, 조(趙)나라는 위(魏)나라의 동맹국 위(衛)나라를 침공하여 칠(漆)과 부구(富丘)라는 두 지역을 빼앗았는데, 이로 인하여 위(魏)나라 혜왕은 방연을 사령관으로 임명하여 8만 대군을 이끌고 조나라의 수도 한단(邯鄲)을 포위하게 하였다. 그 이듬해 조나라는 사신을 보내 제(齊)와 초(楚)나라에 구원을 요청하여 왔다. 이에 제 위왕(威王)은 신하들과 상의한 결과, 조나라를 구원함과 동시에 다른 한편으로는 위(魏)와 조(趙) 두 나라를 모두 견제할 수 있는 전술을 채택하였다.

B.C. 353년, 제나라 군대는 두 갈래로 나누어, 한편으로는 송(宋)나라 경적(景敵), 위(衛)나라 공손창(公孫倉)이 이끄는 부대와 합류하여 위나라의 양릉(襄陵)을 포위 공격하였고, 다른 한편으로는 전기와

손빈이 지휘하여 조나라를 구원하도록 하였다. 위왕은 당초 손빈을 사령관으로 삼도자 했으나 손빈이 불구의 몸으로 중책을 감당할 수 없다고 사양하여 전기를 사령관에 임명하고, 손빈을 군사에 임명하여 전차에 앉아서 작전계획을 수립하게 하였다.

위나라의 방연이 8만 명을 이끌고 조나라 수도 한단을 포위하였을 때, 제나라의 전기와 손빈이 8만 군을 이끌고 제(齊)와 위(魏)의 국경 지대에 도착하였다. 이 때 전기는 한단으로 바로 진격하여 조나라 군대와 함께 위나라의 방연부대를 협공하여 한단에 대한 포위망을 풀자고 주장하였다. 이에 비해 손빈은 당시의 상황을 분석하여 위나라의 주력부대는 모두 이 전투에 참가하였고, 위나라 국내에는 늙고 허약한 병사들만 남아 있을 것이라며, 먼저 위나라 수도 대량(大梁)을 습격하면 위나라 군대는 틀림없이 한단의 포위를 풀고 자신들의 도성을 구하기 위해 군대를 되돌릴 거라고 주장하였다.

이 군사작전의 확실한 성공을 위하여 손빈은 제나라 군대 지휘부가 무능함을 거짓으로 보여주고자 위나라 동부의 중요한 군사 요충지 평릉(平陵)을 공격하는 척 하면서 위나라의 방연부대를 유인하였다. 당시 제나라의 주력부대는 위나라 군대가 자신들의 도성 대량을 구하기 위해 되돌아오는 길목인 계릉(桂陵)에 매복하였다가 방연이 이끄는 부대가 통과할 때 기습하여 대승을 거두고 방연을 사로잡게 된다. 이 계릉전투에 적용된 손빈의 전략이 바로 위위구조(圍魏救趙)이다.

물론 이 계릉의 전투에서 승리하였지만 조나라의 수도 한단이 위나라의 포위로부터 곧바로 벗어날 수는 없었다. B.C. 651년에 이르러 위나라 혜왕과 조나라 성후(成侯)가 맹약을 체결한 이후에야 조나라 한단에서 위나라 부대가 철수하게 되었고, 제나라에 포로로 잡혀있던 방연도 석방되어 위나라로 되돌아가 장군직에 복귀하게 된다.

계릉전투 이후 위나라는 주변 국가의 공격을 받아 곤경에 처하였는데, 이를 극복하기 위해 혜왕은 조(趙)나라, 진(秦)나라와 연합하여 한(韓)나라를 공격하여 B.C. 340년에 전쟁을 일으켰는데, 이로 인하여 한나라는 제나라에 구원을 요청하였다. 이에 제나라에서는 구원 여부에 대하여 논의한 결과 손빈이 주장한 상황에 따라 천천히 구원하자는 방법이 채택되어, 전기가 사령관에, 손빈이 군사에 임명되었다. 이번 작전도 지난 계릉 전투 때와 비슷하게 위위구한(圍魏救韓)의 전략을 써서 먼저 위나라의 수도 대량을 공격하는 것이었다.

제나라 군대가 위나라 수도 대량을 공격해 들어가자 위나라도 태자 신(申)을 상장군에, 방연을 사령관에 임명하고 대응해 왔다. 이에 손빈은 제나라 군대가 겁을 먹고 후퇴하는 것처럼 가장하여 적군을 유인하였는데, 이번에는 적군의 조급함을 이용하여 제나라 군대의 취사용 밥솥을 줄여서 적을 유인하는 전술을 전개하였다. 이를 감조유적(減灶誘敵)이라고 한다. 즉 제나라 군대의 밥 짓는 솥을 첫째 날에는 10만 명분을, 둘째 날에는 절반으로 줄이고 셋째 날에는 1/3로 줄임으로써, 수많은 제나라 병사들이 진짜 겁을 먹고 도망친 것으로 생각하게 하여 위나라 군대를 유인하였던 것이다.

결국 마릉(馬陵)이라는 매복에 적합한 지역에서 위나라 방연이 이끄는 부대를 습격하여 괴멸시켰고 방연은 자살하였다. 이번 마릉전투에서 손빈은 감조유적(減灶誘敵)이라는 새로운 전법을 구사하여 중원의 패권을 두고 경쟁하던 위나라와의 전쟁에서 승기를 잡을 수 있었던 것이다.

앞에서 설명한 계릉전투에서 펼친 위위구조(圍魏救趙)와 마릉전투에서 펼친 감조유적(減灶誘敵)이라는 전술을 통해 볼 때, 손빈은 전국시대라는 약육강식의 시대에 국가와 국가 간의 정세를 정확하고 종합적으로 판단하여 작전과 작전이 서로 유기적으로 연결되는 전략과 전술을 펼치는 매우 특출한 군사 전략가였던 것이다.

7. 상앙(商鞅)

상앙(商鞅, B.C. 395년-B.C. 338년), 성(姓)은 희(姬)이며, 씨(氏)는 공손(公孫)이고, 이름은 앙(鞅)으로, 위(衛)나라 사람이다. 전국시대의 정치가, 개혁가, 사상가, 군사가로, 법가(法家)를 대표하는 인물이고, 위나라 국군(國君)의 후손으로 알려져 있다.

상앙은 젊은 시절 형법과 법술을 좋아하여 이회(李悝)와 오기(吳起)의 영향을 받았으며, 또한 그는 시교(尸佼)로부터 잡가(雜家)의 학설도 배웠다. 그 후 위(衛)나라 국상(國相) 공숙좌(公叔痤)의 문하에서 활동하며 중서자(中庶子)의 직을 담당하기도 하였다. 공숙좌가 병이 든 후 위나라 혜왕(惠王)에게 상앙을 천거하면서 「대왕께서 상앙을 기용하지 않는다면, 다른 나라로 도망가지 못하도록 반드시 죽여야 한다.」고 충고하였다. 그러나 혜왕은 중병에 걸려 헛소리한다고 여겨 그의 충고를 받아들이지 않았다. 결국 혜왕은 공손좌의 의도를 제대로 파악하지 못하고 상앙을 살려두게 되었다.

이에 상앙은 진나라로 건너가 효공의 최측근 경감(景監)의 추천으로 효공을 접견하게 되었다. 첫 번째와 두 번째 만남에서 효공의 관심을 이끌어내지 못하였으나, 세 번째 만남에서는 상앙이 춘추오패의 흥기 과정을 설명하며, 부국강병의 필요성과 변법혁신의 중요성을 설명함으로써 효공의 관심을 받게 되었고 마침내 진나라에서 등용되었다.

진나라 효공은 B.C. 359년 감룡(甘龍)과 두지(杜摯) 등 구 귀족들이

'옛것을 본받고(法古), 예(禮)를 따라야 한다(循禮)'는 명분으로 반대함에도 불구하고, 상앙으로 하여금 부국강병을 목표로 적극적인 변법혁신을 추진하게 하였다.

상앙은 제일 먼저 국내에 '간초령(墾草令)'을 반포하여 변법의 예비단계를 시작하였는데, 여기에서는 농업 생산력의 발전, 상업 활동의 억제, 귀족과 관료들의 특권 약화, 그리고 새로운 조세제도, 호구(戶口) 등록과 이사 금지 등의 정책을 시행하였다.

간초령이 성공적으로 진행되는 것을 확인한 효공은 B.C. 356년에 상앙을 정식으로 좌서장(左庶長)이라는 직책에 임명하여 제1차 변법을 본격적으로 추진하였다. 그 주요 내용을 정리하면 다음과 같다.

(1) 위(魏)나라 이회(李悝)가 저술한 『법경(法經)』을 반포·시행하고, 연좌법(連坐法)를 제정하고, 또 경범죄도 중형으로 다스리게 하였다.

(2) 이전에 시행되던 세경세록제도(世卿世祿制度)를 폐지하고, 군공(軍功)에 따라 작위를 수여하는 20등작제(二十等爵制)를 시행하였다.

(3) 중농억상(重農抑商), 농경과 직조(織造), 황무지 개간 등을 장려하여, 성과가 좋으면 노역(勞役)과 부세(賦稅)를 면제해 주고, 상인들의 교역활동에 대해서도 중과세(重課稅)를 하였다.

(4) 유가(儒家)의 경전을 불태우고, 타 지역으로 이동을 금지하였다.

(5) 성인 남자가 각 호(戶)에 2인 이상 거주하지 못하게 하는 분가(分家)정책을 통해 소가족 제도를 강제로 시행하였다.

이러한 상앙의 제1차 변법은 국가의 징세와 요역 그리고 병역의 대상을 안정적으로 추가 확보할 수 있게 되어 진나라의 경제력과 군사력을 동시에 발전시키는 토대를 구축하게 되었다.

효공은 제1차 변법을 통해 진나라 내부의 개혁을 어느 정도 끝낸 후, 동쪽 진출을 위해, B.C. 350년에 상앙(商鞅)에게 명하여 함양(咸陽)에 새로운 도성을 건설하도록 하였다. 함양은 관중평야의 한 가운데에 위치하고 있어서 북으로는 고원(高原)이, 남으로는 위수(渭水)가 있고, 위수를 타고 내려가면 황하(黃河)에, 종남산(終南山)과 위수 사이를 지나게 되면 함곡관까지 직통하는 곳이었다. 그 후 B.C. 349년에 마침내 함양으로 천도를 감행하였고, 상앙에게 제2차 변법을 시행하도록 명하였다.

제2차 변법의 주요 내용을 정리하면 다음과 같다.

(1) 귀족의 정전제 및 토지 국유제를 폐지하고, 토지 사유제를 실시하여 토지의 자유로운 매매를 허용하였다.

(2) 분봉제를 폐지하고, 지방행정단위로 현(縣)을 설치하였다. 그리고 전국을 31개 현으로 나누고, 각 현에는 현령(縣令), 현승(縣丞), 현위(縣尉) 등의 관리를 임명하였다.

(3) 도량형을 통일하고 도량형의 표준기구를 배포하였다.

(4) 호구를 정리하여 5가(家)를 1오(伍)로, 10가(家)를 1십(什)으로 편성하였고, 모든 주민은 호적에 등기하도록 하여, 각 호(戶)와 구(口)에 따라 전부(田賦) 징수와 징병(徵兵)을 실시하였다.

(5) 부자, 형제가 한 집에 거주하는 것을 금지하는 분가정책을 강화하여 이를 어길 시 호구세(戶口稅)를 징수하도록 규정하였다.

한편 군사적인 측면에서 상앙은 군대를 이끌고 출동하여 위나라에 빼앗겼던 하서(河西)지역을 수복하였는데, 그 공을 인정받아 효공으로 부터 상어(商於)의 15개 읍(邑)을 하사받고 '상군(商君)'으로 책봉됨으로써, 그를 상앙(商鞅)이라고 부르게 된 것이다.

B.C. 338년 진 효공이 죽은 후 혜문왕(惠文王)이 죽위하였는데, 이로 인하여 상앙은 변법의 강력한 지지자를 잃게 되었던 것이다. 그동안 진행된 변법은 귀족들의 이익을 침범하였기 때문에 그들의 강렬한 반대에 부딪히게 되었다. 특히 공자 건(虔)은 상앙을 반란죄로 모함하여, 상앙은 도망하게 되고, 결국 동(彤)이라는 곳에 이르러 죽게 되었다. 그가 죽은 후 그의 시신은 함양으로 옮겨져 거열형(車裂刑)에 처해지고, 그의 가족들도 모두 처형되었다. 그러나 그가 추진했던 변법은 멈추지 않고 계속 실시되었다고 한다.

이렇게 상앙이 중심이 되어 10여 년 동안 2차례에 걸쳐 진행된 진나라의 변법은 오래된 봉건적 제도들을 완전히 철폐하고, 경제적으로도 안정적인 발전을 이룩하게 되어, 진나라는 점차 전국 칠웅 중 최강국으로 성장할 수 있었고, 또한 중국 최초로 천하 통일을 완성할 수 있는 토대를 마련할 수 있게 되었다.

제3장

중국의 영원한 사표(師表), 공자(孔子)

　공자(孔子, B.C. 551년-B.C. 479년)의 성(姓)은 자(子), 씨(氏)는 공(孔)이며, 이름은 구(丘)이고, 자(字)는 중니(仲尼)이다. 노(魯)나라 추읍(陬邑) 사람이며, 본관은 송(宋)나라 율읍(栗邑)이라고 한다. 중국의 고대 사상가·정치가·교육가이며, 유가(儒家)학파의 창시자이고, 대성지성선사(大成至聖先師)로 추앙받고 있다.

　교육적 시스템이 전혀 없었던 춘추시대에 활동한 공자는 개인적(私的)인 강학(講學)의 방법으로 교육의 풍조를 처음 열었다. 이렇게 교육을 통해 수많은 제자를 길러내게 되어 그 제자가 3천 명에 이르는 것으로 알려져 있으며, 그 중에 현인(賢人)으로 추앙받는 제자만 무려 72명에 이른다고 한다. 그는 자신을 따르는 제자들을 이끌고 14년간 열국(列國)을 주유(周遊)하면서 천하의 질서를 바로 잡고자 학설을 주장하였고, 만년에 이르러 6경(六經: 『詩經』, 『書經』, 『禮

記』,『樂經』,『易經』,『春秋』)을 완성하였다. 또 그가 사망 후, 그의 제자들과 또 그들의 제자들이 공자와 제자들의 언행과 사상을 기록·정리하여『논어(論語)』를 출판하였다. 이『논어』도 유가의 경전으로 사서(四書) 중 하나이다.

공자는 당시 최고의 학자 중 하나로 꼽히며, 살아서 활동할 때부터 주변 사람들로부터 천종지성(天縱之聖), 천지목탁(天之木鐸)으로 불리었다고 하며, 죽은 후에는 후세 정치지도자들에 의해 공성인(孔聖人), 지성(至聖), 지성선사(至聖先師), 만세사표(萬世師表)로 추앙받았다. 그의 사상과 학문은 중국을 비롯한 동아시아뿐만 아니라 전 세계에 지금까지도 커다란 영향을 끼치고 있다.

1. 생애

공자의 조상은 원래 송(宋)나라 율읍(栗邑)의 귀족으로, 상(商)왕조의 개국 군주 탕왕(湯王)의 후손이라고 전해온다. 주나라 초기 삼감(三監)의 난 이후 상나라의 귀족과 후손을 달래기 위해 주공(周公)은 주나라 성왕(成王)의 명을 받들어 상 주왕(紂王)의 형인 미자계(微子啓)를 상구(商丘)에 봉하여 송나라를 세우게 하였다. 미자계가 죽은 후, 그의 동생 미중(微中)이 계위하였는데, 이 미중이라는 사람이 바로 공자의 14대조이다. 그 후 6대조 때 이르러 공(孔)이라는 성(姓)을 얻어 공보가(孔父嘉)가 되었다. 이 공보가는 송(宋)나라 대부(大夫)로 대사마(大司馬)를 지냈으며, 송(宋)나라 율읍에 봉해졌다가 훗날 피살되었다고 한다. 이 공보가의 5대손이 숙량흘(叔梁紇)로, 바로 공자의 아버지이다. 숙량흘은 송나라에 전란이 일어나 노나라로 피신하여 추읍(陬邑)에 정착하였고, 관직이 추읍대부(陬邑大夫)였다.

숙량흘은 본처 시씨(施氏)와 9명의 딸을 낳았으나 아들이 없었고, 첩을 얻어 아들 맹피(孟皮)를 낳았으나, 신체적 장애로 인하여 아버지를 계승할 수 없었다. 그래서 숙량흘은 다시 안징재(顔徵在)를 첩으로 들여 아들을 낳았는데, 이 아들이 바로 공자이다. 안징재가 공자를 낳을 때 니구산(尼丘山)에서 기도를 드린 후 임신하게 되었다고 이름을 구(丘)라고, 자(字)를 중니(仲尼)라고 지었다고 한다.

B.C. 549년, 공자가 3살 때 아버지 숙량흘이 병사한 후, 안징재는 본처 시씨에게 쫓겨나 맹피와 공자를 데리고 곡부(曲阜) 궐리(闕里)로 와서 가난한 생활을 하게 되었다.

B.C. 535년, 공자는 어머니 안징재가 세상을 떠나 고아가 되었다. B.C. 533년, 공자가 19세가 되었을 때 송나라 사람 기관씨(亓官氏)의 딸과 결혼하였다.

B.C. 532년에 기관씨가 아들을 낳았는데, 마침 노나라 소공(昭公)이 공자에게 잉어(鯉魚)를 하사하여, 아들의 이름을 이(鯉)라 하고, 자(字)는 백어(白魚)라고 지었다고 전해진다.

공자는 20살 때부터 벼슬길에 오르려고 천하의 대사에 관심을 갖게 되었고, 나라를 다스리는 일에 대하여 자신의 견해를 밝히기도 했다. 이 때부터 공자는 관직에 진출하였는데, 그 첫 번째 직책이 위리(委吏)라는 창고 관리직이었고, B.C. 531년에는 승전(乘田)이라는 목축 관리 직책을 담당하기도 하였다.

B.C. 525년, 공자가 처음으로 개인 신분으로 사립학교를 설립하여 교육활동을 본격적으로 시작하였다.

B.C. 517년, 노나라에 내란이 발생하여 도망치는 소공을 따라 공자도 제나라에 갔는데, 제나라 제후 경공(景公)이 공자를 높게 평가하여

크게 우대하였다.

B.C. 515년, 제나라의 대부(大夫)가 공자를 해치려 하여 공자는 황급히 노나라로 되돌아 왔다.

B.C. 504년, 가신(家臣) 양호(陽虎)가 노나라의 국정을 장악하고 농단하자, 공자는 관직에서 물러나 은거하면서 『詩經』, 『書經』, 『禮記』, 『樂經』 등을 저술하였다. 이후 공자는 노나라의 소사공(小司空), 대사구(大司寇) 등의 관직을 담당하기도 하였다.

B.C. 497년, 55세가 된 공자는 노나라를 떠나 여러 나라를 주유(周遊)하기 시작하였다.

B.C. 496년, 공자가 제자들과 함께 노나라를 떠나 위(衛)나라로 갔을 때, 위나라 제후 영공(靈公)으로 부터 존중과 우대를 받아 높은 녹봉을 받았으나, 관직에 임용되지는 않았다. 그 후 공자는 약 10개월 동안 위나라에 머물렀는데, 중상모략으로 영공의 의심을 받아 감시를 당하게 되자, 공자는 제자들과 함께 진(陳)나라에 가는 도중 여러 사건에 연루되어 다시 위나라로 돌아오게 되었다. 이렇게 돌아온 공자 일행을 위 영공은 크게 기뻐하면서 직접 영접했다고 한다. 이후에도 공자는 여러 차례 위나라를 떠났다가 다시 돌아오곤 했는데, 이는 위 영공의 우대 때문이기도 하지만, 다른 측면에서 보면 공자가 위나라를 떠나 갈 곳이 별로 없었기에 돌아올 수밖에 없었다고 생각된다.

이렇게 공자는 14년간 천하의 여러 나라들을 돌아다녔는데, 그 도중 B.C. 485년에 위나라에 있을 때 그의 부인 기관씨가 사망했다. 그 후 B.C. 484년 68세에 마침내 노나라로 돌아오게 되는데, 이로써 공자의 장기간 계속되었던 천하주유(天下周遊)가 끝나게 되었다.

그 후 B.C. 483년에 그의 아들 공리(孔鯉)가, B.C. 482년에는 그의 수제자 안회(顏回)가, B.C. 480년에는 그의 또 다른 제자 자로(子路)

가 먼저 죽었다.

　결국 B.C. 479년 4월 11일 공자는 73세를 일기로 세상을 영원히 떠나 노나라 도성 북쪽을 흐르는 사수(泗水) 주변에 묻혔다. 이에 그의 제자들은 3년간, 특히 수제자 자공(子貢)은 6년간 그의 묘를 지켰다고 한다.

2. 학술과 사상

　춘추시대 후반기에 활동했던 공자는 당시 혼란한 정치상황과 어지러운 사회 및 경제 문제를 해결하고자 일련의 주장과 학설을 내놓았는데, 그것이 바로 유가(儒家)사상이다. 이 유가사상은 춘추전국시대 등장한 제자백가(諸子百家) 중에 제일 먼저 성립된 학파로, 이후 등장하는 여러 학설과 사상에 커다란 영향을 주었을 뿐만 아니라 후세 중국 등 동아시아 각국의 학술과 사상에 막대한 영향을 끼치게 된다.

　공자가 혼란했던 당시 사회를 구제하고자 제시했던 방법은 바로 서주(西周)시대의 예의와 질서를 회복하여 도덕주의를 완성하는 것이었다. 그가 여기에서 주장한 것은 단순히 서주시대로 복귀하자는 것이 아니라, 서주시대에 정립된 봉건적 규범인 예(禮)의 확립을 통해 신분질서를 회복하면, 개인·가족·사회·국가·천하의 질서도 바로 잡을 수 있다는 것이다.

　그런데 여기에서 공자는 예(禮)라는 것은 도덕(道德)을 실천하는 것으로 표현되는데, 이는 저절로 이루어지는 것이 아니라 교육(敎育)을 통해 완성될 수 있다고 강조하였다. 이렇게 교육을 통해 도덕을 실천하는 사람을 군자(君子)라고 하는데, 군자가 교육을 통해 배운 것을 현실 사회에서 실천에 옮기는 것을 인(仁)이라고 한다.

이렇게 공자가 어지러운 현실사회를 구제하기 위해 제시한 것은 교육을 통해 예(禮)를 갖추고, 인(仁)을 실천해야 하는 것인데, 이렇게 되면 도덕이 완성된다는 것이다. 공자의 예(禮)사상은 예교주의 정신이요, 인(仁)사상은 인도주의 정신으로, 공자가 주장하였던 가장 중요한 두 가지 핵심 사상이라고 할 수 있다.

공자는 이러한 자신의 주장을 혼란한 정치상황을 바로잡고자 정치에 반영하여 '위정이덕(爲政以德, 덕으로 정치를 해야 함)'을 강조하였다. 예교(禮敎)로 나라를 다스리는 것이 가장 이상적인 치국(治國)이라고 하면서, 이런 치국의 방법을 덕치(德治) 또는 예치(禮治)라고도 불렀다. 덕치라는 것은 도덕적으로 사람을 감화시키고 교육하는 것이라고 하였다. 공자는 인성이 선(善)하든, 악(惡)하든 상관없이 도덕으로 감화시키면 사람들을 교육시킬 수 있다고 강조하였는데, 이것이 바로 유가(儒家)사상의 핵심인 것이다. 또한 여기에서 공자가 주장한 예치(禮治)라고 하는 것은 바로 엄격한 신분질서를 지켜야 한다는 것으로, 군신·부자·귀천·존비는 모두 반드시 엄격하게 구별되어야 하고, 각자가 자신의 신분으로써 예를 잘 지키면, 어지러운 사회를 바로잡을 수 있다고 본 것이다.

이러한 공자의 인(仁)사상은 훗날 증자(曾子)와 자사(子思)를 거쳐 맹자(孟子)가, 예(禮)사상은 자하(子夏)를 거쳐 순자(荀子)가 계승·발전시켜 학문적·사상적으로 완벽하게 체계를 갖추게 된다.

그래서 공자는 정치와 사회를 바로 잡는 것은 교육을 통해 예를 잘 지키고, 인을 잘 실천하는 수많은 군자들을 배출함으로써 가능하다고 주장하였다.

공자는 일찍이 인간은 선천적인 본질이 비슷하지만, 발현되는 능력이 차이가 나는 것은 바로 후천적인 교육과 사회환경의 차이에서 비롯된 것(性相近也, 習相遠也)이기 때문에 누구나 교육을 받을 수 있고, 누구나 교육을 받아야 한다고 하였다. 특히 그는 '유교무류(有敎無類, 차별 없는 교육 실시)'를 강조하여, 귀족의 교육 독점에 반대하고, 널리 평민들도 모두 교육을 받을 수 있는 환경을 조성하기 위해 사학(私學) 설립을 실천에 옮겼다.

또한 공자는 '학이우즉사(學而優則仕, 배우고 남은 힘이 있으면 벼슬을 한다)'를 주장하여, 그의 교육 목적이 정치를 잘 하는 군자를 양성하는 것에 있음을 분명히 하고 있다. 그래서 그는 군자가 갖추어야 할 도덕을 가르치는 것이 교육의 최우선 목표라고 강조하였다. 즉 공자의 도덕 교육의 주요 내용은 도덕의 본보기라고 할 수 있는 '예(禮)'와 도덕의 규범이라고 할 수 있는 '인(仁)'이었다.

공자는 정치적으로 참여하고자 하였으나, 관료생활은 원만하지 못했다. 일찍이 노나라에서 사구(司寇)를 지낸 적이 있으나, 그 이후 제자들을 이끌고 천하를 주유하다가 결국은 노나라로 돌아와 교육에만 전념하여 3,000여 제자를 길러냈고, 그 중 '72현인(賢人)'이라고 불리는 제자들도 배출하여 여러 나라에서 높은 관직을 담당하여 그 나라의 기둥이 되기도 하였고, 스승의 학문을 계승 발전시켜 유가사상을 중국의 대표적 사상학술로 정립할 수 있게 하는데 큰 보탬이 되기도 하였다.

제4장

환상의 짝궁들

1. 하(夏) 걸왕(桀王)과 말희(妺喜)

걸(桀, ?-B.C. 1600년)의 성은 사(姒) 이름은 계
(癸)이며 일명 이계(履癸)이다. 걸은 시호(諡號)로 역
사서에서는 일반적으로 하걸(夏桀)로 기록되고 있다.
하나라의 제16대 왕인 제발(帝發)의 아들이며 하나라
의 마지막 군주이다. 성정이 포악하고 황음무도하여
상나라 마지막 왕인 주(紂)와 함께 중국역사상 가장
유명한 폭군으로 거론된다. 52년간 재위(중국고대사
연구과제인 하상주단대공정의 연구결과는 B.C.
1652-1600년 재위한 것으로 예측하고 있다)하였으며
도읍은 짐심(斟鄩, 현 하남성 낙양시 인근)에 두었다.

B.C. 21세기 건국된 중국 최초의 왕조 하나라는 걸
이 아버지 제발을 이어 계위한 초기 주변의 제후들이
조공을 바치지 않을 정도로 이미 위세가 땅에 떨어져
있었다. 내정이 혼란스러운데다 외환까지 연이어져

백성들의 생활이 극도로 곤란한 지경에 처하였지만 걸은 정치에는 관심을 두지 않고 사치와 향락에 빠져들었다.

재위 33년 되던 해에 걸은 군대를 일으켜 소국 유시씨(有施氏)를 공격하였다. 도저히 하나라의 군대를 상대할 수 없었던 유시씨는 많은 진상품을 바치며 화친을 청하였는데 여기에 말희도 포함되어 있었다. 문무를 겸비하여 이전까지 나쁘지 않은 평가를 받았던 걸은 유시씨가 바친 말희를 총애하면서부터 완전히 다른 사람으로 변하였다. 말희의 말이라면 무엇이든지 따른 걸은 말희의 요구에 웅장하고 호화스런 궁전을 짓느라 국력을 소모하였다. 기록에 따르면 걸의 명에 의해 지어진 경궁(傾宮)은 너무 높아 그 위에 서면 어지러움을 느껴 쓰러질 정도였다 한다. 또 다른 기록에는 걸이 지은 호화스런 궁전은 면적이 1경(頃)에 달하였다 한다. 걸은 각지에서 미녀를 선발하여 궁으로 들이고 애첩 말희와 주야로 음주가무를 즐기기에 여념이 없었다.

걸은 궁전 뒤뜰에 주지(酒池)를 만들어 술지게미로 둑을 쌓고 숲속 나뭇가지에는 고기를 매달았다. 주지는 배를 띄울 수 있을 정도였고 주변의 둑은 10리에 달하였다. 여기에 궁녀 1천 명을 모아 놓고 모두 옷을 벗게 한 다음 북을 한 번 울리면 주지에 머리를 박고 술을 마시게 하였으며, 다시 북을 한 번 울리면 나뭇가지에 매달린 고기를 안주로 삼도록 하였다. 술에 취한 걸과 말희는 이렇게 궁녀들이 주지와 육림을 오가느라 정신없어하며 심지어는 술에 취해 주지에 빠져죽는 광경을 보고 즐거워하였다. 주지육림에 파묻혀 사느라 걸은 한 달 이상이나 조회에 참석하지 않았다.

걸을 향락생활에 물들게 하는데 결정적인 역할을 했던 경국지색(傾國之色) 말희의 배경에 대해서는 종래 두 가지 설이 있었다. 그 첫째는 간첩설이다. 마치 춘추시대 월나라에서 오왕 부차(夫差)에게 보낸 서시(西施)가 역할했던 것처럼 말희도 유시씨가 하나라에 보낸 간첩이라는 것이다. 말희는 후일 상나라 건국에 큰 공을 세운 이윤(伊尹)과 밀모하여 걸을 향락에 빠지게 하고 결국은 하나라의 멸망을 재촉하였다는 것이 이야기의 핵심이다.

원래 이윤은 걸이 즉위한지 17년째 되던 해 다른 사람의 소개로 걸을 만난적이 있었다. 이 자리에서 이윤은 요순의 고사를 인용해가며 백성들의 어려움을 잘살펴 천하를 다스릴 것을 진언하였다. 걸은 "백성과 나의 관계는 달과 태양의 관계와 같다. 달이 없어지지 않는데 태양이 없어질리 있는가?"며 이윤의 진언을 무시하였다. 결국 이윤은 탕(湯)의 편에 서서 하나라를 쓰러트릴 계책을 마련하였고, 그 가운데 하나가 말희를 이용하는 것이었다.

걸의 총애를 잃은 말희가 보복한 결과 하나라가 멸망했다는 것이 말희의 배경과 관련한 두 번째 설이다. 기록에 따르면 걸의 공격을 받은 민산씨(岷山氏)가 유시씨의 예를 모방하여 완(琬)과 염(琰)이라는 두 명의 미녀를 걸에게 바쳤다. 두 미녀를 총애한 걸은 이전 가장 총애했던 말희를 냉대하여 낙수(洛水) 근방으로 내치고 말았다. 이를 분하게 여긴 말희는 은밀히 이윤과 연계하여 하나라의 기밀을 누설하였고 결국 하나라를 멸망의 길로 이끌었다는 것이다.

걸의 황음과 사치를 보다 못한 태사령 종고(終古)가 "자고로 제왕은 근검절약하며 백성을 자식처럼 보살펴야 백성들로부터 존경받을 수 있다. 백성들의 피와 땀을 한 사람의 향락에 모두 쏟아 부어서는 안 된다. 지금처럼 사치에 물들어서는 결국 나라를 망하게 하고 말 것이다"며 울면서 간언하였다. 평소 신하들의 간언을 가장 싫어했던 걸이 오히려 쓸데없는 참견 말라며 꾸짖자 더 이상 하나라는 장래가 없다고 여긴 종고는 탕을 따르기로 결심하고 하나라를 떠났다.

대신 관룡방(關龍逄)도 "군주가 겸손하고 신의를 지키며 솔선하여 근검절약하고 유능한 신하를 아껴야 천하가 비로소 안정될 수 있으며 왕조의 기틀이 든든해질 수 있는 것입니다. 그러나 작금 폐하는 사치함이 도를 넘고 사람 죽이기를 두려워하지 않으니 백성들이 하나라의 조속한 멸망을 바라고 있습니다. 폐하는 이미 인심을 잃었으나 속히 잘못을 바로잡는다면 그나마 만회의 여지가 없지 않을 것입니다"고 여러 차례 간언하였다. 화가 치민 걸은 관룡방을 처형하도록 지령하였다. 충신의 간언을 무시한 채 국정을 더욱 혼란스럽게 만든 걸은 갈수록 인심을 잃어 나랏일을 걱정하는 신하들은 하나둘씩 그의 곁을 떠나고 말았다.

종고나 관룡방처럼 직언을 서슴지 않는 충신을 멀리한 대신 걸은 아첨하며 자신의 비위를 맞추기 급급한 간신들을 가까이 두어 나라의 운명을 더욱 재촉하였다. 이 무렵 걸의 총애를 입은 간신 가운데 조량(趙梁)이란 자가 있었다. 조량은 어떻게 백성들의 고혈을 쥐어짤 수 있는지, 어떻게 향락을 누릴 수 있는지 묘수를 꾸며내어 걸을 흡족하게 하였다.

걸의 폭정이 극에 달하고 생활의 음란함이 도를 넘어 민심이 완전히 떠난 틈을 이용하여 탕이 혁명을 꾀하였다. 이윤의 도움으로 군대를 일으킨 탕을 맞아 걸은 응전하였지만 유융(有娀)과 명조(鳴條)의 전투에서 연패하여 하나라 군대는 철저히 괴멸되고 말았다. 전투에서 패한 걸이 포로로 잡히면서 하나라는 멸망하였다. 남소(南巢, 현 안휘성 소호시)에 유폐된 걸은 수년 후 남소 정산(亭山)에서 사망하였다.

사후 이계에게는 걸이라는 시호가 붙게 되었다. 시호를 정하는 규칙이라 할 수 있는 시법(諡法)에 따르면 '무고한 사람을 수없이 도륙한 것을 걸이라 한다'고 하였다. 따라서 걸이라는 시호는 이계 생전의 폭정과 음란함을 함축적으로 표현한 것이라 할 수 있다.

학정을 일삼고 소인배를 가까이하며 군자를 멀리한 걸의 통치행태는 결국 통치집단 내부의 모순을 격화시키고 격렬한 투쟁을 유발시켰다. 정직하고 청렴한 충신들은 걸에 의해 살해당하거나 혹은 걸의 곁을 떠나고 말았다. 시호에서 알 수 있듯이 걸의 일생에 대한 후대의 평가는 매우 부정적이었다. 사치와 음란함에 빠져 백성과 나라를 돌보지 않은 군주를 어찌 천자라 할 수 있겠는가.

2. 상(商) 주왕(紂王)과 달기(妲己)

상나라 마지막 왕인 주왕(紂王, B.C. 1105년-B.C. 1045년)의 본명은 자수(子受)이며 수덕(受德), 제신(帝辛), 은주왕(殷紂王), 상주왕(商紂王) 등 별칭을 가지고 있다. 역사상 하나라 마지막 왕 걸(桀)과 쌍벽을 이루는 폭군으로 평가되며 원래 시호는 제신이었으나 주나라 사람들에 의해 주로 시호가 바뀌었다. 하상주단대공정의 연구결과에 따르면 재위기간은 B.C. 1075년에서 B.C. 1046년인 것으로 알려지고 있다.

천성이 총명하고 기골이 장대한데다 외모도 출중한 주는 학습능력도 뛰어나고 맨손으로 맹수와 격투를 벌일 정도로 힘도 장사여서 아버지의 신임이 두터웠다 한다. 막내아들임에도 아버지 제을(帝乙) 사후 왕위를 승계할 수 있었던 것은 그만한 이유가 있었던 것이다. 다만 너무 자신의 능력과 지혜를 과대평가하여 천하의 모든 사람은 자신보다 못하다는 자만심이 너무 강한 흠이 없지 않았다.

즉위 초기 주왕은 주변 신료들의 간언을 받아들이고 내치에 힘써 정치가 안정되고 주변 제후국들도 별다른 문제를 일으키지 않았다. 다만 산동과 안휘 일대에 근거하고 있던 동이(東夷)가 종종 내침하여 문제를 일으키곤 하였다. 이에 즉위 8년차 되던 해 가을 주왕은 직접 군사를 이끌고 동이 정벌에 나섰다. 이후로도 여러 차례 계속된 출정에서 승리하면서 주왕의 위세는 점점 사방에 떨치게 되었다. 또한 주왕 재위기간 상나라의 영토는 지금의 산동·안휘·강소·절강·복건 연해지역 등지로까지 확대되었다. 수많은 전쟁포로들을 노예로 삼아 상나라의 농업과 목축업 및 수공업이 크게 발전하였다.

그러나 동남지역에 대한 공략은 상나라의 안전을 보장해주지 못하였다. 오히려 대대적인 대외확장전쟁은 상나라의 멸망을 가속화시키는 요인으로 작용하였다. 물론 동남지역을 통일한 뒤 중원의 앞선 생산기술과 문화가 이 지역에 전파되어 사회진보와 경제발전을 가져왔으며 민족융합을 촉진하였다는 점에서는 긍정적인 평가를 내릴 수 있을 것이다.

적극적인 확장정책으로 상나라에 중흥의 기운이 감돌자 주왕은 자신의 가치를 재확인하고 점차 교만해지기 시작하였다. 대신들의 간언을 귀담아듣지 않기 시작하였으며 의식주 방면의 물질생활도 점차 호화스러움의 극을 추구하게 되었다.

기주후(冀州侯) 소호(蘇護)의 딸인 달기는 유소(有蘇) 부락의 소씨 집안에서 태어나 세간에서는 소달기(蘇妲己)라 불렸다. 즉위한지 30년째 되던 B.C. 1047년, 주왕은 유소(有蘇) 부락을 공략하였다. 강대한 상나라 군대의 공격을 받은 유소부락은 저항하다 멸망하든지 아니면 무릎을 꿇어 화친을 청하든지 두 가지 가운데 하나를 선택해야 하였다. 결국 유소부락 수령은 많은 재물과 미녀를 바치고 굴복을 선택하였다. 전쟁에서 승리한 주왕은 많은 전리품을 획득하여 수도로 귀환하였는데 당시 전리품 가운데 하나가 달기였다.

달기를 궁에 들였을 때 주왕은 이미 60이 넘은 노인이었다. 반면 달기는 이제 막 청춘기에 접어든 소녀였다. 그러나 달기의 미모와 재색에 매료된 주왕은 마음속 깊은 곳으로부터 다시 타오르는 생명의 불꽃을 주체하지 못하고 금세 달기에게 빠져들었다.

주왕이 달기를 얻었을 무렵 상나라의 국력은 욱일승천의 기세를 보이고 있었다. 수도인 조가(朝歌, 현 하남성 기현)에는 사방에서 재사들과 공장(工匠)이 몰려들어 공전의 성황과 번영을 구가하였다. 경제적 여유에 힘입어 주왕은 이궁과 별관을 짓고 달기의 환심을 사기 위해 사방에 사람을 파견하여 천하의 진기한 기물과 동물을 모아 녹대(鹿臺)와 녹원(鹿苑)에 축조하였다. 또한 주왕은 주지육림을 만들고 음악이 울려 퍼지는 가운데 달기와 함께 밤새도록 술을 즐겼다.

전하는 바에 따르면 달기는 천하에 으뜸가는 미인이었으나 성정은 매우 음탕하고 잔혹하였다. 그녀의 잔혹한 일면을 보여주는 몇 가지 사례가 후세에 전해진다. 엄동설한에 한 사내가 맨발로 얼음 위를 걷는 것을 먼발치에서 보게 된 달기는 그 사람의 신체구조가 몹시 궁금하였다. 이에 추위를 견뎌내는 원인을 연구한다며 사람을 시켜 사내의 두 발을 잘라 바치도록 하였다. 하루는 만삭인 여자를 보고 호기심이 발동한 달기는 산모의 뱃가죽을 갈라 뱃속을 살펴보았다. 당연히 무고한 산모와 아기는 생명을 부지하지 못하였다.

주왕의 폭정과 달기의 만행을 보다 못한 주왕의 숙부 비간(比干)이 "선왕들의 치적을 본받지 아니하고 여자의 말만 들어서는 화를 면치 못할 것이다"고 간언하였다. 이에 달기는 비간의 배를 갈라 심장을 꺼내보도록 주를 종용하였다. 이는 순전히 '성인의 가슴에는 구멍이 일곱 개 있다'는 전설이 사실인지 확인해보기 위해서였다.

달기를 총애하면서 정사를 멀리하고 사치와 향락에 물든 주왕을 향한 백성과 대신들의 원성이 높아가고 주변의 제후들도 이반하기 시작하였다. 주왕은 과오를 뉘우치고 회개하기는커녕 자신의 비위를 거스르는 사람들에 대한 형벌을 더욱 강화하였다. 이때 달기가 겉면에 기름을 칠한 청동기둥을 세우고 그 아래 불을 지피는 포락(炮烙)이라는 형벌을 발명하였다. 뜨거움을 견디지 못한 죄수가 기둥을 타고 오르다 불구덩이 속에 떨어져 버둥대는 모습을 보고 달기는 손뼉을 치며 즐거워하였다.

이 무렵 주왕의 잔혹함도 달기에 뒤지지 않았다. 삼공(三公) 가운데 한 명인 구후(九侯)가 자신의 딸을 주왕에게 바쳤다. 미모는 출중하나 음탕함과는 거리가 멀었던 구후의 딸을 못마땅하게 여긴 주왕은 그녀와 구후를 죽이고 시신을 잘게 저며 육장(肉醬)을 만들었다. 한편 주왕은 비중(費仲), 악래(惡來)와 같은 간신들에게 정치를 맡겨 국정이 날로 붕괴되었다. 재물을 좋아했던 비중은 종친들과 이익을 다투어 왕실을 향한 종친들의 구심력을 약화시켰다. 타인을 비방하는데 능했던 악래가 권력을 잡으면서 주변 제후들의 상나라에 대한 충성심이 약화되어 갔다.

주왕이 달기와 더불어 향락에 몰두하고 있을 때 위수(渭水) 유역에 위치한 주(周) 부족이 점차 세력을 키워가고 있었다. 이들은 원래 하나라 후직(后稷)의 후예로 훗날 주나라를 세운 무왕의 증조할아버지인 고공단보(古公亶父) 시절부터 은연중 상나라를 대신할 계획을 세우고 있었다.

고공단보를 이어 계력(季歷)이 부족을 이끌 무렵에는 주변의 제후들 가운데서도 주를 따르는 이가 많아졌다. 이에 상나라 왕 문정(文丁)은 계력을 '서쪽을 다스리는 우두머리'인 서백(西伯)에 봉하였다. 시간이 지나면서 계력의 세력이 너무 커지자 문정은 계력을 연금하여 죽음에 이르게 하였다. 이는 주 부족이 상나라를 원수로 여기게 만든 결정적 사건 가운데 하나였다. 계력 사후 부족을 이끈 아들 희창(姬昌) 또한 선정을 베풀어 힘이 더욱 강해지고 주를 따르는 제후가 더욱 많아져 상나라의 경계와 시기가 더욱 심해졌다.

희창은 주나라를 세운 무왕의 아버지로 무왕에 의해 문왕으로 추증된 인물이다. 당시 희창의 장자인 백읍고(伯邑考)는 상나라에 인질로 잡혀 주왕의 마차를 몰고 있었다. 사소한 잘못으로 백읍고는 주왕의 노여움을 사게 되 결국 죽임을 당하였고 희창은 유리(羑里)에 7년간 유폐되었다. 희창의 신하인 굉요(閎夭)가 진귀한 보물과 미녀를 주왕에게 바치는 등 갖은 방법으로 노력한 끝에 풀려난 희창은 암중 더욱 세력을 강화하여 점차 상나라의 심장부를 위협하기 시작하였다. 희창이 정치중심을 위수 남쪽의 풍읍(豐邑, 현 섬서성 호현)으로 옮겨 세력이 신속하게 강성해질 무렵에도 주왕은 여전히 주색에 빠져 헤어 나오지 못하였고, 백성들의 원성은 날이 갈수록 높아갔다.

B.C. 1056년 희창이 사망하자 뒤를 이은 둘째 아들 희발(姬發)은 강태공을 스승으로 삼고 아버지의 유업을 이어 도광양회(韜光養晦)하며 때를 기다렸다. 즉위 후 11년째인 B.C. 1046년 희발은 마침내 상나라 왕실의 운명이 다하였음을 간파하고 상을 치기 위한 군대를 일으켰다. 희발의 연합군에 맞선 주왕의 큰 형 미자계(微子啓)는 이전 주왕에 의해 포로로 잡혀온 동남지역 출신 17만 명으로 구성된 대군을 이끌고 수도 조가에서 40리 떨어진 목야(牧野, 현 하남성 신향시)에 진을 쳤다.

그러나 포로로 구성된 주왕의 군대가 반란을 일으켜 제대로 저항도 해보지 못하고 궤멸되고 말았다. 조가 성 앞까지 희발의 연합군이 진격해오자 성안으로 퇴각한 주왕은 녹대에 올라 금은보화를 몸에 두르고 불을 붙여 자진하였다. 주왕이 사망하자 희발은 상징적으로 그의 목을 쳐 상나라가 멸망하였음을 알리고, 이 와중에 달기도 피살되었다. 주왕의 묘는 상나라의 마지막 수도였던 현 하남성 기현(淇縣) 현성의 동남쪽 8킬로미터 지점에 자리하고 있다.

후대의 사가들은 주왕이 패전한 까닭을 두 가지 방면에서 해석하였다. 첫째는 재위 후기 주왕의 실정이 너무 과했다는 것이다. 주왕은 거대한 녹대를 쌓고 주지육림에서 환락을 즐기면서 호화로운 궁전과 원림을 조성하여 국력을 소모하였다. 사치스런 생활이 지속되면서 국고가 텅비는 상황에서도 충신들의 간언을 듣기는커녕 반대여론을 잠재우기 위해 포락과 같은 혹형을 서슴지 않아 완전히 민심을 잃고 말았다. 대외적으로도 동이의 근거지를 판도에 넣는데만 신경쓰느라 서쪽에 대한 방비를 게을리 하였고, 계속되는 대외전쟁으로 국력을 소모하였다.

주왕이 실패한 두 번째 이유는 그의 즉위과정부터 잘못되어 정치가 바로 서지 못하고 내부적 분열이 가속화 된 것이다. 주왕의 아버지 제을이 장자인 미자계를 제쳐두고 막내인 수덕을 후계자로 삼자 미자계 일파는 정치적 진공을 계속하였다. 자신을 향한 중상모략, 심지어는 암살기도까지 있었음에도 주왕은 정적을 처단하려는 확고한 의지를 보이지 못하여 정치적 실패를 자초하였다.

천성이 총명하고 문무를 겸비한 주왕은 즉위 후 적극적인 대외확장 정책을 펼쳐 상나라의 강역을 중국대륙의 동남지역으로까지 확대하였다. 이로써 상대적으로 중원지역에 비해 뒤떨어져 있던 동남지역의 경제와 문화발전을 촉진하고 민족융합을 완성시켰다는 점에서 후한 평가를 받기도 하였다. 말년에 이르러 사치와 향락에 빠져 국정을 등한시하고 결국 나라의 멸망을 재촉하였다는 점에 있어서는 반론의 여지가 없을 것이다. 다만 그의 죄상으로 적시된 여러 사건들이 그의 생존시가 아닌 후대에 하나둘씩 추가됨으로써 주왕에 대한 평가가 후대로 갈수록 왜곡되었음 또한 부인할 수 없는 사실이다.

3. 서주(西周) 유왕(幽王)과 포사(褒姒)

서주의 마지막 왕인 유왕의 성은 희(姬) 이름은 궁생(宮湦)이며 궁열(宮涅)로도 표기되고 있다. B.C. 795년 출생하여 B.C. 782년 부친 선왕(宣王)이 사망하자 서주의 12번째 왕으로 즉위하였다.

서주는 유왕의 할아버지인 여왕(厲王), 아버지인 선왕(宣王) 이래 국정이 문란하여 국력이 날이 갈수록 쇠약해지고 있었다. 나라사정이 어려운 때 왕의 자리에 올랐음에도 유왕은 즉위 후 주색에 빠져 국사를 등한시하였고, 이로 인하여 정국은 더욱 혼란스러워졌다. 정치가 바로 서지 못한 상황에서 지진을 비롯한 심각한 자연재해가 연이어졌다.

성정이 난폭하고 아량을 베풀 줄 몰랐던 유왕은 감정기복도 심하여 주변 인물들이 그의 비위를 맞추느라 노심초사하였다. 술과 고기를 좋아했던 유왕은 미색도 탐하여 즉위 초 자신의 친신을 민간에 보내 널리 미녀를 물색하여 입궁시키도록 하였다. 혼용한 군주 곁에는 자연 간신들이 몰리기 마련이었다. 유왕은 윤구(尹球), 괵석부(虢石父), 제공(祭公) 등 세 간신을 총신하여 윤구를 대부(大夫), 괵석부를 상경(上卿), 제공을 사도(司徒)로 삼아 국정을 맡겼다. 아첨에 능하고 탐욕스러우며 부패한 세 사람은 유왕의 환심을 사는데 급급하며 국정을 농단하여 백성들에 대한 수탈이 극에 달하였고 자연 민심이 멀어져갔다.

B.C. 780년 큰 지진이 발생하여 삼천(三川)이라 칭하는 경수(涇水)·위수(渭水)·낙수(洛水)의 물이 말랐다는 보고를 접한 유왕은 대소롭지 않다는 듯 웃으며 "지진은 종종 일어나는 것인데 굳이 이런일까지 보고하느냐"며 일을 보고한 신하를 핀잔하였다. 같은 해 겨울 기산(岐山)이 무너져 수많은 민가가 매몰되는 사고가 있었음에도 유왕은 아랑곳하지 않고 후궁으로 삼을 미녀들을 구하도록 지시하였다. 이에 충신 조숙대(趙叔帶)가 "산이 무너지고 강이 마르는 것은 곧 백성의 삶이 피폐함을 상징하는 것이자 나라의 앞날이 불길하다는 징조이다. 백성들의 어려움을 살피고 정치에 신경써야 하는데도 어진 신하를 발탁하기는커녕 미녀를 구한단 말인가?"며 간언하였다. 그러자 이를 들은 괵석부의 모함을 듣고 유왕은 조숙대를 파면하였다. 우간의대부(右諫議大夫)가 나서서 조숙대 파면은 언로(言路)를 막는 것이라며 부당함을 간언하자 유왕은 그를 하옥하도록 하였다. 전통적으로 중국의 정치인들은 중대한 자연재해의 발생을 정권의 존속여부와 관련지어 해석하여 왔다. 심각한 자연재해가 연달아 발생한 것은 정치가 바로서지 않아서라며 근정을 간하는 충신들을 내치고 오히려 아첨하는 무리를 감싸는 행태를 보여 진정 나랏일을 걱정하는 신하들은 점차 유왕 곁을 떠나기 시작하였다.

여왕(厲王) 때 궁중에서 일하던 시녀가 용의 정기를 받아 잉태하였다가 선왕(宣王) 때 출생하여 포국(褒國)에서 성장하였다는 설화 정도만 전해질 뿐, 포사의 출생과 성장배경 등은 자세히 알려진 것이 없다. B.C. 779년 유왕의 공격을 받은 포국의 수령이 유왕에게 포사를 바치고 화친을 청하여 궁에 들어가게 되었다. 당시 포사의 나이는 14세에 불과하였으나 그 미모는 후일 중국 4대미녀로 꼽힐만큼 가히 비할 대상이 없을 정도로 출중하였다 한다.

눈부실 정도의 아름다움에 한눈에 반한 유왕은 포국에서 진상한 미녀라 하여 포사라는 이름을 내리고 후궁으로 맞아들였다. 이에 여러 신하들이 "자고로 군주가 미색에 빠져 나라를 망친 경우가 있었으니 하나라는 말희로 인해 망하고, 상나라는 달기로 인해 망했다. 이전 왕조의 사례를 거울삼아 포사를 곁에 두어서는 안 된다"며 포사를 궁 밖으로 내칠 것을 진언하였다. 이때 윤구와 괵석부 등 몇몇 간신들이 "존귀한 천자께서 궁인 하나를 더 들이는 것이 아무런 문제될 것 없다"며 유왕의 결정을 옹호하였다. 이에 자신감을 얻은 유왕은 "이후 포사를 들이는 일로 다시 간하는 자가 있거든 무조건 참수할 것"이라 선언하고 그날 저녁 포사와 동침하였다. 이날 이후 유왕은 자리에 앉을 때는 포사를 무릎 위에 앉혀 다리를 겹치고, 자리에 일어서서는 포사와 어깨를 나란히 하였다. 술을 마실 때는 교배(交杯)요 음식을 먹을 때는 항상 같은 식기를 사용하였다. 심지어 포사와 조석으로 술자리를 벌이느라 열흘이 넘도록 조회를 거르기도 하였다.

B.C. 778년, 포사는 유왕의 아들을 낳아 이름을 백복(伯服)이라 지었다. 자신의 아들을 생산하자 유왕은 더욱 포사를 총애하였다. 포사를 후궁으로 들이기 전 유왕은 이미 혼인하여 신국(申國) 출신의 신후(申后)를 정실로 두고 있었으며 신후가 낳은 의구(宜臼)는 태자로 책봉되어 있었다. 그러나 유왕이 포사를 가까이하면서 신후는 점차 냉대받기 시작하였다.

B.C. 774년, 유왕과 포사가 취화궁(翠華宮)에 머물고 있을 때 돌연 신후가 등장하였다. 유왕과 술자리를 갖고 있었던 포사가 미처 자리에서 일어나지 못하고 앉아서 자신을 맞이하는 모습을 본 신후는 화가 치밀어 올랐지만 내색하지 못하고 궁으로 돌아와 시름에 잠기기 시작하였다. 젊고 아름다운 포사의 모습을 직접 눈으로 확인한 뒤 자신의

미색으로는 도저히 포사의 상대가 되지 못한다는 사실에 절로 탄식이 나올 뿐이었다. 신후의 근심어린 모습을 본 태자 의구(宜臼)가 원인을 묻자 신후는 "오늘 취화궁에 들렀는데 포사가 전혀 왕후를 대접하는 예를 갖추지 않았다. 장래 부왕의 총애가 굳어질수록 울 모자의 입지가 좁아지게 될 것이니 심히 염려스럽다"고 답하였다. 이에 의구는 "내일 궁녀들과 꽃구경을 하기로 했는데 만일 이 자리에 포사가 나타나면 궁녀들을 시켜 혼내주도록 하겠다. 여차하면 포사를 죽여버리겠다"고 단호히 말하였다. 다음날 의구의 교사를 받은 궁녀들에게 매질을 당한 포사는 울면서 유왕에게 이는 자신을 질투한 신후의 소행이라고 고자질하였다. 얼굴색이 변한 유왕이 신후의 무례함을 꾸짖자 괵석부와 윤구 등이 "신후가 덕을 잃어 질투심이 너무 과하다"고 맞장구를 쳤다. 화가 치민 유왕은 신후를 폐하고 포사를 새 왕후로 책봉하였다. 분노한 의구가 자신을 죽이려하자 유왕을 찾아간 괵석부는 의구를 모함하여 유왕은 윤구로 하여금 의구를 체포하도록 하였다. 냉궁에 유폐된 의구는 태자자리에서 쫓겨나게 되었고 나이어린 백복이 태자에 책봉되었다.

천성적으로 우울증이 있었던 포사는 한 번도 웃는 일이 없었다. 이에 유왕은 포사의 웃는 모습을 보기 위해 온갖 궁리를 다하였다. 악사를 불러 음악을 연주해 봐도, 궁녀들을 모아 춤을 추게 해 봐도 포사는 전혀 즐거워하는 기색을 보이지 않고 웃는 모습을 보여주지 않았다. 답답한 유왕은 포사에게 무엇을 좋아하는지 물어보았다. 이에 포사는 어릴적 손으로 비단을 찢는 소리가 듣기 좋았다고 답하였다. 이에 유왕은 궁중의 물품창고에 명하여 매일 비단 백필을 바치도록 하고 힘좋은 궁녀들을 동원하여 비단을 찢어 포사를 즐겁게 하였다. 비단 찢기는 소리를 듣고 즐거워하기는 하였으나 그럼에도 여전히 포사가 웃는 모습을 볼 수는 없었다. 이에 유왕이 왜 웃음이 없느냐고 묻자 포사는 자신은 평생 웃음이 없었다고 답하였다. 답답한 유왕은 은밀히 괵석부에게 "포사를 웃게하면 천금을 상으로 내리겠다"고 제안하였다. 이에 괵석부는 유왕에게 "선왕대에 적군의 내습에 대비하여 성 밖 5리 되는 곳에 봉화대를 설치하였다. 적군이 침입하여 봉화를 올리면 제후들이 근왕병을 이끌고 당도할 것이다. 만일 제후들이 왕을 보호하기 위해 군대를 동원했는데 막상 내습한 적군이 없다면 이 광경을 보고 황후께서 분명 웃음을 보일 것이다"고 계책을 올렸다.

괵석부의 계책을 실행에 옮기기 위해 유왕은 포사와 함께 여산(驪山)에 행차하여 여궁(驪宮)에 머물렀다. 당일 저녁 도처에 등을 밝혀 휘황한 가운데 음악이 울려 퍼지고 여궁에서는 성대한 연회가 베풀어졌다. 주흥이 무르익자 유왕은 봉화대에 불을 올리도록 지령하였다. 이를 들은 유왕의 아버지 선왕의 이복동생이자 주나라의 제후국인 정국(鄭國)의 첫 번째 군주인 정백우(鄭伯友)가 나서 "봉화는 위급한 상황을 대비하여 세운 것이다. 반드시 큰일이 있어야 올리는 것인데 아무 까닭 없이 봉화를 올리는 것은 제후들을 희롱하는 처사이다"며 반대하였다. 그럼에도 유왕은 봉화를 올리도록 고집하고 포사와 술자리를 계속하였다.

유왕의 명으로 삽시간에 화염이 하늘로 치솟아 사방을 밝혔다. 봉화가 오르자 위급한 상황이 발생한 것으로 간주한 제후들은 밤새워 급히 군대를 동원하고 전차를 몰아 유왕을 보호하기 길을 재촉하였다. 먼지를 휘날리며 여산에 집결한 열국의 제후들은 적군의 그림자는 보이지도 않고 유왕과 포사가 음주가무를 즐기고 있는 모습을 보고 서로 얼굴만 쳐다보다 깃발을 내리고 해산하였다. 일의 전후사정을 전혀 모르고 있었던 포사는 여산 아래 수많은 병사가 집결하여 어수선한 광경을 보고 유왕에게 자초지종을 물었다. 이에 유왕은 연유를 설명하였고 이를 듣고 난 포사는 재미난 광경을 보았다며 큰 웃음을 보였다. 마침내 포사의 웃는 모습을 본 유왕은 약속대로 괵석부에게 황금 1천 냥을 하사하였다. 이것이 천금매소(千金買笑, 천금을 주고 웃음을 사다)라는 고사가 탄생하게 된 배경이다.

순전히 애첩 포사를 웃기기 위해 봉화를 올려 주변 제후들을 농락한 유왕은 이후로도 포사의 웃는 모습을 보고 싶을 때마다 봉화를 올렸다. 그때마다 위급상황이 발생한 것으로 알고 군대를 동원했던 제후들은 유왕의 장난이 거듭되자 봉화가 올라도 더 이상 움직이지 않았다.

한편 폐위된 의구는 천신만고 끝에 신국(申國)으로 도망하여 외할아버지 신후(申侯)에게 그간의 사정을 낱낱이 고하였다. 이에 신후는 '후궁인 포사를 총애하여 본처와 적장자를 내치고 거짓 봉화를 올려 제후를 농락한' 4가지 죄상을 들어 유왕의 부덕함을 공격하였다. 이에 괵석부가 "신후가 의구와 작당하여 모반을 꾀하며 그 명분을 얻기 위해 대왕의 과실을 들추는 것"이라며 후환을 없애기 위해 속히 군사를 일으켜 신국을 칠 것을 유왕에게 건의하였다.

유왕의 군대가 침공해온다는 소식을 접한 신후는 약소한 신국이 주나라의 상대가 되지 않음을 잘 알고 있었기에 대적할 방도를 궁리하느라 걱정이 태산이었다. 이때 대부 여장(呂章)이 힘을 합쳐 무도한 유왕을 쳐 신국을 위기에서 구해줄 것을 청하는 편지를 속히 주변에 있는 증(鄫), 견융(犬戎), 서이(西夷)에게 보낼 것을 진언하였다. 이에 신후는 견융에 도움을 청하였고 이에 화답하여 견융은 5만의 병력을 동원하여 주나라의 수도를 물샐 틈 없이 포위하였다.

대경실색한 유왕이 허둥대자 괵석부는 "속히 봉화를 올려 제후들에게 구원병을 청하자"하였다. 유왕의 명으로 몇날며칠동안 밤낮으로 봉화가 올랐으나 제후들은 단 한사람의 병사도 파견하지 않았다. 이미 여러 차례 유왕에게 희롱당했던 제후들은 정작 견융이 침입한 실제상황이 발생하였지만 유왕이 다시 장난을 치는 것으로 알고 전혀 움직이지 않았던 것이다.

수도가 함락되기 직전 포사와 백복을 데리고 진귀한 보물을 챙겨 도망하였던 유왕은 여산 아래서 사로잡혀 살해당하였다. 포사 역시 견융에게 사로잡혔으나 마지막 행방은 묘연하였다. 별다른 저항 없이 호경(鎬京) 성내로 진입한 견융은 궁실을 불사르고 재물을 약탈하였다. 견융이 진짜로 왕성을 침공했다는 소식을 접한 제후들이 근왕병을 일으켜 견융을 축출한 뒤 의구를 왕으로 옹립하였다.

수도가 함락되고 창고가 약탈되어 국고가 텅빈 상황에서 왕위에 오른 의구는 신하들과 낙읍(洛邑)으로 천도하는 문제를 상의하였다. 이때 대신 가운데 일부는 호경의 지리와 경제적 이점을 언급하며 천도를 반대하였지만 의구는 낙읍으로 동천(東遷)하였고 호경을 비롯한 요충지는 모두 진(秦)의 수중에 들어갔다.

4. 전한(前漢) 성제(成帝)와 조비연(趙飛燕) 자매

한 원제(元帝)의 적자로 B.C. 51년 출생한 유오(劉驁)는 B.C. 33년 전한의 12번째 황제로 즉위하여 B.C. 7년 44세에 사망할 때까지 25년간 황제의 자리에 있었다. 사후 성제(成帝)라는 시호를 받았다. 즉위 초기부터 주색에 탐닉하였고 외척의 발호를 방관하여 후일 왕망(王莽)이 정권을 찬탈할 빌미를 제공하였다.

감로 3년(甘露, B.C. 51년) 적황손이 탄생하자 선제(宣帝)는 직접 준마의 의미를 지닌 오(驁)라는 이름을 지어주고 기회 있을 때마다 자신의 곁에 두고 아꼈다. 황룡 원년(黃龍, B.C. 49년) 선제가 사망하자 유오의 부친 유석(劉奭)이 계위하니 이가 원제(元帝)이다. 초원 2년(初元, B.C. 47년) 4월, 유오는 태자로 책립되었다.

태자시절 초기 유오는 두루 경서를 섭렵하고 글짓기를 좋아하였으며 성격이 관대하고 행동거지가 매우 조심스러웠다. 하루는 급히 원제의 부름을 받았으나 유오는 감히 치도(馳道, 황제 전용의 도로)를 횡단할 수 없어 먼길을 돌아가느라 한참 뒤에야 부황 면전에 나타났다. 전후사정을 듣고 난 원제는 이후로는 태자도 치도를 직접 횡단할 수 있도록 지령하였다.

어려서는 글 읽기를 좋아하고 매사에 진중하였던 유오는 장성하면서 종일토록 노는데 정신을 파는 등 차츰 변하기 시작하였다. 이 모습을 지켜본 원제는 유오의 생모인 왕 황후까지도 멀리하며 총애하는 부소의(傅昭儀)와의 사이에서 낳은 산양왕 유강(山陽王 劉康, 원제의 둘째 아들로 애제의 생부)을 태자로 삼을 결심까지 하였다.

경녕 원년(竟寧, B.C. 33년) 원제가 병으로 후궁에 앓아눕게 되었다. 부소의와 유강이 병상을 지키고 황후 왕정군(王政君)과 태자 유오는 황제의 얼굴을 볼 기회조차 거의 갖지 못하였다. 황후와 태자는 혹 변고가 있을까 마음이 조마조마하였지만 뾰쪽한 수를 찾지 못하고 애만 태울 수밖에 없었다. 마침 중신 중 사단(史丹)이라는 신하가 원제의 신임을 받고 있었던지라 비교적 자유롭게 침전에 들어가 황제의 병세를 살필 수 있었다. 어느 날 침전에 원제 혼자 있는 것을 확인한 사단은 안으로 들어가 병상 앞에서 눈물을 흘리며 태자를 폐출하지 말 것을 간언하여 원제의 확답을 얻어 내었다. 사단의 적극 옹호와 간곡한 탄원으로 위태하던 유오의 황태자 자리가 보전될 수 있었다.

경녕 원년 5월 원제가 병사하자 다음 달 황태자 유오가 계위하니 바로 성제이다. 성제의 즉위와 더불어 모친 왕정군은 황태후로 봉해졌고 이때부터 외척 왕씨 일가가 전한의 정치를 좌우하는 외척정치가 펼쳐지기 시작하였다. 외척 왕씨가 득세할 수 있었던 것은 성제의 정치적 판단에 기인한 결과였다. 성제 즉위 초엽에는 원제가 병중에 있을 때 이를 기화로 전권을 휘둘렀던 석현(石顯)이 여전한 권세를 누리고 있었다. 이에 성제는 석현을 직위는 높으나 실권은 없는 태부(太傅)에 임명하여 권력중심에서 멀어지게 하였다. 그런 뒤 승상과 어사대부로 하여금 석현과 그를 따르던 무리의 죄상을 고발하도록 하였다. 탄핵당한 석현은 관직에서 쫓겨나 고향으로 돌아가던 중 화병으로 사망하였다.

석현을 제거한 성제는 다시 외척과 조정의 신하들을 이용하여 또 다른 외척세력을 제거하였다. 성제는 황태후의 오빠이자 자신의 외삼촌인 왕봉(王鳳)을 앞세워 원제의 총애를 받았던 풍소의(馮昭儀)의 동생이자 능력 있고 명망이 높은 풍야왕(馮野王)을 배척하였다. 이어 자신의 부인인 허황후(許皇后)의 아버지, 곧 자신의 장인인 허가(許嘉)를 권력중심에서 쫓아내었다.

외척을 앞세운 외척세력 척결의 압권은 왕봉을 앞장세운 왕상(王商) 제거였다. 왕상은 성제의 할아버지 선제의 생모인 왕옹수(王翁須)의 오빠 왕무(王武)의 아들이다. 왕상은 원제시대에 우장군(右將軍), 광록대부(光祿大夫)를 지냈고 성제가 황제의 자리에 오르는데 큰 힘이 되기도 하였다. 왕상은 좌장군을 거쳐 성제 즉위 5년째인 B.C. 29년 3월에는 승상이 되었다. 당시 왕봉 일파에 맞설 수 있는 거의 유일한 인물이었던 왕상은 외척이라는 배경 외에도 정치적 식견과 능력이 결코 왕봉에 뒤지지 않았다.

왕봉과 왕상이 기싸움을 벌이는 듯 사사건건 부딪히면서 두 세력 간의 관계도 점차 소원해지고 긴장되기 시작하였다. 왕봉은 왕상을 제거하기 위해 사단과 모의하여 은밀히 왕상의 뒷조사를 벌이는 한편 경정(耿定) 등에게 왕상을 모함하는 상소를 올리도록 교사하였다. 성제는 짐짓 왕상의 죄상을 밝혀낼 방법이 없다며 상소를 받아들이지 않은 척하면서 왕상을 승상의 자리에서 물러나게 하였다. 승상의 자리에서 면직된 지 사흘만에 울분을 차지 못한 왕상은 피를 토하며 사망하였다. 왕상의 면직과 더불어 그의 동생과 인친 등 궁중에서 자리를 차지하고 있던 세력은 모두 장안성 밖으로 축출되고 왕봉과 그를 따르는 무리가 천하의 주인이 되었다.

외척을 이용하여 다른 외척을 견제하려던 성제의 정책은 결과적으로 실패로 마감되었다. 왕상의 세력이 와해된 뒤 태후 왕씨 일족의 세력이 부단히 성장하여 완전한 외척정치가 출현한 것이다. 태후 왕정군의 오빠와 동생 7명은 모두 후(侯)에 봉해졌고 그 대표격인 왕봉은 대사마대장군영상서사(大司馬大將軍領尙書事)의 관직을 차지하여 정치와 군사의 최고 실력자로 행세하였다. 왕정군의 조카인 왕망도 이때부터 정계에 두각을 나타내기 시작하였다.

황제의 자리에 오르기 전 이미 주색에 탐닉하기 시작했던 성제는 즉위 후 더욱 거리낌이 없었다. 동성애자가 많았다는 한나라의 황제들 가운데 대표적인 인물이 성제의 뒤를 이은 애제(哀帝)이다. 동성애의 기호를 가진 성제도 한동안 장방(張放)이라는 미소년을 총애하여 장군에 다음가는 중랑장(中郎將)에 임명하고 수시로 미복차림으로 궁밖에 나가 환락을 즐겼다. 지존의 위치에 걸맞지 않는 성제의 행동은 조정 신료들의 불만을 자아내어 태후 왕정군까지 사실을 알게 되었다. 태후는 장방을 유배하도록 조치하였으나 장방을 잊지 못한 성제는 여러 차례 그를 몰래 장안으로 불러들여 회포를 풀곤 하였다. 결국 태후의 명에 의해 장방을 불러들이는 것이 불가능해지자 성제는 서신을 통해 자신의 마음을 장방에게 전하였다. 후일 성제는 조비연 자매의 눈치를 보느라 더 이상 장방과 연락을 취하지 않았고 사모의 정을 잊지 못한 장방은 유배지에서 사망하였다.

즉위 후 성제는 향락을 위해 많은 돈을 들여 소유궁(霄游宮)·비행전(飛行殿)·운뢰궁(雲雷宮)을 연달아 지었다. 성제는 애초 태자시절 허씨와 결혼하여 1남 1녀를 두었으나 모두 요절하였다. 성제가 후사가 없음을 걱정한 외척 왕씨 집단은 성제가 되도록 많은 후궁을 거느릴 것을 종용하였다. 성제가 후궁들을 들이기 시작하면서 20년 이상을 같이 하였던 허황후는 점차 냉대받기 시작하였다.

성제는 한동안 반첩여(班婕妤)를 총애하여 아들을 낳았으나 수개월 만에 요절하였다. 미모가 출중하고 문사(文史)에 능하였던 반첩여는 자신의 시녀인 이평(李平)을 성제에게 바쳤다. 이평을 총애한 성제는 "효무황제의 위황후도 본시 미천한 신분이었다"며 이평에게 위(衛)라는 성을 내려 이평은 위첩여가 되었다.

조비연(趙飛燕, B.C. 45년-B.C. 1년)의 본명은 조의주(趙宜主)이며 정확한 출생지는 밝혀지지 않았다. 평민집안에서 출생한 그녀는 나이가 들자 입궁하여 궁녀가 되어 양아공주(陽阿公主)의 집에 배속되어 일하면서 춤을 배웠다. 춤추는 동작이 날렵하여 마치 한 마리 제비가 나는 듯하다하여 비연이라는 별명을 얻게 되었다.

조비연의 출생과 관련하여서는 또 다른 설이 있다. 조비연의 원래 성은 풍(馮)으로 아버지 풍만금(馮萬金)은 한때 강도왕부(江都王府)에서 일을 본적이 있었다. 이때 강도왕의 손녀 고소군주(姑蘇郡主)와 사통하여 비연, 합덕 쌍둥이 자매를 두었다. 후일 고소군주가 조만(趙

曼)과 혼인하여 쌍둥이 자매는 조라는 성을 갖게 되었다. 어린시절 양아공주의 집에 팔려가 시중을 들면서 춤을 배웠다고 하는 설도 있다.

홍가 원년(鴻嘉, B.C. 20년), 즐길 거리를 찾아 궁 밖 출입이 잦았던 성제가 자신의 집에 들르자 양아공주는 미녀들을 불러 춤과 노래로 성제의 흥을 돋았다. 이들 가운데 미색이 뛰어난데다 춤을 잘 추는 한 여자에게 푹 빠진 성제는 그녀를 궁에 들이게 되었다. 이 미녀가 바로 조비연이다. 입궁한 조비연은 연사흘이나 부름을 거절하여 성제를 안달나게 하였다. 마침내 조비연을 정복한 성제는 그 날 이후 하루도 그녀 곁은 떠나지 않았다.

이 무렵 성제가 총애하던 반첩여가 너무 조신했던 것과는 반대로 조비연은 천성이 끼가 다분하여 성제를 완전히 사로잡았다. 확실하게 성제를 휘어잡기 위해 조비연은 자신의 동생인 조합덕을 성제에게 추천하여 두 자매가 함께 성제를 모시게 되었다. 성제는 조비연 자매를 동시에 첩여(婕妤)로 삼았다.

성제의 총애를 받게 된 조비연 자매는 자신들의 입지를 더욱 공고히 하기 위해 허황후와 반첩여에 대한 공세를 강화하였다. 본시 성격이 유순한 반첩여는 스스로 성제에게 장신궁(長信宮)에 들어가 태후를 모시겠노라 청하였다. 이는 후궁들의 다툼에 끼어들고 싶지 않은 탓도 있었지만 태후의 그늘아래서 스스로를 보호하려는 목적도 없지 않았다. 반면 조씨 자매에 대한 질투심을 감추지 못한 허황후는 저열한 방식으로 심중의 울분을 배출하였다. 황후는 침궁 안에 신단을 마련하고 조석으로 황제의 안녕을 비는 한편으로 조씨 자매에 대한 저주를 퍼부었다.

성제 즉위 후 여러 차례 자연재해가 발생하자 유향(劉向) 등 대신들이 이는 허황후가 덕을 잃은 탓이라 진언하였다. 이에 성제는 초방(椒

房, 전한의 황궁인 미앙궁 내 황후가 거주하는 궁전)의 재정을 감소시키고 허황후가 자신을 만나는 것조차 허락하지 않았다. 여기에다 조씨 자매로부터 황후가 자신들뿐만 아니라 황제까지 저주한다고 거짓을 고하자 노한 성제는 B.C. 18년 황후를 폐출하고 B.C. 8년 사사(賜死)하였다.

황후의 자리가 빈지 2년이 되자 성제는 조비연을 황후로 책립할 생각을 가졌다. 그러나 태후 왕정군은 조비연이 미천한 신분 출신임을 이유로 이를 허락하지 않았다. 영시 원년(永始, B.C. 16년) 4월, 태후 왕정군의 조카이자 성제의 외사촌인 순우장(淳于長)의 알선으로 조비연의 부친을 성양후(成陽侯)에 봉함으로써 자연 조비연도 귀족의 딸이 되어 비로소 황후에 책립될 수 있게 되었다.

B.C. 16년 6월, 성제는 조비연을 황후로 책립하고 동시에 조합덕을 소의(昭儀)로 승격시키고 천하에 대사령을 내렸다. 아울러 조합덕이 혼자서 거주할 수 있도록 소양전(昭陽殿)을 사여하였다. 또한 조비연이 황후로 책립될 수 있도록 결정적 역할을 한 순우장을 관내후(關內侯)에 봉하고 얼마 뒤에는 다시 정릉후(定陵侯)에 봉하였다.

새 황후를 즐겁게하기 위해 성제는 화려한 어선(御船)을 건조하여 황궁 내 태액지(太液池)에 띄우고 배의 이름을 '합궁주(合宮舟)'라 명명하였다. 성제는 종종 조비연과 합궁주를 타고 가무를 즐겼다. 어느 날에는 역시 합궁주 선상에서 음주를 즐기던 성제는 시랑 풍무방(馮無方)이 부는 피리소리에 맞춰 조비연에게는 춤을 추게 하였다. 한창 춤을 추고 있을 때 갑자기 광풍이 불어 조비연이 몸을 가누지 못하자 성제는 풍무방에게 황후를 구하도록 하였다. 악기를 내던진 풍무방은 조비연의 치마를 움켜잡아 하마터면 물에 빠질뻔한 황후를 구해내었다. 풍무방의 손에 잡혀 치마가 구겨진 조비연의 자태가 너무나 아름다워 후일 궁녀들이 일부러 주름 잡힌 치마를 입으면서 유선군(留仙裙, 주름치마)이 유행하게 되었다.

황후의 자리까지 차지한 조비연도 차츰 성제의 마음에서 멀어지기 시작하였다. 조비연을 대신하여 성제의 총애를 받은 이는 다름 아닌 조비연의 친동생 조합덕이었다. 성제는 목욕하는 모습까지 몰래 훔쳐볼 정도로 조합덕에게 빠졌던 것으로 알려지고 있다. 다만 어려서부터 함께 자라며 언니를 존경하고 따랐던 합덕은 결코 언니를 질투하지 않았기에 조비연의 자리는 흔들림이 없었다. 조씨 자매, 특히 동생 합덕은 10여년 이상이나 성제의 사랑을 독차지하였으나 둘 사이에 자식은 없었다. 전하는 바에 따르면 조씨 자매는 동안(童顔)을 유지하기 위해 식기환(息肌丸)이라는 약을 상용하여 임신이 되지 않았다 한다.

원연 원년(元延, B.C. 13년) 조위능(曹偉能)이라는 여관이 성제의 아기를 임신하였다. 사내아이가 태어나자 조합덕은 태감을 시켜 위조된 황제의 조서를 이용하여 조위능을 독살하고 아이를 빼앗았는데 이 아이의 행방은 알 수 없었다. 후일 허미인(許美人)이 임신하자 성제는 암중 어의를 통해 그녀의 상태를 살피고 진귀한 약재를 보내어 태아를 보호하도록 하였다. 허미인이 아들을 낳은 뒤에야 사실을 알게 된 조합덕은 결국 성제를 압박하여 자신의 아들을 목졸라 죽이게 하였다.

성제는 본처인 허황후와의 사이에 1남 1녀가 있었으나 요절하였다. 후일 반첩여와의 사이에 아들 하나를 두었으나 역시 요절하였다. 오랫동안 성제를 가까이 모셨던 조비연 자매는 끝내 자식을 갖지 못하였다. 조비연 자매는 출산하거나 임신한 후궁들을 박해하여 결국 성제는 황위를 계승할 자식을 갖지 못하였다. 수화 원년(綏和, B.C. 8년) 성제는 이복동생 유강의 아들 유흔(劉欣)을 황태자로 책립하였다.

유흔이 황태자로 책립되는 과정에서도 조씨 자매가 개입하였다. 유흔과 함께 장안에 올라온 부태후(傅太后, 원제의 후궁으로 성제의 이복동생 산양왕 유강의 생모)로부터 온갖 진귀한 금은보화를 받은 조씨 자매는 성제가 유흔을 황태자로 책립하는데 결정적인 역할을 하였다.

유흔을 황태자로 책립한 다음해인 B.C. 7년 2월, 한나라의 수호성인 화성(火星)이 빛을 잃는 이상한 현상이 발생하였다. 이를 본 대신과 백성들은 곧 황제에게 변고가 발생할 것이라 믿었고 긴장한 성제는 백방으로 해결책을 찾았다. 이때 하늘을 관측하는 재주가 있다고 자칭한 분려(賁麗)란 자가 손쉬운 해결책을 내놓았다. 그는 성제에게 지위 높은 대신 한 명의 목숨으로 장차 황제에게 발생할지 모르는 변고를 막을 수 있다고 진언하였다. 이에 성제는 승상 구방진(翟方進)을 불러들여 나라를 위해 충성할 것을 요구하였다. 황제 알현을 마친 구방진이 승상부에 도착하자마자 성제의 조서가 뒤따랐다. 조서는 구방진이 승상의 역할을 제대로 수행하지 못하여 정치가 문란하고 천재가 부단히 발생하니 알아서 선택하라는 내용이었다. 결국 구방진은 정치적 책임을 지고 자살하지 않을 수 없었다.

구방진의 자살소식을 들은 성제는 내심 기쁨을 감추지 못하면서 후히 장례를 치르도록 하고 직접 장례식에 참석하였다. 자신에게 닥칠 재앙이 구방진의 죽음으로 해소되었다고 생각한 성제는 이제 백세까지도 살 수 있을 것이라 기대하였다.

구방진의 장례가 끝난 얼마 뒤, 초사왕 유연(楚思王 劉衍)과 양왕 유립(梁王 劉立)을 접견하기 위해 성제는 미앙궁 침전에서 관복을 차려 입기 시작하였다. 그러나 옷을 입던 도중 성제는 중풍으로 쓰러지고 말았다. 몸이 굳고 말을 한마디도 할 수 없게 된 성제는 병상에 누울 수밖에 없었다.

다음달 성제는 조합적의 품에 안겨 장안 미앙궁에서 사망하였다. 조합덕은 방중술에 일가견이 있었을 뿐만 아니라 강장제를 만드는 방법도 잘 알고 있었던 것으로 전해진다. 장년의 성제가 갑자기 사망하자 조야는 발칵 뒤집혔다. 황제의 발병원인이 그간 너무 주색에 탐닉했기 때문이라 여긴 태후의 힐문이 두려웠던 조합덕은 죄가 무서워 자살로 생을 마감하였다.

25년간 재위하며 45세를 일기로 생을 마감한 유오에게는 효성황제(孝成皇帝)라는 시호가 바쳐졌고 연릉(延陵, 현 섬서성 함양시 동쪽 5킬로미터 지점)에 안장되었다. 성제 사후 황태자 유흔이 계위하니 이가 애제(哀帝)이다.

애제는 황제의 자리를 차지할 수 있도록 도움을 준데 감사하는 의미에서 조비연을 황태후로 봉하여 우대하였다. 아울러 조비연의 동생 조흠(趙欽)을 신성후(新成侯), 조카 조흔(趙訢)을 성양후(成陽侯)에 봉하였다. 그러나 이로부터 몇 달 뒤 사례교위(司隷校尉) 해광(解光)이 오래전 조소의(조합덕)가 허미인을 음해하고 조위능이 낳은 황자를 빼앗은 사실을 들어 조씨 일족의 죄과를 탄핵하였다. 애제는 결국 조흠과 조흔의 작위를 박탈하고 서인으로 강등시켰으며 두 사람의 가족들은 요서군(遼西郡)으로 방축하였다.

애제는 자신의 등극에 도움을 준데다 할머니인 부태후와도 관계가 밀접한 것을 감안하여 조비연의 죄는 묻지 않았다. 다행히 화를 면한 조비연은 황태후의 자리를 유지할 수 있었으나, 애제의 관용은 태황태후 왕정군과 왕씨 일족의 불만을 자아내었다. 이 와중에 일부 대신들은 조소의의 죄가 너무 크니 가족에 연대책임을 물어 조비연도 처리해야 한다고 주장하였으나 애제는 아무런 행동도 취하지 않았다.

그간 조비연을 옹호했던 애제는 즉위 6년만인 원수 2년(元壽, B.C. 1년) 25세의 젊은 나이에 사망하였다. 이에 그간 애제와 관계가 좋지 않았던 왕씨 외척집단이 다시 득세하여 애제의 총신과 부태후 외척집단이 심대한 타격을 입었다. 태황태후 왕정군의 명에 의해 조비연은 황태후에서 효성황후(孝成皇后)로 격하되어 북궁(北宮)에 유폐되었다. 그로부터 한 달 뒤 조비연과 애제의 부황후(傅皇后)는 동시에 서인으로 격하되어 각자 자기 남편의 능원을 돌보라는 조서가 내려졌다. 조서가 내려진 당일 두 사람은 자살하였다.

5. 당(唐) 현종(玄宗)과 양귀비(楊貴妃)

당 현종 이융기(李隆基, 685년 9월 8일–762년 5월 3일)는 712년부터 756년까지 황제의 자리를 지켜 당나라 황제 가운데 재위기간이 가장 길었다. 예종(睿宗) 이단(李旦)의 셋째아들인 이융기는 천성이 영명하고 과단하며 음악과 서예 등 예술방면에도 특별한 재능을 보였다.

아버지 예종으로부터 양위 받아 즉위한 초기에는 두루 인재를 등용하고 내치에 힘써 개원성세(開元盛世)라 불리는 당나라의 극성시대를 열었다. 집권 후반기에는 양귀비(楊貴妃)를 총애하여 정사에 태만하고 이임보(李林甫)·양국충(楊國忠) 등 간신을 중용하여 정책에 실책을 범함으로써 8년이나 이어진 안사의 난을 자초하였다. 천보 15년(天寶, 756) 태자 이형(李亨)에게 양위하고 태상황이 되었다가 보응 원년(寶應, 756) 병사하여 태릉(泰陵)에 묻혔다.

양옥환(楊玉環, 719년 6월 22일–756년 7월 15일)의 호는 태진(太眞)이다. 미색을 타고난데다 음악과 무용에 능하여 후세에 고대 중국의 4대 미녀 가운데 한 명으로 평가되었다. 최소 5가지 주장이 있을 정도로 출생지에 대해서는 논란이 없지 않으나 명문가에서 태어났다는 데는 이견이 없다. 처음 당 현종의 아들과 혼인하였으나 출가 후 시아버지인 현종의 부름으로 입궁하여 귀비(貴妃)에 봉해졌다. 756년 안록산(安祿山)이 반란을 일으키자 사천으로 피난하던 도중 호위병들의 압력으로 자진하였다.

685년 가을 낙양에서 출생한 이융기의 어머니 두씨(竇氏)는 덕비(德妃)였다. 이융기 출생 무렵 당나라 황실에는 많은 변고가 있었다. 이융기가 태어나기 1년전, 할머니 무측천은 재상 배염(裴炎)과 작당하여 이융기의 큰아버지인 중종(中宗)을 폐하여 여릉왕(廬陵王)으로 삼아 장안에서 축출하고 이융기의 아버지 예왕(豫王)을 황제로 세우니 이가 예종이다. 명의상으로는 황제이고 이미 스무 살이 넘었지만 이미 화갑을 넘긴 무측천이 모든 국정을 전결하고 예종은 별전에 안치되어 정사에 간여하지 못하였다.

689년, 무측천은 이융기를 이단의 큰형인 효경황제(孝敬皇帝) 이홍(李弘)의 후사로 입적시켰었다. 690년 예종은 황제의 자리에서 쫓겨나 동궁에 거주하게 되었다. 691년 초, 겨우 일곱 살에 불과한 이융기는 관속을 거느리고 정치에 발을 들이기 시작하였다. 이해 8월 상방감(尙房監) 배비궁(裴匪躬)과 내상시(內常侍) 범운선(范雲仙)이 몰래 예종을 알현한 일이 있었다. 이를 알게 된 무측천은 두 사람을 사형에 처하고 예종이 절대 공경대신을 접견하지 못하도록 조치하였다. 아울러 무측천은 이융기 형제와 둘째 큰아버지 이현(李賢)의 세 아들을 궁으로 불러들여 유폐하였다.

693년, 이융기의 생모인 두덕비(竇德妃)는 모함으로 비밀리에 궁중에서 살해되었다. 같은 해 8월에는 아버지 예종도 역모를 꾀하고 있다는 모함으로 큰 화를 입을 뻔 하였으나 다행히 재난을 면하였다. 나이 어린 이융기는 예종의 후궁과 이모의 보살핌을 받게 되었고 693년 겨울 임치왕(臨淄王)에 봉해졌다.

궁중에 7년간 유폐되었던 이융기는 14살이 된 성력 2년(聖歷, 699)에야 여타 형제들과 함께 풀려날 수 있었다. 다시 초왕(楚王)에 봉해진 이융기는 노주별감(潞州別監)을 겸하여 치소인 노주(潞州, 현 산서성 장치현)에 머물게 되었다.

이무렵 이미 고령에 이른 무측천은 대신 적인걸(狄仁傑) 등의 간언을 받아들여 친정조카 무승사(武承嗣)를 태자로 삼으려던 계획을 포기하고 중종 이현(李顯)을 다시 태자로 삼고 예종을 상왕(相王)에 봉하였다. 장안 연간(長安, 701-704) 이융기는 친위부(親衛府)에서 우위낭장(右衛郎將)을 맡은 뒤 황제의 마필을 관리하는 상련봉어(尚輦奉御)를 지냈다. 이 사이 장간지(張柬之)를 비롯한 조신들이 신룡정변(新龍政變)을 일으켜 무측천의 퇴위와 중종의 복위를 이끌어내었다. 약관의 이융기는 궁중정변을 직접 목도하고 정치적 방향을 정하였다.

705년말 무측천이 사망하였으나 중종이 유약하고 무능하여 조정의 대권은 중종의 황후 위황후(韋皇后)와 딸 안락공주(安樂公主)가 장악하였다. 신룡정변을 발동하여 중종의 복위에 결정적인 역할을 하였던 재상 장간지는 위황후 모녀에 의해 관직을 박탈당하고 축출되었으며, 위황후 소생이 아닌 태자 이중준(李重俊)은 피살되었다.

위황후는 시어머니인 무측천의 행태를 본따 친정오빠 위온(韋溫)에게 대권을 맡기고 딸 안락공주의 불법행위를 눈감아 정치를 어지럽게 하였다. 경룡 4년(景龍, 710) 중종은 위황후와 안락공주에 의해 독살되었다. 위황후는 무측천의 뒤를 이어 또 다른 여자 황제가 되려는 욕심을 갖게 되었다. 위황후가 행동에 옮기기 전 정치적 상황을 지켜보고 있던 이융기는 고모인 태평공주(太平公主)와 그 아들 설숭간(薛崇簡) 등과 정변을 일으켜 기선을 제압하고자 하였다. 거사를 앞두고 정변발동 계획을 상왕에게 보고하자는 주위의 의견이 있었다. 이융기는 만일 실패할 경우 부친에게 화가 미칠 것을 염려하여 계획을 알리지 않고 즉각 행동에 들어갔다.

당륭(唐隆) 원년(710년) 6월, 이융기는 태평공주와 손잡고 정변을 발동하여 위황후와 그 일족 및 안락공주 등을 제거하였다. 다음날 이융기는 평왕(平王)에 봉해져 전중감(殿中監)을 겸하며 황제의 친위대인 만기(萬騎)를 이끌었다. 이융기는 태평공주와 합세하여 중종의 넷째 아들로 위황후에 의해 괴뢰황제로 옹립되었던 이중무(李重茂)로부터 선양을 받아 예종이 재차 즉위하도록 하였다. 즉위하자마자 예종은 대신들과 태자 책립문제를 의논하였다. 적장자 우선 승계의 원칙대로라면 장자인 송왕 이성기(宋王 李成器)가 태자가 되어야 하였다. 그러나 송왕이 극력 사양한데다 정변을 주도한 공신들 대부분의 강력한 요청에 결국 이융기가 태자의 자리를 차지하게 되었다.

예종 복위 후 태평공주는 정사에 적극 개입하기 시작하였다. 그녀는 능력이 뛰어난 태자 이융기의 존재가 자신의 참정에 걸림돌이 된다고 여기고 태자를 바꿀 기회를 엿보았다. 정치적 감각이 뛰어난 이융기도 이를 모를 리 없어 나름의 대비책을 강구하였다. 예종도 복위 초기에는 처리곤란한 일이 있으면 태평공주의 의견을 먼저 듣고 태자의 의견을 물었으나 시간이 지나면서 점점 태자를 중시하였다.

태자 이융기와의 모순과 갈등이 날로 격화되어 가고 있던 경운 2년(景雲, 711) 정월, 태평공주는 재상들이 모인 자리에서 공개적으로 태자를 교체해야 한다고 주장하였으나 송경(宋璟) 등의 강력한 반발에 부딪혔다. 태평공주와 태자 간 투쟁이 더욱 격렬해지자 예종은 711년 2월 태평공주의 반대에도 불구하고 태자를 감국(監國)으로 삼아 국정 운영에 참가할 수 있도록 하였다. 애초 나이어린 태자를 가볍게 보았던 태평공주는 이융기가 영용하고 과단함을 알고부터는 그를 경계하고 공격하기 시작하였다. 태평공주는 장자가 아닌 자는 태자가 될 자격이 없다는 여론을 조장하여 이융기를 태자의 자리에서 쫓아내고자 하였다.

고모와 조카 사이의 다툼이 계속되면 당나라 황실에 재차 변고가 발생할 것을 염려한 예종은 태평공주의 방해에도 712년 7월 태자에게 양위하였다. 이융기는 즉위하자 연호를 선천(先天)으로 바꾸었다. 예종의 양위로 갈등이 해소되기는커녕 이융기와 태평공주 간의 모순이 더욱 격화되었다. 태평공주가 군대를 일으켜 모반을 꾀한다는 정보를 입수한 이융기는 기선을 제압하기 위해 선제공격에 나섰다. 선천 2년(713) 이융기는 직접 친신들을 이끌고 정적들을 제거하는 행동에 나섰다. 태상황 이단이 나서 권유하였지만 결국 태평공주는 집에서 사사(賜死)하였다. '선천정변'이라 불리는 이 사건이 마무리되면서 현종은 진정한 황권을 행사할 수 있게 되었다. 당나라의 위업을 재창조하고 새로운 시대를 연다는 의미에서 개원(開元)이라 연호를 바꾼 현종은 비로소 자신이 원하는 정치를 펼칠 수 있었다.

정적 태평공주를 제거하고 황권을 강화하는데 성공하였지만 즉위 초기 현종이 해결해야 할 난제들이 산적한 상황이었다. 당시 거듭되는 궁정 정변으로 조정의 원기가 크게 상해 있으며 관리들의 무능과 부패는 속히 바로잡지 않으면 안 될 형편이었다. 황제 한 사람의 힘만으로 모든 것을 바로잡을 수는 없는 법, 다행히 현종은 현명하고 능력 있는 재상들을 등용하여 국정을 신속하게 궤도에 올려놓았다. 현종이 선후하여 재상으로 중용한 요숭(姚崇)·송경(宋璟)·장설(張說)·장구령(張九齡)은 모두 원칙을 준수하고 공평한 인사를 통해 정치안정과 국가발전의 기틀을 착실히 다져나갔다. 현명한 재상을 발탁하는 혜안을 가진 현종은 또한 관료기구의 업무효율을 높이기 위한 여러 시책들을 직접 마련하여 시행하였다.

그 첫째는 불필요하거나 업무가 중첩된 기구를 정비하여 할 일 없이 녹봉만 축내는 관리들을 과감하게 도려내어 업무효율을 높이고 정부 지출을 줄인 것이다. 두 번째로는 엄격한 고과제도를 도입하여 지방관에 대한 관리를 강화한 것이다. 그 구체적인 시행방안으로 매년 10월 안찰사(按察使)를 각 지방에 파견하여 민정을 살피고 직분을 다하지 못한 관리를 규찰하여 엄정히 처벌하였다. 세 번째는 간관(諫官)과 사관(史官)이 재상회의에 참가하도록 하였던 제도를 부활시켜 조정을 감독하도록 한 것이다. 그 다음으로 현종은 백성들과 가장 가까이에서 접촉하는 현령(縣令)의 임면에 확실한 기준을 정하여 지방의 정치가 바로 설 수 있도록 제도를 보완하였다.

즉위 이후 부단히 내치와 외정에 힘써 당나라의 성세를 이끈 현종은 자신의 치적에 만족하면서부터 이전과는 다른 모습을 보이기 시작하였다. 우선 물질생활면에서 개혁을 추진하던 시기 솔선하여 근검절약하던 모습이 사라지고 사치와 향락에 빠져들기 시작하였다. 인사면에서도 재상 장구령을 마지막으로 더 이상 정직하고 간언을 서슴치 않는 중신을 등용하지 않아 이임보와 같은 간신이 정권을 농단할 단초를 제공하였다. 학식과 재능은 보잘 것 없었던 이임보가 출세할 수 있었던 것은 현종의 속마음을 잘 간파하여 아부하는 재능이 특출하였기 때문이었다.

737년, 현종은 총애하던 무혜비(武惠妃)의 중상에 현혹되어 태자 이영(李瑛)을 비롯한 세 아들을 서인으로 폐출한 뒤 살해하고 셋째 아들 이여(李璵)를 태자로 삼았다. 태자 책립과 동시에 이여는 이름을 이형(李亨)으로 바꾸니 이가 후일의 숙종이다. 동년 12월 가장 아끼던 무혜비가 사망하자 현종은 침식을 거르며 애통하고 불안해하였다. 후궁에 수많은 미인이 있었지만 어느 누구도 현종을 만족시킬 수 없었다.

본명이 양옥환인 양귀비는 719년 여름 몰락한 명문가에서 출생하였다. 고조부 양왕(楊汪)은 수나라에서 상서(尙書)를 지낸 중신이었으나 당나라 초기 이세민에게 살해되었다. 부친 양현염(楊玄琰)은 촉주(蜀州)에서 호구를 조사하는 하급관리였다. 10세 무렵 아버지가 사망하자 양옥환은 낙양에서 하급관리로 일하던 셋째 숙부 양현교(楊玄珪) 슬하에서 자랐다. 천성이 총명했던 양옥환은 가정교육을 중시하는 숙부 아래서 사서삼경과 시문을 배워 문화적 소양을 갖추었다. 성격은 온순하였지만 예술적 재능도 있어 음율과 가무에 뛰어났고 비파를 잘 다루었다.

당시 감찰어사를 맡던 양옥환의 친척 양신명(楊愼名)은 가무에 능한 양옥환을 집에서 열리는 연회에 자주 초청했다. 당시 연회에 자주 참석하는 손님 중에는 중종의 딸 장녕공주(長寧公主)도 있었다. 734년 7월, 장녕공주가 첫 번째 남편 양신교(楊愼交)와의 사이에 낳은 아들 양회(楊洄)가 이융기가 가장 아끼던 무혜비(武惠妃)와의 사이에 낳은 함의공주(咸宜公主)와 낙양에서 결혼식을 올리게 되었다. 장녕공주는 양옥환에게 들러리를 부탁하였다. 마침 결혼식에 참석했던 함의공주와 동모 소생인 이융기의 18째 아들 수왕 이모(壽王 李瑁)는 양옥환의 미모에 매료되었다. 어머니 무혜비를 통해 이융기를 움직여 결국 이모는 735년 17세의 양옥환과 결혼에 성공하였고 두 사람의 혼인생활은 행복하였다.

무혜비 사후 실의에 빠진 이융기를 위로하고자 환관 고역사(高力士)는 무혜비와 닮은 양옥환이 피서차 화청지(華淸池)로 행차한다는 사실을 알고 이융기에게 화청지로 가라고 권했다. 그 날 이후로 무씨를 닮은 미모에 시와 노래까지 능한 양옥환에게 감정이 생긴 이융기는 고역사와 이 일을 상의했다. 고역사는 양옥환을 만나 이융기의 의중을 암시했다. 이융기는 740년 10월 자신의 모친인 두태후(竇太后)를 위해 기복하라는 명분으로 양옥환에게 출가하여 여도사가 되라는 칙서와 태진(太眞)이라는 도호를 내렸다.

양옥환을 출가시켜 아들에게서 떼어놓은 이융기는 궁내에 태진궁(太眞宮)을 짓고 양옥환을 다시 이곳을 관리하는 여관(女冠)으로 불러들였다. 745년 7월, 이융기는 장군 위소훈(韋昭訓)의 둘째딸을 수왕 이모의 비로 책봉한다는 조서를 내린 뒤 8월 양옥환을 귀비로 책봉하였다. 이때 이융기는 61세, 양옥환은 27세였다. 이융기를 궁에 들인 이융기는 천하의 보물을 얻은 듯 기뻐하였다.

양귀비의 환심을 사기 위해 이융기는 세세한 부분까지 신경쓰며 호화스러운 물질생활을 보장하였다. 예쁜 옷을 좋아하는 양귀비를 위해 전적으로 그녀의 의복을 제작하는 인원만도 7백 명이 배치되었다. 양귀비가 좋아하는 여지(荔枝)를 신속하게 수송하기 위해 영남에서 장안에 이르는 수천 리의 공도(貢道)가 새로 마련되었다. 양귀비를 얻은 뒤 이융기의 사치스러움도 날이 갈수록 심화되었다. 황제와 양귀비의 환심을 사기 위해 왕공대신과 귀족들이 온갖 진귀한 물건들을 진상하였고, 두 사람의 마음에 드는 물건을 바친 자들은 모두 승진의 혜택을 누렸다. 이것이 하나의 풍조로 자리 잡자 더욱 많은 관료와 귀족들이 다투어 보석과 산해진미를 진상하였다.

양귀비에 대한 현종의 총애가 깊어질수록 양씨 일족의 권세도 덩달아 높아졌다. 양귀비의 세 언니는 각기 한국부인(韓國夫人), 괵국부인(虢國夫人), 진국부인(秦國夫人)에 봉해져 치장비로만 매달 10만전이 하사되었다. 양귀비의 먼 친척들도 어김없이 은혜를 받았다. 시정의 무뢰배에 다름없었던 양귀비의 집안 오빠 양쇠(楊釗)도 여동생의 알선과 셈에 밝은 개인적 능력을 발휘하여 국충(國忠)이라는 이름을 하사받고 재상의 자리까지 올랐다.

황제의 총애를 등에 업고 교만 방자함이 날로 심해지던 양귀비는 746년 7월 현종의 명에 의해 친정으로 쫓겨나기에 이르렀다. 그러나 양귀비가 출궁한 그날당장 현종이 식음을 전폐하자 고역사가 나서 양귀비를 궁으로 불러들였다. 양귀비가 현종의 노여움을 사게 된 구체적인 이유는 밝혀지지 않았다. 다만 양귀비가 질투심이 강해 종종 황제를 노하게 했다는 기록이 있는 것으로 보아 과도한 질투심이 원인이 아니었는지 짐작된다. 한 차례 풍파를 겪은 뒤 두 사람의 감정은 더욱 깊어졌다.

750년 양귀비는 재차 친정으로 쫓겨났다. 양귀비가 두 번째 출궁당한 것은 날로 교만해진 양씨 일족에 대한 경고의 의미가 강한 조치였다. 양귀비에 대한 현종의 사랑이 깊어질수록 지위가 올라가자 양씨 일족은 규정된 한계를 벗어나 의전을 요구하였을 뿐만 아니라 닥치는 대로 뇌물을 수수하였다. 현종의 친여동생도 양귀비의 세 언니에게는 자리를 양보해야 할 정도였고, 양씨 일족과 관계가 좋지 못한 현종의 딸은 아버지로부터 하사받은 물건들을 빼앗길 정도였다.

양귀비 일족 가운데 가장 당나라의 역사에 부정적인 자취를 남긴 이는 양국충이었다. 재상의 자리에 오른 양국충이 마음대로 권력을 휘두르면서 당나라 전체가 혼란한 상황에 빠지기 시작하였다. 극성하던 당나라를 쇠락으로 이끈 가장 큰 책임은 물론 현종 이융기에게 있다. 그러나 향락에 빠져버린 황제를 대신하여 양국충이 국정을 맡으면서 조정이 혼란에 빠지고 조정의 혼란은 국가경제에 치명적인 타격을 가했다는 점에서 양국충의 책임은 절대 가볍지 않았다. 더 이상 양씨 일족의 발호를 묵과했다가는 양씨의 천하로 변할 것을 염려한 현종은 경고의 의미로 양귀비를 궁에서 축출한 것이다.

양씨 일족에 대한 경고의 표시로 양귀비를 출궁시킨 현종의 책략은 효과를 발휘하였다. 다급해진 양씨 일족은 그렇다고 황제에게 용서를 빌 수도 없는 입장이었고 양귀비는 눈물로 하루를 보냈다. 첫 번째 출궁 때와는 달리 현종은 급히 양귀비를 궁으로 불러들이지도 않았고 소식도 전하지 않았다. 그렇다고 양귀비를 향한 현종의 마음이 완전히 돌아선 것은 아니었다.

양귀비가 출궁한지 한 참 뒤 현종은 사람을 보내어 근황을 살피도록 하고 어선(御膳)의 절반을 양귀비에게 보냈다. 황제가 사람을 보내자 감동한 양귀비는 눈물을 흘리며 머리카락을 잘라 현종에게 바쳤다. 양귀비의 머리카락을 받아본 현종은 결국 고역사를 보내 양귀비를 궁으로 불러들였다. 자기가 곁에 없으면 황제는 하루도 즐겁지 않다는 사실을 재확인한 양귀비는 궁으로 돌아온 뒤 과오를 뉘우치기는커녕 교만함이 더욱 심해졌다.

양귀비와의 사랑에 푹 빠져 정사를 팽개친 현종은 당나라가 위기에 빠져 있음을 전혀 눈치채지 못하였다. 정치가 부패하자 군공을 세워 출세하려는 욕망을 가진 장군들은 별다른 이유 없이 이민족과 전쟁을 벌이기에 급급하여 변경에서는 전란이 끊이질 않았다. 그간 별다른 충돌 없이 지내던 토번(吐藩)과의 관계가 악화되어 전쟁이 발생함으로써 화목하고 우호적인 관계가 파괴되었다. 변방을 지키는 장령들의 교만함과 발호로 서남의 남조국(南詔國)과의 갈등과 충돌도 격화되어 결국 당나라는 남조와 전쟁을 벌여 20만 명이 전사하거나 병사하였다.

755년 11월 9일(양력 12월 16일) 범양(范陽)·평로(平盧)·하동(河東) 3절도사를 겸하고 있던 안록산(安祿山)이 동라(同羅)·해(奚)·거란

(契丹)·실위(室韋)·돌궐(突厥) 등 이민족과 연합하여 간신 양국충을 토벌한다는 명목으로 반란을 일으켰다. 756년 6월, 반란군이 장안을 향해 공격해오자 현종은 장안성 함락 직전 양귀비, 양국충과 함께 도망길에 나섰다. 일행이 마외파(馬嵬坡, 현 섬서성 흥평시 서쪽)에 다다랐을 때 호위하던 병사들이 반란을 일으켜 양국충을 살해하고 양귀비를 죽이도록 현종을 강박하였다. 결국 현종은 자신이 살기 위해 고역사를 보내 양귀비를 자진하도록 하였다. 반란이 진행되고 있던 와중에 현종은 태자 이형(李亨)에게 양위하고 태상황이 되었다. 후일 현종은 사람을 보내 양귀비의 시신을 수습하려 하였으나 끝내 찾지 못하였다. 현재 서안에서 60킬로미터 정도 떨어진 흥평시 마외진 서쪽에 있는 양귀비의 묘는 그녀의 유물을 묻은 의관총(衣冠塚)일 뿐이다.

757년 안록산이 피살된 뒤 장안으로 돌아온 이융기는 고역사의 보살핌 속에 흥경궁(興慶宮)에 거주하며 더 이상 정사에 간여하지 않았다. 이융기는 화공을 시켜 양귀비의 초상화를 그리게 하여 별전에 걸어두고 조석으로 쳐다보며 탄식하였다. 환관 이보국(李輔國)의 농간으로 쫓겨나다시피 태극궁(太極宮)으로 거처를 옮긴 이융기는 고역사를 비롯한 친신들이 처형되거나 유배된 뒤 혼자서 외롭게 지내다 762년 4월 5일(양력 5월 3일) 78세로 세상을 떠나 태릉(태릉)에 묻혔다.

우여곡절 끝에 황제의 자리에 오른 뒤 이융기는 현량을 재상으로 등용하여 사회가 안정되고 경제가 발전한 내치를 이루었다. 당나라의 극성기를 이루어 낸 현종은 재위 후기에는 전반기와는 완전히 다른 모습을 보였다. 며느리를 후궁으로 삼아 황음무도함의 극치를 보여준 현종은 간신을 중용하여 정치를 부패하게 하였으며 이로 인해 안사의 난이 발생하는 단초를 제공하였다. 당 현종 이융기는 중국 역대 황제 가운데 공과 과가 가장 극명하게 엇갈리는 인물이라 하겠다.

제5장

일대성군(一代聖君)

1. 진시황(秦始皇)

즉위와 친정

진시황 영정(嬴政, B.C. 259년-B.C. 210년), 성(姓)은 영(嬴), 씨(氏)는 조(趙)이며, 이름은 정(政, 일설에는 正이라고도 함)이라 하여, 조정(趙政), 조룡(祖龍)으로도 불리며 여정(呂政)이라는 설도 있다. 진(秦)나라 장양왕(莊襄王)과 조희(趙姬)의 아들로 알려져 있다. 고대 중국의 걸출한 정치가이고, 중국을 최초로 통일한 황제이며, 최초로 황제라는 군주의 호칭을 사용한 인물이다.

영정은 조(趙)나라 수도 한단(邯鄲)에서 태어났고, 13세였던 B.C. 247년에 진나라 장양왕(莊陽王)을 계승하여 즉위하였다. B.C. 238년에 장신후(長信侯) 노애(嫪毐)의 반란을 평정한 뒤, 다시 권신(權臣) 여불위(呂不韋)를 숙청하고 친정(親政)하기 시작하였다.

그 후 진왕 영정은 이사(李斯), 왕전(王翦) 등 새로운 인물을 기용하여 내정을 안정시키고, B.C. 230년부터 B.C. 221년까지 한(韓)·조(趙)·위(魏)·초(楚)·연(燕)·제(齊) 6국을 차례로 멸망시키고 중국 역사상 최초로 통일을 완성하였다.

통일을 완성한 후 진왕 영정은 군주의 호칭을 '황제(皇帝)'로 고쳐, 황제제도를 정립하였으며, 관제(官制)도 정비하여 중앙에는 삼공구경(三公九卿)제도를, 지방에서는 군현제(郡縣制)를 실시하여 중앙집권체제를 완성하였다. 또한 문자, 도량형, 수레바퀴의 폭, 화폐 등을 통일시켰으며, 대외적으로는 북으로 흉노족을 남으로는 백월(百越)을 정복하고 만리장성과 영거(靈渠)를 수축하는 등 많은 업적을 남겼다. 그렇지만 말년에 이르러 진시황은 불로장생을 꿈꾸며 폭정을 펼치다가, B.C. 210년에 순행(巡幸) 도중에 산동의 사구(沙丘)에서 병사하였다.

영정은 진(秦) 소양왕(昭陽王) 48년(B.C. 259년) 정월에 당시 조나라의 한단성(邯鄲城)에서 태어났다. 당시 소양왕(昭襄王)의 손자 이인(異人, 훗날 장양왕)의 아들인데, 이인은 안국군(安国君)의 아들로, 안국군의 총애를 받지 못하였고, 더욱이 안국군의 아들이 20여 명이나 있었던 관계로 조나라 한단에 인질로 보내졌던 것이다. 당시 진나라와 조나라는 관계가 악화되어 수시로 전쟁이 발생하였고, 인질로 보내졌던 이인은 조나라 정부로부터 푸대접을 받고 있어서 궁핍한 생활을 하고 있었다. 당시 한단에서 큰 사업으로 성공을 거둔 위나라 출신 상인 여불위(呂不韋)는 이인(異人)을 '기이한 보물(奇貨)'로 여기어 거금을 주면서 지원하였고, 별도로 안국군의 총비 화양부인을 찾아가 이인을 적극 추천하였다. 이에 이인도 화양부인을 어머니로 여기면서 자신의 이름을 자초(子楚)로 바꾸었다고 한다. 이후 자초는 여불위의 애첩 조희와 결혼하여 아들을 낳았으니, 그가 바로 훗날 진시황이 되는 영정인 것이다.

B.C. 257년, 진나라가 군대를 보내 조나라 한단을 포위 공격하여 위기에 처하게 되자, 조나라는 자초를 죽이려 하였는데, 자초는 여불위의 도움으로 황금 6백 근(斤)을 뇌물로 주고 겨우 피신하여 진나라로 귀국할 수 있었다. 이에 조나라는 다시 자초의 부인 조희와 아들 영정을 죽이려 하였지만, 부호(富豪)의 딸이었던 조희와 영정은 가족들의 도움으로 겨우 도망하여 목숨을 유지할 수 있었다.

B.C. 251년, 소양왕이 죽은 후 태자 안국군이 즉위하여 효문왕(孝文王)이 되었고, 그의 총비였던 화양부인이 왕후가 되었다. 화양부인은 이 기회를 틈타 자초를 태자로 옹립하였고, 또한 자초의 부인 조희(趙姬)와 그의 아들 영정(嬴政)을 진나라로 데려올 수 있었다.

진나라의 왕위를 계승한 안국군이 1년간의 복상(服喪) 후 왕의 직무를 본격적으로 시작한 지 3일 만에 급사하여, 자초가 계위하여 장양왕이 되었다. 장양왕은 화양부인을 태후(太后)로 모셨고, 여불위는 승상에 임명되고 문신후(文信后)에 봉해졌다.

그런데 장양왕도 즉위한 지 3년 만인 B.C. 247년 5월에 35세의 나이로 세상을 떠나고, 13세에 불과한 영정이 진나라 왕으로 즉위하였다. 영정이 너무 어렸기 때문에 여불위를 중부(仲父)로 모시게 되면서 모든 국정은 여불위의 손아귀에 놓이게 되었다. 이후 영정이 B.C. 239년에 21세의 나이로 친정할 때까지 진나라의 조정에서는 치열한 정쟁이 벌어지게 된다.

정권을 장악한 여불위는 당시 태후 조희와 불륜관계를 유지하고 있었는데, 성장한 영정에게 들키지도 않으면서 또 태후의 원한도 사지 않기 위해 자신의 식객인 노애(嫪毒)를 환관으로 분장시켜 태후에게 보내 음락(淫樂)을 즐기게 하였다.

이후 진왕 정이 성장하고, 태후도 노애의 아이를 임신하게 되자, 들킬 것이 두려운 태후는 풍수가 나쁘다는 핑계를 대고 다른 곳으로 이사를 갔다. 이곳에서 태후는 2명의 아들을 낳고 또 노애가 자신이 진왕의 의붓아버지라고 설치게 되면서, 마침내 노애와 태후의 관계가 진왕 정에게까지 알려지게 되었다. 이에 당황한 노애는 반란을 준비하기 시작하였다. 이 시기 노애는 태후 덕분에 장신후(長信侯)에 임명되어 산양(山陽)·태원(太原) 등의 땅도 분봉 받았기 때문에 이미 상당한 세력을 구축하고 있었다.

B.C. 238년, 드디어 노애가 반란을 일으켜 궁성을 공격하였으나, 정부군에 의해 토벌되어 노애와 그의 두 아들은 처형되고, 태후는 유폐되었다. 이 반란사건을 통해 여불위의 진면목을 알게 된 진왕 정은 B.C. 237년에 여불위를 파직하고 파촉(巴蜀)으로 추방하였는데, 여불위는 스스로 목숨을 끊었다고 한다. 이후 진왕 정은 진나라의 실권을 장악하고 친정을 펼치게 되었다. 또한 이 사건이후 진왕 정은 '축객지령(逐客之令)'을 내려 6개국에서 온 식객들을 쫓아내려 했지만, 이사(李斯)가 「간축객서(諫逐客書)」라는 글을 올려 축객을 만류하면서 진왕 정은 위료(尉繚), 이사(李斯) 등을 중용하여 통일정책을 계속 추진하였다.

천하통일

진왕 정이 즉위했을 때 진나라는 이미 파(巴)·촉(蜀)·한중(漢中)지역을 병합하였고, 남서쪽으로는 초나라 영(郢)에 남군(南郡)을, 북쪽으로는 상군(上郡)을 거두어 하동군(河東郡)·태원군(太原郡)·상당군(上黨郡)을 설치하였으며, 동쪽으로는 형양(滎陽)에 이르렀다. 즉위 후

B.C. 236년, 조나라와 연나라 간의 전쟁이 일어났을 때, 진나라는 연나라를 구원한다는 명분으로 출병해 조나라를 협공하여 알여(閼與)·요양(轑陽)·하간(河間)·안양(安陽) 등 여러 지역을 점령하였고, B.C. 234년에 진나라는 다시 조나라를 공격하여 점령한 지역에 안문군(雁門郡)과 운중군(雲中郡)을 설치하였다.

B.C. 231년에는 한나라의 남양(南陽)지역을 강압적으로 헌상 받아 내사등(內史騰)을 파견하여 임시로 다스리다가, B.C. 230년에 한나라를 공격하여 한왕을 사로잡고, 그 지역에 영천군(潁川郡)을 설치함으로써 한나라는 마침내 멸망하게 되었다.

B.C. 229년, 진나라 장군 왕전(王翦)과 양단화(楊端和)가 조나라를 공격해 들어갔는데, 조나라에서는 이목(李牧)과 사마상(司馬尙)이 군대를 이끌고 완강히 저항하였다. 이에 진나라는 조나라 총신 곽개(郭開)에게 뇌물을 주어 이목(李牧)과 사마상(司馬尙)을 모함하여 죽게 만든 후, 마침내 B.C. 228년에 왕전(王翦)·강외(姜瘣) 등이 조나라 땅을 점령하고, 조나라 왕을 사로잡았으며, 진왕 정도 직접 한단(邯鄲)에 가서 어린 시절 한단에 살던 때의 원수들을 죽였다. 결국 조나라 공자 가(嘉)가 종족 수백 명을 이끌고 조나라의 땅 대군(代郡)으로 도망가서 대왕(代王)에 즉위하여 자립하였고, 진나라는 조나라 수도 한단 일대에 한단군(邯鄲郡)을 설치하였다.

B.C. 227년, 진왕 정은 장군 왕전(王翦)과 신승(辛勝)을 보내 연나라를 공격하니, 연나라는 대(代)나라와 연합하여 대항하였으나, 역수(易水) 서쪽에서 크게 격퇴시켰고, 그 이듬해 연나라 수도 계(薊)도 함락시켰다. 이에 연왕 희(喜)가 요동으로 천도하여 진나라 장수 이신(李信)이 군대를 이끌고 추격하자, 연나라 왕은 태자 단(丹)을 죽이고 그의 수급(首級)을 바치면서 강화를 요청하였다.

B.C. 226년에는 한나라 도성에서 반란이 일어나자, 진나라는 출병하여 반란을 평정하고, 그 틈을 타 마침내 한나라 왕을 처형하였다.

B.C. 225년, 진왕은 장군 왕분(王賁)을 보내 위나라 수도 대량(大梁)을 포위하고 황하의 물을 끌어들여 수몰시켜 함락하니, 결국 위나라도 멸망하였다. 또 같은 해 진왕 정은 이신(李信)·몽염(蒙恬) 등의 장군으로 하여금 20만 대군을 거느리고 초나라를 공격하도록 하였다. 전쟁 초기에 이신과 몽염은 승리를 거두었으나, 초나라 군대의 반격으로 성보(城父)전투에서 크게 패하였다. 이에 진왕 정은 왕전(王翦)과 몽무(蒙武) 등의 장군으로 하여금 60만 대군을 이끌고 공격하여 기(蘄)라는 곳에서 초나라 군대를 대파하고 초나라 장수 항연(項燕)을 자살케 하였다. 이어서 진나라 군대는 초나라 수도 수춘(壽春)을 함락시키고, 초나라 왕도 사로 잡았다. 그리고 초나라 땅에 구강군(九江郡)과 장사군(長沙郡)을 설치하였다.

B.C. 222년, 왕전(王典)은 초(楚)나라의 강남 여러 지역을 평정하고 회계군(會稽郡)을 설치함으로써 초나라도 결국 멸망하게 되었다. 진 왕정은 초나라를 멸망시킨 후, 계속 동쪽으로 진출하여 계속 군(郡)을 설치하였고, 마침내 노(魯)나라 땅도 점령하여 설군(薛郡)을 설치하였다. 또한 같은 해 진왕 정은 왕분(王賁)을 보내 연나라의 요동 지역을 공격하고, 연왕 희(喜)를 사로잡음으로써 연나라도 멸망시켰고, 대(代)도 공격하여 대왕(代王) 왕가(王嘉)를 사로잡고, 그 지역에 대군(代郡)과 요동군(遼東郡)을 설치하였다.

B.C. 221년에 진나라 장군 왕분은 연나라에서 남하하여 제나라를 공격하고 제나라 왕 건(建)을 포로로 잡아 제나라를 멸망시켰다. 그리고 그 지역에 제군(齊郡)과 낭야군(琅邪郡)을 설치하였다.

이렇게 진나라는 B.C. 230년부터 시작하여 B.C. 221년에 제나라를 멸망시킬 때까지 10년에 걸쳐 6국을 모두 멸망시키고, B.C. 219년에 남방의 백월(百越)까지도 평정함으로써 진정한 의미의 전 중국의 통일을 완성하여, 통일제국시대를 열게 되었다.

황제 제도

진왕 정은 천하를 통일한 후 제일 먼저 군주의 칭호를 바꾸는 작업에 착수하였다. 왕(王)이란 존호(尊號)는 이미 멸망한 6국의 군주들이 사용한 호칭으로, 역사상 최초로 등장한 통일제국의 군주 칭호로는 적합하지 않다고 생각했다. 그래서 그는 승상 왕관(王綰), 어사대부 풍겁(馮劫), 정위(廷尉) 이사(李斯) 등에게 명하여 새로운 군주의 존호를 제정하도록 하였다. 이에 이들은 박사(博士)들과 상의하여 천황(天皇), 지황(地皇), 태황(泰皇)을 선정하고, 그 중에 태황을 군주의 존호로 건의하면서, 아울러 짐(朕)·제(制)·조(詔) 등의 황제 전용어 채택도 건의하였다. 이들의 건의를 들은 진왕 정은 태황에서 태를 빼고, 제(帝)를 황(皇)의 뒤에 붙여서, 군주의 호칭을 황제(皇帝)로 결정하고, 황제 전용어의 사용도 채택하였다.

진왕 정이 황제라는 존호를 정한 배경으로는 대략 2가지 설이 있다. 첫 번째로는 6국을 병탄하여 천하통일을 완성한 자신의 공적이 전설상의 군주 삼황(三皇)의 덕(德)과 오제(五帝)의 공(功)보다 더 높다(德兼三皇, 功過五帝)라고 생각하여 삼황오제에서 유래했다는 주장이다. 두 번째로는 황(皇)이라는 글자는 빛나는 태양을 의미하여 '위대하다'라는 뜻을 지니고 있고, 제(帝)는 우주 삼라만상을 창조하고 규제하는 상제(上帝)의 뜻을 지니고 있어서, 이 두 글자를 묶어서 천상(天上)의 상제(上帝)와 동격의 지상의 상제로 새로운 군주를 위치시키려는 의도로 황제라는 호칭을 결정하였다는 주장이 있다. 어찌되었든 황제라는 호칭은 새롭게 구축된 고대 통일제국의 군주의 권위와 위엄을 보여주는 호칭임에는 분명하다.

이렇게 황제라는 새로운 호칭을 결정한 후, 진왕 정은 기존의 시호(諡號)제도를 자손이 조상의 업적을 평가하는 등 불경하다는 이유로 폐지하였다. 그리고 자기 자신이 처음으로 황제를 시작하였기 때문에 시황제(始皇帝)라 하고, 그 이후의 군주는 이세황제(二世皇帝), 삼세황제(三世皇帝)로 이어지면서 백세(百世), 천세(千世), 만세(萬世)까지 계속되어, 자신이 이룩한 위업이 영원히 계속되기를 염원하였던 것이다. 이렇게 결정된 황제라는 호칭은 이후 중국의 역대 군주의 호칭으로 청나라가 멸망하는 20세기 초반까지 무려 2,100여 년간 사용하게 된다.

새로운 군주의 존호로 황제라는 명칭을 결정한 진시황은 상앙의 변법이래 추진되어 온 군주권 강화를 통한 중앙집권화 정책을 계승하여 통치제도를 완비해 갔다. 먼저, 중앙에는 삼공구경(三公九卿)제도를 정립하였는데, 삼공에는 승상(丞相), 태위(太尉), 어사대부(御史大夫)가 있다. 승상에는 좌·우 승상 2명이 임명되었으며, 백관(百官)의 우두머리로 행정을 총괄하였다. 태위는 군사(軍事)업무를 총괄하였는데, 상설(常設)된 것은 아니다. 어사대부는 부승상의 직책으로 백관을 감찰하는 임무를 담당하였다.

삼공아래에 구경이 임명되어 중앙의 주요 업무를 분장하였다. 구경에는 낭중령(郎中令)·위위(衛尉)·정위(廷尉)·치속내사(治粟內史)·소부(少府)·전객(典客)·봉상(奉常)·종정(宗正)·태복(太僕) 등이 임명되어, 종묘의례(宗廟儀禮)·궁중경비, 형법, 재정, 종실사무 등의 업무를 나누어 관장하였다.

진시황은 6국을 멸망시킨 후 이사의 건의를 받아들여 분봉제(分封

制)를 폐지하고, 군현제(郡縣制)로 바꾸었다. 지방 행정 기구는 군(郡)과 현(縣)으로 나누고, 각 군현의 주요 관리들은 중앙에서 임면(任免)하였다. 군(郡)에는 군수(郡守)·군위(郡尉)·군감(郡監)을 두어, 군 전체의 행정장관, 행정차관 및 군사 업무, 그리고 감찰 등을 관장케 하였다. 처음에는 전국을 36개 군(郡)으로 나누었는데, 훗날 계속 증가하여 41개 군(郡)이 설치되었다.

현(縣)에는 현령(縣令) 혹은 현장(縣長), 현승(縣丞), 현위(縣尉)를 임명하여 각 현(縣)의 정무, 군사, 사법의 업무를 관장케 하였다. 그리고 현 아래에는 향(鄕)과 리(里)가 설치되어, 현의 통제 하에 자치적으로 운영되었다.

진나라의 토지소유관계는 기본적으로 서주(西周)시대의 왕토사상(王土思想)을 이어받아 토지 국유제(國有制) 형식을 유지하고 있었다. 그러다가 B.C. 216년에 전국의 농민들에게 실제 점유하고 있는 토지 액수를 자진 신고하고, 그에 대한 세금을 징수하도록 하였다. 이와 함께 비록 민간인 신분이더라도 무공을 세우면 토지와 작위를 부여할 수 있도록 하였다. 원래 진나라의 토지제도는 명목상 국가의 소유의 토지를 개인이 경작하는 형식이었는데, 이번 경작 토지 신고를 거치면서 자유롭게 토지를 매매할 수 있게 되어, 이후 점차 토지 사유제가 정착하게 되었다.

한편 진시황은 B.C. 219년 제2차 순행을 하면서 산동지역의 태산(泰山)에서 봉선(封禪)을 거행하였다. 이 봉선의 의미에 대하여 여러 해석이 분분한데, 창업을 이룩한 수명(受命)의 군주 즉 진시황이 자신이 이룩한 위업을 천제(天帝)에 고하는 의식이라는 해석도 있고, 우주의 전지전능한 절대 신인 천(天)에게 불로불사(不老不死)를 청원하는 의식이라는 주장도 있다. 분명한 사실은 봉선의식을 통해 황제가 천

(天)과 직접 회합(會合)과 대화(對話)할 수 있는 기회를 가짐으로써 지상을 다스리는 황제가 우주를 지배하는 상제와 동격임을 만천하에 알리는 의식으로 황제의 권위를 과시하기 위한 목적에서 시행한 걸로 생각된다. 다만 당시 진행된 봉선의 자세한 의식 내용은 현재 알 길이 없다. 다만 이후 한(漢) 무제(武帝)와 후한(後漢)의 광무제(光武帝)시기에 거행된 봉선의식에 대한 기록을 통해 그 대강을 짐작할 수 있을 뿐이다.

통일정책

진시황은 먼저 황제제도와 관료제도의 정비를 통하여 중앙집권적 지배체제를 구축한 후, 그동안 오랜 기간 분열되었다가 이제 막 통일된 중국을 안정적으로 유지·발전시키기 위해 여러 측면에서 각종 통일 정책을 시행하였다.

진시황의 통일정책 중 가장 대표적인 것은 치도(馳道)의 건설이다. B.C. 222년부터 진시황은 수도 함양을 중심으로 사방으로 뻗어나가는 치도를 건설하기 시작하였다. 이러한 치도는 대부분 진나라가 6국을 정벌할 때 만든 길을 기초로 건설되었는데, 그 목적은 시황제가 순행할 때 편리하게 하기 위해 건설되었다는 설도 있지만, 그보다 더 중요한 것은 여전히 잔존하고 있는 육국에서 반란이 일어났을 때 신속한 병력 수송을 위한 군사적 목적에 있었다고 할 수 있다.

이와 함께 진시황은 6국을 통일한 후 영남(嶺南, 중국의 남부 즉 광동, 광서 일대)지역에 필요한 군대와 물자를 조달하기 위해 양자장의 지류 상강(湘江)과 주장(珠江)의 지류 이강(灕江)을 연결하는 운하 영거(靈渠)를 B.C. 219-B.C. 215년에 완공하였다. 이 운하는 세계에서 가장 오래된 운하 중 하나로, 개통된 이후 대략 2,000여 년 동안 영남지역과 중원지역을 연결하는 중요한 수로교통망이었다.

다음으로 진시황에게는 전국시대 후기부터 중국의 북변에서 활동하며 시시때때로 침략하여 약탈하는 흉노(匈奴)족 문제가 두통꺼리였다. 그래서 진시황은 B.C. 214년에 몽염(蒙恬)장군에게 30만 병력을 이끌고 출동하게 하여 오르도스지역을 점거하고 있던 흉노족을 몰아내고, 북쪽 변경에 장성을 건설하였다. 이것이 유명한 만리장성인데, 이 만리장성은 전국시대에 진나라, 조(趙)나라, 연(燕)나라 등이 쌓아놓았던 장성을 기초로 이를 연결하고, 보충하여 완성된 것이다. 이 만리장성은 북방민족의 남침을 방어하는 역할만 하였던 것은 아니고, 중국의 농경문화와 북방의 유목문화를 구분하는 경계선이며, 서로 견제하는 접촉지점이라는 의미도 있다.

또한 진시황은 육국을 병합하는 과정에서 한 국가를 멸망시키면, 그 멸망한 국가의 궁궐을 본떠 함양성 부근에 모조 궁궐을 축조하였는데, 이는 통일제국의 통치자로서 대궁전을 조영(造營)하여 자신의 위엄과 권위를 표현하려는 목적이 있었던 것으로 추측된다. 통일 후 B.C. 212년에는 위수(渭水) 남안(南岸)에 새 왕조의 위업을 과시할 목적으로 아방궁(阿房宮) 축조를 시작하였다. 그 규모를 보면, 동서가 690m, 남북이 115m로 만 명까지도 수용 가능하였고, 수중터널을 통해 위수 북쪽의 함양궁과 연결되었다고 한다. 여기에서 아방궁은 천극(天極), 위수는 은하수, 함양궁은 영실(營室, 28宿의 星座)을 의미하는 것으로, 궁궐건축에 천체(天體) 구조를 반영함으로써 진시황 본인이 거주하는 궁궐과 천제(天帝)의 궁궐을 연계시켜 자신의 권위와 위엄을 높이고자 했던 것이다.

진시황은 또한 위수의 남쪽 여산(驪山)에 자신이 죽은 후 안치될 능묘(陵墓)를 조성하기 시작하였는데, 이를 여산릉(驪山陵) 혹은 진시황릉이라고 한다. 이 릉이 완성되었을 때 그 높이는 100여m, 동서와 남북의 길이는 500m이며, 묘실에는 곽실(槨室)고 함께 백관(百官)들의 좌위(座位)가 위계에 따라 설계되어 있다. 궁실 안에는 수은(水銀)을 사용하여 황하, 양자강 등 하천의 모형을 조성하고, 기계설비를 이용하여 이 수은을 환류(環流)시켜 실재 중국의 모습을 재현하고자 했다. 또한 묘실 입구에는 궁시(弓矢) 장치를 설치하여 도굴 시 발사될 수 있도록 만들었다고 한다. 특히 1974년에는 이 릉에서 조금 떨어진 곳에서 병마용갱(兵馬俑坑)이 발견되었는데, 이는 진시황의 능묘를 지키는 친위군단의 도용(陶俑)으로 추정되는데, 그 숫자는 대략 8,000여 개로 추정된다. 이렇게 아방궁과 여산릉을 축조하면서 진시황은 약 70여만 명의 형도(刑徒)들을 동원하였고, 건축자재도 대부분 전국 각지에서 운송되어야 하였으므로 인력과 재력의 소모가 어마어마하였다.

또한 진시황은 사민(徙民)정책을 시행하여 전국의 부민(富民) 12만 호(戶)를 수도 함양 부근으로 강제 이주시켰다. 이들 부민들은 대부분 넓은 전토를 소유하고 일족(一族)들과 강력한 결속력을 가지고 있던 6국의 지배층 출신으로, 진시황은 이들을 함양 가까이에 정착시켜 손쉽게 통제할 수 있게 만들었다. 이와 함께 진시황은 지방 세력의 무장화(武裝化)를 방지하기 위해 전국의 민간에 존재하던 철기와 무기를 모두 몰수하여 수도 함양에 모아놓고, 이를 녹여서 금인(金人)과 종거(鍾鐻)를 만들기도 하였다.

이와 함께 진시황은 오랜 기간 분열로 인한 문화·사회·경제적 차이를 통일시키고자 하였다. 그 첫 번째가 바로 문자의 통일이다. 춘추전국시대의 민간에서 사용하는 문자는 지역적 차이가 있었다. 이런 상황은 각 지역 간의 경제·문화의 교류를 저해하고, 중앙정부 정책의 효율적 시행도 영향을 받는 것이다. 그래서 천하통일이후 진시황은 이사(李斯)에게 문자의 통일 작업을 지시하였다. 이에 이사는 전국시대 진나라 사람들이 사용하던 대전(大篆)문자를 기초로 제나라, 노나라 등지에서 통용되던 과두(蝌蚪)문자의 장점을 반영하여 일명 '소전(小篆)' 문자를 만들어 전국에 통용시켰다.

또 전국시대에는 각국의 도량형(度量衡)이 각각 달랐다. 그래서 진시황은 통일 이후 원래 진나라의 도량형을 표준으로 삼아 이와 맞지 않는 도량형은 모두 사용하지 못하게 하고, 도량형의 표준 기기, 즉 진량(秦量), 진권(秦權) 등을 제작하여 전국에 배포하였다. 토지 넓이의 단위도 6보(步, 약 23.1cm)를 1척(尺)으로, 240보를 1무(畝)로 정하여 이를 따르도록 하였는데, 이는 이후 1,000여 년 동안 계속 사용된다.

아울러 진시황은 전국시대 각국이 별도로 사용하던 화폐를 통일시켰다. 모양은 원형방공(圓形方孔), 무게는 반량(半兩, 8g), 그리고 동(銅)으로 제작한 일명 '반량전(半兩錢)'을 제작하여 전국에 유통시키고자 하였다.

진시황은 또한 전국 통일을 완성한 직후 B.C. 220년부터 10여 년 동안 자신이 건설한 치도(馳道)를 통해 총 5회에 걸쳐 전국 각지를 순행(巡幸)하였다. 1차는 서방지역인 감숙성과 주원(周原)일대를, 2차는 동남쪽을 돌아 산동성 일대를, 3차는 동쪽의 하남, 산동지역을, 4차는 동북쪽의 하북, 섬서지역을, 5차는 남쪽으로 가서 강소, 절강을 거쳐 다시 산동을 지나다가 결국은 병사하게 된다. 진시황은 이렇게 순행을 하면서 본인이 지나가는 곳곳에 송덕비(頌德碑)를 건립하고, 자신의 업적 내용을 비문(碑文)으로 새겨놓았는데, 이러한 내용이 오늘날까지 전해오고 있다. 이렇게 진행된 진시황의 순행은 정복지에 황제의 위엄을 과시하고 통치기반을 공고히하려는 의도가 있었으며, 다른 한편으로는 불로장생의 선약(仙藥)을 구하기 위한 것과 관련이 있다는 추정도 있다.

법가 통치

진시황은 집권 후반기에 이르러 장생불사의 신선(神仙)사상을 믿게 되면서 불사지약(不死之藥)을 구하게 되었다. 이에 제나라, 연나라 등지에서 활동하던 방사(方士)들이 진시황에게 해중불로초(海中不老草)를 구하게 되면 신선이 되어 장생불사(長生不死)할 수 있다고 꼬드겼다. 그래서 서복(徐福)은 진시황의 명을 받고 동남동녀(童男童女) 각각 500명을 데리고 바다로 나가 불로초를 구하려 했으나 실패하여 돌아오지 못하고 일본으로 도망하였다는 설도 있다. 이후에도 진시황의 불사약(不死藥)을 구하기 위한 시도는 계속되어 노생(盧生), 후생(侯生) 등의 방사들을 등용하였으나, 이들의 배신으로 인하여 갱유(坑儒) 사건으로 이어지게 된다.

한편 진시황은 안정적 통치기반을 더욱 공고히 하기 위하여 사상을 통일시키기 위한 목적으로 소위 '분서갱유(焚書坑儒)'를 단행하였다. 시황제는 원래 법가(法家)사상의 신봉자로 한비자(韓非子)의 영향을 깊게 받았다. 이런 관계로 법가 출신을 많이 등용하였는데, 그 대표적 인물이 바로 이사(李斯)이며, 바로 이 이사의 강력한 건의로 분서갱유(焚書坑儒)를 시행하게 된다.

먼저 B.C. 213년에 분서(焚書)사건이 발생하는데, 여기에서 분서란 서적을 불태워 없애버리는 것을 말한다. 전국시대의 각 나라에는 그 나라의 역사기록 사기(史記)가 편찬되어 있었는데, 여기에는 진나라에 대한 불평이나 비판하는 기록이 많이 있었으므로 이사는 이러한 6국의 역사 기록을 읽지 못하게 하기 위하여 분서를 건의한 것이다. 당시의 학자들은 상당수 진(秦)의 획일적 법치에 불만을 품고 있었는데, 그 중 일부 학자들이 옛 것을 동경하면서 진시황을 비난한 것을 계기로 분서 사건이 발생하게 된 것이다. 진나라의 역사서와 의약, 농업

관련 서적을 제외하고 다른 모든 서적을 몰수하여 30일 내에 소각해야 하며, 이후 고서(古書)에 대해 논의하는 자는 사형, 옛 것을 찬미하고 진을 비방하는 자는 친족 전체를 죽인다는 금령을 반포하였다. 이 분서사건을 단순히 사상을 법가로 일원화하려는 정책이라고 평해서는 않되고, 그 주요 목적은 민간 소장의 서적과 사학(私學)을 금지하여 관학(官學)으로 일원화하려는 의도가 내포된 것이라고 할 수 있을 것이다.

분서사건이 발생한 이듬해인 B.C. 212년에 갱유(坑儒)사건이 발생한다. 갱유사건은 시황제가 자신의 통치이념에 반대하는 학자들을 땅 속에 산채로 생매장하여 죽인 사건인데, 이는 시황제가 신선술에 심취한 것이 계기가 되어 발생하였다. 진시황은 방사(方士) 후생(侯生)과 노생(盧生)을 신임하여 옆에 두었으나, 이들이 진시황을 비방하며 도망하였고, 이와 함께 유생(儒生)들의 비판도 거세어지자 진시황은 B.C. 212년에 자신을 속인 방사(方士) 후생(侯生)과 노생(盧生)에 대한 화풀이로 유학자를 포함한 460여 명의 학자들을 산채로 땅 속에 파묻어 죽였다는 것이다. 이 때 희생된 학자들이 오직 유생(儒生)들만 있었는지, 아니면 술사(術士) 등 여러 분야의 지식인들도 포함되었는지는 불확실하다. 다만 분명한 것은 분서와 갱유 두 사건 모두 진시황이 자신에 반대하는 학자와 학문에 대하여 탄압을 통하여 법치(法治) 중심으로 사상을 통일할 수 있었고, 또한 당시 비등했던 진(秦)의 통치와 진시황에 대한 불만과 비판도 사라지게 되었다. 이 두 사건으로 인하여 진시황은 폭군의 이미지를 얻게 되었고, 후세에 비난을 받게 된다.

사망과 공과(功過)

진시황은 B.C. 211년 10월에 다섯 번째 순행(巡行)을 출발하였는데, 이 때 수행했던 인물은 이사 그리고 막내아들 호해(胡亥)와 환관 조고(趙高) 등이 있었다. 이들은 양자강을 건너 동남쪽으로 내려가 절강성을 통과하여 회계산(會稽山)에 들어가 송덕비를 건립하였다. 진시황은 다시 바다를 통해 북쪽으로 건너가 산동지역을 순행하다가 발병(發病)하였고 사구(沙丘)라는 곳에 이르러 마침내 병사(病死)하였다. 이 때가 바로 진시황이 50세이며, 재위한지는 37년이고, 천하통일을 이룩한 지는 불과 11년밖에 지나지 않았다.

진시황은 죽기 직전 유서(遺書)를 남겼는데, 그 내용은 북변에 파견되어 몽염(蒙恬)장군과 함께 감군사(監軍使)로 근무하고 있던 장남 부소(扶蘇)를 불러들여 제위(帝位)를 계승케하라는 것이다. 그런데 이 유서가 발송도 되기 전에 진시황이 죽게 되니, 당시 부소 및 몽염과 사이가 좋지 않았던 조고는 이사와 호해를 설득하여 호해가 태자가 되고, 부소에게는 사약(死藥)을 내리는 내용으로 유서를 개조하였다. 결국 호해가 즉위하여 이세황제가 되고, 부소는 자살하였다. 그리고 몽염장군 형제와 여러 황실 혈족들은 대부분 살해당하였다.

새롭게 즉위한 이세황제 호해는 미완성의 아방궁의 건축을 재개하는 등 엄청난 인원을 동원하고 물자를 소비하는 등 계속된 요역 징발과 가혹한 법치로 인하여 백성들의 반항과 저항에 직면하게 되어 멸망의 길로 접어들게 된다.

한편 진시황은 천하통일 이후 약 10여 년간 각종 토목공사를 단기간에 걸쳐 대규모로 진행함으로써 엄청난 국력이 소모되었고, 농민들에 대한 중과세와 노동력 징발은 이미 한계치를 초과하고 있었다. 예를 들면, 여산릉과 아방궁 건설에 대략 70여만 명, 연인원 300여만 명이 동원되었는데, 이는 당시 진나라의 인구가 2천만 명 정도라고 추산한다면, 전 인구의 약 15% 정도가 동원된 것이다. 이처럼 가혹한 착취에 대한 저항은 진시황이 재위하고 있을 때에는 그의 위엄과 권위 때문에 겉으로 드러나지는 않았다. 그러나 이세황제 시기에 이르러서는 그의 무능함과 조고의 농단(壟斷) 등으로 인하여 백성들의 불만이 폭발하여 농민반란으로 이어졌고, 진나라는 결국 천하통일을 이룩한 지 불과 14년 만에 멸망하게 된다.

진시황에 대한 평가는 지금까지 부정적 내용이 대부분이다. 분서와 갱유를 통한 반대세력에 대한 탄압 그리고 가혹했던 법치를 통한 수탈 등이 그의 대표적 폭정으로 꼽히고 있다. 그렇지만, 진시황이 천하통일 이후 시행했던 각종 제도와 문물 등은 그 기간이 너무 짧아 통일된 중국 사회에 뿌리를 내리지는 못했지만, 대부분 진(秦)왕조이후 성립된 한(漢)왕조 시기에 대부분 계승되면서 고대 통일 중국의 제도와 문물로 자리 잡게 된다. 즉 진시황의 각종 정책은 후세 중국에 막대한 영향을 주었음을 알 수 있는 것이다. 이런 측면에서 볼 때 진시황에 대하여 종합적 시각에서 다양하게 재검토하여, 그의 공(功)과 과(過)를 다시 평가해야 하지 않을까 싶다.

2. 한(漢) 고조(高祖) 유방(劉邦)

초기 생애

유방(劉邦, B.C. 256년 or B.C. 247-B.C. 195년 6월 1일)은 패군(沛郡) 풍읍(豊邑) 사람으로 한(漢)나라 개국 황제이다.

『한서(漢書)』「고제본기(高帝本紀)」에는 유방의 조상을 오제 중의 한

명인 제곡이라고 하며, 춘추시대 진(晉)나라 대부 사회(士會)의 후손이라고 한다. 위(魏)나라에서 유방의 할아버지 유인(劉仁)이 풍공(豊公)으로 봉해지기도 하였지만, 당시 사회가 크게 요동치는 상황 속에서 아버지 유단(劉煓)은 평범한 농업에 종사하는 평민 신분에 불과하였다. 풍읍(豊邑)과 패읍(沛邑)이 지리적으로 위나라와 초나라 경계지역에 있었던 관계로, 유방은 청소년기에 양국의 문화와 분위기의 영향을 받으며 성장하였다. 진나라가 천하를 통일한 후 유방은 패현(沛縣) 사수(泗水)의 정장(亭長)이 되었고, 훗날 기병하였을 때 휘하의 부하들도 대부분 위나라와 초나라 두 지역 출신들이었다.

B.C. 256년(진나라 소왕왕 51년) 혹은 B.C. 247(장양왕 3년)에 유방은 패군(沛郡) 풍읍(豊邑) 중양리(中陽里)에서 출생했는데, 노관(盧綰)과 같은 해 같은 달 같은 날에 태어나, 어린 시절부터 매우 친하게 지내며 함께 성장하였다. 유방은 어렸을 때부터 성격이 관대하고 자애로웠으며, 또한 매우 명랑하고 외향적이어서 평소 사소한 일에는 크게 구애받지 않았다고 한다. 청소년기에는 밭일을 좋아하지 않아서 아버지로부터 형보다 못하다고 꾸중을 듣곤 하였다. 당시 주변의 어른들이 유방은 큰 뜻도 없고 일도 잘 못한다고 별 볼일 없다고 여겼지만, 그는 항상 자신의 방식대로 생활하였다.

B.C. 223년 진나라가 초나라를 멸망시킨 후 초나라의 옛 땅에 사수군(泗水郡)을 설치하고 패현(沛縣)을 다스리게 되면서 유방은 사수(泗水)의 정장(亭長)이 되어 패현의 관리들과 친숙하게 지내게 되었고, 얼마지나지 않아 그 지역에서 유명해지기 시작하였다.

유방의 아내는 여공(呂公)의 딸 여치(呂雉)인데, 여공은 당시 패현 현령의 친구로 막강한 영향력을 발휘하던 인물로, 유방을 딱 한 번 보고 그 관상에 반하여 자신의 딸과 결혼하게 하였다고 한다.

유방은 정장의 신분으로 노동형을 받은 죄수들을 인솔하고 여산릉 축조 작업에 가고 있을 때, 도중에 도망가는 자가 많아서 유방 본인도 처벌받을 수밖에 없게 되자, 풍읍(豊邑)에 있는 망탕산(芒碭山)에 이르러 죄수들을 풀어주고 자신을 따르는 10여 명을 이끌고 산속으로 들어가 도적떼가 되었다.

반진기의(反秦起義)

B.C. 209년 진나라 말, 농민반란이 일어나 진승(陳勝)과 오광(吳廣)이 봉기군을 이끌고 '장초(張楚)' 정권을 건립하여, 진나라와 공개적으로 대립하였다.

이때 패현(沛縣)의 현령(縣令)도 이에 호응하려 하였는데, 패현의 소리(小吏)였던 소하(蕭何)와 조참(曹參)은 떠돌아다니는 무리들을 규합하여 세력을 확장하도록 권유하였다. 이에 현령은 이미 수백 명의 군중들을 이끌고 있었던 유방에게 번쾌(樊噲)를 보내 합류를 권유하였다. 그렇지만 유방을 초청해놓고 보니 오히려 그에게 당할까봐 걱정이 되어 성문을 닫고 소하와 조참을 잡아들이라고 명령하였다. 이에 두 사람은 이러한 소식을 듣고 서둘러 성 밖으로 도망쳤으며, 유방도 그 소식을 듣고 성 안의 백성들로 하여금 현령을 죽이고 자신이 이끄는 반란에 참여하도록 선동하였다. 백성들도 평소에 불만이 많았던 현령을 죽인 후 성문을 열고 유방을 맞이하였다. 소하와 조참도 지방정부의 관리로써 거사가 성공하지 않을 경우 진나라에 의해 처벌받을 것이 두려워 적극 유방을 추대하였다. 결국 그들은 유방을 패현의 현령으로 추대하여 초나라 관료제도에 따라 패공(沛公)이라 칭하였는데, 이 때 반란군의 세력은 이미 3천여 명까지 확대되었다.

이렇게 유방이 독자적으로 반란세력을 이끌기 시작했을 때가 B.C.

209년으로 유방이 48세(혹은 39세)가 되던 해였다. 이 시기 초나라의 옛 땅에는 또 하나의 강력한 세력이 활동하기 시작하였는데, 이들은 바로 원래 초나라 귀족의 후손인 항량(項梁)과 항우(項羽)이다. 이들은 오중(吳中) 땅에서 기병하였고, 이 시기 쯤에는 병력이 이미 1만 명을 넘어선 막강한 세력을 구축하고 있었다.

유방은 반란에 참여한 이후 주변의 군현을 공격하면서 세력을 확장하는 과정에서 한신(韓信), 소하(蕭何)와 더불어 "한나라 초기 3걸(漢初三杰)"로 꼽히는 장량(張良)을 만나 의기를 투합하고, 그를 '구장(厩將)'이라는 직책에 임명하였다.

특히 이 시기 유방은 옛 초나라 땅을 회복하기 위하여 진나라 군대와 싸우는 과정에서 항량(項梁)의 휘하에 들어가 연합 작전을 펼쳐 상당한 성과를 거두기도 하였다. 그 후 장초정권을 건립한 진승이 살해되었다는 소식이 전해진 후 항량은 초나라 회왕(懷王)의 손자 웅심(熊心)을 초 회왕(楚 懷王)으로 옹립하고, 항량 자신은 무신군(武信君)에 임명되었다. 초회왕을 옹립한 후 항량은 진나라 장수 장한(章邯) 부대를 격파하고 옛 위나라 땅을 점령하였지만, 진나라 부대의 반격을 받아 정도(定陶)에서 전사하였다.

항량이 죽은 후 진나라 군대를 이끌고 있던 장한은 이제 더 이상 초나라는 걱정할 것이 없다라고 판단하고, 군대를 이끌고 북상하여 조나라를 향해 진격해 갔다. 이에 초 회왕은 팽성(彭城)에 도읍을 정하고, 항량의 조카 항우의 군대와 유방의 군대를 규합하고 패공(沛公) 유방을 무안후(武安后)와 탕군장(碭郡長)에, 항우를 장안후(長安侯)에 임명하여 초나라 정세를 안정시켰다. 사실 유방이 탕군의 군장에 임명된 것은 항우의 직책인 현공(縣公)보다 더 높은 위치에 있는 것이다.

초 회왕은 조나라가 구원을 요청한 것을 기회로 본격적으로 진나라에 대한 공격을 시작하였다. 이 때 유방의 군대는 서로(西路)로, 항우의 군대는 북로(北路)를 통하여 출발하면서 진나라 수도 함양이 있는 관중(關中)지역을 먼저 점령한 사람을 그 지역 즉 관중의 왕에 임명하기로 약속하였다.

관중(關中) 탈취

유방의 군대는 계속 서쪽으로 진격해 들어가 무관(武關)에 이르렀을 때 위(魏)나라 사람 영창(寧昌)을 진나라 조정에 사신으로 파견하였다. 이 즈음 진나라 장군 장한(章邯)은 이미 항우에 항복한 상황이었고, 진나라 실권자 환관 조고(趙高)도 2세 황제 호해(胡亥)를 시해하고 난 후, 유방에게 관중의 땅을 양분하자고 요청하였다. 그렇지만 유방은 조고가 속임수를 쓴다고 생각하여 그의 건의를 받아들이지 않았고, 장량의 계책에 따라 무관을 공격하여 탈취한 후 계속 서진(西進)하면서 진나라의 한중(漢中) · 파촉(巴蜀)의 땅을 공략해 나갔다.

마침내 유방의 군대는 함양(咸陽) 부근 남전(藍田)에서 진나라의 최후 저항 부대를 크게 격파하게 되니 진나라 2세 황제를 계승한 진왕 자영(子嬰)은 B.C. 206년에 유방에게 항복함으로써 진나라는 마침내 천하를 통일한 지 15년 만에 멸망하게 되었다.

함양성을 함락시킨 유방은 장량의 권유를 받아들여 "살인을 한 자는 죽이고, 사람에게 상해를 입히거나 남의 물건을 훔친 자는 죄를 묻는다."라는 약법삼장(約法三章)만을 공포하고, 진나라의 가혹한 법령을 모두 폐지시킴으로써 민심의 지지를 획득할 수 있었다.

한편 북로를 통해 진격하던 항우는 장한(章邯)부대를 격퇴하여 항복을 받은 후 서둘러 관중을 향해 달려 왔지만, 유방에 비해 약 1달이나 늦게 관중지역의 동쪽 관문인 함곡관(函谷關)을 통해 홍문(鴻門)에 도착하였다. 이렇게 진나라 도성 함양 가까이 도착한 항우는 범증(范增)이 유방(劉邦)을 제거해야 한다고 강력히 권유하자 다음 날 공격할 것을 지시하였다. 당시 유방의 병력은 10여만 명에 불과하여 항우가 이끄는 40만 대군과 맞대결을 할 수 있는 상황이 아니었기 때문에, 결국 유방은 다음 날 장량과 번쾌, 그리고 정예병력 100여 명만 인솔하고 항우가 주둔하고 있던 홍문의 군영으로 찾아왔다.

여기에서 유방은 항우에게 자기가 함양성을 접수한 것은 항우가 손쉽게 관중지역을 장악할 수 있게 장애물을 제거하기 위한 것이라며 사죄하였다. 이에 항우는 유방을 위한 연회(宴會)를 베풀었는데, 이를 일컬어 홍문지연(鴻門之宴)이라고 한다. 이 연회에서 항우의 책사(策士) 범증이 줄곧 유방을 죽일 것을 주장하며 칼춤(劍舞)으로 실행에 옮기려 했으나, 항우의 우유분단함과 항백(項伯)의 방해로 성공하지 못하였다. 결국 유방은 죽음의 위기를 넘긴 후 핑계를 대고 연회장을 빠져나와 함양성의 본영으로 되돌아 갈 수 있었다.

홍문지연 이후, 항우는 군대를 이끌고 함양성으로 쳐들어가 아방궁을 불사르고 진왕 자영(子嬰) 등을 살해함으로써 진나라를 초토화시켰다. 이는 앞서 함양성을 접수한 유방의 행위와 비교되면서 민심을 상실하게 되는 원인이 되었다.

이렇게 진나라가 멸망된 후 천하를 재편한 사람은 항우였다. 항우는 먼저 초 회왕을 의제(義帝)로 추대하고, 진나라 토벌과정에서 공을 세운 장군들과 6국 왕족의 후손 등 18명을 전국 각지에 분봉하였다. 이때 유방도 한왕(漢王)에 봉해지며 영지(領地)로 한중(漢中)과 파촉(巴蜀) 지역의 41개 현(縣)이 할당되었다. 이와 함께 항우는 진나라 장군으로 항우에게 항복한 장한(章邯)·사마흔(司馬欣)·동예(董翳)를 옹왕(雍王)·새왕(塞王)·적왕(翟王)에 임명하여 관중의 땅에서 유방을 견제하도록 하였다. 이에 유방은 격노하여 항우를 공격하려 하였으나, 소하(蕭何) 등의 만류로 훗날을 기약하였다.

항우는 스스로 서초패왕(西楚霸王)을 칭하며 군대의 최고 통수권을 장악하고 의제로 추대했던 웅심(熊心)을 살해해 버렸다. 또한 항우가 논공행상을 명분으로 실시한 분봉에서 원래 제후들의 영향력을 철저히 배제한 체, 사실상 자신에게 복종하는 자에게 분봉행상(分封行賞)을 하게되니, 각지의 불만이 폭발하였다. 더욱이 항우는 책사(策士)들의 건의를 무시하고 관중지역을 떠나 자신의 고향인 팽성(彭城)으로 되돌아가는 결정적인 실책을 범하였다.

초한전(楚漢戰)

B.C. 206년 4월, 각지에 분봉된 제후들은 불만을 품은 채 각자의 봉국으로 돌아갔지만, 얼마 지나지 않아 변화가 발생하였다. 그 해 5, 6월에 제나라의 귀족 후예인 전영(田榮)이 분봉에 불만을 품고 제나라 왕을 몰아내고 스스로 독립하여 제나라 왕이 되었다. 이렇게 시작된 각 지역 제후들의 반란으로 항우가 군대를 이끌고 동분서주하고 있는 틈을 타, 11월에 한왕(漢王) 유방은 한신(韓信)을 대장군으로 삼아 출병하여 관중지방을 점령하였다. 이와 함께 유방은 다른 욕심이 없고 관중지방에만 안주할 것처럼 항우를 속여 제나라 전영과의 전쟁에만 몰두하게 하여 유방에게는 절호의 기회가 만들어지게 되었다. 유방이 관중을 병합한 것은 매우 중요한 의미를 지닌다. 관중은 동쪽으로는 함곡관(函谷關)이, 서쪽으로는 산관(散關)이, 남쪽으로는 무관(武關)이, 북쪽으로는 소관(蕭關)이 둘러싸고 있어서 천연의 요새를 이루고 있으며, 위수(渭水)를 통한 편리한 교통, 그리고 주변에 비옥한 토지 등을 갖추고 있는 곳이다. 유방은 바로 이 지역을 장악한 후 항우와 천

하의 패권을 두고 쟁패하게 되었다.

B.C. 205년, 유방은 항우가 의제(義帝)를 살해했다는 소식을 듣고, 의제상(義帝喪)을 발표하고 각 지역의 제후왕들로부터 항우 토벌군을 모집하여 56만여 명의 병력을 결집시켰다. 이로써 4년에 걸친 초한전이 본격적으로 시작되었다.

같은 해 5월, 유방은 항우가 제나라와 전투에 몰두해 있는 틈을 타 연합군을 이끌고 팽성(彭城)을 공격하여 승리를 거뒀다. 그렇지만 승리 후 자축하는 사이 항우 군대의 반격으로 크게 패하여 결국 반(反)항우 연합군은 와해되었다.

이후 유방은 항우와의 대결에서 열세를 면하지 못하였지만 소하(蕭何)와 한신(韓信)의 활약으로 세력을 회복하여 백중지세를 이룰 수 있었다. 이후 초(楚)와 한(漢) 양측의 대결은 장기전으로 진행되다가 양측은 한 때 화의(和議)를 약속하고, 홍문(鴻門)을 경계로 천하를 양분하여 동쪽지역은 초(楚)나라 땅, 서쪽지역은 한(漢)나라 땅으로 구분하기도 하였다.

그러나 B.C. 203년 10월, 항우가 지친 군대를 이끌고 동쪽의 본거지로 돌아갈 때, 유방은 장량과 진평(陳平)의 권유로 초나라 군대를 전력으로 추격하여 공격함으로써 양측의 화의는 결렬되고 전투는 다시 시작하였다.

결국 B.C. 202년 1월, 유방은 한신(韓信)·팽월(彭越)·영포(英布) 등으로 하여금 약 70만 명을 지휘하여 지치고 피곤한 10만 명의 항우 부대와 해하(垓下, 현재 安徽省 靈璧縣 동남쪽 부근)에서 결전을 벌이게 되었다.

이 해하의 전투에서 항우가 이끄는 초나라 군대는 크게 패하여, 4만여 명은 전사하였고, 2만여 명은 포로가 되었으며, 약 2만여 명은 뿔

뿔이 흩어져서, 겨우 2만여 명의 부상병만이 항우와 함께 있었으나, 이마저도 한나라 군대에 의해 겹겹이 포위되어 있었다. 이러한 내용이 바로 '사면초가(四面楚歌)'라는 사자성어로 후세에 널리 알려졌다.

4주간의 포위 속에 있던 항우는 800명의 정예부하들을 거느린 채 포위망을 뚫고 탈출하였다. 이 과정에 대한 고사(故事)로 패왕별희(覇王別姬)가 후세에 전해지면서 유명한 경극(京劇)으로 알려지게 된다. 이렇게 탈출한 항우는 계속 한나라 군대의 추격을 받으면서 도망가다가 양자강의 서안(西岸) 오강(烏江)에 이르러 자살하고 말았다. 이 때 항우의 나이는 32세에 불과하였다고 한다. 이렇게 되어 천하의 패권은 유방이 차지하였다.

한(漢)왕조 초대 황제

B.C. 202년 2월, 유방은 한신(韓信)을 초왕(楚王)에, 팽월(彭越)을 양왕(梁王)에 임명했고, 이 두 명은 기존의 연왕(燕王) 장도(臧荼), 조왕(趙王) 장이(張耳), 장사왕(長沙王) 오예(吳芮) 등과 함께 유방을 황제로 추대하였다. 이에 유방이 거듭 사양하자 한신이 나서서 "대왕께서는 비록 가난한 농민 출신이지만, 포악한 진나라를 멸망시키고 천하를 안정시킴으로써 그 공로가 여러 왕들의 공적을 능가하여, 당신이 황제가 되기를 모두가 대망하는 바이다"라고 거듭 권유하니, 유방도 "그대들 모두가 그렇게 생각하고, 천하의 백성에게 보탬이 될 수 있다면, 그대들의 뜻에 따르겠다"라고 하였다.

B.C. 202년 2월 28일, 유방은 정도(定陶) 부근의 사수(氾水)에서 황제에 즉위하고 국호(國號)를 한(漢)으로 정하였는데, 이가 바로 한나라 초대 황제 고조(高祖)이다. 즉위 후 유방은 왕후 여치(呂雉)를 황후에, 태자 유영(劉盈)을 황태자에 봉하고, 관중(關中)의 중심에 있는

장안(長安)에 도읍을 정하였다. 이를 후세 역사에서는 전한(前漢) 혹은 서한(西漢)이라고 부른다.

이렇게 한(漢)왕조를 새롭게 개창한 유방은 해결해야 할 중요한 몇 가지 과제가 있었다. 그 중 가장 긴급한 문제가 바로 전국시대 이래 중국의 북쪽 변경에서 활약하며 중국을 위협하는 흉노족 문제였다.

흉노족은 중국에서 진나라가 멸망하고 초한전(楚漢戰)이 전개되고 있는 틈을 타 묵특(冒頓)이라는 선우(單于)가 등장하여 여러 흉노 부족을 통합하여 유목제국을 형성하고 있었다. 이런 상황에서 남쪽에 새로운 왕조 한(韓)이 성립되니, 묵특선우는 B.C. 201년에 쳐들어 와 산서 마읍(馬邑)에 주둔해 있었던 한왕(韓王) 신(信)의 항복을 받아, 그를 앞세워 남쪽으로 공격해 왔다. 이에 한 왕조를 이제 막 건국한 유방도 통일의 여세를 몰아 흉노 정벌에 나서게 되었다. 유방은 32만 보병(步兵)을 친히 이끌고 출동하여 산서성(山西省) 대동시(大同市) 부근에서 흉노와 전투를 벌인 결과, 백등산(白登山)에서 포위되어 7일 동안 아군과 연결이 끊긴 채 지내는 위기를 맞이하였다. 이 때 신하 진평(陳平)의 책략으로 묵특선우의 부인 연지(閼氏)에게 막대한 뇌물을 주고 겨우 풀려날 수 있었다고 한다. 이후 유방은 흉노에 대한 적극적인 무력 진압정책을 포기하고, 화친정책을 취하여 형제관계를 수립하여, 한 황실의 딸을 흉노 선우에게 시집보내고, 매년 다량의 식량, 비단 등을 세폐(歲幣)로 보냄으로써 평화관계를 수립하고자 하였다. 그렇지만 이후에도 흉노는 지속적으로 북변을 침입하고 약탈하는 등 위협이 계속되어 한나라 초기의 가장 커다란 두통거리로 작용하였다.

유방이 해결해야 할 또 하나의 문제는 유방이 항우와 대결하면서 천하통일을 완수할 수 있도록 도움을 줬던 공신들에 대한 포상문제였다. 유방의 공신집단은 크게 두 그룹으로 나눌 수 있다. 하나는 유방이 처음 패(沛)에서 기병을 할 때 함께 참여했던 소하(蕭何)·조참(曹參)·번쾌(樊噲)·관영(灌嬰)·주발(周勃)·하후영(夏侯嬰)·노관(盧綰) 등 하급관리 혹은 하층민 출신들이다. 다른 하나는 항우와 대결하는 과정에 자신의 세력을 이끌고 유방을 도왔던 진평(陳平)·한신(韓信)·장량(張良)·영포(英布)·팽월(彭越)등이다.

황제에 즉위한 유방은 논공행상(論功行賞)을 통해 이들 공신들을 열후(列侯) 혹은 제후왕(諸侯王)에 봉하였다. 이 때 열후에 봉해진 공신은 모두 143명이었는데, 이들 열후에게는 1개의 현(縣)이 봉읍(封邑)으로 지급되어 이 곳에서 징수되는 조세가 열후의 수입이 되었다.

이와 함께 근친자(近親者) 혹은 특별 공신들을 제후왕에 봉하였는데, 이 제후왕에 임명된 자들은 한왕(韓王) 신(信)·초왕(楚王) 한신(韓信)·회남왕(淮南王) 영포(英布)·양왕(梁王) 팽월(彭越)·연왕(燕王) 장도(臧荼), 조왕(趙王) 장이(張耳), 장사왕(長沙王), 오예(吳芮) 등 7명으로, 모두 한 황실의 성(姓)과 달라서 이들을 이성제후왕(異姓諸侯王)이라 한다. 물론 이들 중 일부는 항우와 쟁패할 때 그들의 협력을 얻기 위해 이미 봉해진 경우도 있다.

이들 제후국은 큰 경우 몇 개의 군(郡), 혹은 몇 십 개의 현(縣)을 차지하였으며, 독자적 기년법(紀年法)의 사용·독립적 관료기구의 운용·모든 재정권의 장악 등 독립적 성격이 매우 강하였다.

한나라 초기에는 제후왕국과 열후국을 제외한 나머지 지역에 대하여 비로소 중앙정부가 관리를 임명·파견하는 군현제가 시행되었던 관계로, 전국적으로 볼 때 한나라는 봉건제와 군현제를 절충·병용한 군국제(郡國制)가 시행되었다.

이들 이성제후왕국들은 황하의 하류 혹은 양자강 중·하류 등의 비옥한 지대의 넓은 영토를 장악하고 반(半) 독립적 정권을 형성하고 있었으므로, 중앙정부에게는 통치권을 위협하는 세력으로 인식되었다. 그래서 유방은 황제에 즉위한 후 얼마 되지 않아 모반을 구실로 삼아 차례로 이들을 억제하는 작업에 착수하였다.

맨 먼저 B.C. 201년에 초왕(楚王) 한신은 유방이 거짓으로 남순(南巡)한다고 공포한 후 체포하여 장안으로 호송하고 회음후(淮陰侯)로 강등시켰다가, 그 이듬해 여황후(呂皇后)에 의해 살해되었다. 이 밖에 한왕(韓王) 신(信)은 흉노에게 항복하여 폐지되었고, 조왕(趙王) 장이(張耳)도 그 아들이 죄를 지어 후(侯)로 강등되었다가 폐지되었다. 또한 양왕(梁王) 팽월(彭越)과 회남왕(淮南王) 영포(英布)는 모반 혐의로 처형되었으며, 장도(臧荼)를 대신해 연왕(燕王)에 봉해졌던 노관(盧綰)은 이성제후들이 하나하나 처형되는 것을 보고 흉노에 항복해버려 그의 왕국도 해체되었다. 결국 7개의 이성제후국 중 유일하게 장사왕(長沙王) 오예(吳芮)만이 유방의 처형이라는 화(禍)를 면하고, 그 명맥을 유지할 수 있었다.

유방은 이성제후왕들을 여러 가지 명분으로 제거하여 자신의 생전에 모두 소멸한 후, 그 이성제후왕들이 점령했던 봉지(封地)를 황실 일족인 유씨(劉氏) 자제들에게 분봉하였다. 이렇게 이성제후왕들을 동성(同姓)제후왕으로 교체하여 중앙의 권력을 강화하고자 하였지만, 이는 여전히 봉건제도의 위험적 요소가 남아있어서 훗날 동성제후들의 문제가 다시 발생하게 된다.

다음으로 유방은 오랜 기간 전란으로 황폐해진 국가의 경제를 회복시키기 위한 대민(對民)정책을 시행하였다. 이는 바로 백성들과 함께 휴식을 취한다는 여민휴식(與民休息)정책으로, 먼저 백성들의 전조(田租)와 요역(徭役)을 경감하는 '십오세일(什五稅一)'을 시행하였다. 또 노비해방을 실시하여 기근으로 인하여 스스로 노비가 된 자들을 서인

(庶人)으로 복귀시켜 농업생산에 종사케 하였다. 이와 함께 전쟁에 동원되었던 군대를 해산하여 병졸을 귀향시키고, 그들에게 일정한 토지를 주어 농경에 종사케 하였다. 이러한 고조 유방의 민생 안정과 농업생산력 회복을 위한 정책으로 인하여 얼마 지나지 않아 그 효과가 나타나 한 왕조의 경제적 기반이 점차 안정화되었다.

말년과 사망

유방은 말년에 척희(戚姬)와 그의 아들 조왕(趙王) 여의(如意)를 총애하고 여후(呂后)를 멀리하게 되어, 여후가 낳은 태자 유영(劉盈, 惠帝)을 폐위시키고 여의를 태자에 봉하려 여러 차례 시도하였으나 신하들의 반대로 실패하였다. 유방은 회남왕(淮南王) 영포(英布)의 반란을 평정하던 중에 화살을 맞고 중상을 입어 장안에 돌아왔으나 병세가 악화되었다. 임종(臨終) 때 유방이 여후에게 남긴 유언을 통해 신하들에 대한 생각을 알 수 있다. 여후가 유방에게 이후 인사발령을 어떻게 해야 하는지를 물어보니, 유방은 "내가 죽은 후 소하(蕭何)에게 상국(相國)을 맡기고, 소하가 죽으면 조참(曹參)이 계임하고, 조참 다음으로 왕릉(王陵)이 이어받을 수 있지만, 그는 지모(智謀)가 부족해서 진평(陳平)이 보좌해야 하며, 진평은 지모는 뛰어나지만 결단력이 부족하다. 주발(周勃)은 언변은 서툴지만 사람됨이 중후하여 훗날 한 왕조를 안정시킬 수 있으니, 그를 태위(太尉)로 삼으시오."라고 유언을 남겼다고 한다.

그후 한 고조 유방은 B.C. 195년 6월 1일에 장락궁(長樂宮)에서 62세혹은 53세를 일기로 사망하였다. 장릉(長陵, 지금의 산시(陝西) 함양에 묻혔으며, 시호는 고황제(高皇帝), 묘호는 태조(太祖)이다.

사마천『사기(史記)』에 따르면 유방의 사후 군신들이 정한 묘호(廟

號)는 태조(太祖), 시호(謚號)는 고황제(高皇帝)라고 정하였다고 한다. 그래서 공식 명칭으로는 한태조(漢太祖) 고황제(高皇帝)이며, 묘호의 약칭으로는 한태조(漢太祖), 시호의 약칭은 한고제(漢高帝)이다. 그래서 후세에 습관적 호칭인 한고조(漢高祖)와는 맞지않는 것이다. 그러나 사마천(司馬川)은 그가 쓴 『사기(史記)』에 「고조본기(高祖本紀)」를 두어, 유방을 처음으로 고조(高祖)라고 부르게 되어 이후 유방을 한고조라고 부르기 시작했던 것이다.

3. 한(漢) 무제(武帝) 유철(劉徹)

초기 생애

한(漢) 무제(武帝) 유철(劉徹, B.C. 156년-B.C. 87년 3월 29일)은 전한(前漢, 西漢)의 7번째 황제(B.C. 141-B.C. 87년 재위)로, 묘호(廟號)는 세종(世宗)이다. 한(漢) 경제(景帝) 유계(劉啓)의 아들이며, 어머니는 왕황후(王皇后) 왕지(王娡)이다. 유철의 어머니 왕지가 유철을 임신했을 때 유계는 태자시절이었는데, 태양이 그녀의 품에 들어오는 길몽을 꾸고 임신했다고 한다. 유철이 태어나기 이전에 그의 조부인 한(漢) 문제(文帝) 유항(劉恒)이 승하하니 아버지 유계가 계승하여 경제가 되었고, 얼마 지나지 않아 유철이 태어났다. 유철은 경제의 10째 아들이자, 왕지(王娡)의 유일한 아들이었다.

B.C. 153년 4월 23일, 경제는 처음에 총애하던 비첩(妃妾) 율희(栗姬)가 낳은 장남 유영(劉榮)을 황태자로 삼았고, 유철(劉徹)을 교동왕(膠東王)에 임명하였다. 그러나 B.C. 151년 박(薄)황후가 폐위되고, 그 이듬해 유영(劉榮)도 임강왕(臨江王)으로 폐위되면서 경제는 유철

의 생모 왕지를 황후에 책봉한 후, 7세의 유철도 황태자로 임명하였다. 그 후 B.C. 141년 경제가 사망하게 되자 그 뒤를 이어 유철이 16세의 젊은 나이로 황제에 즉위하였는데, 그가 바로 한(漢) 무제이다.

한나라 무제 유철은 B.C. 141년부터 B.C. 87년까지 무려 55년간 황제에 재위하면서 안으로는 황제를 정점으로 하는 중앙집권체제를 확립하여 고대 통일왕조체제를 공고히 하였으며, 유학(儒學)을 새로운 통치 이데올로기로 확립하였다. 대외적으로는 오랜 기간 중국의 북쪽 변방을 괴롭히던 흉노족을 북쪽 고비사막 이북으로 축출하였을 뿐 아니라 서역(西域)을 정벌하고 동서교통로인 실크로드를 개척하여 동서교류의 교통로를 확보하는 등 중국 고대제국의 최고의 전성기를 이끌었다.

중앙집권화 정책

B.C. 141년에 즉위한 무제가 처음으로 중국 역사상 의미 있는 업적을 남긴 것은 바로 연호(年號)의 제정이다. 그 때까지의 기년법(紀年法)은 군주의 즉위한 해를 시작으로 계산하는 방법이었는데, 이 방법은 각 지역의 제후왕들도 독자적인 기년법을 사용하고 있어서 매우 불편하고 혼란을 야기하고 있었던 것이다. 이에 무제는 천자의 자격으로 공통연대의 기준을 정하여 반포하였는데, 이것이 바로 연호(年號)이다. 무제는 자신의 첫 연호를 건원(建元)으로 정하고, 이를 전국에서 공통으로 사용하게 하였을 뿐 아니라 이후 동북아시아 전역에서 사용하는 공통 연대가 되었다.

이와 함께 무제는 B.C. 104년에는 새로운 역법(曆法)도 제작하여 반포하였는데, 이것이 바로 중국에서 제정된 최초의 역법인 태초력(太初曆)이다. 이러한 역법의 제정은 고대사회에서 농경과 깊은 관계가 있어서, 유일하게 천자인 황제만이 가지는 특권이자 의무인 것이다. 황제는 정확한 농시(農時)를 반영한 역법을 제작·반포하였고, 황제의 종주권을 인정하는 주변 지역에서는 이 역법을 사용하였는데, 이를 일컬어 정삭(正朔)이라고 하였다.

이렇게 무제는 즉위 초부터 연호와 역법을 제정하는 등 황제의 권위와 위엄을 강화하는 방향으로 정치력을 발휘하였다. 이와 함께 무제는 경제시기 발생한 오초칠국의 난 이후 약화된 지방의 제후왕과 열후들에 대하여 보다 강화된 통제정책을 시행함으로써 중앙집권화를 지속적으로 확대시켜 나갔다. 먼저 무제는 주부언(主父偃)의 건의에 따라 추은령(推恩令)을 반포·시행하였다. 이 추은령은 제후왕이 죽은 후 적장자(嫡長子) 이외의 아들들도 봉지(封地)를 나누어 받고 황제에 의해 열후에 임명됨으로써 제후왕이 임의로 폐지하거나 변경할 수 없도록 하는 것이었다. 이렇게 임명된 열후는 군(郡)에 소속시키어 통제를 받게 하여 정치에는 직접 간여할 수 없으며, 봉지에 나오는 조세만 수령하도록 하였다. 이 추은령이 시행된 결과 제후왕들의 봉지는 더욱 축소되어, 그 영향력은 크게 감소되었다.

이와 함께 무제는 제후왕 및 열후들에 대한 감시와 통제를 더욱 강화하기 위하여 각종 법령을 제정·시행하였는데, 여기에는 좌관율(左官律)·부익율(附益律)·아당율(阿黨律)·주금율(酎金律) 등이 있다. 이중 제후왕과 열후들에게 가장 큰 영향을 끼친 것은 주금율이다. 이 주금율은 한 황실이 매년 8월에 주관하는 종묘제사에 각 제후왕과 열후들로 하여금 반드시 순금을 헌상하도록 하였고, 만약 헌상한 순금의 양이나, 순도(純度)가 부족할 경우 처벌하는 법령이다. 이 주금율에 저촉되어 처벌된 제후왕과 열후들이 엄청나게 많았다고 한다.

이렇게 무제의 제후와 열후들에 대한 통제 정책은 상당한 효과가 나타나 오초칠국의 난 이후에도 잔존하고 있던 제후왕과 열후들의 세력과 봉지는 완전히 와해되었다. 이후 중앙 정부가 시행하는 각종 정책이 각 왕국에서도 일률적으로 시행되었고, 제후왕과 열후들은 봉국에서 거두는 조세 수입에 의존하는 존재가 되었다.

또한 무제는 전제적 황제권력과 중앙 집권을 강화하기 위해 다음과 같은 관제 개혁을 단행했다. 첫째, 군사장관인 태위(太尉)직을 폐지하고 대사마(大司馬)직을 신설하여 외척 출신인 위청(衛靑)과 곽거병(郭去病)을 발탁하여 책임을 맡김으로써, 군정(軍政)과 일반 행정을 분리하였다. 결국 재상(宰相)에 해당하는 직책이 삼공(三公, 승상·어사대부·태위)에서 이부(二府, 승상·어사대부)로 바뀌었다.

둘째, 외조(外朝)의 우두머리인 승상을 견제하기 위해 황궁 내에서 근무하며 황제를 보필하는 근신(近臣)들을 기용하여 국가의 중요 정책 결정에 참여시키는 내조(內朝, 中朝)정치를 강화하였다. 그 결과 시중(侍中)으로 대표되는 '중조관(中朝官)'과 승상(丞相)으로 대표되는 '외조관(外朝官)'의 이원(二元)적 통치체제가 성립되었다.

셋째, 관리들에 대한 감찰제도를 강화하여, B.C. 118년에 승상부에 사직(司直)이라는 직책을 증설하여 관리들의 불법을 검거하게 하였고, B.C. 106년에는 수도 주변을 제외한 전국을 13개 주(州)로 나누고, 각 주에 자사(刺史)를 파견해 지방관들을 감찰하였다. 또 B.C. 89년에 사례교위(司隸校尉)를 설치하여 조정의 백관들과 경기지역의 7개 군(郡)을 감독하게 하였다.

이렇게 중앙집권적 통치 구조를 정비해 나감에 따라 조직적인 관료체계가 확립됨으로써 황제를 보필할 새로운 인재를 등용하는 선거제도(選擧制度)가 정립되었다. 이 선거제도의 운영 내용을 보면, 먼저 황제가 각 지방에 인재를 천거하도록 요청을 하게 되면, 각 지방의 제후왕(諸侯王)·상국(相國)·군태수(郡太守) 등이 자신의 관할지역 내에서 향거리선(鄕擧里選)의 방법으로 선발된 인재를 중앙에 추천하게 된다. 이렇게 천거된 인재들을 중앙 정부에서 책시(策試)라는 시험과정을 거쳐 관리후보자격인 낭중(郎中)에 임명한 후 고급 관료에 발탁하였다. 무제의 집권 시기 이러한 방법으로 발탁된 대표적 인물이 바로 동중서(董仲舒)이다.

이렇게 관직에 등장한 동중서는 B.C. 134년에 유가(儒家)의 덕목(德目)인 효행(孝行)·덕행(德行)·염치(廉恥)를 기준으로 인재를 선발하도록 건의하여, 무제는 각 지방관들에게 위와 같은 인물들을 추천하도록 하였다. 이렇게 유학의 덕목을 잘 실천하는 인물을 관리로 선발하는 것을 일컬어 효렴과(孝廉科)라고 하였다.

유학(儒學)의 국학화(國學化)

한나라 초기의 학술과 사상의 흐름에는 고조(高祖) 유방시기의 여민휴식(與民休息)정책과 문경지치(文景之治)시기의 무위(無爲)정치와 같이 도가(道家)나 황로(黃老)의 사상이 주류를 이루고 있었다. 그러다가 무제(武帝)시기에 이르러 강력한 중앙집권적 통치체제가 완성되어 감에 따라, 그것을 지탱해 줄 사상적 배경으로 유학(儒學)이 채택되었고, 결국 유학은 한나라의 통치 이데올로기로 자리 잡게 되었다.

무제는 자신이 발탁한 유학자 동중서(董仲舒)의 권유에 따라 유학의 국학화(國學化)를 추진하였다. 동중서는 춘추공양학(春秋公羊學)을 배워 경제(景帝) 때 박사(博士)가 된 학자 출신으로, 그의 사상은 오행(五行)설을 따르는 천인상관(天人相關)설에 바탕을 둔 신비적 정치사상으로, 그의 학설은 황제를 정점으로 하는 중앙집권화를 추구하던 무제에게 매우 적합하였다.

무제는 유학을 국가의 정통 학문으로 정하고, 수도 장안(長安)에 태학(太學)이라는 학교를 설립하였다. 여기에서는 유학의 대표적 경전(經典) 오경(五經, 詩·書·禮·易·春秋)에 대해 각각 박사(博士)를 임명하고, 그 아래에 각각 10명씩 50명의 박사제자원(博士弟子員)을 선발하고 교육하였다. 마침내 B.C. 136년에 처음으로 시험을 통해 성적이 우수한 학생을 관리 후보자인 낭중(郎中)에 임명함으로써 유학을 학습한 인물이 관료에 선발되는 제도가 마련되었다. 그 후 2년 뒤 각 지방에서 효행이나 청렴한 행위를 실천한 인물을 선발하여 낭중에 임명하는 효렴과(孝廉科)가 제도화되었다. 이렇게 유학이 관리임용의 수단과 방법으로 활용됨으로써, 유학은 아주 빠른 시간 내에 중국의 중심 사상과 학문으로 자리 잡게 되었다.

그렇지만 당시 유행하던 유학 사상이 음양오행설에 바탕을 둔 신비주의적 성격으로 인하여 훗날 참위설(讖緯說)로 변질되게 되어, 왕망(王莽)이 정권을 찬탈하는데 이용되기도 하였다.

흉노(匈奴) 정벌

중국의 북방에서 B.C. 4세기 전국(戰國)시대 중엽부터 활발하게 활동하던 흉노는 진한교체기(秦漢交替期)를 틈타 B.C. 209년에 유목제국을 건설하였다. 이후 새롭게 수립된 통일제국 한나라와 정면충돌하기도 하였으나, 한나라가 채택한 화친정책으로 인하여 불완전한 평화관계가 유지되고 있었다. 이 양대 세력의 관계에 있어서 우위를 점하고 있던 흉노는 자주 평화를 깨고 북변을 침입해 왔기 때문에 한나라 내부에서는 종종 화친에서 벗어나 강경 진압책을 주장하는 인물들이 등장하기도 하였다. 그렇지만 당시 한나라 내부는 철저히 무위(無爲)의 정치를 펼치고 있던 때라 막대한 인력과 물자가 동원될 수밖에 없는 정벌 활동은 채택되지 않고 있었다.

그러다가 무제가 추진한 중앙집권적 지배체제가 어느 정도 안정적으로 구축되자, 한 정부는 문경지치시기 민생안정을 통한 경제적 기반을 바탕으로 흉노에 대하여 적극 정책으로 전환하였다.

B.C. 135년에 흉노는 사신을 보내 화친을 구실로 세폐를 요구하였다. 이에 무제는 조의(朝議)를 열어 신하들의 의견을 물었는데, 주전파였던 대행령(大行令) 왕회(王恢)가 전쟁을 주장한 반면, 어사대부 한안국(韓安國) 등을 비롯한 대부분의 신하들은 전쟁에 반대하여, 흉노와의 전면 전쟁은 잠시 보류되었다.

그러다가 B.C. 133년에 이르러 왕회(王恢)가 마읍(馬邑)지역의 토호(土豪)였던 섭일(聶壹)이 제안한 흉노족 선우의 생포 계획을 듣고, 이를 무제에게 보고하고, 조의(朝議)에서도 실행할 수 있다는 승인을 받았다. 당시 섭일은 마읍에서 흉노와 밀무역을 하고 있어서 군신(軍臣)선우와 친밀 관계를 유지하고 있어서 그를 유인할 수 있다고 제안한 것이었다. 이에 한나라 정부는 30만 대군을 파견하여 마읍으로 들어오는 길목에 매복시켰고, 섭일의 요청을 받고 마읍으로 들어오던 흉노족은 이상한 낌새를 알아차리고 도망가 버려 흉노족을 일망타진하려는 계획은 수포로 돌아가 버렸다. 이것을 일컬어 마읍(馬邑)사건이라고 하는데, 이 마읍사건으로 인하여 흉노족은 화의 약속을 저버린 한나라를 공격함으로써 양측은 전면적으로 충돌하였다.

이후 매년 북변을 침입하여 약탈과 살육을 자행하는 흉노에 대처하기 위해 무제는 B.C. 129년부터 군대를 보내어 흉노를 공격함으로써 한나라와 흉노는 전면전에 돌입하게 되었다. 이 때 한나라가 대흉노 정벌에 채용한 전술은 농경민족의 장점을 적극 활용한 물량작전과 인해전술이었다. 또한 한나라 측은 흉노의 기마병에 대항하기 위해 만리장성 이남에 들어와 거주하던 유목민족들을 모아 기마병단을 편성하고 이들을 훈련시켜 맞서게 하였다.

이와 함께 무제는 황후 위자부(衛子夫)의 남동생 위청(衛靑)을 거기장군(車騎將軍)에 임명하여 B.C. 129년부터 119년까지 모두 7차례에 걸쳐 흉노를 공격하였는데, 처음에는 별다른 성과를 거두지 못하다가 3차 출정부터 성과를 거두기 시작하였다. 즉 B.C. 126년에 기병(騎兵) 3만을 이끌고 출정하여 흉노족 1만여 명을 살상(殺傷)하고, 가축 100여 만 두(頭)를 노획하였으며, 오르도스지역을 회복하고 그곳에 삭방군(朔方郡)을 설치하여 전진기지로 삼았다.

이후 위청의 뒤를 이어 흉노 정벌에 혁혁한 공을 세운 장군은 위청의 조카(甥姪) 곽거병(郭去病)이었다. 곽거병은 위황후의 천거로 18세에 황궁에 들어와 시중(侍中)으로 근무하다가, B.C. 123년 외삼촌 위청을 따라 종군(從軍)하여 군공을 세웠다. 이에 무제는 B.C. 121년에 20세의 젊은 곽거병을 표기장군(驃騎將軍)에 임명하고 출정시켰는데, 곽거병은 농서(隴西)지역의 흉노에 커다란 타격을 주어 하서(河西)지역을 한나라가 회복하는데 공을 세웠다. 이러한 곽거병의 활약으로 흉노의 서쪽 방어선이 붕괴되어, 이 지역의 방어 책임자였던 흉노의 혼야왕(渾邪王)이 선우(單于)에게 처벌받을 것이 두려워 자신이 거느리던 병력을 이끌고 한나라에 투항하였다. 이 결과 한나라 정부는 이 지역에 하서(河西) 4군(郡)을 설치하고, 서역진출의 교두보로 삼게 된다.

이후 무제는 B.C. 119년에 다시 위청과 곽거병을 출격시켜 흉노의 본거지를 공격하였는데, 이 공격에서 위청은 고비사막 북쪽 천여 리까지 진격하였고, 곽거병도 2천여 리나 되는 고비사막을 횡단하여 외몽골지역까지 공격해 들어가 흉노 7만 여 명을 참수하였다고 한다.

이러한 위청과 곽거병의 활약으로 인하여 흉노는 남쪽의 근거지를 버리고 고비사막 북쪽으로 옮겨감으로써 만리장성 부근에서 그 자취를 감추었다. 10여 년에 걸친 한나라의 정복활동 결과 흉노는 20여만 명의 인력과 어마어마한 가축의 손실이 발생하여 유목경제로 생활을 영위하는 흉노로서는 회복하는데 결정적 방해요인이 되었다. 이와 함께 한나라도 장기간의 전쟁으로 많은 피해가 발생하였는데, 많은 병력 손실과 함께 재정 상황이 악화되어 국고가 고갈되었다.

고비사막 이북으로 쫓겨난 흉노는 이후에도 자주 장성 부근에 출몰하여 약탈활동을 전개하였지만, 한나라도 역시 재정적 상황을 고려하여 전면적인 대규모 전쟁을 일으키지 않아 양측은 일시적 소강상태로 접어들게 되었다.

기타 대외 정복 활동

중국 북쪽 변방에서 위협적이었던 흉노에 대한 정벌활동이 어느 정도 성과를 거둔 이후, 무제는 다른 변방지역에 대한 정벌활동도 시작하였다. 무제는 B.C. 112년에 수군 10만 명을 보내 번우(番禺, 지금의 廣州市)를 함락하여, 조타(趙佗)가 건국하여 광동·광서·복건 일부·베트남 북부지역을 통치하고 있던 남월(南越)을 정복하였다. 그리고 이 지역에 9개 군(郡)을 설치하고, 이 9개 군을 묶어 교지자사부(交趾刺史部)를 형성하여 통치하였다. 그렇지만 이 지역은 한나라에서 파견된 관리가 직접 통치한 것은 아니고 토착지배층을 통한 간접통치의 방법을 취하였다.

또한 무제는 남월을 정복하는 과정에서 중국의 서남지방에서 거주하는 여러 서남이(西南夷)들의 존재를 알게 되어, 관심을 갖게 되었다. 그 후 B.C. 109년 무제는 군대를 보내 사천성(四川省) 남부와 운남(雲南)·귀주(貴州) 등지에 분포하던 군소 부족 염방(冉駹)·수작(嶲

筰)·야랑(夜郎)·전(滇) 등의 종족을 정벌하고, 그 곳에 6개의 군(郡)을 설치하였다. 물론 이곳에서도 중국식 군현제나 조세 징수를 실시하지 않고, 간접통치의 방식을 취하였다.

한편 무제가 북쪽의 흉노와 치열한 접전을 벌이고 있을 때, 중국의 동북지방과 한반도 북부에 걸쳐 고조선(古朝鮮) 세력이 세력을 떨치며 활동하고 있었다. 무제는 이들 세력이 북쪽의 흉노와 연결될 것을 크게 우려하여, B.C. 109년에 수군과 육군을 출격시켜 고조선(古朝鮮)을 공격하였다. 치열한 공방전 끝에 마침내 B.C. 108년 왕검성(王儉城)을 함락시키고, 낙랑(樂浪)·진번(眞番)·임둔(臨屯)·현도(玄菟)의 4개 군(郡)을 설치하였다. 물론 이 지역에서도 마찬가지로 토착지배층을 통한 간접통치를 시행하였다.

실크로드의 개통

무제시기의 대외정책의 중심에는 흉노문제가 있는데, 오랜 기간 동안 중국을 괴롭혔던 흉노를 구축(驅逐)하기 위한 장기적인 전략이 다방면으로 진행되고 있는 점에서 알 수 있다. 앞에서 언급한 고조선 정벌도 흉노 구축이라는 장기적인 전략의 일환으로 진행되었다고 볼 수 있으며, 또한 서역(西域)으로의 진출도 마찬가지이다. 무제의 서역 진출은 흉노 구축에 절대적인 역할을 수행하였을 뿐만 아니라 중국의 중앙아시아 진출의 계기가 되었으며, 동서 간의 교류에도 중요한 영향을 주게 되었다.

먼저 서역의 범위를 살펴보면, 중국의 서쪽 지방에 위치한 여러 국가들을 총칭하는 말로, 좁게는 중앙아시아의 타림분지 주변의 오아시스국가를 가리키고, 넓게는 중앙아시아뿐만 아니라 페르시아와 아라비아 지역까지도 포함하는 지역을 말한다. 그렇지만 서역의 범위와 한계는 시대에 따라 약간씩 변하였으며, 고정적인 의미가 있는 것은 아니다.

한나라 초기까지 중국인들의 서역에 대한 인식은 거의 무지 상태에 가까웠다. 다만 무제시기에 이르러 흉노에 대한 정복활동이 시작되면서 사로잡은 흉노 포로를 통해 서역에 대한 정보를 조금씩 얻게 되었다. 그 후 무제는 더욱 적극적인 흉노정책을 추진하면서 서역의 국가들과 연합하여 흉노에 대한 협공을 진행할 목적으로 서역에 사람을 파견하였다. 이 사람이 바로 장건(張騫)이다.

B.C. 138년, 무제는 장건을 서역의 대월지국(大月氏國)에 보내 흉노 협공을 위한 군사동맹 체결 가능성을 타진하도록 하였다. 장건은 유목민 통역관인 감보(甘父)와 부하 100여 명을 이끌고 장안을 떠났으나, 국경을 벗어나자 곧바로 흉노에게 포로로 잡혀 강제로 억류되었다. 그 후 10여 년 동안 억류되었던 장건은 감시가 소홀한 틈을 타 탈출에 성공하여 다시 서쪽으로 갔으나, 대월지국을 발견하지 못하고 대완국(大宛國)에 이르렀다. 장건 일행은 다시 대완국의 안내를 받아 마침내 대월지국에 도착하여 동맹을 요청하였지만, 당시 대월지국은 흉노에 쫓겨 아무르하(河) 유역에 새롭게 정착하여 흉노와 전쟁에 다시 휩쓸리고 싶지 않아서 한나라의 동맹 제의를 거절하였다. 이에 장건은 목적을 달성하지 못하고 귀국길에 올라 서역의 여러 나라들에 대한 정보를 입수하면서 타림분지의 남쪽 길, 즉 천산남로(天山南路)를 따라 돌아오다가 다시 흉노에게 사로잡혀 1년 동안의 억류생활 끝에 B.C. 126년 장장 13년 만에 겨우 장안으로 돌아올 수 있었다.

장건은 비록 동맹이라는 목적을 달성하지는 못했지만, 13년에 걸쳐 그가 견문한 내용을 자세히 무제에게 보고하였다. 이 보고를 통해 무제는 중국의 서쪽에 오손(烏孫)·대완(大宛)·강거(康居)·대월지(大月

氏)·대하(大夏, 박트리아)·안식(安息, 파르티아) 등의 국가가 있고, 그 남쪽에는 신독(身毒, 인도)이라는 제국이 있다는 사실을 알게 되었다.

특히 장건이 흉노에 억류되어 있을 때 흉노와 오손의 사이가 나쁘다는 얘기를 들은 적이 있어서 무제에게 오손과의 동맹을 건의하였다. 당시 한나라는 곽거병의 활약으로 하서(河西)지역을 확보하고 있었는데, 무제는 오손과의 동맹을 위해 B.C. 119년에 다시 장건을 사절로 파견하였다. 비록 장건은 오손의 내부사정으로 인하여 소기의 목적을 달성하지는 못하였지만, 대신 부하들을 대완, 대월지, 안식, 강거, 대하 등에 사절로 파견하였다. 그리고 본인 스스로는 오손의 사절단을 이끌고 귀국하였고, 부하들도 각각 서역 여러 나라들의 사절단을 이끌고 귀국하였다. 그 결과 한나라에 온 서역 사절단들을 통해 한나라의 부강함이 서역에 알려지게 되었고, 특히 장건과 함께 온 오손의 사절단이 되돌아간 후 양국은 군사동맹이 체결되어 한나라의 흉노 견제에 중요한 역할을 하게 되었다.

이후 무제는 매년 수차례 대규모 사절단을 서역 각국에 파견하였는데, 이러한 사절의 빈번한 왕래로 인하여 길목에 있던 누란(樓蘭)과 차사(車師)라는 두 나라가 위험을 느끼고, 한나라 사신을 살해하는 사건이 발생하였다. 또 무제는 대완국의 특산품 한혈마(汗血馬)를 구하기 위해 사신을 파견하였으나, 역시 살해당하는 일이 있었다. 이러한 불상사가 계속 일어나자 무제는 서역문제를 무력으로 해결하기로 결심하였다. 이에 무제는 B.C. 104년에 이광리(李廣利)를 이사장군(貳師將軍)에 임명하고 20여만 병력을 출정시켜 3년에 걸쳐 대완을 정복하고 한혈마를 비롯한 수천 필의 말을 획득하고 귀국하였다. 이번 대완에 파견된 대규모 원정은 최초로 중국 군대가 해발 4,000m의 파미르고원을 넘어 서역에 나타난 역사적 사건으로, 서역 각 지역에 한나라의 위세를 크게 떨치게 되어, 서역 각국은 다투어 사절단을 보내어 한나라에 입조(入朝)하였다.

흉노 견제를 목적으로 추진된 장건의 서역 파견은 중국이 중앙아시아지역으로 진출할 수 있는 계기를 마련하였고, 다른 한편으로는 동서양의 교류를 활성화하는 계기로 작용하여 세계적으로 유명한 비단길(The Silk Road)을 형성하게 하였다.

신(新)재정정책

무제의 집권시기에 동서남북 각 지역에 대한 끊임없이 반복되던 정복사업은 무제 말년까지도 계속되었다. 흉노 정벌·남월 정복·서남이 복속·고조선 공격 등 수 십년에 걸쳐 수십만 명씩 동원되는 계속된 전쟁으로 한제국은 막대한 물량을 소모하고 있었다. B.C. 117년에 일단락이 된 흉노정벌사업도 곽거병의 사망이 직접적인 계기가 되었지만, 사실 보다 근본적인 배경으로는 국가 재정의 고갈에 있다고 볼 수 있다.

전쟁에는 단순히 병력 출동만 있는 것이 아니다. 여기에는 막대한 군량·무기·군마 등 천문학적 숫자의 군수품이 동원되었다. 또한 군공(軍功)에 대한 포상 비용, 항복한 적군에 대한 대우 비용, 새롭게 점령한 지역에 설치된 군(郡)에 성곽 및 관개수리시설 등 토목공사 비용 등 막대한 재정 지출이 필요하였다. 이렇게 장기간에 걸친 다양한 정복활동으로 인하여 무제 초기 풍족했던 국가 재정도 고갈되기 시작하였다.

이에 무제는 획기적이고 장기적인 새로운 재정정책을 추진하였는데, 이를 일컬어 신(新)재정정책이라고 한다. 이러한 새로운 재정정책을 수립하고 추진하고자 무제는 전문적 인재를 발탁하여 활용하였는데, 그 대표적 인물로는 13세 때부터 궁중에서 시중(侍中)으로 복무하던 상홍양(桑弘羊), 남양(南陽)지역의 대철상인(大鐵商人) 출신 공근(孔僅), 그리고 산동의 대염상인(大鹽商人) 출신 동곽함양(東郭咸陽) 등이 있다. 무제는 이들을 대사농(大司農), 대농승(大農丞) 등 재무 관료에 임명하여, 그동안 막대한 부를 축적하고 있던 상인들을 탄압하는 억상(抑商)정책을 통해 국가의 재원을 마련하는 정책을 시행하였다.

그 첫 번째 신재정정책은 바로 염(鹽)과 철(鐵)에 대한 전매정책이다. 이 정책은 B.C. 119년을 지나면서 실시되었는데, 실시 방법과 경영형태는 각각 달랐다. 먼저 철의 전매제도를 살펴보면 철광을 생산하는 곳에 50여 개 철관(鐵官)을 설치하고, 채광(採鑛)에서 철기(鐵器)의 주조(鑄造)까지 담당하게 하였다. 이 때 필요한 노동력은 요역(徭役) 징발과 죄수들의 노동력으로 충당하였고, 생산하는 물품은 대부분 철제농기구였다. 그래서 농민들에게 사제(私製) 농기구 사용을 엄격히 규제하였으므로 관제(官製) 농기구의 판매는 전국적으로 확대되어 막대한 국고 수입이 발생하게 되었다.

소금(鹽)의 전매제도는 소금을 생산하는 염장(鹽場) 40여 곳에 염관(鹽官)을 설치하여 민간업자들이 생산하는 소금을 모두 매수하였고, 이를 염관이 일반 소비자에게 판매하는 방식을 취하였다. 이와 함께 개인적인 소금 생산과 판매를 엄격하게 금지하였으므로 소금의 판매로 발생하는 막대한 이윤을 국고 수입으로 삼았다.

그 다음으로 무제는 새로운 재정 확충을 위하여 B.C. 110년을 전후로 균수법(均輸法)과 평준법(平準法)을 시행하였다. 균수법은 정부가 필요한 물자를 확보하기 위하여 각 지방에 균수관(均輸官)을 설치하여 중간상인의 개입을 배제하고 직접 물품을 구매하고 운송하는 방법이었다. 균수관은 실제로 각 지방의 생산물을 부세로 징수하여 부족한 지방으로 운송하여 판매하고 그 이익을 창출하기도 하였다.

평준법은 수도 장안에 커다란 창고를 건축하고, 평준관(平準官)을 설치하여 이를 관리하게 하였다. 이 평준관이 전국 각지에서 생산되는 물품을 저렴하게 구매·운송하여 이 창고에 저장하고 있다가 가격이 앙등하면 이를 판매하여 물가를 조절하였다. 이 과정에서 중간상인들이 철저히 배제되었고, 그 사이 발생하는 이익을 국고의 수입으로 충당하였던 것이다. 이 평준법은 전국적인 물가를 균등히 조정한다는 목적으로 시행되었지만, 그동안 상인들이 획득했던 중간 마진을 국가가 차지하는 결과로 이어지게된 것이다.

이렇게 시행된 균수법과 평준법은 명분이나 취지가 어찌되었건 정부가 상업 활동을 직접 한 것이나 다름없었으며, 그 결과 국가는 재정 위기를 어느 정도 극복할 수는 있었지만 상인들은 엄청난 타격을 받을 수밖에 없었다.

이밖에 정부는 재산세 징수를 효과적으로 시행하기 위하여 다양한 방법을 강구했는데, 그 중 대표적인 제도가 바로 B.C. 119년에 시행된 고민령(告緡令)이다. 이 고민령은 재산을 은닉하고 속였다가, 또는 상인들이 상품 가격을 거짓으로 보고하였다가, 정부에 적발되면 그 벌로서 강제로 징용하여 변경으로 보냈으며, 적발된 자의 재산은 국가 소유로 한다는 것이다. 또 이런 허위 보고자들을 신고한 자에게 몰수한 재산의 절반을 상으로 주는 제도이다. 이렇게 밀고가 장려되는 고민령으로 인하여 특히 상인들이 막대한 피해를 보았고, 대부분 파산하였다고 한다.

이와 함께 무제는 화폐의 주조권(鑄造權)을 중앙으로 회수하고, 각 지방에서의 화폐 발행을 금지시켰다. 무제는 B.C. 113년에 수형도위(水衡都尉)를 신설하여 원형방공(圓形方孔)의 오수전(五銖錢)을 독점적으로 발행하여 전국에 유통시킴으로서 화폐의 가치를 안정시키고 각종 재정정책을 효과적으로 운용할 수 있게 되었다.

이렇게 무제시기에 시행된 신재정정책으로 직면한 국가의 재정위기를 어느 정도 극복할 수 있었는데, 이러한 정책들의 주요 대상은 상인들과 수공업자들이었다. 다시 말해 무제는 중농억상(重農抑商)에 기초하여 농민계층은 건드리지 않고, 상공업자들의 이익을 정부가 흡수하는 방법을 통해 국가적 재정 궁핍을 해결하고자 했던 것이다.

법치(法治)의 실시

무제는 장기간의 대외원정으로 인하여 막대한 재정이 소모되어 새로운 재정정책을 통해 이를 메꾸려했다. 이렇게 강력한 정책을 수행함에 있어서는 덕치(德治)를 이상적 정치행위로 간주하는 유가(儒家) 출신 관리들보다 법령에 입각하여 실무적 경험이 많은 법가(法家) 출신 관리가 더욱 필요하였다. 그래서 무제는 법가적 전통을 가지며 실무경험이 풍부하고 법(法)의 집행에 충실한 관리들을 발탁·파견하여 각종 재정 정책을 충실히 시행하며, 호족(豪族)들을 탄압하는 등 국가정책을 엄격히 수행하도록 하였다. 이러한 관리들을 혹리(酷吏)라고 하는데, 무제시기에 활동한 혹리로는 장탕(張湯)·의종(義縱)·왕온서(王溫舒)·두주(杜周) 등이 대표적이다.

또 무제시대에는 관리들을 서로 감시하고 고발하는 것을 의무화하는 법령인 '견지법(見知法)'을 제정하였다. 이 법령은 관리가 누군가가 범행을 저지른 것을 알고도 묵인하면, 고의로 방면한 것으로 간주하여 처벌하고, 이 관리를 감독해야 할 상관도 함께 처벌한다는 내용이다.

이렇게 볼 때 무제는 겉으로 유학(儒學)을 국학(國學)화하면서 덕치(德治)를 내세웠지만, 실질적으로는 강력한 법치(法治)를 통하여 황권강화와 중앙집권적 관료체제를 확립하려는 '내유외법(內儒外法)'의 정책을 추진했다고 볼 수 있다.

말년과 사망

무제는 재위기간 강력한 권력을 바탕으로 많은 업적을 남기기도 하였지만, 말년에 이르러 불행한 시절을 보내게 된다. 그의 재위동안 계속되었던 대외원정도 점차 실패하는 경우가 많아졌고, 사회적 모순도 증가하여 각지에서 농민 반란도 자주 발생하여 관동(關東)지역의 유민(流民)이 200만 명에 이른다는 기록도 있다.

무제는 더욱이 황실 내부의 불행한 사건도 맞이하였는데, 그 대표적 사건은 그의 적장자(嫡長子)로 황태자였던 유거(劉據)가 연루된 것으로 알려진 무고옥(巫蠱獄)의 난(亂)인데, 이 사건으로 인하여 B.C. 91년에 황태자 유거와 위(衛)황후가 자살하고, 2명의 황손(皇孫)도 살해되는 비극이 발생하였던 것이다.

무제에게는 원래 6명의 아들이 있었는데, 적장자 유거를 비롯한 3명의 아들들은 이미 사망하였고, 연왕(燕王) 유단(劉旦)과 광릉왕(廣陵王) 유서(劉胥) 등은 이미 나이가 많아 너무 교만 방종하였다. 그래서 무제는 제일 나이가 어린 8세의 유불릉(劉弗陵)을 태자로 책봉하였고, 한편 그의 친모(親母)를 죽임으로서 훗날 모후(母后)가 정치를 농단할 기회마저도 차단하고자 하였다. 또한 그는 죽기 직전 곽거병의 동생 곽광(郭光)을 대사마대장군(大司馬大將軍)에, 흉노 출신 김일제(金日磾)를 거기장군(車騎將軍)에, 무제의 신변경호 담당이었던 상관걸(上官桀)을 좌장군(左將軍)에 임명하고, 어린 황제를 충실히 보필하도록 유언을 남기고, B.C. 87년 70세의 나이로 재위 55년 만에 죽었다. 그의 시호는 효무황제(孝武皇帝)이며, 묘호는 세종(世宗)이다. 그를 계승하여 즉위한 8세의 어린 유불능이 바로 한나라 6대 황제 소제(昭帝)

이다.

4. 당(唐) 태종(太宗) 이세민(李世民)

초기 생애

당(唐) 태종(太宗) 이세민(李世民, 599년 1월 23일-649년 7월 10일)은 본관이 농서(隴西) 성기(成紀)라고 전하며, 혹은 거록군(巨鹿郡) 사람이라고도 전해오고 있다. 묘호(廟號)는 태종(太宗), 시호(諡號)는 문황제(文皇帝), 연호(年號)는 정관(貞觀)이다. 당나라의 2번째 황제(626년-649년 재위)로, 당나라를 창립한 당 고조(高祖) 이연(李淵)의 둘째 아들이다. 그의 이름 세민(世民)은 '세상을 구하고 백성들을 편안하게 한다'라는 뜻을 지닌 '제세안민(濟世安民)'에서 따왔다고 한다.

이세민은 수(隋) 문제(文帝)집권시기인 599년 12월에 당국공(唐國公) 이연(李淵)과 두씨(竇氏) 부인 사이의 두 번째 아들로 태어났다. 그의 아버지 이연은 훗날 당(唐)왕조를 건립하였는데, 이연의 할아버지 이호(李虎)는 서위(西魏)시대 우문태(宇文泰)가 주도한 8주국(柱國)의 일원이었고, 이연의 아버지 이병(李昞)은 그 지위를 이어받았을 뿐 아니라 8주국의 일원이었던 독고신(獨孤信)의 딸과 결혼하였다. 이 여자가 바로 이연의 친모(親母)이고, 수 문제 양견의 부인인 독고황후의 친언니이다. 그래서 이연과 수 양제 양광(楊廣)은 이종사촌 사이였다. 또한 이연의 부인 즉 이세민의 어머니 두씨(竇氏)도 우문태의 외손녀였다. 이렇게 보면, 당 왕조를 건립한 이연과 이세민 등은 서위시대부터 서로 통혼을 통해 결합한 북조(北朝)계열의 문벌귀족인 관롱(關隴) 집단의 일원이었던 것이다.

이세민은 16세가 되던 614년에 장손(長孫)씨와 결혼하였고, 아버지 이연이 산서성 태원(太原)지방의 유수(留守)에 임명되자, 아버지를 따라 갔다가 농민반란군에 포위되어 위험에 처한 아버지를 구해내기도 하여 아버지의 신임을 얻기 시작하였다.

진양(晉陽) 기병(起兵)과 당(唐) 건국

이연과 이세민은 617년 진양(晉陽)에서 군대를 일으켜 반수(反隋)정변을 시작하였는데, 이에 대하여 당시의 주요 사료에 전하는 바에 따르면, 이 기병(起兵)은 이연이 주도적으로 일으킨 것이 아니라 둘째 아들 이세민이 주모자이고, 아버지 이연은 이세민과 그의 참모들의 적극적인 권유로 마지못해 정변에 참여한 것으로 기록되어 있다. 그렇지만, 이세민이 훗날 현무문(玄武門)의 변(變)을 일으켜 형제들을 제거하고 정권을 잡았다는 사실로 볼 때, 아버지와 형제들의 사적(事跡)을 지우고 건국의 공을 독차지 하려고 조작했을 가능성이 높아서 사실 그대로 믿기는 어려워 보인다.

수나라 말기 특히 양제(煬帝) 양광(楊廣)의 대운하의 건설·현인궁(顯仁宮)의 축조 등 대규모 토목공사와 3차례에 걸친 고구려 정벌로 인하여, 611년부터 전국 각지는 수많은 군도(群盜)집단들이 활동하며 혼란에 빠져 있었다. 특히 613년 양현감(楊玄感)의 반란이 발생한 이래 각 집단들간에 통합이 되고 조직화되면서 몇 개의 대규모 전투집단으로 재편되고 있었다.

이런 와중에 이연과 이세민이 이끄는 반란세력은 617년에 진양(晉陽)에서 기병한 이후 신속하게 군대를 이끌고 관중의 중심에 있는 장안(長安)으로 진격해 들어왔다. 당시 수 양제는 대운하의 길을 따라 남쪽의 강도(江都, 지금의 揚州)에 있어서, 장안에 입성한 이연은 먼저 수 양제를 태상황(太上皇)으로 추존하고, 그의 손자 양유(楊侑)를 공제(恭帝)로 옹립하였다. 그리고 공제의 이름을 빌려 이연 자신을 당왕(唐王) 및 대승상(大丞相)·상서령(尙書令) 등의 직책에 임명하였고, 장남 이건성(李建成)을 왕세자에, 이세민을 진국공(秦國公)에, 이원길(李元吉)을 제국공(齊國公)에 봉함으로써 관중지역의 권력을 이씨 부자들이 완전 장악하게 되었다.

618년 3월 강도에 체류하던 수 양제가 그의 경호장교인 우문화급과 우문지급(宇文智及) 형제에게 암살되었다는 소식이 전해지자, 5월에 수 공제로부터 선양을 받아 황제에 즉위하고, 국호를 당(唐), 연호를 무덕(武德), 수도를 장안으로 정하였다. 그리고 이연은 당 고조가 되었으며, 이건성을 황태자, 이세민을 진왕(秦王), 이원길을 제왕(齊王)에 봉하였다. 이로써 당 제국이 본격 출발하게 되었고, 당시 전국 각지는 여전히 수말에 발생한 반란세력을 중심으로 형성된 군웅들이 할거하고 있었다. 왕세충(王世充)이 수 양제의 또 다른 손자 양동(楊侗)을 옹립한 채 낙양(洛陽)을 점거하고 있었으며, 두건덕(竇建德)은 하북(河北)지역을, 이밀(李密)은 하남(河南)일대를 장악하고 있었고, 양제를 살해한 우문화급은 북상하여 이밀 세력과 각축 중이었다.

장안에서 당(唐)이 막 수립되었을 때에는 관할지역이 관중과 하동 일대에 한정되어 전국을 완전히 지배하지 못했기 때문에, 이연(李淵)은 아들인 이세민(李世民), 이건성(李建成), 이원길(李元吉) 등으로 하여금 각지에 할거하고 있는 군웅세력을 하나하나 차례로 제거해 나갔다.

군웅 제거

당 고조 이연은 618년에 이세민을 보내 당의 서쪽에서 활동하던 설

인고(薛仁杲)세력을 제거한 후, 본격적으로 동방을 경략하기 시작하였는데, 그 첫 번째 대상은 바로 유무주(劉武周)세력이었다. 619년 유무주가 돌궐과 연합하여 산서지역으로 쳐들어와 관중의 땅을 위협하니, 당 정부도 이세민을 파견하여 620년에 유무주를 돌궐지역으로 몰아냈다.

뒤이어 당(唐)은 동쪽의 가장 강력한 세력인 왕세충을 공격하였다. 당시 왕세충은 낙양을 중심으로 북쪽으로는 황하에, 동쪽으로는 산동의 남부 및 강소의 북부까지, 남쪽으로는 하남의 서부 및 호북의 북부 지역까지, 서쪽으로는 당(唐)의 점령지역에 이르는 등, 매우 넓은 지역을 차지하고 있었다. 그렇지만 왕세충은 그 성격이 잔혹하여 민심을 잃고 있었으며, 낙양에서는 식량이 결핍되어 굶어 죽는 자가 많았다고 한다. 621년 당나라 군대가 낙양을 포위하고 공격하자 왕세충은 하북지역의 두건덕에게 원조를 요청하여, 두건덕 군대가 출동하였지만, 이 두 세력은 모두 이세민이 이끄는 당나라 군대에 패배하고 항복하였다.

이렇게 당나라에 가장 적대적이며 강력한 몇 개의 세력을 제거하는데 가장 커다란 공헌을 한 것은 진왕(秦王) 이세민이었다. 그 결과 아버지 당 고조 이연은 이세민에게 천책상장(天策上將), 즉 하늘이 내린 장군이라는 별호를 하사하였다. 이로 인하여 이세민은 정부 내의 비중과 명성이 갈수록 커져가게 되어, 경쟁관계에 있던 황태자 이건성과의 관계가 더욱 악화되었다. 이에 황태자 이건성은 두건덕의 잔당을 이끌고 활동하던 유흑달(劉黑闥)세력을 직접 토벌함으로써 자신의 정치적 입지를 확대시켜 이세민에 대항하려고 하였다.

현무문(玄武門)의 변(變)

당 고조 이연은 황후 두씨와의 사이에 4명의 아들 즉 건성(建成)·세민(世民)·현패(玄覇)·원길(元吉)이 있었는데, 그 중 셋째 현패는 일찍 죽었다. 당나라를 건국하고 전국을 통일하는 과정에서 이세민은 그 위세가 점점 커져서 형 황태자 이건성과 자주 충돌하고 대립하였다. 이에 아버지 이연은 이세민을 장안성 서쪽 근교에 있는 굉의궁(宏義宮)으로 이주시켜 형과 격리하게 하여 둘 사이의 다툼을 줄여보고자 하였지만, 쌍방의 다툼과 경쟁은 암암리에 지속되었다. 이 다툼에서 이건성이 막내 동생 이원길과 연합하고 있을 뿐 아니라 처음부터 적장자의 명분과 황태자로서의 지위, 궁중 내부의 지지, 그리고 2천여 명의 정예 친위부대를 거느리고 있는 등 우세한 세력이었던 것은 분명하다.

이세민도 그동안의 공적으로 인하여 주변에 많은 인재들이 모여들었는데, 진왕부(秦王府)에는 위지경덕(尉遲敬德) 등의 장군들과 방현령(房玄齡)·두여회(杜如晦) 등의 학자 출신의 지략가들이 이세민을 보좌하고 있었다.

황태자 이건성은 원래 이세민을 죽이려는 뜻은 없었고, 다만 경사(京師) 가까이에 두고 감시하면서 무력화시키려 하였다. 이에 이세민은 형의 감시와 압박이 나날이 강화되어 오자 낙양(洛陽)에서 동방을 경영할 계획으로 신임하고 있던 부하 장량(張亮)을 그쪽으로 보내 동쪽의 유력 인사들과 손을 잡고 때를 기다리고 있었다. 626년 고조 이연이 이세민을 낙양으로 보내려고 하였으나 가까이에 두고 통제하려던 이건성의 반대로 뜻을 이루지 못하였다. 이렇게 동방행이 불가능해지자 이세민은 최후의 수단으로 정변을 일으키게 되었다.

마침내 626년 6월 4일 장안 궁성의 현무문(玄武門)에서 쿠데타가 발생하였다. 현무문은 장안(長安) 태극궁성(太極宮城)의 북문(北門)으로, 그 곳에 궁성위군(宮城衛軍)이 주둔하고 있는 곳으로 매우 견고하여, 이 곳을 장악하고 병력을 잘 활용하면 궁궐 전체뿐만 아니라 수도까지도 장악할 수 있었다. 그런데 이세민이 바로 이 현무문에서 정변을 일으킬 수 있었던 배경으로는 이 곳의 장군들을 장악하고 있었기 때문이다. 즉 현무문에 주둔하고 있던 수비대의 대장 중 한명인 상하(常何)는 원래 이건성의 부하였으나 정변 직전에 이세민에게 매수되었고, 나머지 수비대장 경군홍(敬君弘)과 여세형(呂世衡)도 이미 이세민 일당이었다고 한다.

정변이 일어나기 하루 전날 밤, 이세민이 몰래 황궁에 들어와 아버지 황제에게 이건성과 이원길이 "음란후궁(淫亂後宮, 후궁들에게 음란한 짓을 일삼는다)"고 일러바치니, 아버지 황제는 다음 날 이들을 불러 확인하고 사실일 경우 처벌하겠다고 약속했다. 다음 날 아침 이세민은 처남인 장손무기(長孫無忌) 등으로 하여금 현무문에 매복하고 있다가 이건성과 이원길을 습격하도록 하였다. 결국 호위군을 거느리지 않고 단독으로 성 안으로 들어온 이 두 명을 부하들과 차단시키고 습격하여 살해하였다. 그리고 황궁 안 호수에서 뱃놀이를 하고 있던 고조 이연에게 부하 장군 위지경덕을 보내 황태자와 제왕이 반란을 일으켜 이세민이 이를 막아내고 살해했음을 보고하였다. 이에 이연도 사태를 파악하고 이세민에게 국정 전반을 넘겨주고, 그를 황태자로 임명했다. 그 후 2달이 지난 후 당 고조 이연은 황제 자리를 이세민에게 양위하고 자신은 태상황(太上皇)이 되었다가 635년에 죽었다. 이렇게 고조 이연을 뒤이어 즉위한 이세민이 바로 당나라 2대 황제 태종(太宗)이다.

정관(貞觀)의 치(治)

이세민은 현무문의 변이라는 정변을 통해 황제에 오르게 되는데, 626년 29세 나이로 즉위하여 태종(太宗)이 되었다. 그 이듬 해 연호를 정관(貞

觀)이라 고치었는데, 그래서 당 태종 이세민의 재위기간(626년-649년)을 정관의 치세(貞觀之治)라고 부르기도 한다. 이는 다분히 이 시기를 이상화하여 당나라 전시대를 통틀어서 가장 전성기로 간주하는 것이다. 당 태종이 죽은 후 약 50년쯤 뒤에 오긍(吳兢)이 저술한『정관정요(貞觀政要)』는 당 태종 정치의 요체를 담았다고 여겨지며 후세에는 제왕(帝王)의 교과서처럼 간주되어졌는데, 바로 여기에서 나온 명칭이 정관지치인 것이다.

당 태종의 집권 시기 치적을 살펴보면, 다음과 같이 몇 가지로 정리해 볼 수 있다. 첫째, 폭넓은 인재 등용 정책을 꼽을 수 있다. 정관의 시대에 활약한 인물들을 보면, 장손무기가 그의 인척(처남)이며, 방현령·두여회가 진왕부(秦王府) 출신일 뿐 나머지 대부분은 그의 직계출신이 아니며 심지어는 반대파 출신들도 있다. 예를 들면, 위징(魏徵)·왕규(王珪)·설만철(薛萬徹) 등은 그의 정적 이건성의 옛 신하들로, 위징과 같은 사람은 이건성에게 이세민을 죽일 것을 권유했던 원수와 같은 사람이다. 이세민은 이러한 인물들도 적극 발탁하고 신임하였다고 한다.

둘째, 그는 정치를 하면서 매우 호학적(好學的) 태도를 가지고 있었다는 점이다. 그가 진왕(秦王)시절 문학(文學)을 애호하여 '문학관(文學館)'을 설치하여 많은 학자들을 불러 모았는데, 여기에는 방현령·두여회 이외에도 우세남(虞世南)·저수량(褚遂良)·공영달(孔穎達) 등이 있다. 즉위 후에는 홍문관(弘文館)을 설치하여 20여만 권의 서적을 수집하여 놓고, 이를 가지고 공부하고 토론하도록 하였다.

셋째, 직간(直諫)을 허용하고, 받아들여 실제 정치에 반영하였다고 한다. 대표적인 예로, 수나라 말기에 이밀(李密)의 부하로 들어갔다가 이밀이 당나라에 투항할 때 함께 당 정부에 들어와 이건성의 막료로 활약했던 위징(魏徵)을 중용하며, 그의 직간을 거의 모두 수용하였다고 한다. 그는 항상 태종으로 하여금 인정(仁政)을 펼치고, 군대에게 휴식을 주고, 사치를 없애며, 예교(禮敎)를 존중하도록 간언하였는데, 태종은 이러한 위징의 충고를 듣기 싫어 '이 늙은이를 죽여 버리겠다(殺此田舍翁)'라고 화를 내곤하였지만, 결국 용서하곤 하였다고 한다. 643년 위징이 죽자 크게 탄식하며 그를 애도하였다. 그 후 태종은 고구려원정에 실패한 후 '위징이 살아있다면, 과연 내가 이 짓을 했을까?(魏徵若在, 吾有此行耶?)'라며, 그를 그리워했다고 한다.

넷째, 정치와 행정 그리고 형법에 있어서의 개혁을 꼽을 수 있다. 3성(三省)의 직무 범위와 직권을 분명하게 규정하여, 권한이 한 부서에 편중되는 것을 방지하고 상호 견제하도록 조정하였다. 또 중앙 정부의 문무관원의 정원을 축소하여 행정의 효율성을 강화하였으며, 가혹한 형벌을 줄이는 방향으로 형법을 개정하였다.

마지막으로 그가 남긴 최대의 업적은 대외관계에서이다. 비록 고구려정벌에 실패하여 체면을 구기기도 하였지만, 그가 동아시아에서 가장 최대 세력 돌궐(突厥)을 제압한 것은 당시 당나라가 안고 있던 최대의 난제를 해결한 것이었다. 이연(李淵)이 태원(太原)지방에서 기병할 때 돌궐에게 신속(臣屬)했던 것을 배경으로 돌궐은 당나라 초기 수없이 침입하여 약탈하곤 하여 당나라의 가장 큰 두통꺼리였다. 태종이 즉위한 이후 돌궐 내부에 분열이 발생하여 도움을 요청한 것을 기회로, 630년 당 태종은 군대를 파견하여 격파하고 돌궐세력을 복속시켰다. 그 결과 그동안 돌궐에 복속되어 있던 북방의 여러 부족들이 속속 당나라에 귀부하였고, 북방의 여러 유목민족들은 당 태종에게 탱그리칸(天可汗)이라는 칭호를 헌상하여, 그를 호(胡)와 한(漢) 두 세계를 통치하는 유일한 통치자로 인정하였다.

이렇게 되어 당 태종은 646년에 이들 지역을 효과적으로 평정하고 관리하기 위하여 도호(都護)를 임명·파견하여 감독하게 하였다. 이로써 동아시아 국제질서의 새로운 형태로 당(唐) 중심의 기미정책(羈縻政策)이 자리 잡게 되었다.

위에서 정리한 몇 가지 내용으로 볼 때, 당 태종의 통치는 능력 위주의 현재주의(賢才主義)를 채택한 인사 정책이나, 새로운 동북아 국제질서의 틀을 형성한 점 등에서 나름의 성과를 거둔 것은 분명하다. 그렇지만 정관 13년(639년)의 통계를 보면, 중앙정부가 장악하고 있는 호구(戶口)의 수(數)가 304만 호(戶)에 불과하여, 수나라 전성시대인 609년에 비해 1/3에 불과한 점을 고려하면, 사회경제적 측면에서 정관의 치세를 당나라 최고의 전성시대라고 평가하는 것은 분명 문제가 있다.

말년과 후계구도

태종 이세민에게는 모두 14명의 아들이 있었는데, 그 중 장손황후(長孫皇后)가 낳은 아들로 태자 승건(承乾)·복왕(濮王) 태(泰)·진왕(晉王) 치(治)가 있었다. 그런데 태자 이승건은 총명하였으나, 여자를 항상 가까이 하였으며, 특히 돌궐(突厥) 애호가로서 돌궐의 언어와 옷을 입고 동궁(東宮) 내에 유목민의 천막을 치고 스스로 돌궐의 칸(可汗)인 것처럼 기이한 행동을 하였다. 복왕 태는 문학을 좋아하여 아버지의 총애를 받았고, 태자의 자리를 빼앗으려는 뜻도 있어서 태자 측과 종종 충돌하곤 하여 조정이 불안해지곤 하였다. 이에 태종은 위징을 태자의 스승으로 삼아 안정시키고자 하였으나, 위징이 죽자 다시 불안해졌다. 그러다가 결국 643년에 태자가 모반을 꽈한다는 죄를 받아 서인(庶人)으로 폐위되었다. 태종은 복왕 태를 태자로 지명하고자 하였으나, 여러 반대에 부딪쳐 실패하고, 장손무기의 추천으로 진왕치를 태자로 삼게 되었는데, 이가 바로 다음 황제가 되는 고종(高宗)이다.

이렇게 가정 내부의 비극을 겪으면서 태종은 말년에 이르러 미신에 빠져 방사(方士)를 숭상하며, 연년지약(延年之藥, 長壽藥)을 만들기도 하였다. 또한 자신을 도왔던 공신들에 대한 의심이 생겨 별다른 죄를 짓지 않았는데도 살해한 경우도 발생하였고, 특히 죽기 직전에는 장손무기에게 이적(李勣) 장군 제거를 부탁하여, 그가 죽은 후 이적과 장손무기가 서로 대결하는 상황이 발생하기도 한다. 이렇게 불우한 말년을 보내다 결국 649년(정관 23년) 7월 10일에 54세의 나이로 죽었는데, 그의 사인(死因)으로 장수약 복용을 꼽고 있다.

5. 송(宋) 태조(太祖) 조광윤(趙匡胤)

초기 생애

송(宋) 태조(太祖) 조광윤(趙匡胤, 927년 3월 21일 – 976년 11월 14일)은 아명(兒名)이 향해아(香孩兒)이며, 탁군(涿郡)사람으로 낙양(洛陽) 협마영(夾馬營)에서 출생하였다. 송(宋)나라의 개국 황제(재위 기간: 960년 2월 4일–976년 11월 14일)로, 시호는 계운입극영무성문신덕원공대효황제(啓運立極英武聖文神德元功大孝皇帝), 묘호는 태조(太祖)이다.

그는 군인 집안 출신으로 고조부 조조(趙朓)는 당나라 때 유도(幽都, 지금의 북경)의 현령(縣令)을, 증조부 조정(趙珽)은 당나라 때 어사중승(御史中承), 조부 조경(趙敬)은 영(營)·계(薊)·탁(涿) 3개 주

(州)의 자사(刺史)를 역임하였다. 조광윤은 후주(後周)의 호성도지휘사(護聖都指揮使)를 지낸 조홍은(宋弘殷)의 차남으로 맏형 조광제(趙匡濟)는 일찍 요절했고 어머니는 두씨(杜氏)였다.

후한(後漢, 일반적으로 北漢이라고 칭함) 초기 천하를 주유하다가 양양(襄陽)지방의 한 사찰에 머물던 조광윤은 술수(術數)에 능한 노스님의 권유를 받고 북쪽지방으로 가서 마침내 948년에 후한의 추밀사(樞密使) 곽위(郭威) 휘하에 들어가 하중절도사(河中節度使) 이수정(李守貞)의 반란을 진압하는데 큰 공을 세웠다. 951년 곽위가 황제에 즉위하여 후주(後周)를 건립한 후 조광윤은 동서반행수(東西班行首)와 활주부지휘사(滑州副指揮使)를 지냈다. 953년에 곽위(郭威)의 양아들 시영(柴榮)이 개봉(開封) 부윤(府尹)이 되자 조광윤(趙光潤)은 개봉부 마직군사(開封府馬直軍使)에 임명되었다.

954년에 시영이 즉위하여 후주의 세종(世宗)이 된 후, 조광윤(趙光潤)을 발탁하여 금군(禁軍)을 장악하게 하였다. 그 해에 북한(北漢)과 거란의 연합군이 쳐들어 오니 시영이 친정(親征)에 나갔다가 크게 패하여 위기에 빠졌을 때 조광윤이 금군을 이끌고 가서 결사적으로 시영을 구하고 북한군을 대파하였다. 이 전투에서 승리한 후 경사에 돌아온 조광윤은 전전도우후(殿前都虞候)에 임명되어 엄주자사(嚴州刺史)를 관할하게 되면서 후주의 중요 장군직을 차지하게 되었다. 이후 황제 시영을 도와 금군(禁軍)을 재편하면서 황제의 친위부대를 이끌게 되어, 조광윤은 시영의 최측근 장군이 되었다.

956년, 조광윤은 시영을 수행하고 회남(淮南)을 공격하여 남당(南唐) 군대를 크게 물리친 후 돌아와 전전도지휘사(殿前都指揮使)에 임명되었고, 곧 이어 정국군절도사(定國軍節度使)에 추증되었다.

959년 북벌 도중에 황제 시영은 병이 들어 회군 후에 죽었고, 시종훈(柴宗訓)이 7세의 어린 나이로 즉위하여 후주의 공제(恭帝)가 되었다. 그 후 조광윤은 귀덕군절도사(歸德軍節度使)에 임명되었고, 검교태위(檢校太尉)에도 임명되었다.

진교역(陳橋驛) 병변(兵變)

960년 정월 초하루에 후주 조정에 거란과 북한의 연합군이 침입하였다는 소식이 전하여지자 재상 범질(範質) 등은 진위(眞僞)를 가리지 않고, 조광윤에게 군대를 이끌고 북상하여 이를 막아내도록 하였다. 다음 날, 조광윤은 대군을 이끌고 도성을 떠나 출동하다가 수도 개봉에서 북동쪽으로 20여km 떨어진 진교역(陳橋驛)에 주둔하고 밤을 보내는 도중 조광윤의 동생 조광의(趙匡義)를 비롯한 측근들이 조광윤에게 미리 준비한 황포(黃袍)를 입히고 황제로 옹립하였다. 다음 날 조광윤은 병변을 일으킨 수하의 병력을 이끌고 개봉으로 돌아왔는데, 당시 도성을 지키는 금군의 장군들이 모두 조광윤의 과거 '결사형제'들로 성문을 크게 열고 이들을 환영하였다. 이렇게 피 한 방울 흘리지 않고 무혈쿠데타를 통해 황제 자리에 오를 수 있었던 것은 조광윤이 그동안 꾸준히 군공을 쌓으면서 금군을 장악하고 있었기 때문에 가능했던 것이다. 이를 일컬어 진교역(陳橋驛)의 병변(兵變)이라고 한다.

조광윤은 이 해(960년) 정월 4일에 개봉의 숭원전(崇元殿)에서 정식으로 황제에 즉위하였는데, 이 때 조광윤의 나이는 34세였다. 그 후 조광윤은 조서를 내려 시종훈을 정왕(鄭王)으로 책봉하였다. 조광윤이 이전에 후주에서 귀덕군절도사에 임명된 적이 있었는데, 그 소재지가 바로 송주(宋州)였기 때문에 국호를 송(宋)이라 하였고, 개봉에 도읍을 정하고, 연호를 건륭(建隆)으로 하였다. 이 왕조를 일컬어 역사에서는 '송(宋)' 혹은 '북송(北宋)'이라고 한다.

통일 사업

조광윤은 건국 초 발생한 소의절도사(昭義節度使) 이균(李均), 회남절도사(淮南節度使) 이중진(李重進) 등의 반란을 평정한 후 중앙집권화 강화·군제(軍制) 개혁·농업 생산 발전 등을 추진하면서 통치를 공고히 하였다. 이와 함께 조광윤은 '선남후북(先南後北)·선이후난(先易後難)'의 전략을 통한 통일 사업을 추진하기 시작하여, 먼저 남쪽의 비교적 손쉬운 상대이면서 남방진출의 요충지에 자리 잡은 형남(荊南)과 초(楚, 호남지역에 자리 잡고 있어서 湖南이라고도 함)를 공격하여, 962년부터 963년에 걸쳐 이 두 정권을 점령하고 멸망시켰다. 이에 군신들은 조광윤(趙光潤)에게 '응천광운인성문무황제(應天廣運仁聖文武皇帝)'라는 존호를 올리게 되었다.

또한 조광윤은 형남과 초를 평정한 후 후촉을 공격하였다. 후촉이 사천과 섬서 경계지역의 험한 지형을 이용하면서, 북한(北漢)과 함께 공동으로 대항을 하자, 후촉에서 투항한 조언도(趙彦韜)를 통해 후촉 군대의 병력 배치를 알아내어, 964년 11월에 북로(北路)와 동로(東路) 두 방면으로 군대를 출동시켰다. 그 후 965년 정월 송나라 군대는 주요 지역에 배치된 후촉의 군대를 격파하면서 진격하여 도성인 성도(成都)를 함락시키니, 마침내 후촉의 군주 맹창(孟昶)이 항복하여 멸망하였다.

형남(荊南)과 초(楚) 그리고 후촉이 멸망한 뒤, 남당(南唐)과 오월(吳越)은 신복(臣服)하였으나. 남한(南漢)의 황제 유창(劉鋹)만이 송나라에 복종하기를 거부하고 있었다. 그래서 969년 6월부터 조광윤(趙光潤)은 남방원정을 준비한 후, 970년 9월에 군대를 출동시켜 먼저 남한의 요지 하주(賀州)를 점령하였고, 계속 공격하여 12월에는 소주(韶州)도 점령하였고, 이듬해 1월에는 영(英)·웅(雄) 등 3주(州)를 함락시

컸다. 결국 971년 2월에 송나라 군대는 흥왕부(興王府)를 공격하여 함락시키니, 남한의 황제 유창이 항복하여, 남한도 멸망하였다.

송나라가 남한 정권을 멸망시킨 뒤 남당의 후주(后主) 이욱(李煜)은 겉으로는 송나라에 신복(臣服)하면서 자구(自求)를 도모하는 한편 속으로는 송군의 침공에 대비하고 있었다. 조광윤은 강남의 통일에 뜻을 두고 2년여 간의 준비를 거쳐 974년 9월에 10만 대군을 출동시켜 공격해 내려가 10월에는 안휘성 일대를 점령하였고, 11월 중순에 이르러 계속 동쪽으로 밀고 나갔다. 드디어 975년 정월에 송군은 진회하(秦淮河)에서 10만 명의 남당(南唐)군을 크게 물리치고, 강녕(江寧, 지금의 南京)성으로 진격하여 오월(吳越)과 남당의 연합군을 크게 격파하고. 11월에 마침내 강녕마저도 함락시키니 남당의 황제 이욱이 항복하여 남당도 멸망하였다.

주요 정책

조광윤은 5대10국이라는 분열된 상황에서 황제에 즉위하여 송(宋)이라는 왕조를 개창하고, 앞에서 언급한 바와 같이 '선남후북(先南後北)·선이후난(先易後難)'이라는 전략으로 중국을 통일시켜 나갔다. 그 첫 번째 정책이 당나라 후반기 이래 절도사들에 의해 장악된 병권(兵權)을 회수하여 황제의 통제 하에 집중시키는 작업으로, 이를 일컬어 '배주석병권(杯酒釋兵權)'이라고 한다.

조광윤은 즉위이후 얼마 지나지 않은 어느 날 재상 조보(趙普)에게 "당말 이래 수십 년 동안 황제의 가문이 여덟 번이나 바뀌고, 전쟁도 빈번하여 백성들이 도탄에 빠져 살고 있는데, 그 원인이 무어라고 생각하느냐? 또 짐(朕)은 천하의 전쟁을 멈추고 나라를 영원히 안정시키고 싶은데, 그대 생각에는 어떻게 하면 좋겠는가?"라고 물었다. 이에 조보는 "천하가 혼란한 것은 다름 아닌 번진(藩鎭)의 권력이 너무 강하기 때문이므로, 이런 상황을 해결하려면 번진의 권력을 약화시키고 재정을 제한하며 병력을 회수하면 천하가 평화로워질 것이다"라고 답했다고 한다.

그 후 961년 7월, 조광윤은 조정에서 회의가 끝난 후 최고위급 장군들인 석수신(石守信)·고회덕(高懷德)·왕심기(王審琦)·장령탁(張令鐸)들에게 황궁에 남도록 하고, 술자리를 베풀었다. 술을 마시면서 분위기가 무르익을 쯤 조광윤은 참여한 장군들에게 "나도 그대들이 없었으면 황제가 될 수 없었다. 비록 내가 천자라 할지라도 그대들 절도사만큼 즐겁진 않다. 황제가 된 뒤로는 매일 잠을 제대로 못 잤다."라고 서두를 꺼냈다. 조광윤의 이 말에 석수신 등은 대경실색하여 "폐하께서 어찌 이런 말씀을 하십니까? 누가 감히 폐하께 다른 마음을 품겠습니까?"라고 답하니, 조광윤이 다시 말하기를 "누가 부귀영화를 원하지 않겠는가? 어느 날 어떤 사람이 그대들에게 황포(黃袍)를 입히고 황제로 추대하게 되면, 그대들이 거절하더라도 그대들 마음대로 되겠느냐"라고 반문하였다.

결국 석수신 등은 무릎을 꿇고 머리를 조아리며 "신들이 우매하여 이 일을 어떻게 처리할지 모르겠사오니 폐하께서 저희들을 불쌍히 여기시어 살 길을 지시해 달라"라며 읍소하였다. 이 기회를 이용하여 조광윤은 자신의 생각을 말하며 그들에게 병권 포기를 권유하였다. 즉 "인생이란 것이 매우 짧고 고단하여 덧없이 지나가는 것인데, 그래서 그대들은 좋은 저택을 마련하여 자손에게 물려주고, 기생들과 음주가무를 즐기며 여생을 살아간다면, 군신 간에 의심이 없어진 상태로 서로 편안하게 지낼 수 있게 되는데, 그것이 좋지 않겠느냐?"라고 하였다.

이에 황제의 말을 듣고 있던 여러 장군들은 "폐하께서 우리들에게 이렇게 말씀하신 것은 다름 아니라 우리에게 기사회생의 은혜를 베푸신 것입니다."라고 답하고, 그 다음 날 병을 핑계로 사직서를 제출하자, 조광윤도 이를 허가하고 그들에게 후하게 대접하였다고 한다.

그리고 두 번째 병권 회수는 969년에 있었는데, 조광윤이 백중찬(白重贊)·무행덕(武行德)·왕언초(王彦超)·곽종의(郭從義)·양정장(楊廷璋) 등 각 번진의 절도사들을 함께 불러들여 후원에서 연회를 베풀었다. 이 자리에서 조광윤은 잔을 들어 연회에 참석한 절도사에게 "그대들 모두는 우리나라의 중신들로 짐과 함께 병마를 몰아치며 남정북전(南征北戰)하느라 편안하게 쉴 틈이 없었다. 짐이 이렇게 그대들을 예우해서는 안된다."라고 말하자, 참석한 대부분의 절도사들은 금방 조광윤의 뜻을 알아차리고 자리에서 일어나 무릎을 꿇고 사직을 청하였다. 이에 조광윤은 다음 날 이들 절도사들의의 병권을 회수하고, 그들을 한직(閒職)에 임명했다고 한다. 일련의 이러한 병권회수를 일컬어 '배주석병권(杯酒釋兵權)'이라고 한다.

위와 같이 병권을 장악한 조광윤은 중앙집권을 강화하기 위하여 중앙 정부에 당나라 제도를 계승하여 상서(尙書), 문하(門下), 중서(中書)의 3성과 이(吏)·호(戶)·예(禮)·병(兵)·형(刑)·공(工)의 육부(六部)을 두었다. 이와 함께 재상의 권력을 약화시키기 위해 참지정사(參知政事)·추밀사(樞密使)·삼사사(三司使)를 설치하여 군정(軍政)·민정(民政)·재정(財政)의 권한을 분립시켰다. 그리고 지방에는 주(州)와 현(縣)을 설치하여 지방 행정 체계를 2급 체계를 유지하였고, 각 주와 현에는 지주(知州)와 지현(知縣)이 파견되었는데, 이들은 모두 문신관료(文臣官僚)들이었다. 이와 함께 각 주에는 통판(通判)이 임명·파견되었는데, 이들은 각 지방관들을 감독·감찰하는 직무를 수행함으로써 지방의 각종 행정이 중앙의 통제 하에 놓이게 되는 결과로 이어지게 된다.

이렇게 조광윤은 황제 중심의 집권체제를 강화시켜나갔는데, 이 결과 국가의 모든 정책의 최종 결정권이 황제의 재가를 통하여 진행되는 황제독재체제가 성립되게 되었다. 그래서 전국의 행정체계는 중앙에서 임명·파견되는 문신관료들에 의하여 통일적으로 집행되었는데, 이를 위하여 방대한 문신관료집단이 필요하게 되었다. 결국 송나라는 태조 조광윤에 의해서 추진된 각종 중앙집권화 정책에 의해 '중문억무(重文抑武)정책'이 시행되어 문치주의(文治主義)가 완성되었다. 한편 이러한 방대한 문신관료를 원활히 공급하기 위하여 새롭게 정비된 관료 선발 제도가 완성되는데, 이것이 바로 과거제도(科擧制度)이다.

송나라 건국 후 조광윤은 이전에 시행되던 과거제가 지니고 있던 병폐 즉 면접을 통한 인맥·학연·혈연 등의 영향을 받는 관리 임용 방법을 혁파하고 객관성과 공정성을 담보할 수 있는 선발 방법으로 재정비하였다. 그 중 첫 번째 개혁조치가 전시(殿試)제도인데, 과거 합격자와 시험관 사이에 인적관계가 만들어져 조정 내에 파당이 형성되는 것을 방지하고 모든 합격자는 황제의 문하생이라는 성격을 가지게 만들었다.

두 번째는 쇄원제(鎖院制)의 실시인데, 이는 시험관 인선이 확정되는 즉시 주(主)시험관인 지공거(知貢擧)와 부(副)시험관인 권지공거(權知貢擧)는 공원(貢院, 과거 시험장)에 가두어 외부와의 연락을 끊게 하여 외부에 문제를 유출하는 일이 없도록 하는 제도이다.

세 번째는 봉미법(封彌法) 혹은 호명법(糊名法)이라고 불리는 제도를 실행하였는데, 이는 수험생이 시험을 마친 후 자신의 이름, 본적 등을 풀로 붙여 가리고 채점관에게 넘기는 방식으로, 최종 성적을 집계할 때에야 비로소 이름을 뜯을 수 있었다.

네 번째는 등록법(謄錄法)을 시행하였는데, 이는 수험생이 시험장에서 답안지에 기호나 은어를 표시하는 문제가 발생하자, 수험생이 답안지를 제출하면 정부에서 필사자(筆寫者)를 고용하여 시험지를 다시 옮겨 쓰게 한 후 채점하도록 하여, 채점관과 수험생 간의 부정행위를 사전에 방지하고자 하는 것이었다.

다섯 번째는 별두시(別頭試)를 시행하였는데, 이는 과거 시험과 관련된 관리들의 자제들에게는 별도의 시험장을 설치하여 응시하도록 하는 제도이다.

조광윤은 여러 가지 개혁을 통해 공정한 방법으로 과거제도를 시행하여 시험의 권위를 높임으로써, 과거시험의 합격자들은 치자(治者)로서 천하를 책임진다는 의식을 갖게 되었다. 이들은 관계로 진출하여 여러 관직을 경험하면서 관인층(官人層)으로 자리 잡게 되었고, 형이상학적인 성리학을 발전시켜 새로운 통치 이데올로기로 정립시켰다. 또한 이들은 황제독재체제 속에서 문신관료체제의 보호를 받으면서 유교적 정치이념을 근거로 송대이후 새로운 지배층인 사대부(士大夫)계층을 형성하게 되는 것이다.

사망과 전위(傳位)

976년 10월 19일 밤, 조광윤은 동생 조광의를 불러 술을 마시며 궁중에서 함께 숙식했고, 다음 날 20일 새벽에 만세전에서 50세를 일기로 숨진 채 발견되었다. 이상의 내용이 사료에 전하는 것이지만, 그 죽음이 너무 급작스러웠고, 태종 조광의(趙匡義)의 계승 역시 굉장히 부자연스러웠기 때문에 송나라 때부터 '천고(千古)의 의안(疑案)'으로 여겨져 왔다.

일부 기록에 의하면 다음과 같은 내용도 있다. 언젠가 조광윤이 생모인 두태후(杜太后)를 찾아가자 두태후가 조광윤에게 "어떻게 네가 천하를 탈취할 수 있었다고 생각하느냐?"라고 묻자 조광윤은 "조상님들이 저를 보우(保佑)해 주셔서 가능했다."라고 대답하였다. 이에 두태후는 "그것은 후주(後周)의 황제가 어려서 믿음을 받지 못했기 때문에, 네가 황포를 몸에 걸칠 수 있었던 것이다. 그러니까 너는 훗날 네 동생 광의(匡義)에게 전위(傳位)를 해야만 우리 대송(大宋)의 강산을 영원히 지킬 수 있을 것이다"라고 하였다. 그래서 조광윤이 "어머니 말씀대로 따르겠다."라며 머리를 조아렸다. 이에 두태후는 재상 조보(趙普)에게 황제의 약속내용을 작성하게 하여 금궤(金櫃)에 저장하도록 하였다고 한다. 그러나 이러한 사실에 대하여 학계에서는 약간의 논란이 있다. 즉 태종 조광의가 자신이 즉위한 것의 당위성을 증명하기 위해 만들어 낸 이야기라는 주장도 있다.

이와 함께 동생 광의가 형 광윤을 살해하고 자신이 즉위하였다는 의혹도 있다. 태조 조광윤의 사인(死因)이 무엇이든 여러 가지 사실을 바탕으로 미루어 짐작하면 태조로부터 태종으로의 교체는 일종의 '작은 혁명'이라고도 할 수 있다. 그 근거로 당시 거란족이 세운 요(遼)나라의 정사(正史) 『요사(遼史)』의 "송 황제 광윤이 죽고, 그 동생 경(炅)이 자립하여 사신을 보내 알려왔다"라는 기록에 따르면, 태종이 '자립'한 것은 곧 정상적인 절차를 거쳐 계승한 것으로 볼 수 없는 것이다. 또한 일반적으로 새로운 황제가 정상적인 방법으로 즉위하게 되면 이전 황제가 사용하던 연호를 연말까지 사용하다가 해가 바뀌고 나서 새로운 연호를 사용하는데, 태종은 황제에 즉위한 것이 976년 10월이었는데, 즉위하자마자 바로 연호를 개보(開寶)에서 태평흥국(太平興國)으로 바꾸었다. 이렇게 태종이 부랴부랴 서둘러 개원(改元, 연호를 바꾸는 것)을 단행한 것은 아마 황제가 교체된 것을 하루빨리 공식화하려는 의도가 있었다고 볼 수 있다. 이렇게 볼 때 조광윤의 죽음과 태종의 계위에는 여전히 풀리지 않는 의문이 있는 것은 사실이다.

6. 명(明) 태조(太祖) 홍무제(洪武帝) 주원장(朱元璋)

초기 생애

명(明) 태조(太祖) 주원장(朱元璋, 1328년-1398년)은 연호가 홍무(洪武)라고 정해져서 홍무제(洪武帝)라고도 부른다. 명(明)왕조 개국황제로 1368년부터 1398까지 재위하였다. 어렸을 때 부르던 이름으로는 중팔(重八)·흥종(興宗)·덕유(德裕) 등이 있고, 본명은 주원장(朱元璋)이며, 자(字)는 국서(國瑞)이다. 시호는 개천행도조기입극대성지신인문의무준덕성공고황제(開天行道肇紀立極大聖至神仁文義武俊德成功高皇帝)이며, 묘호는 태조(太祖)이다.

주원장은 1328년 10월 21일에 호주(濠州)의 가난한 농민 집안에서 태어났다. 부친은 주세진(朱世珍)이며, 어머니는 진씨(陳氏)이다. 그는 형제 중에 여덟째여서 어렸을 때 주중팔(朱重八)이라고 불렀다고 한다. 그의 조상들은 금릉(金陵, 지금의 남경) 출신으로 대대로 농사를 지었으며, 훗날 호주(濠州)로 이주하였다.

1343년, 호주에 가뭄이 들었고, 이듬해 봄에는 극심한 메뚜기 재해(蝗災)와 역병(疫病)이 발생하여 불과 며칠 사이로 아버지, 큰형, 어머니가 차례로 세상을 떠나고, 주원장 본인과 둘째 형만 살아남았지만, 관을 살 돈은 커녕 가족을 묻을 땅조차도 없어 이웃의 땅을 빌려 장례를 치룰 수밖에 없었다고 한다. 주원장은 목숨을 부지하기 위해 둘째 형 가족과 억지로 떨어져 각자도생의 길로 나설 수밖에 없었다.

홍건군(紅巾軍) 참가

궁지에 몰린 주원장은 17세에 황각사(皇覺寺)라는 절에 들어가 탁발
승(托鉢僧)이 되어 전국 여러 곳을 떠돌아다니며 구걸생활을 할 수밖
에 없었다. 이렇게 3년 동안 전국 각지를 돌아다니다가 1348년에 황
각사로 돌아왔다. 이 3년간의 방랑생활을 통해 주원장은 각지의 풍토
와 인정을 접하고 세상 물정을 알게 되며 시야를 넓히고 사회 경험을
축적할 수 있어서, 일생을 통해 가장 큰 영향을 받은 시기라고 볼 수
있다. 이 시기는 또한 원나라 말기에 발생한 백련교도의 반란이 한창
진행되고 있던 시기로, 명왕(明王)이 출세(出世)하여 중생을 제도했다
는 설이 널리 퍼져 있었는데, 주원장도 유랑 중에 이러한 백련교의 선
전을 접하게 되었다.

1351년 5월, 안휘성 영주(潁州)에서 한산동(韓山童), 유복통(劉福
通)이 기병(起兵)하여 병사들이 붉은 두건을 머리에 두르니, 이들을
홍건군(紅巾軍)이라 칭하였고, 이들은 한산동을 명왕(明王)으로 추대
하였다. 이어 서수휘(徐壽輝)도 기주(蘄州)에서 기의(起義)하여 호응
하였는데, 이들을 서계(西系) 홍건군이라 한다. 이렇게 각지에서 호응
하는 가운데, 1352년 정월에 정원현(定遠縣)의 토호(土豪) 곽자흥(郭
子興)이 기병을 하자 수만 명의 농민들이 호응하여, 곽자흥은 현지 백
련회의 우두머리가 되어 호주(濠州)를 점령한 후, 그곳에서 원수(元
帥)라고 칭하게 되었다. 이 즈음 주원장은 어렸을 때 친구 탕화(湯和)
로부터 참가 권유를 받고 곽자흥군에 투신하게 되었다. 이 때가 바로
주원장이 25세 되던 해이다.

주원장은 곽자흥 휘하에 들어간 이후 얼마 되지 않아 두각을 나타내

기 시작하여 곽자흥의 인정을 받아 구부장(九夫長)이라는 하급장교에 임명되었는데, 그후 그의 명성이 더욱 널리 퍼졌다. 곽자흥도 그를 심복으로 여기고, 중요한 일이 있으면 항상 그와 의논하였으며, 곽자흥은 자신의 절친 마공(馬公)의 딸을 입양하여 수양딸로 삼고 있었는데, 그녀를 주원장에게 시집보내어 주원장을 사위로 삼았다.

이렇게 곽자흥의 신임을 얻게 된 주원장은 당시 호주(濠州)성 내의 갈등으로 인하여 곽자흥의 묵인 아래 1353년 6월에 귀향하여 어린 시절의 동료 서달(徐達)·탕화(湯和) 등을 규합하여 7백여 명의 부대를 편성하였는데, 이들이 훗날 주원장을 도와 명제국을 건립하는 핵심세력이 되는 것이다. 이후 주원장은 각지에서 활동하던 중소규모의 무장세력을 회유하거나 굴복시켜 자신의 부대에 편입시킴으로써 자신의 부대를 확장시켜 나갔다. 특히 저주(滁州)를 공략하면서 인연을 맺게 된 이선장(李善長)은 이후 주원장부대의 중요한 인물 중 한명이 되어 주원장에게 커다란 도움을 주게된다.

이어서 1355년에 주원장은 화주(和州)를 단숨에 함락시켰는데, 이 과정에서 부대의 군기(軍紀)와 규율을 확립하여 민심을 얻을 수 있는 계기를 마련하였다. 화주를 점령한 바로 그 해 곽자흥이 병사하였는데, 주원장은 소명왕(小明王) 한림아(韓林兒)의 견제에도 불구하고 신속하게 곽자흥군을 장악하여 홍건군의 지도자로 변신하게 된다. 이런 상황 속에서 주원장은 더 큰 발전을 위하여 새로운 근거지가 필요하다고 느꼈는데, 그 대상이 바로 남경(南京)이다. 이곳은 풍부한 곡창지대의 중심에 위치하고 있으며, 오래 전부터 강남개발의 중심지로서 강남지역 전체를 장악하기 위해서는 반드시 필요한 곳이었다.

한편 주원장이 화주(和州)를 점령한 후 몇 달이 지나자 식량 공급에 차질이 생겼다. 그래서 주원장은 서둘러 강남의 중심인 남경을 새로운 근거지로 삼아야만 했다. 먼저 양자강의 남안(南岸)에 있는 태평(太平)과 무호(蕪湖)라는 곳을 점령할 필요가 있었지만, 당시 주원장에게는 강을 건널 배가 없었다. 그 때 마침 소호(巢湖)의 어부들로 홍건군에 참여하고 있던 유정옥(俞廷玉)과 요영안(寥永安) 등이 수군(水軍)과 1,000여 척의 전함을 이끌고 귀순해 옴으로써 양자강 도하(渡河)작전을 진행할 수 있게 되었다. 주원장의 치밀한 작전과 전술로 태평(太平)을 점령한 후에도 군대에게 약탈을 엄금하는 등 군기를 철저히 지키도록 해 현지의 민심을 획득할 수 있었다.

1356년 3월, 주원장은 마침내 직접 수륙 양군을 통솔하고 남경성을 공격하여, 격전 끝에 함락시킨 후 백성들을 안정시키면서 남경을 응천부(應天府)라는 이름으로 바꾸었다. 주원장은 계속해서 주변지역을 공략하여 1957년에는 상주(常州)·상숙(常熟)·휘주(徽州)·양주(揚州) 등을, 1959년에는 절동(浙東)지역을 점령하였다. 이에 소명왕(小明王) 한림아(韓林兒)는 주원장을 강남등처행중서성(江南等處行中書省) 좌승상(左丞相)에 임명하였고, 그 후 1361년 정월에는 오국공(吳國公)에 봉하였다.

이 시기 주원장은 10여만 명의 병력을 거느리고 있었지만, 점령지역이 좁고 주변에 적들과 대면하고 있어서 안정된 통치 기반을 구축하고 있었던 것은 아니었다. 동쪽과 남쪽에는 원나라 군대와, 동남쪽에는 장사성(張士誠)세력과, 서쪽에는 서수휘(徐壽輝)부대와 대치하고 있었다. 특히 장(張)과 서(徐) 두 세력 모두 반원(反元)세력이었지만, 두 사람은 소명왕 한림아와는 적대시하고 있는 상황이었다. 그렇지만, 북쪽의 소명왕과 유복통이 이끄는 홍건적의 주력 부대는 원나라 군대를 효과적으로 견제하고 있었으며, 장사성과 서수휘 두 세력의 역량은 주원장세력을 흡수하기엔 역부족인 상황이었다. 이렇게 여러 세력이 서로 대치하면서 견제하고 있는 상황이 주원장에게는 발전할 수 있는 상당히 유리한 여건이었다.

1360년에 주원장은 응천부(應天府)에 근거지를 마련한 이후 지방 지배의 중심기관으로 강남행중서성(江南行中書省)을 설치하고, 계속해서 군사·사법 기관을 마련하는 등 지배체제를 완비해 나갔다. 또한 주원장은 이곳에서 주변의 인재를 적극적으로 영입하고 응천부에 예현관(禮賢館)을 지어 지식인들을 접대하였다. 이렇게 다수의 학자와 지식인들이 주원장의 휘하에 모여들었는데, 그 중 주원장에게 가장 커다란 영향을 끼친 인물로는 유기(劉基)·송렴(宋濂) 두 사람을 꼽을 수 있다. 주원장은 이들로부터 주자학적 정치사상을 받아들이게 되어 마침내 백련교를 버리고 전통적 유교주의의 입장을 취하게 되며, 결국은 주원장이 전국을 통일하는 데에도 결정적 역할을 하게 된다.

군웅의 통합

이렇게 응천부에 근거지를 확보한 주원장이 천하를 평정하기 위해서는 극복해야할 상대가 있었는데, 바로 양자강 상류의 진우량(陳友諒)·하류의 장사성(張士誠)·동남쪽의 방국진(方國珍) 그리고 남쪽의 진우정(陳友定) 등이다. 이 중 주원장에게 가장 위협적 상대는 서계(西系)홍건군 계통을 계승한 진우량과 염적(鹽賊)출신 장사성이었다.

진우량은 원래 서수휘의 수하였는데, 1360년에 서수휘를 죽이고 스스로 황제를 칭하며, 국호를 한(漢)이라 하였다. 이어 진우량은 장사성과 연합하여 주원장을 협공하고자 하였는데, 주원장은 유기의 건의를 채택하여 먼저 진우량에 대항하였다. 유기의 전략에 따라 진우량부대를 응천부로 유인하여 큰 타격을 입혀 서쪽으로 몰아낸 후 주원장은 강서성과 호북성 동남부일대를 장악하였다.

바로 이 시기쯤 북쪽의 홍건군이 분열하여 세력이 약화되니, 1363년 2월 장사성이 홍건군을 공격해 들어왔다. 이에 유복통이 구원을 요청하여 주원장은 군대를 이끌고 출동하여 소명왕 한림아 등을 구출해 내었다. 이를 틈타 서쪽으로 도망갔던 진우량이 다시 공격해 와서 주원장은 1363년 7월 20만 병사를 출동하여 파양호(鄱陽湖)에서 결전을 벌이게 되었다. 이 전투는 8월 29일에 시작하여 10월 3일에 끝날 때까지 36일간 진행되었는데, 주원장은 화공(火攻)작전으로 승리를 거두었고, 진우량은 전사하였다. 이렇게 진우량세력을 타도한 주원장세력은 양자강 중하류 일대의 최고의 세력을 형성할 수 있었다.

마침내 1364년 1월 주원장은 백관(百官)에 의해 오왕(吳王)으로 추대되어 관료체제를 갖추었지만, 이때까지도 여전히 '황제의 성지(皇帝聖旨), 오왕령지(吳王令旨)'의 형식을 취함으로써 소명왕의 존재를 형식적으로나마 인정하고 있었다. 또한 1363년에 장사성이 이미 오왕(吳王)에 즉위하고 있었기 때문에, 역사적으로는 장사성을 장오(張吳) 혹은 동오(東吳)라고, 주원장을 주오(朱吳) 혹은 서오(西吳)로 부른다.

이렇게 진우량세력을 병합한 주원장의 다음 목표는 이제 장사성이었다. 장사성(張士誠)은 일찍이 양자강 하류 델타지역에서 활동하다가 강북의 태주(泰州)에서 기병을 한 후 1354년에는 고우(高郵)를 근거지로 활동하다가 1356년에 양자강을 건너가 평강(平江, 지금의 蘇州)에서 성왕(誠王)에 즉위하고 바로 그곳을 수도로 삼았다.

장사성은 백련교와 전혀 관계가 없었을 뿐만 아니라 오히려 홍건군에 적대적 태도를 보이고 있었으므로, 강남 각 지역의 지주 혹은 부자들은 농민의 난을 피해 그의 휘하에 모여들었다. 장사성도 세력 확대를 위해 적절히 이들 지주집단 세력을 활용하여 자신의 경제적 기반을 확충함으로써 상당한 세력을 구축할 수 있었다. 그렇지만 이들의 풍부한 경제력은 오히려 세력 약화의 배경이 되었는데, 그의 부하들 사이에는 뇌물이 횡행하는 등 기강이 이미 많이 해이해져 있었다. 이런 와중에 주원장은 1365년 10월 강북지역의 장사성의 근거지를 공격하여 몰아내었다.

이어서 1366년 5월, 주원장은 장사성의 죄목을 성토하는 격문을 발표하였는데, 이 가운데 주목할 것은 백련교를 요언(妖言)·요술(妖術)이라고 비난하고 있다는 것이다. 이 시점에 이르게 되어 주원장은 장사성 토벌을 선언하면서 아울러 자신의 기반이었던 백련교와의 결별을 공식화하였던 것이다.

그 해 11월 항주(杭州)·호주(湖州)는 주원장에게 점령되어, 이제 평강성(平江城)만 남게 되었다. 이에 주원장은 대규모 병력으로 평강을 포위하고 평강전투를 시작하여 수 개월에 걸친 치열한 공방전 끝에 1367년 9월 마침내 평강성을 함락시켰다. 그 후 시가전을 벌이며 끝까지 저항하던 장사성은 포로로 잡히게되자 스스로 목을 매 자살함으로써 동오(東吳)는 멸망했다.

이렇게 진우량과 장사성이라는 강적을 제거한 주원장은 천하 통일이라는 대업을 완성할 수 있는 강력한 기반을 구축하게 되었다. 이와 함께 주원장은 장사성 토벌에 나서면서 백련교를 비난하였듯이 이제 이들과 완전히 관계를 단절해야만 했다. 그래서 1366년 말, 주원장은 요영충(廖永忠)을 파견하여 소명왕 한림아를 응천부로 데려오면서 양자강에 빠뜨려 익사시켰다. 이로써 주원장은 백련교와 완전한 단절을 하게 되었던 것이다.

이후 마지막으로 1367년에 주원장은 탕화(湯和) 등을 파견하여 절동(浙東)지역의 방국진(方國珍)세력까지도 소탕함으로써, 원나라 말에 발생한 백련교의 난 이후 각지에 할거하고 있던 군웅들은 대부분 주원장에 의해 통합되었다.

명나라 건립

이렇게 강남 델타지역을 확보한 주원장은 전국통일을 위한 경제적 기반을 확보하게 되었고, 소명왕을 제거한 후 백련교세력과 완전히 결별함으로써, 유가 사상에 입각한 새로운 중화 통일 방향을 설정할 수 있게 되었다.

1367년 10월 21일, 주원장은 중서성 우승상 서달(徐達)을 정로대장군(征虜大將軍), 평장(平章) 상우춘(常遇春)을 부장군(副將軍)에 임명하고 25만 명의 병력을 이끌고 중원(中原)지역을 향해 북벌하도록 명령하였다. 이 때 발표한 '유중원격(諭中原檄)'이라는 북벌 격문(檄文)에서 '오랑캐를 몰아내고 중화(中華)를 회복하며, 기강을 확립하여 모든 백성들을 구제한다(驅逐胡虜, 恢復中華, 立綱陳紀, 救濟斯民).'라는 구호를 내새워 북쪽 지방의 백성들의 반(反)몽골감정을 촉발시켰다.

이렇게 시작된 북벌(北伐)전쟁은 서달(徐達)장군이 이끄는 가운데 먼저 산동(山東)을 점령한 뒤 계속 서진하여 변량(汴梁)과 동관(潼關)을 점거한 뒤 파죽지세로 북상하였다.

이와 같이 북벌전쟁에서 어느 정도 성과를 거두게 된 주원장은 1368년 1월 4일에 남경(南京)에서 전통적 형식으로 천지에 제사를 올린 후 문무백관의 추대를 받아 황제에 즉위하고, 국호를 대명(大明)으로, 연호는 홍무(洪武)로 정하였다. 이렇게 주원장이 황제에 즉위한 이후부터 한 명의 황제가 하나의 연호만 사용하는 일세일원제(一世一元制)가 관례화되어 명나라와 청나라 시대에는 황제의 호칭으로 묘호(廟號)를 사용하기보다 연호를 사용하는 경우가 일반화되었다. 그래서 주원장을 태조로 부르기보다 홍무제(洪武帝)라고 부르는 경우가 더 많다.

천하통일

북벌군은 1368년 7월에 운하를 따라 천진(天津)으로 진출하였고, 27일에는 통주(通州)로 진격했다. 8월에 이르러 북벌군이 원나라 수도 대도(大都)를 압박하니, 원나라 마지막 황제 순제(順帝)는 수도를 탈출하여 거용관(居庸關)을 통해 내몽골지역에 있는 상도(上都)로 도망침으로써 몽골의 중원 통치는 끝나고, 명나라가 장성 이남지역의 지배권을 확보하게 되었다.

주원장은 북쪽으로 도망간 몽골세력이 건립한 북원(北元)을 계속 토벌하기로 결정하고, 1370년부터 시작하여 북벌원정군을 파견하여 공격해 들어갔으나, 몇 차례의 실패 끝에 1387년에는 요동(遼東)의 몽골세력을 축출하였고, 1388년에는 북원의 옥새 등을 확보하였다.

이후에도 북쪽 변경의 몽골족들의 크고 작은 침략과 약탈이 계속되자, 이들에 대한 효과적인 통제를 위해 주원장은 자신의 아들들을 북변의 요충지에 번왕(藩王)에 임명하여 대처하도록 하였다. 이렇게 만리장성을 따라 배치된 '새왕(塞王)'들은 강력한 군사력을 수하에 두고 있어서 훗날 황제계승 문제로 인한 '정난(靖難)의 역(役)'의 원인으로 작용하게 된다.

주원장은 또한 북벌이외에도 다른 지역에 대한 통합작업을 지속적으로 추진하였다. 먼저 호미(胡美)장군은 육로를 통해 복건(福建)지역에 진출하였고, 탕화(湯和)와 요영충(療永忠)은 수군을 지휘하여 해상을 통해 복건과 광동(廣東)을 장악한 후 다시 광서(廣西)지역을 공략하였다. 이 밖에도 1369년에 서달(徐達)은 산서(山西)와 섬서(陝西)지역을 장악하였고, 1371년에 탕화(湯和) 등이 사천(四川)을 점령하였으며, 1382년에 이르러 남옥(藍玉) 등은 운남(雲南)지역까지도 점령하였다. 이로써 천하통일도 눈앞에 다가오게 되었다.

주요 정책

가난한 농민에서 시작하여 황제 자리까지 오른 주원장은 천하를 통일하는 것과 함께 이제 막 건립한 명(明)이라는 왕조의 통치체제를 안정되게 확립하는 것이 급선무였다. 그래서 주원장은 먼저 장기간의 몽골족의 통치로 중국 사회 전반에 퍼져있던 몽골식 풍속과 제도를 제거하고자 몽골풍의 변발(辮髮)·모자(帽子)·의복·언어·성씨(姓氏) 사용을 전면 금지시키면서 『대명집례(大明集禮)』와 『흠정홍무정운(欽定洪武正韵)』 등을 제정·반포하였다.

그래서 한족(漢族) 전통을 회복하고, 전 백성들을 교화(敎化)하기 위하여 유가사상에 입각한 여섯 가지 가르침(六諭) 즉 부모에 대한 효도(孝順父母)·윗사람에 대한 공경(尊敬長上)·향촌에서의 화목(和睦鄉里)·자손에 대한 교훈(敎訓子孫)·생업에 만족하고 힘씀(各安生理)·잘못을 저지르지 말 것(毋作非爲)을 반포하여, 각 각 향촌의 지도자 이노인(里老人)을 통해 농민에게 교습시켰다. 이를 통해 주원장은 백성 모두가 자기의 본분을 잘 지키면서 국가의 지배에 순응하도록 만들어 가고자 하였다.

다음으로 주원장은 오랜 기간 진행된 전쟁으로 인해 피폐해진 국가 경제를 회복시킬 수 있는 정책을 적극 전개하게 된다. 원나라 말기에 가혹한 수탈로 인해 발생한 농민들의 토지 이탈로 방치된 농촌 경제를 회복시키기 위해 강력한 이민 개간 정책을 실시하였다. 즉 떠돌아다니던 농민이 많거나 인구가 넘쳐나는 지역의 가난한 농민에게 경우(耕牛)와 종자(種子)를 주어 황무지를 개간하도록 권장하였다. 이와 함께 변방지역을 중심으로 군대와 일반 농민에 의한 둔전(屯田)도 대대적으로 실시하여 황무지 개간을 적극 추진하였다. 이 결과 1387년 국가가 장악한 경지면적이 10년 전 건국 당시보다 5배 정도 증가하게 됨으로써, 국가 경제에 커다란 도움이 되었다.

또한 주원장은 각종 농업 장려정책을 실시하였는데, 흉년이나 재해를 입은 지역에서는 조세를 감경해주었고, 일부 지역에서는 면화 재배를 적극 권장하여 후세 중국의 경제 발전에 큰 영향을 주는 배경이 되기도 하였다. 이와 함께 주원장은 수리사업도 적극 추진하여 대규모 치수(治水)공사를 권장하여 범람 위험이 높은 하천 주변에 제방공사를 진행시켰다. 이로써 주원장 당대부터 농업생산이 급속도로 회복되면서, 농민생활뿐만 아니라 국가 경제도 안정되어져 갔다.

이렇게 안정되어져 가는 농촌을 국가의 지배체제에 편입시키기 위해 주원장은 전국에 걸쳐 토지소유관계와 인구를 대대적으로 조사하였는데, 이를 일컬어 '장량(丈量)'과 '편심(編審)'이라고 한다. 전국에 걸쳐 토지를 조사하여 지번(地番)을 부여하고 토지의 면적과 모양 그리고 소유주의 이름 등을 써넣은 토지대장을 만들었는데, 이를 '어린도책(魚鱗圖冊)'이라고 한다. 또한 전국의 인구를 조사하여 각 호(戶)마다 가족의 이름·나이·성별·본적·재산 등을 적은 호적을 작성하였는데, 이를 '부역황책(賦役黃冊)'이라 하며, 이는 정부가 부과하는 조세와 요역의 기본 자료로 활용되었다.

이와 함께 토지와 인구를 조사하고 조세징수의 역할을 담당 할 향촌의 말단 조직으로 이갑제(里甲制)를 시행하였다. 이 이갑제는 농가 110호를 1리(里)로 하고 부유한 10호를 이장호(里長戶)로 선발하여 순번을 정하여 이장(里長)을 맡게 하고, 나머지 100호를 10갑(甲)으로 나누어 돌아가면서 각각의 갑을 담당한 갑수(甲首)가 되는 제도이다. 그렇게 해서 매년 이장(里長) 1명과 갑수(甲首) 10명이 리(里) 안의 황책 작성·조세 징수 등을 담당하였다. 이장과 별도로 이노인(里老人)을 임명하여 리(里) 안의 권농(勸農)·교화(敎化)·사소한 분쟁 판결 등의 업무를 담당하게 하였다. 이렇게 이갑제 실시를 통해 주원장은 국가의 경제적 기반을 확보할 수 있었을 뿐만 아니라 향촌을 안정시키고 농촌 구석구석까지 통치력을 발휘할 수 있게 되었다.

주원장은 국가의 통치력을 향촌 곳곳에 효과적으로 잘 집행할 수 있는 인재양성을 위한 학교제도를 유교사상에 입각하여 정립시켰다. 송나라 이래 발전되어져 온 단계별 학교제도를 정비하여 중앙에는 국자감(國子監)을 설치하고, 지방에는 각각의 행정단위 마다 부학(府學)·주학(州學)·현학(縣學) 등의 학교를 설치하였다. 이와 동시에 관리 임용 시험으로 과거(科擧)제도를 시행하였는데, 그 주요 교재로 유학의 각종 경서(經書)와 사서(四書)를 지정하였다. 이렇게 주원장은 학교제도와 과거제도를 결합하여 전국의 각급 학교에서 유학을 학습한 학생들 중 뛰어난 인재를 과거시험에 의해 관료로 선발하고자 하였던 것이다. 이 결과 명나라는 아주 빠른 속도로 유가 사상에 입각한 주자학적 지배이념이 자리 잡게 되었다.

명나라는 성립직후 행정체계에 있어서 원나라의 것을 그대로 답습하여 활용하였으므로 중앙에서는 중서성의 권한이 막강하여 그 우두머리인 승상과 황제가 부딪칠 수도 있는 시스템이었다. 명 초(初) 중서성의 승상은 먼저 개국공신 이선장이 잠시 담당하였다가, 그 후 호유용(胡惟庸)이 이어 받았는데, 그는 주원장과 동향 출신의 개국공신으로 주원장의 신임을 받으면서 뛰어난 정치적 능력을 발휘하여 점차 정무를 독단하기에 이르렀다. 1380년 1월, 몽골의 북원세력 및 왜구와 연결하여 모반을 꾀한다는 밀고를 받고 주원장은 호유용을 비롯하여 그와 연루된 관리·강남 대지주 등을 체포하여 처형하였는데, 이 사건을 일컬어 호유용의 옥(獄)이라고 한다. 이와 관련하여 처형된 자만 15,000여 명으로 수많은 개국공신들이 이에 연루되어 주살되거나 유배되었다. 이 사건을 계기로 중서성과 승상제도가 전격 폐지되는 일련의 행정제도 개편이 이루어지게 되었다. 확실한 증거가 어디에도 없어서 사실여부를 확인하기 힘들었던 호유용의 옥은 전후 상황으로 판단하여 볼 때 건국공신과 강남 지주들의 영향력을 축소시키고 황제에게 모든 권력을 집중시키기 위해 일으킨 것으로 볼 수 있겠다.

황제의 권력 강화를 위해 개국공신들이 처형되는 사건은 호유용의 옥 이후에도 계속되었다. 또 한번의 커다란 옥사(獄事)가 발생하는데, 바로 1393년에 발생한 남옥(藍玉)의 옥(獄)이다. 남옥은 호유용과 동향이며 무장(武將) 출신으로 운남정벌에 혁혁한 공을 세우기도 하였고 서달·상우춘 등 장군이 사망한 후에는 몽골 토벌에도 큰 공을 세워 조정 내에서 그의 영향력이 강화되었다. 1393년 2월, 황제 직속 비밀첩보기관 금의위(錦衣衛)가 남옥이 모반을 꾀한다고 고발함으로써 그와 그의 일당들이 체포되어 처형되었는데, 살해된 자만 20,000여 명이 넘었다고 한다. 이 사건 역시 사실관계를 확인할 수 있는 자료는 전무하여 진실여부는 알길이 없어서 호유용의 옥과 비슷한 성격을 지닌 사건으로 보여진다.

이렇게 일련의 개국공신과 그들의 배후세력을 처형하는 사건을 통해 승상 세력을 완전 제거한 주원장은 앞서 언급한 것처럼 중서성을 폐지하고, 육부(六部)를 승격시켜 황제의 직속으로 만들었는데, 이는 곧 재상제도를 전격적으로 폐지한 것이다. 또한 지방의 각 성(省)의 업무도 포정사사(布政使司)·도지휘사사(都指揮使司)·안찰사사(按察使司)를 두어 각각 민정, 군정, 사법으로 분리하여 맡도록하고 황제에 직속시켰다. 이와 함께 군사제도도 개편하여 원나라 때의 대도독부(大都督府)를 폐지하고, 좌(左)·우(右)·전(前)·후(後)·중(中)이라는 오군도독부(五軍都督府)로 개편하여 각각 황제에게 직속시켰다. 아울러 주원장은 역대 왕조에서 커다란 폐단으로 지목되던 황궁에서 근무하는 환관들의 발호를 방지하고 권력 개입을 차단하기 위하여, 환관들을 철저히 통제하였다. 환관들에게 문자를 가르치지 않도록 하였으며, 환관의 최고 우두머리가 5품관 이상에 제수되지 못하도록 하는 규정을 만들었다.

주원장은 이렇게 중서성의 권한을 축소하고 황제권력을 강화하는 일관된 행정체계의 개혁을 지속적으로 추진하였고, 지방에 대해서도 앞서 언급한 것처럼 이갑제를 확립하여 농민 지배체제를 마련함으로써 중앙과 지방을 아우르는 황제독재지배체제를 기본적으로 완성하게 되었다.

이와 함께 주원장은 황제의 독재권력의 유지에 필요한 정보정치를 강화하기 위해 일종의 황제 직속 첩보 조직인 금의위(錦衣衛)를 설치하여 공포정치를 시행하였다. 관리들에 대한 감시와 통제를 강화하여 사소한 잘못이나 황제의 뜻에 거스르는 경우 즉시 범죄자로 취급하여 조정에서 매질을 가하는 정장(廷杖)이라는 행위를 하였다. 이렇게 되니 관료들은 이제 황제의 전제적 권력에 무기력한 존재가 되었다.

사망과 계위(繼位)

주원장은 명조를 건립한 후 북원세력을 어느 정도 안정적으로 통제할 수 있게 되었고, 내부적으로도 통일을 이루어 나가자, 정치와 군사 그리고 지방 통치까지 손아귀에 넣으며 황제의 독재체제를 구축하였다. 이는 한편으로는 자신이 이룬 대제국을 자신의 자손들에게 안정적으로 장기간에 걸쳐 이끌어갈 수 있는 정치 환경을 마련해 주고자 하는 의도도 내포되었다고 할 수 있다.

가난한 농민에서 출발하여 대제국을 건설하기까지 수많은 고초를 함께한 개국공신들은 이제 거의 모두 주원장 본인에 의해 제거되어 이제 외롭게 홀로 제국을 지키게 된 상황에서, 자신을 계승할 태자마저도 1392년에 먼저 잃게 되었다. 일흔의 나이를 바라보고 있던 주원장은 자신의 장남 주표의 둘째 아들 주윤문(朱允炆)을 황태손(皇太孫)으로 삼았다.

그 후 1398년 6월 24일, 주원장은 응천부(應天府) 황궁(皇宮)에서 사망하여 남경의 자금산(紫金山) 효릉(孝陵)에 묻혔다. 같은 해 6월 30일에 황태손 주윤문이 계승하여 즉위한 후 다음 해를 건문(建文) 원년(元年)으로 정하니, 그가 바로 명나라 2번째 황제 혜제(惠帝) 건문제(建文帝)이다.

주원장 사후 그가 생전에 계획했던 정치적 형국은 곧바로 무너졌다. 건문제가 즉위 후 삭번(削藩)정책을 추진하게 되어, 북평(北平, 지금의 북경)에 책봉되어 있던 그의 숙부 연왕(燕王) 주체(朱棣)가 1399년 7월 정난(靖難)을 기치로 군사를 일으켜 건문제를 공격하기 시작하였다. 1402년 건문제가 즉위한 지 5년째 되던 해에 연왕 주체가 마침내 남경을 함락하여 권력을 장악한 후 황제에 즉위하니 그가 바로 명나라 세 번째 황제 영락제(永樂帝)이다.

7. 명(明) 성조(成祖) 영락제(永樂帝) 주체(朱棣)

초기 생애

명(明) 성조(成祖) 주체(朱棣, 1360년 5월 2일–1424년 8월 12일)는 명나라의 세 번째 황제인데, 명 태조 주원장의 넷째 아들로 명나라 2대 황제 건문제 주윤문(朱允炆)의 숙부(叔父)이다. 1402년(建文 4년)에 즉위하여 재위기간은 22년(1402년 –1424년)이며, 연호(年號)는 '영락(永樂)'이다.

1424년(영락 22년) 제5차 몽골원정에 나갔다가 되돌아오는 도중에 향년 65세의 나이로 병사하였다. 묘호는 처음에는 태종(太宗)으로 정해졌다가 훗날 가정(嘉靖)연간에 성조(成祖)로 고쳐졌고, 시호는 계천홍도고명조운성무신공순인지효문황제(啓天弘道高明肇運聖武神功純仁至孝文皇帝)이다.

영락제 주체는 서계(西系) 홍건군을 이끌고 있던 진우량(陳友諒)이 응천의 바로 옆 도시인 태평(太平)을 공격하기 시작할 무렵인 1360년에 응천부(應天府)에서 출생하였다. 7세에 아버지 주원장으로부터 체(棣)라는 이름을 받았고, 어려서부터 다른 형제들과 함께 문(文, 儒學)과 무(武)를 겸하여 교육받으며 성장하였다.

연왕(燕王) 책봉

1370년 주원장은 여러 아들들을 왕(王)으로 책봉하면서 10세의 주체도 연왕(燕王)으로 책봉하여 엄격한 황실 내 종법(宗法)교육을 받게 하였을 뿐만 아니라 자주 조현(朝見)과 제사에 참가시켜 황실의 예의(禮儀)를 익히도록 하였다.

1376년, 주체가 16세가 되었을 때 위국공(魏國公) 서달(徐達)의 장녀 서씨(徐氏, 훗날 명 성조 인효황후)와 결혼하였다. 이와 함께 주원장은 연왕 주체를 봉지(封地)인 연(燕)으로 보내기 전에 다른 형제들과 함께 명나라 중도(中都)인 봉양(鳳陽)에서 체류하며 선조들의 터전에서 전통을 체험하고, 무술 연마와 민생의 고통 그리고 민간생활을 충분히 느껴보도록 하였다. 이 때 봉양에서의 경험과 단련은 이후 주체에게 커다란 영향을 주게 된다.

1380년에 주체는 북평(北平, 지금의 북경)에 연왕으로 부임하였다. 당시 북변에 부임하는 각 왕들은 '호위(護衛)'라고 불리는 군대를 거느렸는데, 적게는 3천 명, 많게는 1만 5천 명이나 되었다. 원칙으로 번왕은 지방 정부에 간여할 수 없었으나, 급박한 상황에서 번왕은 자신의 병력을 출동시킬 수 있었다. 그 결과 북변에 주둔한 지방관들은 대부분 번왕들의 통제 하에 놓이게 되었다.

주체가 북경에 부임했을 때, 그를 보좌하던 도연(道衍)이라는 스님과 그가 천거한 원공(袁珙)이라는 사람은 이후 주체의 책사(策士)가 되어, 그가 훗날 황제가 되는 과정에서 많은 역할을 하게 된다.

1390년 1월, 연왕 주체는 군대를 이끌고 북방의 북원세력을 공격하여 항복을 받아낸 이후 홍무제 주원장의 신임을 받아 북변의 군사 작전을 총지휘하곤 하였다. 그 후 1398년, 태원(太原)에 주둔하면서 그와 함께 북방 변계(邊界)업무를 총괄하던 진왕(晉王) 주강(朱棡)이 죽자 주원장은 주체에게 북평도사(北平都司)·행도사(行都司)·요동도사(遼東都司)·요부호위병마(遼府護衛兵馬)를 맡겨 북방의 여러 왕들을 총지휘하여 북변 방위를 책임지게 하였다.

주원장은 본래 장남 주표(朱標)를 태자에 임명하였지만 다른 아들들 사이에서는 일찍부터 치열한 암투가 벌어지고 있었다. 그 중 셋째 아들인 진왕(晉王) 주강(朱棡)과 넷째 아들 주체 사이의 경쟁이 가장 치열하였다. 1392년에 태자 주표가 사망하자 주원장은 대학사 유삼오(劉三吾)의 건의를 받아들여 태자였던 주표의 아들 주윤문(朱允炆)을 황태손(皇太孫)으로 세우고, 다른 아들들이 황위를 넘보는 것을 사전에 차단하고자 하였다. 그런데 얼마 지나지 않은 1395년에 둘째 아들 진왕(秦王) 주상(朱樉)이 죽고, 1398년에는 셋째 아들 진왕(晉王) 주강(朱棡)마저도 죽게되니, 주체가 주원장의 아들 중 가장 연장자가 되었다. 이 시기의 주체는 사실 풍부한 전투 경험을 가진 막강한 호위군(護衛軍)을 거느리고 있는 등 강력한 세력을 구축하고 있었다.

정난(靖難)의 역(役)

1398년 윤(閏) 5월에 주원장이 사망하자, 황태손 주윤문(朱允炆)이 22세의 나이에 즉위하여 건문제(建文帝)가 되었다. 이 젊은 새 황제를 측근에서 보좌했던 인물들은 과거 출신 문관(文官) 제태(齊泰)·황자징(黃子澄)·방효유(方孝孺) 등이었다. 이들은 새로 즉위한 황제에게 변방에 막강한 병력을 거느린 채 주둔해 있는 숙부(叔父) 제왕(諸王)들을 위협적 존재로 인식하여 제왕삭번(諸王削藩)이라는 강경정책을 실행에 옮기도록 건의하였다. 그래서 불과 1년도 안되 주왕(周王)·민왕(岷王)·상왕(湘王)·제왕(齊王)·대왕(代王) 등이 먼저 삭번되었다. 이에 연왕 주체는 자신의 차례가 임박한 것을 예견하고 서둘러 거병할 것을 결정하였다.

1399년 6월 연왕 주체는 '정난(靖難)' 즉 건문제의 총기(聰氣)를 흐리게 하는 간신(奸臣) 제태(齊泰)·황자징(黃子澄)을 제거한다는 명분으로 군대를 일으켜, 자신의 직속 정예부대 800명을 이끌고 질풍노도와 같이 당일 밤에 북평을 장악하고 많은 병력을 거느리게 되었다. 그는 건문(建文)이라는 연호를 폐지하고 홍무32년으로 바꿈으로써 남경정부의 정통성을 부정하였고, 이로부터 4년에 걸친 전쟁이 시작되었다. 이를 일컬어 역사에서는 정난지역(靖難之役)이라고 한다.

전쟁의 초기에는 연왕 측 군대가 우세를 보이다가, 전쟁이 장기화되자 전국에 통치권을 가지고 있던 남경 측이 유리해졌다. 그러나 1401년 말에 이르러 남경 황궁의 환관이 경사(京師)가 텅 비어있음을 알려옴으로써 연왕 측은 전략을 바꾸어 일거에 남경을 향해 진격해 들어갔

다. 마침내 1402년 6월 연왕 측 군대는 남경을 함락시키고 점령하였
는데, 건문제의 행방에 대하여 남경성과 운명을 함께 했다는 설과 승
려로 변장하여 몰래 탈출하여 자취를 감추었다는 설이 있다. 특히 건
문제의 시신이 발견되지 않아서 그의 행방과 관련된 여러 가지 설이
있다. 그 중 건문제는 연왕군대가 남경성을 함락하고 진입하게 되니
비밀통로를 통해 빠져나가 운남성을 거쳐 동남아일대로 도망쳤다는
설이 제일 유명하다. 이러한 소문 때문에 훗날 영락제가 그의 행방을
찾기 위해 정화(鄭和)를 남양에 파견하였다는 주장도 나오게 되었다.

1402년 6월, 연왕 주체는 남경(南京)의 봉천전(奉天殿)에서 황제에
즉위하여 그 해를 홍무(洪武) 35년이라 하면서, 이듬 해(1403년)를 영
락(永樂) 원년으로 삼았으며, 이 때부터 영락제의 22년 통치가 시작되
었다.

주요 정책

황제에 즉위한 영락제는 먼저 자신이 황제에 즉위한 정당성을 확보
하고, 자신의 정치적 반대파를 숙청하는 것이 급선무였다. 그래서 영
락제는 건문제가 황제에 재위하면서 남겼던 업적들을 모두 역사에서
지우고 의미를 말살해 버렸다. 역사적으로 건문제의 명예가 회복된 것
은 300여 년이 지나고 난 청나라 건륭황제 때에 이르러서이다.

또한 영락제는 즉위 후 '간신방(奸臣榜)'을 발표하고, 여기에 열거된
건문제시기의 조신(朝臣)들을 모두 체포하여 주살하였다. 그 대표적
인물이 방효유(方孝孺)인데, 그는 홍무제시기 대학자 송렴(宋濂)의 제
자로 홍무제에 의해 발탁되었고, 건문제시기 국정 최고의 핵심이었다.
연왕 주체가 남경성을 공격할 때 그의 책사 도연(道衍)이 방효유를 절
대 죽이지 말라고 충고하였지만, 영락제는 끝까지 자신을 거부하는 그

를 극형으로 죽이고 10족(族)에 해당하는 사람들 873명을 처형했다고 한다. 이 밖에도 영락제는 건문제에 끝까지 충성을 지키는 남경의 관료들을 비롯하여 3,000여 명을 학살하였는데, 그 연루자는 수만 명에 달한다고 하며, 이를 임오순란(壬午殉難)이라고 한다.

이와 반대로 영락제는 자신의 통치에 참여하는 자들은 적극 포용하였다. 먼저 건문제시기 고쳐졌던 각종 법률과 제도를 원상회복시켰고, 축출되었던 관료들은 전원 직무에 복귀시켰으며, 또한 중범죄자들을 제외하고 대사면을 시행하여 모두 석방하였다.

또한 영락제는 민생과 경제 회복을 목적으로 조세 감면정책을 시행하여, 산동·북평·하남 등 전화(戰禍)를 크게 입은 지역에 대하여 3년간 세금을 면제하도록 하는 등 농민들이 전쟁에서 벗어나 생업인 농경에 전념하도록 하였다. 또한 농업생산을 증가시키기 위한 세금 감면은 지역의 사정에 따라 차등적으로 시행하였다.

영락제에 의해 시행된 정책 중에 후세에 악영향을 끼친 것으로는 환관(宦官)의 중용을 꼽을 수 있다. 홍무제는 이전 왕조의 사례에 비추어 환관에 대한 단속에 남다른 주의를 기울였고, 건문제도 이 방침을 계승하여 환관 단속을 철저히 강화하였다고 한다. 이에 비해 영락제는 환관들을 중용하기 시작하였다. 그 배경으로 건문제의 환관 단속에 불만을 품은 환관들이 정난의 변 당시 주체 측에 남경 황궁 내부의 사정을 비밀리에 전달하여 주체의 남경 공격을 결심하게 하였다고 한다. 그리고 연왕(燕王) 군대가 남경을 공격할 때 성문을 열어주어 손쉽게 남경성을 점령할 수 있었다고 한다. 이러한 배경으로 영락제는 환관들을 중용하였는데, 특히 남경의 관료들을 감시하기 위해 설립한 황제 직속의 첩보·감찰 기관인 동창(東廠)의 최고 우두머리에 환관을 임명하여 문무관료는 물론 일반인들까지도 감시시켰다고 한다.

더욱이 지방에 군대를 파견할 때 환관을 감군(監軍)으로 파견하기도 하여, 군권(軍權)조차도 환관의 손아귀에 놓이게 되는 결과로 이어지게 된다. 또한 외국에 파견되는 사신(使臣)으로도, 외국과의 무역을 관리하는 시박사(市舶司)에도 환관을 파견하였다. 이렇게 환관의 정치 간여가 영락제시기부터 시작하였고, 결국 환관 중심의 특무정치가 명 말까지 만연하게 되었다.

북경 천도

정난의 역으로 황제에 즉위한 영락제는 황제권에 대항할 만한 새왕(塞王) 세력을 정리하고 난 후, 자신의 근거지였던 북경으로의 천도(遷都)계획을 수립하게 된다. 북경천도는 본인이 연왕시절부터 터전으로 삼던 본거지로 돌아간다는 의미도 있었지만, 그보다 스스로 새왕(塞王)출신으로 북변 방위의 중요성을 인식하고 있었기 때문이었다.

북경은 몽골뿐만 아니라 동북의 만주지역도 효과적으로 통제할 수 있는 북방의 정치군사적 요충지였던 것이다. 이에 비하여 정치와 경제의 중심이 일치하는 남경은 경제적으로 볼 때 공급과 소비가 자체적으로 해결되는 장소여서 화북지역은 자연히 소외되어 발전하기 어려울 수밖에 없어져서 전(全) 중국의 발전을 꾀할 수 없는 구조라고 할 수 있다. 그런 의미에서 북경천도는 통일왕조체제를 유지·발전시킬 수 있는 계기로 작용하게 되는 것이다.

또한 남과 북으로 경제와 정치의 중심이 분리됨으로써 경제적 중심지인 강남의 물자, 즉 조세로 징수한 곡물을 정치의 중심 수도 북경으로 안정적으로 수송해야 했다. 그래서 원나라시대 이후 보수를 게을리 하여 수심이 얕아진 채 방치된 회통하(淮通河) 등 북경과 강남을 연결하는 대운하체계를 완성하게 되는 것이다. 이후 이 대운하체계는 명청

통일 제국시대를 통해 지속적으로 중요한 경제적 역할을 담당하게
된다.

영락제는 먼저 원년 1403년에 북평을 북경으로 바꾸고, '행재(行
在)'를 설치하여 직접 거주하였다. 영락 5년 1407년에는 북경에 새로
운 궁전 축조 계획을 발표한 후 장인(匠人)과 수만 명의 인부를 징발
하여 궁전 건립을 시작하였다. 또한 영락 9년 1411년에는 공부(工部)
에 명하여 회통하(會通河)를 개착하도록 하였으며, 영락 13년 1415년
5월에 청강포(淸江浦)를 뚫어 대운하의 조운(漕運)체제를 완성하였다.

이렇게 조운체계가 어느 정도 완성된 후인 영락 14년 1416년에 본
격적으로 북경건설에 착공하여 영락 18년 1420년에 북경의 궁전이 완
성되었고, 영락 19년 1421년 1월에 정식으로 천도하였다. 천도 직전인
1420년에 영락제는 특무기관인 동창을 설치하여 천도에 반대하는 강
남인들을 감찰하기도 하였다.

막북친정(漠北親征)

영락제 시대를 설명할 때 빼놓을 수 없는 내용이 적극적인 대외정책
이다. 영락제는 북경으로 천도를 진행함과 동시에 영락 8년 1410년부
터 1426년까지 무려 16년간 중국 황제 중에는 그 유래를 찾을 수 없는
5번의 막북친정(漠北親征)을 감행하였다.

명나라는 건립될 당시부터 북변의 몽골족 방위문제가 최대의 현안
이었다. 홍무제가 몽골족 토벌을 시행했지만, 완벽한 승리를 거두지
못하고 장성 바깥쪽에 강력한 군사거점인 대녕위(大寧衛)와 개평위(開
平衛)를 설치하여 방어적 태세를 취하였다. 이후 북변지역은 동쪽에
자리잡은 몽골족 정통성을 계승한 타타르부(部)와 서쪽에서 새롭게 흥
기한 오이라트부(部)가 서로 대립하고 항쟁하는 정세가 전개되었다.

그런데 명나라에서는 정난의 역을 거치면서 북변의 방위체계가 완전히 붕괴되기 시작하였다. 이에 영락제는 북방세계에서 타타르와 오이라트 간의 대립을 이용하여 먼저 화친정책을 취하여 양 진영에 사자(使者)를 파견하였는데, 타타르부에서는 명나라가 보낸 사자를 살해해 버렸다. 이에 영락제는 영락 7년 1409년에 10여만 명의 군대를 파견하여 공격하였지만, 전군이 괴멸되는 참패를 당하였다.

그 후 다시 1410년 2월에 영락제는 친히 50만 대군을 이끌고 정벌에 나서서 타타르부의 본거지를 토벌하는 큰 성과를 거두고 개선하였다. 그런데 타타르부가 약해지자 이번에는 오이라트부의 세력이 커졌다. 이에 영락제는 1414년 3월에 다시 50만 대군을 지휘하고 친정(親征)에 나서서 대타격을 입히고 개선하였다. 그러나 이번 전투에서는 명조의 피해도 막심하여, 국내에서 전쟁에 반대하는 주장도 등장하였다. 이후에도 영락제는 1422년과 1424년에 걸쳐 원정을 감행하였지만, 커다란 성과 없이 끝났다. 더욱이 마지막 친정에서 돌아오던 영락제는 도중에 내몽골일대인 유목천(楡木川)에서 65세의 나이로 병사하였다.

이렇게 영락제가 전개한 5차례의 막북친정을 다른 말로 '오출삼려(五出三犂)'라고도 한다. 이 말의 뜻은 '5번 사막에 나가서 3번 그들의 본거지를 갈아엎었다.'라는 뜻이다. 즉 영락제 때 5번에 걸쳐 막북 원정이 시행되었고, 그 중 3번은 그들의 본거지를 완전히 뒤엎은 것을 칭송하는 의미에서 나온 말이다. 즉 영락제의 막북친정은 10세기 이래 북방민족들에게 항상 억눌려 온 한족(漢族)들에게는 자신들의 영광을 재현했다고 여겨지게 되었다.

정화(鄭和)의 남해(南海) 대원정

영락제의 대외사업에서 막북친정과 더불어 가장 중요하고 세계사적으로도 매우 의미가 있는 것이 정화의 남해 대원정 사업이라고 할 수 있다. 정화는 원래 마(馬)씨 성을 갖은 운남 출신 색목인(色目人)으로, 영락제 때 환관이 되었다가 황제의 신임을 얻어 정(鄭)이라는 성(姓)을 하사받았다고 한다.

영락제는 남방지역의 조공을 독촉하기 위해, 일설에는 사라진 건문제의 행방을 찾기 위해 정화를 책임자로 삼아 대규모 함대를 구성하여 남중국해를 거쳐 인도양 방면으로 파견하였다. 그 첫 번째 원정은 영락 3년 1405년 6월에 대선(大船) 62척과 27,800여 명의 군대를 이끌고 소주(蘇州)를 출발하여 장장 2년 4개월이라는 기간 동안 진행되었다. 그들은 인도차이나반도의 주요 지역·인도네시아 여러 항구·태국 등 동남아시아 각 지역 그리고 인도의 서해안 지역까지 항해하고 돌아왔다.

이후 정화는 무려 25년 간 7번에 걸쳐 남해 여러 지역에 대한 원정을 하였는데, 그 대상지역은 페르시아 일대를 거쳐 아프리카 동해안과 마다가스카르까지 포함하여 그들이 방문한 국가가 무려 33개국에 달했다고 한다.

이와 함께 정화를 따라 대원정에 참여했던 사람들이 돌아와 자신들이 견문한 것을 기록으로 남겼는데, 여기에는 마환(馬歡)의 『영애승람(瀛涯勝覽)』·비신(費信)의 『성차승람(星槎勝覽)』·공진(鞏珍)의 『서양번국지(西洋蕃國志)』 등이 있다. 이 책들은 중국인들의 지리 지식이 세계로 확대되는 계기로 작용하였고, 중국인들의 해외 진출의 배경이 되었다.

기타 대외사업

영락제는 중국의 동북지역에 거주하는 여진(女眞)족들도 초무(招撫)하였다. 1411년에 군대를 파견하여 길림지역을 지나 흑룡강 하구까지 경략하고, 북만주지역에는 노아간도사(奴兒干都司)를, 남만주지역에는 131개의 위소(衛所)를 설치하여 이 지역에 거주하는 여진족들을 간접통치의 방식으로 조공무역체계에 편입시켜 관리하였다.

이 밖에도 영락제는 1406년에 안남(安南, 베트남)에 파견된 명나라 사신들이 살해되는 사건이 발생하자, 이를 빌미로 원정단을 파견하였다. 순식간에 안남지역뿐만 아니라 수마트라지역까지도 정복하여 교지포정사(交趾布政司)를 설치하고 직접 통치를 시작하였다. 이에 안남 현지 주민들의 반발과 저항이 계속되어 안남에 대한 통제력이 점차 감소됨으로써 결국 1428년에 안남에 대한 식민통치를 끝내게 되었고, 베트남에는 레(黎, Le)왕조가 시작되었다.

영락성세(永樂盛世)

영락제는 재위 시절 문관(文官)제도를 정비하여 훗날 내각(內閣)제도의 기초를 마련하였고, 『영락대전(永樂大典)』 등의 전적(典籍)을 편찬함으로써 당시 정치·경제·군사·문화·학술사상 등의 발전을 위한 토대를 마련하였다.

또한 많은 역사학자들은 이 시기를 "영락성세(永樂盛世)"라 칭하면서 역사상의 "문경지치(文景之治)"·"정관지치(貞觀之治)"·"강건성세(康乾盛世)"와 비교하여, 영락시대를 "재조지공(再造之功), 동위개창(同於開創)"이라고 평가한다. 그리고 허약했던 건문(建文)시대를 강력한 영락(永樂)시대로 변화시킴으로써 홍무제의 통치이념을 계승하여 장기 존속이 가능한 왕조체제를 정립하였다고 의미를 부여하고 있다.

8. 청(淸) 성조(聖祖) 강희제(康熙帝) 애신각라 현엽(愛新覺羅 玄燁)

간략한 생애 소개

청(淸) 성조(聖祖) 애신각라 현엽(愛新覺羅 玄燁, 1654년 5월 4일-1722년 12월 20일)은 청나라의 네 번째 황제이자 북경으로 천도한 후 두 번째 황제(1661년-1722년 재위)로, 연호는 강희(康熙)이다. 청나라 3대 황제 순치제(順治帝)의 셋째 아들로, 생모는 효강장황후(孝康章皇后) 동가씨(佟佳氏)이다.

강희제는 8세에 즉위하여 14세에 친정(親政)을 시작하였고, 61년간 재위를 하여 중국 역사상 가장 긴 기간 동안 재위한 황제로 알려져 있다. 집권 초기 심각하고 엄중한 국내외의 상황 속에서도 그는 대규모 군사 행동을 통해 전 중국 통일을 완성하였다. 또한 그는 집권 초기 어린 나이에도 불구하고 권신(權臣)이었던 오배(鰲拜)를 제압하고 친정(親政)을 시작하였으며, 조정의 기강을 바로 잡아 내각 제도를 회복하였고, 『성유십육조(聖諭十六條)』를 반포하기도 하였다.

강희 20년 1681년에는 삼번의 난을 평정한 후 대만(臺灣)마저도 정벌하여 천하통일을 완성하였고, 러시아의 남하를 막아내고 네르친스크조약(尼布楚條約)을 맺어 중국의 흑룡강 유역에서의 국경선을 확정 지었으며, 세 차례에 걸친 가르단(噶爾丹) 정벌을 통해 몽골 각 부(部)를 청조에 귀부시켰다. 또한 정치적으로는 중앙집권을 강화하고, 인정(仁政)을 표방하며 한족(漢族)을 회유하였고, 경제적으로는 조세를 감면하는 등 백성들의 부담을 줄여주었다. 그러나 강희제는 말년에 태자 폐위 사건 등으로 황위(皇位)를 다투는 황자(皇子)들로 인해 불안한 측면도 있었다.

강희제는 4명의 황후와 모두 64명의 후비(后妃)가 있어서 청조 황제 중 가장 많은 후궁을 거느린 황제이며, 아들 35명과 딸 20명을 두어 중국 역대 황제 중 가장 많은 자녀를 낳은 황제로 알려져 있다.

강희제는 천하통일을 완성하여 청나라 융성의 기초를 마련하였으며, 강건성세(康乾盛世)를 연 황제로서, 후세 천고일제(千古一帝)·천년일제(千年一帝)·강희대제(康熙大帝) 등의 호칭을 얻기도 하였다. 그는 1722년 음력 11월 13일에 북경 자금성(紫禁城) 창춘원(暢春園)에서 69세의 나이로 사망하였다. 묘호는 성조(聖祖)이며, 시호는 합천홍운문무예철공검관유효경성신중화공덕대성인황제(合天弘運文武睿哲恭儉寬裕孝敬誠信中和功德大成仁皇帝)이다. 다음 황제는 넷째 아들 윤진(胤禛)이 계승하였다.

황제 즉위

강희제는 1654년(순치 11년) 5월 4일에 북경 자금성(紫禁城)의 경인궁(景仁宮)에서 태어났으며, 그의 어머니는 순치제의 후궁 동가씨(佟佳氏)이다. 그는 태어난 지 얼마 되지 않아 천연두에 걸려서 유모가 궁 밖으로 데리고 나가서 키우기도 하였다고 한다. 그런데 이로 인하여 생긴 평생 면역은 그가 훗날 황제를 계승하게 되는 유리한 요인으로 작용하게 된다.

현엽은 어릴 때부터 학문과 무술 모두에 뛰어난 능력을 보여 아버지 순치제와 할머니인 효장태후(孝莊太后)의 총애를 받았다.

1661년 순치 18년 2월 5일, 현엽이 여덟 살이 되었을 때 24세의 순치제 복림(福臨)이 갑자기 병사하였다. 순치제는 생전에 태자를 책립하지 않는데, 임종 직전에 궁중에서 흠천감(欽天監)의 일을 맡고 있던 아담 샬(Johann Adam Schall, 탕약망, 湯若望)이 현엽은 천연두를 걸린 적이 있어서 면역력을 갖추고 있다는 이유로 후계자로 추천한 것을 받아들여 순치제는 현엽을 유조(遺詔)를 통해 황태자로 책립하였다. 그 해 2월 8일에 현엽은 8세의 나이에 자금성 태화전(太和殿)에서 즉위하였는데, 바로 이가 청나라의 제4대 황제인 성조(聖祖) 강희제(康熙帝)이다. 다음 해인 1662년에 연호가 순치(順治)에서 강희(康熙)로 바뀌었는데, 강희의 '강(康)'은 안녕과 평화, '희(熙)'는 조화와 흥성을 뜻하므로, 강희는 바로 평화로운 조화를 뜻한다.

한편 순치제의 유조(遺詔)에 따르면 당시 조정의 수장인 정황기(正黃旗) 출신의 감국대신 겸 이부상서 색니(索尼, Soni), 양황기(鑲黃旗) 출신의 병부상서 오배(鰲拜, Oboi), 정백기(正白旗) 출신의 형부상서 소극살합(蘇克薩哈, Suksaha), 양황기(鑲黃旗) 출신의 호부상서 알필륭(遏必隆, Ebilun)을 4대 보정대신(輔政大臣)에 임명하여 새로운 황제를 보좌하고 정무를 처리하도록 하였다.

친정(親政)과 오배(鰲拜) 제거

8세에 즉위한 강희제는 어린 나이로 인하여 직접 통치할 수는 없어서 할머니인 효장태황태후(孝莊太皇太后)가 수렴청정하면서 4명의 보정대신들에게 최고의 정책결정권한을 위탁함으로써 그들이 강희제를 보필하게 되었다. 이들 보정대신들은 환관들의 정치 간여를 걱정하여 순치제가 설치한 황제 직속 정보기관으로 환관들이 담당하고 있던 십삼아문(十三衙門)을 폐지시킴으로써 환관들의 정치 참여를 원천적으로 차단시켰다.

4명의 보정대신들은 처음에는 서로 협력하면서 정치를 보좌했지만, 그런 관계는 그리 오래가지 않고 서로 대립과 모순이 발생하였다. 이들 중 특히 병부상서 오배가 막강한 권력을 장악하고 온갖 전횡을 일

삼게 되면서, 비록 어리지만 일찍부터 뛰어난 스승 제세(濟世)로부터 황제 수업을 받으면서 정치를 알기 시작한 강희제와 충돌이 발생하게 된다. 아직 친정을 시작하지 않아 권력을 장악하지 못한 강희제로서는 강력한 병권을 장악하고 있는 오배에 대항할 방법이 없었다.

그래서 강희제는 오배의 독주를 견제하기 위한 목적으로 당시 조정에서 최고의 지위와 권위를 지니고 있었던 원로 보정대신 색니의 손녀와 결혼하였다. 그녀가 바로 강희제의 정궁황후(正宮皇后)이면서 첫 번째 황후인 효성인황후(孝誠仁皇后) 혁사리씨(赫舍里氏)이다.

강희제는 14살이 되던 1667년에 만주족 전통에 따라 성인의식을 치루고 친정을 시작하였지만, 그동안 오배의 전횡을 차단하면서 황제를 보호하고 있던 원로 보정대신 색니가 사망하였다. 이로써 오배의 전횡이 본격적으로 시작되어 자신의 권력 장악에 방해가 되는 소극살합을 역모죄로 무고하고 강희제가 반대함에도 불구하고 자기 마음대로 처형하였다. 그 때까지 살아남아 있던 또 다른 보정대신 알필륭은 중간에서 어정쩡한 태도로 자신의 보신만을 추구하고 있었다.

이렇게 오배가 황제의 권위에 정면 도전하면서 정권을 농단할 수 있었던 것은 만주족 정권이 가지고 있었던 팔기귀족 중심의 의정왕대신(議政王大臣)이라는 제도에서 출발했다고 할 수 있다. 이것은 누르하치가 만든 제도인데, 조정의 중요 정책을 팔기(八旗)의 각 기(旗) 우두머리가 참여하여 결정하도록 하는 제도로 분권적 요소가 강하였지만, 강희제의 통치를 거치면서 사라지게 된다.

선황(先皇) 순치제가 임명한 보정대신 중 한 명을 자신의 손으로 직접 죽이고도 계속 횡포를 일삼는 오배에 대하여 강희제는 군사력을 동원해 직접 토벌하려고도 하였으나, 할머니 효장태황태후가 아직 때가 되지 않았으니 참고 기다리라고 말려 추진하지는 않았다. 그러나 이후 오배가 병상에 누웠을 때 강희제가 직접 방문하여 문병을 하면서 오배가 품속에 단검(短劍)을 숨기고 있는 것을 발견하고, 오배 제거를 최종 결심하게 된다.

이에 강희제는 색니의 아들 색액도(索額圖)가 훈련시킨 친위부대를 동원하여, 마침내 1669년 5월 16일에 강희제를 배알하기 위해 황궁에 들어온 오배를 체포하고, 기군죄(欺君罪, 군주를 기만한 죄) 등 30개 죄목으로 유배를 시켰다가 훗날 사약을 내려 죽였다. 이와 함께 또 다른 보정대신 알필륭도 태사(太師)와 일등공(一等公)의 작위를 박탈해 버렸다. 이로써 강희제는 조정의 대권을 완전 장악하여 명실상부한 친정을 본격적으로 시작함으로써 강력한 중앙집권적 황제권력을 구축하였다.

만한병용(滿漢竝用) 정책

1669년 15세의 강희제는 오배(鰲拜)세력을 완전 진압하고 친정체제를 구축한 후, 청조(淸朝)의 중국 지배를 안정적으로 성공시키기 위한 여러 정책을 추진하게 된다. 먼저 강희제는 만주족들이 전통적으로 보유한 특별한 상무(尙武)정신을 강조하여, 만주귀족들을 한인(漢人)관료들과 분리시키면서 우월한 정치적 지위를 차지하도록 하였다. 각 관직에 만한병용(滿漢竝用)이 시행되고 있었으나, 중앙과 지방을 막론하고 만주족 관료가 우월한 지위로 감독하는 체제를 만들었다.

이와 함께 한인(漢人)들도 적극 포섭하는 정책을 채용하여, 만주귀족이 한인 토지를 약탈하지 못하도록 하였다. 또한 신사층(紳士層)의 포섭을 위해 박학홍사과(博學鴻詞科)라는 특별 과거시험을 실시하였는데, 이 때 합격한 사람의 80%가 강남 출신이었다는 점을 고려하면, 얼마나 큰 효과를 거두었는지를 알 수 있을 것이다. 아울러 명사(明

史) 편찬 사업도 실행에 옮겨 한인 지식인을 적극 참여시켜 국가 권력을 공유한다는 인식을 심어주게 되었고, 다른 한편으로는 명나라의 멸망을 한인 지식인들로 하여금 스스로 확정하게 하는 효과도 거둘 수 있었다.

삼번(三藩)의 난(亂) 평정

오배 세력을 제거한 이후 강희제에게 청조의 지배권을 안정적으로 확보하기 위한 마지막 제거 대상으로 떠오른 것은 삼번(三藩)이었다. 청조는 입관(入關) 이후 남명(南明)정권 등을 비롯한 항청(抗淸) 무장 세력들을 정복하였더라도 완벽하게 장악한 것은 아니기 때문에 운남(雲南)과 귀주(貴州)지역에 평서왕(平西王) 오삼계(吳三桂)를, 광동(廣東)지역에 평남왕(平南王) 상가희(尙可喜)를, 복건(福建)지역에 정남왕(靖南王) 경중명(耿仲明)을 주둔시켰는데, 이들이 바로 삼번(三藩)이다.

이들은 모두 한족 출신으로 도르곤(多爾袞)과 순치제 집권시기 청조에 투항하여 통일과정에서의 커다란 역할로 번왕(藩王)에 책봉되었고, 강희제가 친정을 시작할 무렵 정남왕의 직위는 경중명의 손자 경정충(耿精忠)이 계승한 상태였다. 이들의 작위는 친왕(親王)과 동급으로 막강한 군사력을 거느리고 주둔 지역 내에서는 관리의 임명·군정(軍政)·민정(民政)을 모두 장악하여 중앙의 간섭을 철저히 배제하는 독립적 성격의 정권을 형성하고 있어서 중앙 정부와의 충돌은 피할 수 없는 상황이었다.

이런 상황 하에서 1673년 평남왕 상가희가 자신의 지위를 아들 상지신(尙之信)에 물려주고 고향인 요동(遼東)으로 돌아가고자 요청하였으나, 강희제가 왕위의 세습을 허락하지 않음으로써 삼번의 왕들에게 커다란 충격을 주었다. 이에 오삼계는 강희제의 의중을 떠보기 위해 가짜로 철번(撤藩)의 요청을 해보았는데, 강희제는 마침내 삼번의 철번을 결정해 버렸다. 그래서 결국 1673년 11월 오삼계는 반청복명(反淸復明)을 기치로 거병하여, 각지에 격문을 보내 호응을 호소하였다. 이에 귀주와 운남의 순무(巡撫)와 제독(提督)이 호응하였고, 사천·호남·광서 등의 지역을 함락시켜 6개 성(省)이 그의 휘하에 들어갔으며, 섬서 몽골 등 여러 지역의 반청세력이 가담하여 전란이 확대되면서 삼번의 난은 9년 동안 지속되었다.

삼번의 난은 한 때 전 중국의 절반 이상을 점령하며 위세를 떨쳤으나, 전투가 장기화할수록 중앙 정부에 유리해져갔다. 그리고 청 정부는 한인(漢人)으로 구성된 녹영(綠營)부대를 앞세워 평정에 나섰는데, 이는 남방의 저습(低濕)한 지역 환경에 잘 적응하면서 삼번의 약점을 잘 파악하고 있는 한인 장수들을 적절하게 활용하기 위함이었다.

이렇게 적극적인 정부군의 토벌이 진행되면서 1676년(강희 15년)에 상가희의 아들 상지신은 자살하였고, 경정충도 항복하였다가 훗날 사형되었다. 한편 오삼계는 정부군의 적극적 공격에 밀리게 되면서 1677년에 이르러 섬서·복건·광동·강서의 대부분 지역을 정부군에게 빼앗기고, 겨우 운남 전 지역과 사천·호남·광서의 일부 지역만 장악할 수 있었다. 이렇게 위기에 몰리게 된 오삼계는 필사적으로 저항하는 의미에서 1678년(강희 17년)에 스스로 황제를 칭하고 국호를 주(周), 연호를 소무(昭武)라고 하였으나 노환으로 그 해 8월에 사망하였다.

그 후 세력이 더욱 약화된 오삼계군을 이끌던 오삼계의 손자 오세번(吳世璠)이 곤명(昆明)에서 자살하고, 정부군이 곤명을 함락시킴으로써 9년여 동안 10개 성(省)에 커다란 영향을 끼친 삼번의 난은 종말을 고하게 되었다.

삼번의 난이 발생하자 각지의 항청(抗淸)세력이 적극 가담하였는데, 이런 의미에서 볼 때 삼번의 난 진압은 단순히 반란세력의 진압이라는 의미에 머물지 않는다. 이를 통해 삼번에 의해 방해받던 중앙집권체제를 확립시킬 수 있었으며, 더 나가 청조의 중국 지배를 안정적으로 유지할 수 있는 기틀이 마련되었다.

대만(臺灣) 정벌

강희제가 어려운 여건을 극복하고 마침내 삼번의 난을 평정하였지만, 아직 전 중국을 통일한 것은 아니었다. 중국의 동남쪽 바다에 있는 대만군도(臺灣群島) 즉 대만(臺灣)본섬·팽호제도(澎湖諸島)·금문도(金門島) 등 36개 도서(島嶼)지역은 아직 청조의 통치지역이 아니었고 정성공(鄭成功)의 후손이 통치하고 있었다. 정성공은 원래 연해지역의 밀무역자 출신으로 명나라가 멸망하자 항청(抗淸) 활동을 하다가 1661년에 네덜란드세력을 축출하고 대만을 점령하였다.

이렇게 대만에서 네덜란드 세력을 몰아낸 정씨(鄭氏)세력은 1662년 정성공이 죽자 그의 아들 정경(鄭經)이 대를 이어 대만의 사회·경제적 발전을 이룩하면서 장기적인 통치가 시작되었다. 이렇게 형성된 소위 정씨왕조(鄭氏王朝)의 통치 하에 대만으로 수많은 사람들이 대륙에서 유입되었다. 비옥한 토지와 풍부한 물산(物産)은 인구 유인효과가 있어서 대만은 급속히 인구가 증가하면서 상당한 세력을 형성하게 되어 이제 막 성립된 청조에게는 위협적 존재가 되었다.

이에 강희제는 해상 금지령으로 대만을 고립시키는 한편, 아울러 무력 정벌도 시도하였으나 성공을 거두지는 못하였다. 그러나 대만의 통치자 정경이 사망한 후 그의 아들들인 정극장(鄭克藏)과 정극상(鄭克塽)이 계승문제를 두고 싸우면서 분열이 발생하였는데, 이러한 상황을 이용하여 강희제는 과거 정경의 부하 장군이었다가 대만을 떠난 시랑(施琅)을 수군 총제독으로 등용하여 대대적으로 대만을 공격하였다. 1682년 먼저 팽호제도를 공격하여 정씨세력을 와해시키고 대만에 상륙하자, 결국 정극상은 1683년 7월에 청 정부에 투항함으로써 대만은 마침내 청조의 통치 하에 정식 편입되었다.

네르친스크 조약(條約)

청조가 만리장성을 넘어 중원(中原)지역으로 들어온 이후, 러시아 원정군은 여러 차례 중국 흑룡강 유역을 침입하여 약탈과 살육을 저지르며 당시 중국의 영토를 잠식해 갔다. 특히 러시아는 1655년 "아무르(黑龍江)지역 군사총독"을 임명하고 본격적으로 진출을 꾀하게 되면서 청나라와 국지적 충돌이 계속되었다. 이 시기에는 청조가 반청세력과 전쟁에 몰두하느라 적극적으로 대응할 수 없는 상황이었으므로, 당시 황제였던 순치제는 조선(朝鮮) 측에 군대 파견을 요청하여 1654년과 1658년 두 차례에 걸친 소위 '조선의 나선정벌(羅禪征伐)'이 진행되기도 하였다.

이렇게 러시아 군대는 강희제 이전부터 북만주 일대를 점거하고 약탈과 살인을 저지르는 등 청 변경지역을 괴롭혔지만, 당시 청 정부로서는 삼번의 난·대만 정벌 등으로 적극적 대응을 하지 못하다가, 1683년 대만 정복 이후 적극 대응으로 전환하게 된다. 1683년 9월, 청 정부는 알바진(雅克薩) 일대를 점거하고 있던 러시아 침략군을 청 영토에서 몰아냈지만, 러시아군은 이에 아랑곳하지 않고 오히려 애훈(愛琿, 아이훈)성에 쳐들어와 강제로 점거하고 행패를 부렸다. 이에 청의 흑룡강장군(黑龍江將軍) 살포소(薩布素)는 흑룡강 하구 부근에 러시아군대가 건립한 거점을 모두 불태워 알바진을 포위하였으나, 러시아 군대도 완강히 저항하였다.

결국 강희제는 1685년 1월 23일 러시아세력을 완벽하게 소탕하기 위해 도통(都統) 팽춘(彭春)을 아이훈성에 파견하여 알바진을 함락시켰다. 아울러 아이훈성에 팔기병을 주둔시키고, 그 주변에 둔전(屯田)을 열어 흑룡강 일대의 방어를 강화하였다.

그러나 러시아 군대는 1685년 가을 다시 반격하여 알바진을 점령하였고, 이에 청조도 1686년 7월 대규모 팔기병을 파견하여 알바진을 공격하여 양측은 일진일퇴를 거듭하였다. 결국 청 팔기군에 의해 많은 피해를 입고 알바진에 고립된 러시아 측은 청 정부에 사절단을 보내 양국의 국경 확정을 위한 협상을 요청하였다. 강희제도 러시아의 요청을 받아들여 러시아의 잔여 부대가 국경 도시 네르친스크(尼布楚)로 철수할 수 있도록 허락하였다.

1689년에 이르러 강희제는 색액도(索額圖)를 대표로 하는 대표단을 파견하여 러시아 측과 네르친스크에서 협상을 전개하여 마침내 7월 24일에 조약을 체결하니, 이 조약이 바로 중국이 최초로 서양의 국가와 평등한 관계로 맺은 네르친스크(尼布楚)조약이다. 이 조약에서 양측은 아르군(Argun)강과 구르비마(格爾必齊)강을 거쳐 외흥안령(外興安嶺, 스타노보이산맥, Stanovoi Mts.)으로 연결되는 선(線)을 중국과 러시아의 국경(國境)으로 확정하고, 흑룡강 이북, 외흥안령 이남과 우수리강 이동을 모두 중국 영토로 규정하게 되었다.

결국 강희제는 알바진(雅克薩)전투를 통해 유리한 여건을 만든 후, 적극적인 교섭을 통해 청 정부의 요구를 대부분 반영함으로써 동북지역의 넓은 영토를 안정적으로 확보할 수 있게 되었다. 또한 청나라와 러시아 간의 국경지역에서의 무역도 자유롭게 보장하여 커다란 충돌 없이 네르친스크조약체계가 1840년대 아편전쟁 이전까지 유지되게 된다.

몽골과 티베트 정복

청나라 초기에 중국의 북서쪽에서 활동하던 몽골족은 크게 막남(漠南)몽골·막북(漠北) 칼카(Khalkha, 喀爾喀)몽골·막서(漠西) 오이라트(Oirat)몽골 등 3개의 부(部)로 나눌 수 있다. 막북 칼카몽골은 다시 자삭투(扎薩克圖)부·토사투(土謝圖)부, 체첸(車臣)부 등 3개의 부로, 막서 오이라트몽골은 중가르(準噶爾)부·호쇼이트(和碩特)부·두얼보터(杜爾伯特)부·투얼후터(土爾扈特, Torghut)부 등 4개의 부로 나뉜다. 청초(淸初) 막남몽골은 청나라 입관 전에 이미 청조에 복속되었고, 나머지 칼카와 오이라트 각 부도 청 정부와 비교적 우호관계를 유지하고 있었다.

강희 연간에 이르면 몽골 각 부가 청 정부에 복속한지 수십 년이 지나게 되면서 일부는 여전히 복속을 하고 있었지만, 일부는 겉으로만 복종하면서 독자적 세력을 형성하기도 하였다. 그 중 오이라트부족에 속하는 중가르부의 지도자 갈단(噶爾丹)이 주변의 몽골 부족과 티베트 지역까지 흡수하면서 막강한 세력을 형성하여 청조에 대항하려 하고 있었다.

1687년 말에 이르러 청조와 국경문제로 협상을 하고 있었던 러시아는 청조를 견제하기 위해 갈단에게 칼카부를 공격하도록 유도하였고, 갈단은 1688년에 기병 3만 명을 이끌고 칼카지역을 공격하여 점령하니, 동쪽으로 도망 온 칼카부는 청조에 도움을 요청하였다. 이에 강희제는 이들을 커얼친(Keerqin, 科爾沁) 지역에 안치시키고, 갈단에게는 다시 서쪽으로 되돌아 갈 것을 명령하였다. 그러나 갈단은 강희제의 요구에도 불구하고 기고만장한 채 남쪽으로 쳐들어왔다.

이에 강희제는 1690년 7월에 친정에 나서 중가르부와 정면으로 충돌하였지만, 전염병 유행 등의 원인으로 계속 패배하여 북경으로 되돌아 올 수밖에 없었다. 그렇지만 이번 원정 과정에서 칼카부를 공식적으로 합병하고, 그들의 충성을 받아내는 결과를 얻어 내기도 하였다.

그후 1696년 2월에 강희제는 항복하지 않는 중가르부를 치기 위해 다시 8만의 팔기병들을 이끌고 친정에 나서 대승을 거두었다. 이렇게 계속되는 강희제의 토벌에 패퇴할 수밖에 없었던 갈단은 이듬해 1697년에 자살하였다.

갈단 사후, 그의 조카 체완 아랍단(策妄阿拉布坦)이 중가르부의 통치자가 되었다. 그의 지위가 점차 안정되면서 동쪽으로 진출을 다시 추진하였다. 그는 러시아의 지원을 받으면서 1717년에 6,000여 명의 군대를 이끌고 청나라의 주요 군사 요충지를 공격하였고, 티베트를 침공하여 달라이라마로 알려진 티베트 왕을 살해하기도 하였다.

이에 강희제는 1720년에 팔기군을 파병하여 대대적으로 공격하여 격퇴시킴으로써 체완 아랍단은 티베트에서 몽골로 도망하였다. 이렇게 중가르세력을 티베트에서 몰아낸 후, 강희제는 티베트를 청나라의 영토에 정식 편입시킬 수 있었던 것이다.

기타 정책

강희제는 팔기제도를 다시 개편하여, 팔기 아래에 녹영(綠營)이라는 한족 부대를 창설하여 한족 장군들이 지휘하고 팔기의 예하로 편제하였는데, 이는 한족에 대한 만주족의 통제를 유지하는 동시에 한족을 포용하는 방법이었다.

강희제는 서양에서 온 예수회 선교사들을 신임하여 가까이 두고 서양의 학문을 배웠고, 특히 벨기에서 온 남회인(南懷仁, 페르디난트 페르비스트)을 흠천감 장관에 임명하였고, 이탈리아 출신 마테오 리파 (Matteo Ripa)는 10여년간 황궁에서 근무하며 강희제에게 서양화법을 가르쳐주기도 하였다.

강희제는 집권 초기 가톨릭교회의 포교를 허가하였지만, 1704년 이후 로마 교황청에서 중국의 전례(典禮)를 문제 삼기 시작하면서 문제가 발생하였고, 결국 1706년에 강희제는 천주교 선교사들을 모두 국외로 추방하였으며, 1721년 선교활동을 불법화하였다.

또한 강희제는 한인 학자들을 대거 등용하여 학술 문화적으로 많은 업적을 남겼는데, 대표적으로 『명사(明史)』 편찬을 개시하였으며, 『강희자전(康熙字典)』을 비롯하여 『고금도서집성(古今圖書集成)』·『패문운부(佩文韻府)』 등 수많은 서적을 편찬하도록 하였다.

이와 함께 강희제는 여러 차례에 걸쳐 조세 감면조치를 시행하였는데, 그 중 1711년에 성세자생인정(盛世滋生人丁)제도를 발표하여, 다음 해부터 증가하는 인정(人丁)에 대하여 정세(丁稅)를 면제하였다. 즉 성인의 숫자를 1711년의 2,450만 명으로 고정하고, 그 이상 증가하는 인구에 대해서는 세금을 받지 않겠다고 천명한 것이다. 이 제도는 중국의 징세제도에 있어서 중요한 의미를 지니는데, 훗날 정세(丁稅)와 토지세를 통합하여 토지에 일괄 부과하는 지정은(地丁銀)제도의 단초가 된다.

후계 문제

강건성세(康乾盛世)를 열은 강희제지만, 후계자 지명에 있어서는 많은 문제가 발생하였다. 강희제는 중국식 계승제도를 따르기 위해 자신의 첫 번째 황후인 효성인황후(孝誠仁皇后) 혁사리씨(赫舍里氏)의 소생으로 적장자(嫡長子)인 2살의 윤잉(胤礽)을 1675년에 서둘러 황태자에 책봉하였다. 비록 윤잉보다 2살이 더 많은 서장자(庶長子) 윤시(胤禔)가 있었으나, 강희제의 적장자 계승의 의지가 강하여 별 문제 없이 계승권이 확정되는 듯 했다.

그러나 황태자 기간이 길어지면서 윤잉에게 여러 문제가 발생하기 시작하였다. 황태자 본인이 점차 타락해졌다는 것 이외에도 북아시아 여러 유목민족 사이에서 행해지던 말자상속제(末子相續制)의 영향으로 9명의 황자(皇子)가 파당을 이루어 심각하게 대립하였다. 특히 강희제의 보정대신으로 활동했던 색니(索尼)의 아들 색액도(索額圖)가 중심이 되어 태자당(太子黨)을 결성하였고, 이와 함께 윤시(胤禔)를 지지하는 납란명주(納蘭明珠)가 중심이 된 황장자당(皇長者黨)이 만들어져 서로 대립·경쟁하게 되면서 후계문제는 더욱 불안해졌다. 이런 가운데 1703년 강희제가 태자당의 영수 색액도를 처형한 후 부자관계는 더욱 악화되면서 윤잉의 태도는 호전되지 않았다. 결국 1708년 강희제는 윤잉을 태자에서 폐위시켰다가, 그 이듬해인 1709년에 황실 내 골육상쟁을 걱정하여 다시 윤잉을 태자에 복위시키고, 이번에는 황장자당의 영수 납란명주를 숙청하였다.

이렇게 황태자의 복위로 인하여 황자들 간의 경쟁이 더욱 치열하게 전개되다가, 1712년에 이르러 강희제의 남순(南巡) 시 발생한 윤잉의 모반시도로 인하여 윤잉은 재차 태자에서 폐위되었다. 이렇게 두 차례에 걸쳐 발생한 폐태자사건(廢太子事件)이후 강희제는 죽을 때까지 황태자를 임명하지 않게 된다.

그래서 1722년 강희제가 죽은 후 황궁 내에서 황제 계승 문제를 두고 치열한 암투가 벌어졌던 것 같다. 지금은 당시의 자료가 사라지고 고쳐진 관계로 어떻게 다음 황제가 계승했는지 그 내막을 자세히 알 수는 없지만, 결국 강희제의 뒤를 이어 네 번째 아들 옹친왕 윤진(胤

禛)이 즉위하여 옹정제(雍正帝)가 되었다. 남아있는 기록에 의하면 강희제가 지목했다고는 하나, 이는 당시 상황으로 미루어 볼 때 상당히 의외로 받아들여졌다. 강희제는 말년에 14째 아들 윤제(胤禵)를 총애하여 대장군으로 임명하기도 하였는데, 이는 당시 황제수업이라고 인식되었다는 점에서 윤제가 지목되지 않은 것이 의심스럽다. 그래서 민간에서는 옹정제가 강희제의 뜻을 어기고 스스로 황제 자리를 탈취하였거나, 혹은 강희제를 시해한 후 즉위했다는 소문도 유행하였다. 이외에도 가장 믿을만한 것은 강희제가 14자(十四子)에게 물려준다는 유조(遺詔)를 남겼으나, 윤진(胤禛)이 '十'을 지워버렸거나 혹은 '十'을 '于'로 고쳐 4자(四子)에게 계승시키는 내용으로 변조하였다(傳位十四皇子 → 傳位于四皇子)는 풍문도 있다.

어째든 강희제는 후계문제에 있어서 평소 자신의 소신을 관철하고자 하였으나, 2번의 폐태자이후 최종 결심을 하지 못해 결국 계승분쟁으로 이어지게 되었던 것이다. 그러나 그를 계승한 옹정제는 부황(父皇) 말년에 발생한 황실 내 암투를 사전에 예방하고, 더 뛰어난 능력을 지닌 아들로 하여금 황제를 계승할 수 있게 하기 위하여 새로운 태자 책봉 방법을 만들었다. 이는 황제 생전에 태자를 결정한 후 이를 공개하지 않고 자금성 내 건청궁(乾淸宮)의 높은 곳에 걸려있는 정대광명(正大光明)이라는 액자 뒤에 올려놓은 후 현 황제가 죽은 후 황자들과 대신들이 모두 모여 개봉하여 차기 황제를 확인하는 방법으로, 이를 태자밀건법(太子密建法) 혹은 저위밀건법(儲位密建法)이라고 한다. 그래서 옹정제 이후 청나라의 황제 계승은 이 방법으로 시행되어진다.

사망

강희제는 자신의 68번째 생일인 1722년 5월 4일에 북경 자금성 건청궁(乾淸宮)에서 생일잔치를 성대하게 개최한 지 얼마 지나지 않아 병석에 들게 된다. 이후 황자들 간의 알력은 더욱 심해지는 가운데, 같은 해 12월 20일에 북경 창춘원(暢春園) 청계서옥(淸溪書屋)에서 사망하였는데, 나이가 69세로 재위한 지 61년 10개월이 되었다. 일설에 의하면 넷째 아들 윤진과 가까운 보군통령(步軍統領) 융과다(隆科多)에 의해 독살되었다는 주장도 있지만, 현재 확인할 길은 없다.

강희제는 사후 경릉(景陵)에 묻혔으며, 묘호는 성조(聖祖), 시호는 합천홍운문무예철공검관유효경성신중화공덕대성인황제(合天弘運文武睿哲恭儉寬裕孝敬誠信中和功德大成仁皇帝)로 이 시호에서 '합천(合天)'이라는 말에는 통일을 완성한 황제라는 의미가 담겨있다.

9. 청(淸) 고종(高宗) 건륭제(乾隆帝) 애신각라 홍력(愛新覺羅 弘曆)

간략 소개

청(淸) 고종(高宗) 애신각라 홍력(愛新覺羅 弘曆, 1711년 9월 25일-1799년 2월 7일)은 청나라의 여섯 번째 황제이자 북경으로 천도한 후 네 번째 황제(1735년-1796년 재위)로, 연호는 건륭(乾隆)이다. 강희제(康熙帝)의 손자이며, 옹정제(雍正帝)의 넷째 아들로, 생모는 효성헌황후(孝聖憲皇后) 뉴호록씨(鈕祜祿氏)이다.

건륭제는 1735년 옹정제가 사망하자 25세의 나이로 태자밀건법(太子密建法)에 의해 황제에 즉위하여 60년간 재위한 후 할아버지 강희제를 뛰어넘을 수 없다며 강희제의 재위기간인 61년보다 적은 60년 만에 스스로 황제에서 물러났다. 그 후 그는 계속 태상황(太上皇)의 신분으로 실질적 최고의 통치권자로서 권력을 행사하였는데, 이로써 그는 중국 역사상 최장수 황제이자 아울러 최장기간 실질적 통치권을 행사한 황제이다.

건륭제는 먼저 만주족과 한족 관료들의 갈등을 조정하며 내치를 다진 후 대규모 정복 사업과 학술 문화 사업을 전개하였다. 대표적 학술 문화 사업으로는 중국 역사상 최대의 편찬 사업인 『사고전서(四庫全書)』를 편찬하였으며, 대외적으로는 10차례에 걸친 정복 사업의 성공 즉 십전무공(十全武功)을 통해 중국 역사상 최대의 강역(疆域)을 완성하였다.

한편 집권 후반기에 이르러서는 사치와 부패, 외교정책의 실패 그리고 부패한 관료 화신(和珅)에 대한 총애 등으로 인하여 청조가 최전성기에서 쇠락의 길로 들어서게 만들기도 하였다.

건륭제는 1795년에 15째 아들 옹염(顒琰)에게 황제를 물려주었고, 1799년 2월 7일에 북경 자금성 양심전(養心殿)에서 89세의 나이로 사망하였다.

초기 활동

건륭제는 1711년 9월 25일 자정에 북경 옹친왕부(雍親王府) 동서원(東西院) 여의실(如意室)에서 태어났다고 전해지고 있는데, 일설에 의하면 열하(熱河)의 피서산장(避暑山莊)에서 태어났다는 주장도 있으며, 아명(兒名)은 원수(元壽)이다.

건륭제의 생모 희비(熹妃)는 옹정제의 후궁으로 그 지위가 비교적 낮은 편이어서 황실 내에서 주목을 받지 못하고 있었다. 건륭제에게는 위로 4명의 형들이 있었으나, 세명이 일찍 세상을 떠났으므로 건륭제보다 나이가 더 많은 형제는 홍시(弘時) 한 명뿐이었다.

건륭제는 총명하여 다섯 살 때부터 뛰어난 실력을 발휘하게 되었는데, 1721년 할아버지 강희제가 손자 홍력(弘曆)을 처음 보고 그 총명함에 놀라 황궁에 불러 들여 특별히 총애하면서 교육을 시켰다고 한다. 그 뿐만 아니라 강희제는 열하의 피서산장에 사냥하러 갈 때 손자 홍력을 데리고 가서 함께 사냥에 참가시키기도 하였다. 당시 강희제에게는 100명 이상의 손자들이 있어서 대부분 만난 적도 없었는데, 이렇게 강희제의 주목을 받는 홍력은 매우 특별한 경우라고 할 수 있다.

1722년 11월, 강희제가 죽자 윤진(尹禛)이 즉위하여 옹정제가 되었다. 전하는 바에 따르면 강희제가 임종 직전에 윤진을 불러서 앞으로 황위를 꼭 홍력에게 물려주라 명하였다고 전해지고 있으며, 그에 따라 황제에 즉위한 옹정제는 1723년 8월에 미리 홍력을 다음 황제라고 적어 건청궁의 정대광명(正大光明) 편액 뒤에 올려놓았다고 한다.

홍력에게는 자신보다 나이가 더 많은 이복형 홍시(弘時)라는 경쟁자가 있었는데, 그는 부황(父皇)의 지지를 받는 홍력을 항상 모함하고 질시하였다. 그러다가 1725년 홍시가 홍력을 암살하려는 사건을 일으켰다가 황실로부터 축출된 후 죽었는데, 그 이후로는 홍력에게 더 이상 경쟁자가 없게 되었다.

옹정제가 홍력을 태자로 결정한 뒤 그에 대한 교육을 강화하였다. 원래 교사였던 복민(福敏) 이외에도 주식(朱軾)·서원몽(徐元夢)·장정옥(張廷玉)·혜증균(嵇曾筠)·채세원(蔡世遠) 등 저명한 문신관료들로 하여금 홍력에게 유학·역사 등을 가르치게 하였고, 만주귀족 윤록(允祿)·윤희(允禧) 등에게 무기사용법과 마술(馬術)과 궁술(弓術) 등을 가르치게 하였다. 그 결과 홍력은 불과 몇 년 만에 만한문(滿漢文)을 통달하고, 무술에도 뛰어난 능력을 갖추게 되어 소위 문무를 겸비하게 되었다.

또한 옹정제는 1724년 말에 홍력으로 하여금 자신을 대신하여 경릉(景陵)에서 할아버지인 강희제의 제사를 주관하도록 하였는데, 이로 인하여 옹정제가 홍력을 후계자로 삼았다는 소문이 널리 퍼지기도 하였다. 또한 1727년 7월에 홍력을 만주 출신 명문 가문 출신인 차하르(察哈爾) 총관(總管) 이영보(李榮保)의 딸 부차씨(富察氏)와 결혼시켜서 자금성 중화궁(重華宮)에 거주하게 하였다.

1730년 홍력의 큰 아들이 태어나자 옹정제는 본인이 직접 영련(永璉)이라는 이름을 지어 주었는데, 이는 황위(皇位)를 계승한다는 의미를 내포하고 있는 것이다.

1733년에 옹정제는 홍력을 화석친왕(和碩親王)에 봉하였는데, 이로 인하여 보친왕(寶親王)이라 부르기도 한다. 그 후 옹정제는 홍력의 정치적 입지를 키우기 위해 몽골 중가르부 반란 진압과 귀주의 묘족(苗族) 반란 진압 등 중요 군무(軍務)에도 참여시켰을 뿐 아니라 종묘사직에 대한 제사 등 황제가 주관해야 하는 국가적 의례도 집전하도록 하였다.

즉위

1735년 8월 23일 옹정제가 58세의 나이로 북경 원명원에서 사망하자 조정의 중신 장정옥(張廷玉)·악이태(鄂爾泰) 등과 황실의 장친왕(莊親王)·과친왕(果親王) 등이 모여 건청궁의 정대광명이라는 액자 뒤에서 옹정제의 유조(遺詔)를 꺼내 보니 홍력을 황태자로 책봉하여 황제로 즉위시키라는 내용이었다. 이 유조에 따라 황태자에 책봉되는 의전을 집행한 후, 9월 3일 홍력은 25세 나이로 태화전(太和殿)에서 황제에 즉위하고, 그 다음해를 건륭(乾隆) 원년(元年)으로 삼았다.

9월 27일, 건륭제는 양심전(養心殿)으로 이거(移居)하면서 황제로서 본격적인 행보를 시작하였는데, 그 첫 번째로 백성들의 부세(賦稅) 체납을 면제하여 주었고, 10월에는 관엄상제(寬嚴相濟)정치를 표방하였는데, 이는 건륭제의 정책 방향이 유가사상을 통치 이데올로기로 삼아 옹정시기의 가혹한 정치를 대신하여 관용적 인정(仁政)을 펼친다는 것이었다.

그래서 건륭제는 즉위 후 황실 내부의 불화를 해결하고 인심을 획득하기 위해 통치 집단 내부의 갈등을 완화시켜 나갔다. 그래서 옹정제의 정적으로 장기간 감금되었던 순군왕(恂郡王) 윤제(允禵) 등을 풀어주어 작위를 회복시킴으로써 황실 내 첨예한 갈등을 어느 정도 완화시킬 수 있었으며, 통치계층의 단합을 유지할 수 있는 토대를 마련하게 되었다.

1736년 건륭제 집권 초기 조정에는 두 개의 파가 서로 대립하고 있었는데, 하나는 군기대신(軍機大臣) 악이태(鄂爾泰)를 중심으로 한 세력이며, 다른 하나는 한족 출신 군기대신 장정옥(張廷玉)을 중심으로 한 세력이다. 건륭제는 즉위한 지 얼마 되지 않았지만, 이 두 세력으로 하여금 서로를 견제하게 만들어 하나의 세력이 독점적으로 권력을 장악하지 못하게 하였을 뿐 아니라 경쟁적으로 황제에게 충성하도록 유도해 나갔다.

건륭제는 이렇게 조정 내부의 문제를 하나하나 해결해 나가면서, 다른 방면에서 변방의 반란을 안정시키고자 노력하였다. 1738년 5월에 장광사(張廣泗)를 파견하여 귀주(貴州의)의 묘족(苗族)의 난(亂)을 평정하였으며, 1739년 2월에는 몽골 중가르부의 갈단과 알타이산(阿爾泰山)을 경계로 평화관계를 구축하였고, 7월에는 이 지역에 팔기병을 주둔시켜 중가르부의 반란에 대비하기도 하였다. 그리고 1740년 12월에는 다시 장광사를 보내 광서(廣西)와 호남(湖南)지역의 묘족(苗族)

반란도 완전히 평정해 버렸다.

또한 건륭제는 선황(先皇) 옹정제가 추진한 잘못된 정책이나 조치들을 하나하나 바로잡거나 혹은 포기하는 절차를 밟아 나갔다. 예를 들어 옹정제가 숭배한 신선술(神仙術)의 불로장생술을 엄금시켰으며, 1735년 10월에는 옹정제 때 만들어진 규정을 고쳐 황무지 개간을 보고할 때 허위보고를 없애기 위해 철저히 확인 후 보고하도록 하였다. 이렇게 건륭제는 적극적으로 옹정제의 시행착오를 바로잡고자 하였는데, 이는 아버지 옹정제 뿐만 아니라 할아버지 강희제 시기의 각종 제도를 발전적으로 계승하려는 의지가 반영된 것으로 강옹건(康雍乾) 성세(盛世)를 유지하게 하는 원동력이 되었다.

십전무공(十全武功)

즉위 후 각종 개혁 조치를 통해 국내의 현안을 해결하고 인구도 크게 증가하면서 경제적으로도 안정을 유지하게 된 건륭제는 이제 관심을 밖으로 돌려 대외 문제에 집중하게 된다.

건륭제는 그의 재위기간동안 1747년에 대금천(大金川)을, 1755년과 1757년에는 2번에 걸쳐 몽골의 중가르를, 1769년에는 버마(현재 미얀마)를, 1776년에는 다시 대금천과 소금천(小金川)을, 1788년에는 대만(臺灣)을, 1789년에는 베트남을, 1791년과 1792년에는 2번에 걸쳐 네팔을, 이렇게 모두 10번에 걸쳐 주변 지역을 정벌하여 소위 십전무공(十全武功)을 이룩하였다. 이렇게 되어 건륭제는 청나라의 영토를 최대 약 460만 km²까지 확장하여 중국 역사상 가장 넓은 강역(疆域)을 확정한 황제인 것이다. 특히 건륭제가 이룩한 십전무공에서 주도적 역할을 수행한 것은 팔기병들이 아니라 한인(漢人)으로 구성된 녹영(綠營)이며, 이들을 지휘하여 정벌을 진행한 것은 주로 사천총독 악종기(岳鍾琪)와 만주족 출신의 장수 아계(阿桂) 등이다.

건륭제 초년 대금천(大金川)의 토사(土司) 사라분(莎羅奔)이 군사를 일으켜 소금천(小金川)을 공격하여 토사 택왕(澤旺)과 인신(印信)을 빼앗고, 주변 토사를 공략하였다. 이에 건륭제는 대금천의 침략행위를 응징하기 위해 1747년에 3만 대군을 동원하여 대금천을 공격하였으나, 산세가 험하고 기후가 열악하여 1748년 가을에 이르기까지 별다른 성과를 거두지 못하였다. 그 후 군대를 증파한 후 악종기(岳鍾琪)의 뛰어난 전략으로 1749년 2월 마침내 사라분(莎羅奔)의 항복을 받아내었다.

1750년에는 서장(西藏)지역에서 지방 할거 귀족세력의 무장반란이 일어나, 곧바로 진압은 되었다. 그러나 건륭제는 1751년에 그 때까지 시행되던 장왕(藏王)제도를 폐지하고, '西藏善後章程'을 제정하여 주장대신(駐藏大臣)의 역할과 권한을 강화함으로써 서장 지역에 대한 통제력을 강화시켜 나갔다.

한편 건륭제는 1755년 2월에 5만 명을 이리(伊犁)에 파병하여 중가르의 반란을 진압하였다. 또한 1757년 봄에도 건륭제는 군대를 파견하여 중가르부의 반란군을 궤멸시킨 후, 1759년 6월에 카스가르(喀什噶爾)를 점령하였고, 7월에는 천산남로(天山南路)지역까지 완전 평정하였다.

또한 운남지역과 맞닿아 있는 미얀마(緬甸)가 1765년 11월에 변경을 침략하자, 건륭제는 군대를 파견하여 대응하였다. 그러나 청군의 반격이 여러 차례 실패한 끝에, 마침내 1769년 정월에 아계(阿桂)·아리곤(阿里袞) 등에게 명하여 미얀마를 토벌하여 항복을 받아내고, 미얀마의 국왕 맹박(孟駁)은 청조에 칭신(稱臣)과 조공을 약속하였다.

1770년과 1771년에 소금천(小金川)과 대금천(大金川)의 토사가 다시 주변 지역을 공격하면서 도발하자 건륭제는 군대를 파견하여 대응하였으나, 1773년 봄 크게 패하였다. 그래서 건륭제는 다시 아계(阿桂)를 정서장군(征西將軍)에 임명하여 대대적으로 토벌하기 시작하여 마침내 1775년 말에 이르러 소금천과 대금천을 완전 평정하였다. 이후 건륭제는 이 지역에 개토귀류(改土歸流) 정책을 철저히 시행하여, 소금천의 땅에 미낙청(美諾廳)을, 대금천의 땅에는 아이고청(阿爾古廳)을 설치하고, 모두 사천성(四川省)에 예속시켰다.

또한 1787년 3월 대만에서 임상문(林爽文)이 반란을 일으켜 대만부(臺灣府)를 공격하자, 8월에 건륭제는 복강안(福康安)을 장군에 임명하고 대만으로 파견하여 이듬해 1월 토벌을 완료하였다.

한편 1788년, 베트남(安南)의 완씨(阮氏, 응우옌, Nguyen)정권이 중국 중심의 조공체계에 반기를 들자, 건륭제는 8월 말부터 베트남 정벌 준비를 시작하여, 두 방면으로 베트남을 공격할 계획으로 양광총독(兩廣總督) 손사의(孫士毅)와 광서제독(廣西提督) 허세형(許世亨)이 이끄는 부대를 주력으로 삼아 진남관(鎭南關)에서 출발하도록 하였다. 또한 운남제독(雲南提督) 오대경(烏大經)은 측면에서 보조하도록 하였고 이 두 부대를 손사의가 총지휘하도록 하여, 미얀마와 태국(暹羅)의 도움을 받아 파죽지세로 공격해 들어갔지만, 이듬해 1월 베트남의 반격을 받아 패배하고 귀국하였다. 그러나 이번 전쟁으로 막대한 피해를 당한 베트남의 완씨정권이 먼저 화해를 청하면서 조공사절단을 보내와, 건륭제는 이 화의 요청을 받아들이고, 완혜(阮惠, 응우옌 훼)를 베트남의 새로운 군주로 승인하였다.

또한 1791년과 1792년에는 중국의 서장(西藏)으로 쳐들어 와 라시지역을 공격해오는 네팔의 구르카(廓爾喀, Gurkha)부족들을, 건륭황제는 복강안(福康安)과 손사의(孫士毅)을 파견하여 정벌하고 5년 1공

(五年一貢)제도를 확정하였다.

　건륭제는 이렇게 본인이 이룩한 10번의 원정을 십전무공(十全武功)이라 하고, 이러한 내용을 담은 『십전무공기(十全武功記)』라는 책을 출판하기도 하였으며, 스스로를 십전노인(十全老人)이라 칭하기도 하였다.

전성기

　건륭제의 집권 중반기에 이르게 되면 전국 각 지역의 농업·수공업·상업 등 경제 각 부문에 걸쳐 비교적 커다란 발전이 이루어 지고 있었다. 경지 면적은 점차 확대되었고 인구도 큰 폭으로 증가하고 있었으며, 국고(國庫)는 충실해짐으로써 사회경제 전반에 걸쳐 많은 발전이 진행되고 있었다. 경지 면적에 있어서 1766년 전국에 이미 7억 8천만 무(畝)의 토지가 개간되었으며, 인구도 건륭 초기 1억 4천여만 명에서 1795년에는 약 3억여 명으로 증가하였다. 국고도 대략 6, 7천만 냥(兩) 이상을 유지하고 있어서 조세수입의 2배에 해당하는 등 안정적 경제 상황을 유지하고 있었다.

　건륭제 시기에는 농업에 있어서 다수확 작물의 재배와 수리관개시설의 확충으로 단위 면적당 생산량이 현저히 향상되었다. 강남지방의 쌀 생산은 보통 2~3석(石)/1무(畝), 많은 지역에서는 7~8석/1무에 이르는 지역도 있었다. 또한 인구 증가에 따른 식량 수요의 증가로 인하여 건륭제 시기에 이르면 중국 전 지역에 걸쳐 고구마와 옥수수 등 다수확 작물이 광범위하게 재배되었다.

　이와 함께 면화, 담배, 차, 사탕수수 등 경제작물이 널리 재배되었는데, 그 중 면화는 명대부터 시작되어 청대에 이르러 더욱 확산되어 양자강 하류 델타지역·동남연해지역·전당강(錢塘江) 유역뿐만 아니라 화북지역까지도 재배되었다. 특히 건륭제 후기에 이르면 강남의 소주부(蘇州府)와 송강부(松江府)의 면화재배 면적이 벼 재배 면적을 초과하였고, 화북의 하남성과 직예성 일대는 면화재배면적이 전 경지면적의 20% ~ 50%에 이르게 되었다. 그래서 전국 각지에서 생산된 면화는 직조업(織造業)이 발달한 강남지역으로 대량 운송되었는데, 이로 인하여 각 지역 간의 대규모 무역이 이루어졌다.

한편 학술과 문화를 중시한 건륭제는 당시 현존하는 모든 문헌을 정리하려는 목적으로 먼저 각 지방 관원들에게 서적을 수집하라는 구서(求書) 명령을 내리고 댓가를 지불하더라도 당시 시중에 유통 중인 모든 서적(영인본도 포함)을 수집하도록 하였다. 1773년 9월에 이르러 전국 각지에서 수집한 도서가 1만여 종을 초과하였다. 이렇게 하여 『사고전서(四庫全書)』가 9년 뒤인 1782년에 이르러서야 완성되었다. 건륭제는 『사고전서』의 분량이 너무 방대하였여 편찬 도중 요약본 제작도 하도록 하였는데, 이것이 바로 『사고전서회요(四庫全書薈要)』이다. 『사고전서』는 완성된 후 북경 자금성의 문연각(文淵閣), 심양의 문소각(文溯閣), 열하의 문진각(文津閣), 원명원의 문원각(文源閣) 등 4곳에서 보관하도록 하였다.

쇠퇴기(衰退期)

건륭제는 집권 중반기 이후 안정된 경제적 기반을 바탕으로 점차 사치와 소비에 빠져들게 된다. 여러 곳에서 대규모 토목 공사와 6번에 걸친 남순(南巡, 강남지역의 순시)을 통해 많은 인력과 물자를 소모하였을 뿐 아니라 횡령과 부패가 다시 성행하기 시작하여 청 왕조 전체가 건륭 후기부터 쇠퇴하기 시작하였다. 건륭제 본인의 생활 자체가 점차 사치스러워져 황태후의 팔순 생신과 건륭제 본인의 팔순 생일 때 엄청난 소비로 국고를 탕진하였는데, 이는 그의 육순 때의 모습과도 큰 차이가 났다. 이러한 사치 풍조는 관료·대지주·대상인들에게 직접 영향을 끼쳐 이들은 서로 경쟁적으로 모방하여 사회 전반에 유행하였던 것이다.

또한 관료들에 대한 통제도 실패하게 되면서 건륭제 후기의 정치에 심각한 문제가 되었다. 건륭제는 만년에 화신(和珅)을 총애하였는데, 이로 인하여 화신은 권력을 농단하고, 뇌물수수·매관매직 등 부정부패를 빈번하게 저질러 관료체계를 심각하게 훼손하였다. 화신은 27세에 호부시랑(戶部侍郎)이 된 이후 31세에 호부상서(戶部尙書)가 되어 각 관료들이 바치는 뇌물을 모았고, 건륭제의 총애 하에 영시위내대신(領侍衛內大臣)·수석군기대신(首席軍機大臣) 등 주요 문·무 관직을 겸직하며 무려 24년 동안 엄청난 영향력을 행사하였다. 그는 또한 자신의 장남 풍신은덕(豊紳殷德)을 건륭제의 늦둥이 막내딸 고륜화효공주(固倫和孝公主)와 결혼시킨후 더욱 무소불위의 권력을 휘둘렀다고 한다.

이와 함께 건륭제 본인도 즉위 초와는 달리 말년에 이르러서는 재산 축적에도 집착하였다고 한다. 이렇게 건륭제와 화신의 부정부패가 계속되는 등 중앙의 정치가 흔들리자 그동안 청조의 통치 하에 숨죽이고 있었던 반청 세력이 다시 등장하기 시작하였다. 결국 건륭 말기에 백련교세력이 다시 일어나 각지에서 농민봉기의 불길이 남북으로 급속히 번지기 시작하였다.

퇴위(退位)와 태상황(太上皇)

건륭제는 1735년 즉위하면서 할아버지 강희제가 재위했던 61년을 넘지 않을 것이며 만약 살아 있게 된다면 85세가 되는 재위 60년을 마치고 퇴위하겠다고 조서로 발표했었다. 이는 아마 25세에 즉위하는 본인이 아무리 장수하여도 8세에 즉위하여 61년간 재위한 강희제만큼 오래 재위하리라 예측하지 못해 선언한 것으로 보여진다. 어찌됐든 85세가 된 건륭제는 즉위 시 약속했던 자신의 말을 지키고자 물러날 준비를 하였다.

원래 건륭제는 첫 황후 효현순황후(孝賢纯皇后) 부찰씨(富察氏) 소생 차남 영련(永璉)을 후계자로 삼고자 하였으나, 그가 1738년에 죽은 이후 태자를 임명하지 않다가 1773년에 15째 아들 영염(永琰)을 태자밀건법(太子密建法)으로 건청궁 정대광명 액자 뒤에 올려놓았다. 그 후 건륭제는 영염을 가친왕(嘉親王)에 봉한 뒤 정무와 군무를 처리하도록 하였고, 마침내 자신이 약속한 즉위 60년이 되던 해인 1795년 9월 4일에 문무관원과 황친들이 다 모인 가운데 유조(遺詔)를 꺼내어 확인한 후, 영염을 황태자로 봉하였다. 그리고 1795년 음력 12월 30일에 건륭제는 스스로 퇴위하고, 그 다음 날 1796년 음력 1월 1일에 북경 자금성 태화전(太和殿)에서 황태자 영염에게 양위하였는데, 이가 바로 청나라 7번째 황제 가경제(嘉慶帝)이다.

그리고 건륭제 본인은 태상황(太上皇)으로 물러났는데, 여전히 중요한 정무와 군무, 그리고 인사권 등 군국대사를 처리하는 등 막강한 위세를 유지하였다. 그래서 가경제 역시 중요한 일은 항상 태상황과 상의한 후 집행했다고 한다. 이렇게 건륭제는 중국의 역대 태상황 중 유일하게 현재의 황제보다 더 많은 실권과 책임을 가진 인물이었다. 건륭제가 태상황으로서 얼마나 막강한 권력을 가지고 있었는지를 보여주는 것이 건륭제가 총애하던 탐관 화신의 존재이다. 가경제가 그렇게 싫어하던 화신은 건륭제의 비호를 받고 있어서 건륭제가 살아있는 동안 여전히 권력을 누리다 건륭제 사후 가경제에 의해 처형된다. 가경제는 20개의 죄목을 발표하고 화신에게 자살하도록 하였고, 그의 재산을 모두 국고로 환수하였는데, 그 액수가 모두 9억 냥(兩)을 초과하여 12년 분의 국가 총예산과 비슷했다고 한다.

　1799년 1월 3일, 마침내 태상황 건륭제가 양심전(養心殿)에서 89세의 나이로 세상을 떠난 후 가경제의 친정이 시작되었다. 건륭제의 묘호는 고종(高宗)으로 시호는 법천융운지성선각체원입극수문분무흠명효자신성순황제(法天隆運至誠先覺體元立極敷文奮武欽明孝慈神聖純皇帝)로 정해졌고, 유릉(裕陵)에 안장하였다.

제6장

사내 아닌 사내, 환관(宦官)들

1. 조고(趙高)

조고(趙高, ?-B.C. 207)는 본래 진시황과 같은 영(嬴)이라는 성을 가진 인물로 진나라 종실의 먼 친척이었으나 23세 무렵 입궁하여 태감이 되었다(조고는 태감이 아니었다는 설도 있음). 20여 년간 중고부령(中庫府令, 황제의 마차 관리와 출궁 시 수행을 담당하였으며 어떤 경우에는 직접 황제의 마차를 몰기도 하였다. 따라서 황제가 절대적으로 신임하는 최측근이 아니면 이 직책을 맡을 수 없었다) 겸 행부새령사(行符璽令事, 황제의 옥새 관리 담당)를 맡았던 그는 진시황이 사망하자 사구(沙丘, 춘추전국시대 조(趙)나라 경내에 있던 곳으로 현재의 하북성 형태시(刑台市)에 위치하며 진시황이 5번째 동순을 마치고 귀경하던 중 이곳에서 사망하였다)에서 정변을 일으켰다. 승상 이사(李斯)와 공모하여 진시황의 조서를 위조한 조고는 진시황의 장자 부소(扶蘇)를 자살하도록 하고 나이어린 호해 (胡亥)를 이세황제로 옹립한 뒤 스스로 낭중령(郎中令, 진나라 때 9경 (九卿)의 하나로 궁전의 문호를 관장하였다)을 겸하였다.

이세황제 즉위와 더불어 권력을 독점한 조고는 B.C. 208년 승상 이 사를 모함하여 죽게한 뒤 승상의 자리에 올라 다시 이세황제를 핍박하 여 자살하도록 하고 자영(子嬰)을 진왕으로 세웠으나 얼마 뒤 자영의 계략으로 죽임을 당하였다.

2. 정중(鄭衆)

후한(後漢) 후기 1백년간은 태감과 외척이 돌아가면서 정권을 농단 하여 황제는 허수아비에 지나지 않은 경우가 대부분이었다. 그 발단을 제공한 것이 화제(和帝, 89-105)와 그의 신임을 독차지한 정중(鄭衆) 이었다.

정중은 후한의 두 번째 황제인 명제(明帝, 56-75) 때 동궁에서 태 자 유달(劉炟)을 모시면서 권력의 핵심에 접근할 수 있었다. 명제가 사망하고 태자가 계위하니 이가 장제(章帝, 76-88)이다. 장제 즉위와 더불어 정중은 소황문(小黃門, 평소 황제의 좌우에서 비서역할을 담당 하며 공주나 왕태비가 병에 걸렸을 때는 위문사절의 임무도 수행)을 거쳐 중상시(中常侍)의 자리에 올랐다.

장제가 사망하고 화제(和帝, 89-105)가 즉위하자 정중은 구순령(鉤 盾令, 황실 정원의 관리책임자)에 임명되었다. 화제 즉위 초기에는 10세 에 불과한 어린 황제를 대신하여 두태후(竇太后)가 섭정하였다. 이 무 렵 두태후의 오빠인 대장군 두헌(竇憲)의 권세가 대단하여 조정의 상하 관원이 모두 두헌의 편에 섰으나 정중만이 황제와 황실을 지키기 위해 노력하였고, 화제도 자연 정중을 신임하게 되었다.

92년 화제가 친정하려 하자 두헌 형제는 반란을 획책하였고, 정중은 이를 진압하는데 앞장서 그 공로로 소향후(鄛鄕侯)에 봉해졌다. 중국역사상 태감이 후(侯)에 봉해진 것은 정중이 처음이었다. 다만 이후 화제가 국정의 중대사를 정중과만 논의하고 이에 따라 태감의 권세가 차츰 커지기 시작하였으니, 후한 말기 '십상시(十常侍)'의 국정농단이 정중으로부터 비롯되었다고 해도 과언은 아닐 것이다.

3. 채륜(蔡倫)

내정에서 황제와 가까이 지내는 기회를 이용하여 권력을 휘두르고 정치에 관여한 태감은 모두 태감 가운데서도 상층의 인물들이었다. 상층의 태감 가운데는 진의 조고, 당의 고역사, 명의 위충현처럼 지탄을 받는 인물들이 있었는가 하면 후한의 채륜(蔡倫, ?-121), 명의 정화(鄭和, 1371-1433)처럼 태감임에도 상당한 공적을 남긴 이도 없지 않았다.

대대로 대장장이 일을 하던 집안에서 출생한 채륜은 후한 명제(明帝, 57-75) 말년 입궁하여 태감이 되었다. 입궁 초기 비빈들의 처소에서 잡일을 맡았던 채륜은 몇 년 뒤 황궁을 출입하며 조령을 전달하는 직책을 맡게 되었다. 화제(和帝, 88-105)가 즉위한 뒤 조정에 출입하며 천자를 시종하는 중상시가 되었다. 즉위 당시 화제는 채 10세가 되지 않아 장제(章帝, 75-88)의 황후인 두씨가 황태후 자격으로 조정의 대사를 전결하였다. 이로써 두헌(竇憲)을 비롯한 황태후의 4형제가 정권을 농단하자 채륜은 대태감인 구순령 정중과 합세하여 두씨 일족을 제거하고 화제의 황권통치를 강화하는데 기여하였다.

화제의 신임을 얻어 중책을 맡게 된 채륜은 황궁에서 필요한 물품을 제작하는 기구의 우두머리인 상방령(尙房令)을 겸하였다. 후일 최고권력의 상징물로 여겨진 '상방보검(尙房寶劍)'이 바로 상방에서 만든 보검을 일컫는 말이다. 당시 황궁의 공방은 천하의 최고 기술자들이 모인 곳으로 동시대 제조업의 최고 수준을 자랑하는 곳이었다. 이곳에서 채륜은 기존의 제지기술과 경험을 총결하여 부단한 노력과 시도 끝에 마침내 질 좋은 종이를 만드는데 성공하여 105년 조정에 제조기술과 실물을 보고하였다. 황제는 채륜을 칭찬하고 조정 내외에서 널리 종이를 사용하도록 조서를 내렸다. 그로부터 9년 뒤, 오랫동안 궁중에서 일하며 종이를 발명한 공로를 인정받은 채륜은 용정후(龍亭侯)에 봉해졌고, 이로부터 사람들은 채륜이 만든 종이를 채후지(蔡侯紙)라 불렀다.

121년 오랫동안 채륜을 신임하던 등태후(鄧太后, 화제의 황후로 화제 사후 두 명의 어린 황제가 연달아 즉위하자 16년간 섭정하였다)가 사망하였다. 채륜은 이전 장제의 황후인 두황후의 지령으로 송귀인(宋貴人)을 죽음에 이르게 하고 황태자였던 유경(劉慶)의 황위계승권을 박탈하는데 일조한 적이 있었다. 송귀인이 바로 당시 황제인 안제(安帝, 107-124)의 조모이고, 유경이 안제의 생부였다. 친정한 안제가 오래 전 발생한 이 일로 죄를 물으려하자 채륜은 음독자살하였고 작위도 취소되었다.

4. 장양(張讓)

후한(後漢) 말년 영제(靈帝, 168-188) 때 어린나이에 즉위하여 통치 능력이 없는 황제를 주색에 빠지게 만들고 농간으로 정치를 어지럽힌 10명의 태감을 역사상 십상시(十常侍)라 하는데, 그 중심에 선 인물이 장양(張讓, ?-189)이었다.

영천(穎川, 현 하남성 우현(禹縣)) 출신인 장양은 환제(桓帝, 147-167)와 영제(靈帝, 168-188) 때 활동하며 소황문, 중상시 등 직책을 맡고 열후(列侯)에 봉해지기까지 하였다.

중평 2년(中平, 185) 궁성의 일부가 화재로 소실되자 장양은 십상시의 일원인 조충(趙忠) 등과 함께 궁실 건축을 위해 천하의 모든 농지에 세금을 증액하도록 건의하였다. 더불어 각 지방에는 궁실 건축에 필요한 목재와 석재 공출을 명하도록 하였다. 이어 각 지방에서 올라온 건축용 자재를 검사한 태감들은 갖은 이유로 값을 후려치고 그나마도 일처리를 늦춰 목재가 썩는 바람에 궁실건축은 수년이 지나도록 진전이 없었다. 장양은 또한 신임 지방장관들에게는 군수(軍需)와 궁실건축에 필요한 자금을 강제로 할당하여 원성을 자아내기도 하였다. 어려서부터 태감들에 둘러싸여 세상 물정을 몰랐던 영제는 종종 "장양은 나의 아버지요 조충은 나의 어머니"라 할 정도로 태감에 의지하였다.

중평 6년(189) 영제가 죽자 황장자인 유변(劉辯)이 즉위하니 이가 소제(少帝)이다. 새 황제의 등극을 기회로 여긴 중군교위 원소(中軍校尉 袁紹)는 대장군 하진(大將軍 何進)을 부추겨 그간 득세하던 태감들을 모조리 죽여 민심을 안정시킬 것을 권하였다. 그러나 기밀이 새나가 장양과 조충 등이 선수를 쳐 입궁하던 하진을 살해하였다. 소식을 들은 원소가 군대를 일으켜 조충을 죽이고 나머지 태감들을 수색하기 시작하자 장양은 황제를 인질로 삼아 황하까지 도망갔다가 결국 물에 뛰어들어 자살하고 말았다.

5. 종애(宗愛)

황제의 신임을 얻어 득세한 태감의 발호는 한족왕조의 경우에만 국한되지 않았다. 선비족이 세운 북위 초기의 태감인 종애(宗愛, ?-452)는 대사마(大司馬), 대장군(大將軍), 태자태사(太子太師), 중비서(中秘書) 등 관직을 차지하였고 풍익왕(馮翊王, 중국역사상 태감이 왕에 봉해진 사례가 3번 있었다. 그 첫 번째가 종애이고 다음은 당의 이보국(李輔國), 북송의 동관(童貫)이다)에 봉해지기까지 하였다.

출생지나 입궐 전의 배경이 전혀 알려지지 않은 종애는 죄를 지어 궁형을 당한 뒤 입궐하여 태감이 되었다. 처음 잡무를 처리하는 낮은 직책을 맡았던 종애는 태무제(太武帝, 423-452) 때 중상시가 되어 황제의 총애를 받았다. 남조의 송을 치기 위해 직접 출정했던 태무제는 정평 원년(正平, 451), 양자강변에서 성대한 집회를 열어 조정대신들에게 상을 내렸고 이때 종애는 진군공(秦郡公)에 봉해졌다.

태무제가 남정에 나서자 영민하고 매사에 세심한데다 평소 종애의 월권행위에 불만이 적지 않았던 태자 탁발황(拓跋晃)이 수도에 남아 황제의 직무를 대신하였다. 당시 태자와 가까웠던 급사중 구니도성(仇尼道盛)과 시랑 임평성(任平城)도 종애와의 관계가 원만하지 못하였다. 종애는 황제가 출정에 나선 기회에 두 사람을 모함하여 결국 태무제는 구니도성과 임평성을 참수하도록 명하였고 태자 주변의 적지 않은 인물들이 이에 연루되어 처형되었다. 태자도 이 일로 상심하여 사망하고 말았다.

시간이 지나면서 자신의 처분이 잘못되었음을 알게 된 태무제가 후회의 감을 보이자 후환이 두려운 종애는 결국 정평 2년 3월 태무제를 시해하였다. 이어 종애는 후계자 물망에 오른 태자의 아들 탁발준(拓跋濬), 태무제의 셋째 아들 동평왕 탁발한(東平王 拓跋翰)을 제쳐두고 평소 자신과 가까웠던 남안왕 탁발여(南安王 拓跋余)를 황제로 옹립하고 연호를 승평(承平)으로 바꾸었다. 탁발여는 자신을 황제의 자리에 앉혀준 종애를 대사마, 대장군, 태사, 도독중외제군사에 임명하고 풍익왕에 봉하였다.

자신의 구미에 맞는 황제를 옹립한 뒤 종애는 태감임에도 재상의 자리를 차지하고 모든 정무를 독단하였다. 종애의 권세에 조정의 대신들은 모두 그를 두려워하지 않을 수 없었다. 자신의 득세에 노심초사한 황제가 대책을 마련하고 있음을 감지한 종애는 황제가 종묘에 제사지내러 간 틈을 이용하여 자신을 따르는 태감들을 동원하여 재차 황제를 시해하였다. 그러나 종애가 새 황제를 옹립하기 전 전중상서 손갈후(殿中尙書 孫渴侯) 등이 탁발준을 황제로 세우니 이가 문성제(文成帝, 452-465)이다. 즉위 후 문성제는 종애와 그의 삼족을 멸하라는 명령을 내려 중국역사상 태감으로 첫 번째 왕위에 봉해졌던 종애의 생도 이로써 마감되었다.

6. 양사욱(楊思勖)

당 현종의 총애를 받은 양사욱(楊思勖, 659-740)도 상층 태감의 전형 가운데 하나였다. 본래 소(蘇)라는 성을 가지고 있던 그는 어려서부터 태감 양씨(楊氏)에 의해 양육되어 성도 바꾸었고 거세 후 궁에 들어가 내시성에서 일하였다. 이융기(李隆基)를 받들어 궁정정변을 평정한 공로로 궁전의 출입과 수위를 담당하는 좌감문위(左監門衛)의 책임자로 승진하였다.

태감임에도 군사적 재능을 갖추었던 양사욱은 현종 즉위 초 여러 차례 반란사건 진압에 공을 세워 보국대장군(輔國大將軍), 표기대장군(驃騎大將軍)에 임명되고 괵국공(虢國公)에 봉해졌다. 당의 제도에 따르면 태감의 관품(官品)은 3품을 넘지 못하였다. 그럼에도 양사욱은 2품관의 관위를 수여받았으니 현종이 얼마나 그를 신임하였는지 알 수 있다.

비록 군사적 재능으로 당 황실의 보위에 적지 않은 공을 세웠으나 매번 전투에서 포로를 잡으면 대부분 그들의 얼굴껍질이나 두피를 벗기고 심지어는 산채로 심장을 도려내고 인육을 먹는 등 양사욱은 성정이 포악하고 잔인한 것으로도 유명하였다. 다만 양사욱은 황실에 대한 충성심이 깊어 오만하지 않고 권력에 과도한 욕심을 내지 않아 일생의 평가는 그리 박하지 않은 편이었다.

7. 고역사(高力士)

당 현종 초기 양사욱이 황제의 신임을 얻은 대표적 태감이었다면 현종 후기 황제가 가장 총애했던 태감은 고역사(高力士, 684-762)일 것이다. 본명이 풍원일(馮元一)인 고역사의 증조부 풍앙(馮盎)은 당 초기 고주도독(高州都督)을 지냈고 조부와 부친은 반주자사(潘州刺史)를 역임하였다. 10살 무렵 광동지역에서 발생한 역모사건에 집안이 연루되어 거세당하고 5년 뒤 입궁하여 처음 측천무후를 모셨다. 측천무후의 총애를 받았으나 사소한 잘못으로 궁에서 쫓겨나 태감 고연복(高延福)의 양자가 되어 성과 이름을 바꾸었다. 고연복이 측천무후의 친정 조카인 무삼사(武三思)와 가까워 무삼사의 집을 자주 드나들던 고역사는 1년 후 다시 무측천의 부름으로 입궁하였다.

이융기가 등극하기 전부터 그를 극진히 모셔 신임을 얻은 고역사는 이융기의 즉위와 즉위 후 정적을 제거하는데 공을 세워 파격적으로 종3품에 해당하는 은청광록대부(銀靑光祿大夫)에 제수되었다. 이어 고역사는 우감문위장군을 겸하였다.

현종은 태감들을 총애하여 조금이라도 자신의 마음에 드는 태감에게는 3품관을 수여하였다. 따라서 현종 재위 시 앞서 살펴본 양사욱을 비롯한 많은 태감이 궁내외에서 중요한 역할을 담당하였다. 특히 현종은 전제황권을 강화하고자 감군제도(監軍制度)를 만들어 측근 태감을 파견해 지방군을 감시하였으며, 중앙의 금병(禁兵) 통수권도 태감에게 부여하였다.

지방의 군대를 시찰하기 위해 파견된 감군의 권력은 절도사를 능가할 정도였다. 태감들은 지방에 출사할 때마다 닥치는 대로 재물을 거둬들여 장안의 호화주택과 경기지역 토지와 과수원의 절반을 태감들이 소유하는 현상이 빚어졌다. 또한 태감을 황제의 명령을 전달하는 추밀사(樞密使)로 임명하여 태감들이 정치에 개입할 수 있는 길을 열었다.

현종의 신임으로 고역사는 사방에서 올라오는 상주문을 황제보다 먼저 열람하였으며 중요하지 않은 사항은 황제를 대신하여 마음대로 재결하기까지 하였다. 그럼에도 현종은 고역사를 총애하여 "력사가 앞에 나서야만 나는 편히 쉴 수 있다"는 말을 되뇌며 아예 궁 밖으로 나오지도 않았다. 황제의 신임이 깊어지면서 고역사의 권세도 나날이 커져 능력에 상관없이 고역사의 추천을 받은 자들이 모두 내외의 요직을 차지하였다. 심지어 숙종(肅宗)은 동궁시절 고역사를 작은 형이라 불렀고 부마들은 고역사를 할아버지라 칭할 정도였다.

현종 천보(天寶, 742-756) 초년 고역사에게는 관군대장군(官軍大將軍)이라는 관직이 부가되었고 발해군공(渤海郡公)이라는 작위까지 더해졌다. 천보 7년(748) 표기대장군(驃騎大將軍)에 제수된 고역사의 재산은 일반 왕후(王侯)는 감히 비할 수 없을 정도였다. 천보 14년(755) 고역사는 원사예(袁思藝)와 함께 정3품의 내시성 내시감에 임명되었다. 안사의 난으로 현종이 피난하자 원사예는 안록산에게 투항하였으나 고역사는 현종을 성도(成都)까지 모셔 제국공(齊國公)의 작위를 받았다. 태자 이형(李亨)이 양위 받아 등극하고 현종이 태상황으로 물러난 뒤 고역사에게는 종1품의 개부의동삼사(開府儀同三司)직이 추가로 수여되었다.

상원 원년(上元, 760) 모함으로 유배되었던 고역사는 보응 원년(寶應, 762) 3월 특사를 받아 유배지에서 장안으로 돌아오던 중 이융기의 사망 소식을 듣고 대성통곡하다 피를 토하며 사망하였다. 대종 이예(代宗 李豫)는 고역사에게 양주대도독(揚州大都督)을 추증하고 현종의 유지에 따라 현종의 능묘 태릉(泰陵)에 배장묘(倍葬墓, 중심 능묘를 수호하기 위한 딸린 무덤)를 만들어 장례를 치러 주었다.

8. 이보국(李輔國)

현종의 총애를 한 몸에 받았던 고역사의 말년이 불행하게 막을 내리게 된 것은 역시 태감으로 한때 자신을 따랐던 이보국(李輔國, 705-763)의 음해 때문이기도 하였다. 숙종을 모셨던 이보국은 당나라 때 태감으로 재상을 역임한 첫 번째 인물이며 본명은 정충(靜忠)이다.

이보국은 현종 때 입궁하여 처음에는 고역사 밑에서 일하였다. 후일 동궁전의 태감으로 일하면서 태자 이형(李亨)을 극진히 모셔 태자의 심복이 되었다. 안사의 난이 발생하여 현종은 창졸간에 장안을 떠나면서 태자에게 후방의 일을 부탁하였다. 이때 이보국은 태자를 도와 민심을 안정시키는데 주력하는 한편 등극을 적극 권고하였다.

756년 태자 이형이 영무(靈武, 현 영하(寧夏)회족자치구 경내의 현급자치시)에서 즉위하니 이가 숙종(肅宗, 756-762)이다. 이보국은 심약한 성격의 이형을 지극정성으로 섬겼고, 그를 최측근으로 여겨 군정대사를 맡긴 숙종은 처음 호국(護國)이라는 이름을 하사하였다가 나중에 보국(輔國)으로 고쳤다.

지덕 2년(至德, 757) 숙종을 따라 장안으로 돌아온 이보국에게는 개부의동삼사(開府儀同三司)의 관직이 수여되었으며 성국공(郕國公)에 봉해졌다. 이 무렵 이보국은 관원들의 활동을 감시하는 '찰사(察事)'라는 기구를 두어 권력을 더욱 강화하였다.

숙종이 귀경한 뒤 태상황 현종도 장안으로 귀환하였다. 혹시 현종이 복위를 꾀하지 않을까 염려한 이보국은 숙종의 묵인하에 사사건건 현종을 압박하였다. 현종의 거처를 태극궁으로 옮기도록 조치한 이보국은 현종이 가장 신임하던 고역사를 모함하여 유배보내기도 하였다.

대권을 장악한 이보국은 천하의 대사를 모두 마음대로 처리하였다. 대소신료들이 올리는 상주문도 이보국의 손을 거친 다음에야 황제에게 전달될 수 있었다. 황제의 조서도 이보국의 서명이 있은 뒤에야 비로소 시행될 수 있었다. 조정대신들의 동향을 파악하기 위해 이보국은 수십 명의 감독관을 내외에 파견하였으며, 전국 각지에서 올라온 소송 안건도 자신의 뜻대로 전결하였다. 지방의 실권을 장악한 절도사들도 당연히 이보국의 뜻에 따라 결정되었다.

이보국은 태감임에도 재상의 자리에 욕심을 부렸으나 소화(蕭華)의 격렬한 반대에 부딪히자 그를 모함하였고 결국 숙종은 자신의 친신인 원재(元載)를 재상에 앉히고 소화를 장안 밖으로 축출하였다. 이보국 이 권력을 마음대로 행사할 수 있었던 것은 숙종의 황후인 장씨(張氏) 가 있었기 때문이기도 하다. 두 사람은 서로의 필요에 의해 내외에서 호응하여 정권을 농단하고 자신들에게 불리한 자는 직위고하를 막론 하고 제거하였다. 숙종의 셋째아들 건녕왕 이담(建寧王 李倓)은 진심 으로 태자 광평왕 이예(廣平王 李豫)를 보좌하여 숙종의 사랑을 받았 다. 그러나 장황후와 이보국의 모함으로 결국 숙종은 건녕왕에게 사약 을 내리고 말았다.

보응 원년(寶應, 762), 평소 건강이 좋지 않았던 숙종은 현종이 사 망했다는 소식을 듣고 더욱 위중한 상황에 처하였다. 장 황후는 추후 에도 자신이 계속 정국을 좌우할 생각으로 그간 뜻을 같이했던 이보국 을 제거하고 나아가 태자까지 죽인 뒤 월왕 이계(越王 李系)를 태자에 앉힐 계획을 꾸미기 시작하였다. 그러나 사전에 정보를 입수한 이보국 은 태자를 보호하고 월왕과 그 지지자들을 체포한 뒤 장 황후를 살해 하였다. 당일 저녁 큰 충격을 받은 숙종이 사망하고 다음날 태자 이예 가 등극하니 이가 대종(代宗, 762-779)이다.

대종의 등극에 절대적인 공을 세운 이보국은 교만함이 날로 더하여 공공연히 황제에게 바깥일은 모두 자신이 알아서 처리할 것이니 황제 는 궁 안에 가만히 앉아있기만 하면 된다는 방자한 언행을 서슴지 않 았다. 이보국의 월권을 더 이상 두고 볼 수 없었던 대종은 표면적으로

는 그를 '상부(尙父)'라 부르며 사공(司空) 겸 중서령(中書令)의 직책을
맡겼으나 암암리에 태감 정원진(程元振) 등과 이보국을 제거할 계획을
착착 실행에 옮겼다. 이보국의 관직을 박탈하고 그를 박륙군왕(博陸郡
王)에 봉한 대종은 얼마 뒤 자객을 보내 이보국을 살해하고 목을 잘라
화장실에 버리도록 하였다. 나무로 머리모양을 조각하여 이보국의 장
례를 치룬 대종은 그에게 태부(太傅)를 추증하였고, 이보국의 시호는
추(醜)로 정해졌다.

9. 유근(劉瑾)

태감의 발호가 가장 극심했던 것은 명대이다. 영종(英宗, 1435-
1449, 1457-1464)은 태감 왕진(王振, ?-1449)을 선생님이라 부르고
그의 이름을 부르지 않았다. 무종(武宗, 1505-1521)의 신임을 업고
무소불위의 권력을 행사한 유근(劉瑾, 1451-1510)과 희종(熹宗,
1620-1627)대에 '구천구백세(九天九百歲)'로 불린 위충현(魏忠賢,
1568-1627)이 명대 태감 득세의 표본적인 사례라 할 수 있다.

유근의 본래 성은 담(談)이다. 6세때 태감 유순(劉順)에게 수양되어
정신(淨身) 후 입궁하여 유씨 성을 쓰게 되었다. 홍치(弘治, 1488-
1505) 연간 죄를 지어 처형당할 위기에 있었으나 가까스로 사면된 뒤
에는 태자 주후조(朱厚照)를 모셨다. 정덕 원년(正德, 1505) 출조 시의
종고와 궁내 잡희를 담당하는 종고사(鐘鼓司)에서 근무하였다. 이 무
렵 황제가 미복으로 출궁하여 환락에 빠져들게 하여 탄핵을 받았으나,
황제는 오히려 그를 비호하여 사례태감에 임명하였다.

황제의 신임을 무기삼아 유근이 전권을 행사하면서 조정이 혼란에

빠져들기 시작하였다. 특히 끝을 알 수 없는 유근의 탐욕은 나라와 백성들에게 무궁한 재난을 가져왔다. 유근에게 뇌물을 바쳐야 하는 관원들은 백성들을 쥐어짤 수밖에 없었고 살길이 막막해진 백성들은 이에 반항하지 않을 수 없었다. 민심이 이반한 틈을 탄 안화왕 주치번(安化王 朱寘鐇)이 정덕 5년(正德, 1510) 4월 반란을 일으켰으나 무종은 어사 양일청(楊一淸)과 태감 장영(張永)을 파견하여 반란을 진압하였다.

반란을 진압한 양일청은 감군으로 파견된 장영과 유근을 제거할 방안을 논의하였다. 귀경 후 장영은 계획에 따라 유근의 17가지 죄상을 황제에게 고발하였고 놀란 무종은 유근을 체포하여 심문하도록 하였다. 다음날 무종은 직접 유근의 집으로 가 재산을 몰수하였는데 당시 유근의 집에서는 금은 수백만냥과 가짜 옥새 등이 발견되었다. 또한 유근이 항상 지니고 다니던 부채에서 비수 두 자루가 발견되기도 하여 대노한 무종은 마침내 유근이 모반을 획책하고 있다는 고발을 믿게 되었다.

국문 결과 유근은 사흘에 걸쳐 3,357번의 칼질을 당하는 능지에 처해지게 되어 정덕 8년 형이 집행되었다. 망나니가 가슴살을 10번 도려내자 혼절했던 유근이 깨어나자 다시 10번의 칼질이 더해지기를 반복하여 둘째 날 유근은 사망하였다. 이후에도 칼질은 멈추지 않아 3,357번 계속되었다.

10. 위충현(魏忠賢)

원래 이름이 이진충(李進忠)인 위충현(魏忠賢, 1568-1627)은 가정형편으로 교육을 받지 못해 일자무식이었으나 활쏘기와 사격과 기마에는 능숙하였다. 또한 숙부뻘 되는 집안 친척으로부터 요리를 배워 후일 출세에 큰 도움이 되었다. 도박을 좋아하고 술과 여자에 쉽게 빠져 살던 그는 어느 날 도박에서 큰돈을 잃자 고민하다 태감이 되기로 결심하고 자궁(自宮, 스스로 거세함)하였으나 완전히 거세되지 않아 상처가 아문 뒤에도 가끔씩 성적충동을 느꼈던 것으로 알려지고 있다.

입궁하여 사례태감 왕안(王安)에 의해 갑자고(甲子庫)에 배치되어 일하게 되었고, 후일 황제로부터 위충현이라는 이름을 하사받았다. 위충현이 입궁할 당시 왕안이 궁중에서 상당한 권세를 누리고 있었고, 이를 간파한 위충현은 왕안의 신임을 얻기 위한 노력한 끝에 태자 주상락(朱常洛)의 생모 왕공비(王恭妃)의 궁에서 주방일을 맡게 되었다. 왕공비 사망 시 태자 주상락은 이미 황손 주유교(朱由校)를 두고 있었는데, 이 무렵 위충현은 황손의 유모인 객씨(客氏)와 애매한 관계를 맺고 있었다. 야심이 없지 않았던 위충현과 객씨는 몰래 만남을 가지면서 태자 혹은 황손이 계위할 기회를 노리기로 약조하였다.

만력 48년(萬曆, 1620) 신종이 사망하고 태자 주상락이 계위하니 이가 광종이다. 그러나 즉위한지 채 한 달도 못되어 광종이 약을 잘못 복용하여 사망하고 아들 주유교가 계위하니 이가 희종이다. 희종 즉위 후 위충현과 객씨는 연합하여 왕안을 제거하는 데 성공하였다. 이어 위충현은 사례감병필태감 겸 특무기관인 동창을 거느리는 제독에 임명되어 권력을 장악하기 시작하였다.

천계 7년(天啓, 1627) 가을, 희종이 사망하고 광종의 다섯째 아들로 희종의 이복동생인 주유검(朱由檢)이 즉위하니, 이가 사종(思宗, 1627-1644)이다. 즉위 이전부터 위충현의 죄상을 잘 알고 있던 사종은 혹시나 모를 변고를 단단히 준비하였고 위충현과 그의 무리는 몸을 사리기 시작하였다. 다만 즉위 초 일정기간 사종은 위충현 일당에 대한 직접적인 행동에 나서는 것을 주저하다가 11월 마침내 위충현을 봉양(鳳陽, 현 안휘성 봉양)에 유배하도록 명하였다. 유배길에 오른 도중에도 위충현이 회개하지 않고 방탕함을 일삼는다는 소식을 듣고 대노한 황제가 금의위에 명하여 북경으로 압송하도록 하였다는 소식을 들은 위충현은 부성(阜城)의 객잔에서 자살하였다.

11. 안덕해(安德海)

청조는 입관 후 명의 태감제도를 그대로 유지하였지만 인원은 대폭 줄였다. 더욱이 순치제는 명대에 태감의 발호로 정치가 혼란하였음을 거울삼아 태감의 정치간여를 엄금한다는 철패(鐵牌)를 교태전을 비롯한 자금성 내 여러 곳에 세워 청 황실의 가법(家法)으로 삼도록 하였다. 그 영향으로 청대에는 명대와는 달리 태감이 정치에 간여하여 국정을 농단한 사례는 나타나지 않았다. 다만 후기에 이르러 태감이 궁중의 질서를 어지럽힌 예가 없지 않았으니 바로 서태후(西太后)의 총애를 받은 안덕해(安德海, 1844-1869)와 이연영(李蓮英, 1848-1911)이 대표적이다.

안덕해는 8-9세 무렵 정신 후 10세에 입궁하여 함풍제를 가까이에서 모시는 어전태감을 지냈다. 일설에 의하면 어려서부터 여성호르몬이 과다하여 생김새와 행동거지가 여자와 다름없었던 안덕해는 영록(榮祿)의 소개로 어의에게 뇌물을 주고 거세하지 않고 입궁하였다 한다.

함풍제가 열하 피서산장에서 사망하고 황장자 재순(載淳)이 계위하면서 안덕해는 황제의 생모 자희태후(서태후)와 긴밀한 관계를 맺기 시작하였다. 신유정변 시 자희태후를 도운 공로로 총관대태감(總管大

太監)에 오른 뒤부터 안덕해의 월권행위가 도를 더하기 시작하였다. 동치 7년(同治, 1868) 겨울, 안덕해는 북경의 가장 큰 주점에서 19세의 미인을 아내로 맞아들이는 성대한 결혼식을 올렸다. 이때 자희태후는 은 1천냥과 비단 1백필을 결혼선물로 하사하였다.

미천한 6품의 태감임에도 불구하고 안덕해는 날이 갈수록 교만함이 극에 달하여 어린 황제와 공친왕을 비롯하여 조정의 대신들을 안중에도 두지 않았다. 자희태후의 총애를 무기로 자신마저 무시하는 안덕해의 오만불손함에 동치제의 분노도 극에 달하였다.

동치 8년(1869) 7월, 안덕해는 황제의 대혼에 필요한 용포와 궁중 혼례에 쓰일 예물 준비를 명분으로 자희태후에게 출궁허락을 요청하였다. 자희태후의 허락을 얻은 안덕해는 수종(隨從) 몇 명과 함께 출경하였다. 순치제의 유훈에 따라 정해진 청 황실의 가법(家法)에 의하면 태감은 특별한 임무를 부여받지 않은 이상 함부로 황성 밖으로 나갈 수 없었고, 만일 이를 어길 시에는 극형에 처하도록 하였다. 동시에 「흠정궁중현행칙례(欽定宮中現行則例)」에도 4품 이하의 태감은 상부의 정상적인 지령 없이 함부로 출궁할 수 없으며, 이를 어길 시에는 예외 없이 사형에 처한다고 규정되어 있었다. 당시 6품 태감에 불과했던 안덕해는 자희태후의 허락만 얻었을 뿐 어떠한 관방아문에도 사실을 알리지 않고 출궁하였다. 이는 황실의 가법과 궁중칙례를 어긴 것으로 스스로 살신지화(殺身之禍)를 자초한 무모한 행동이었다.

정식경로를 통한 출궁이 아니었기에 어떤 형식의 공문도 소지하지 않았지만, 안덕해 일행은 위풍당당하게 운하를 따라 강남으로 향하다가 산동 덕주(德州)에 이르게 되었다. 이들의 존재를 알게 된 덕주지부는 곧바로 산동순무 정보정(丁寶楨)에게 사실을 보고하였다. 평소 안덕해의 교만과 오만불손함에 분개하고 있었던 정보정은 8월 2일 안덕해 일행이 태안(泰安)에 도착하자 지현에게 그들을 체포하여 제남으로 압송하도록 한 뒤 직접 심문하였다. 8월 6일 군기처로부터 규정대로 처리해도 좋다는 지령이 당도하자 다음날 정보정은 안덕해를 즉결 처분하였다.

12. 이연영(李蓮英)

청말 총관태감이었던 이연영의 원명은 이진희(李進喜)이나 입궁 후 14년이 지나 자희태후가 연영(連英)이라는 이름을 하사하여 일반적으로는 연영(蓮英)이라 부른다. 수십년간 자희태후를 모셨던 청말 가장 권세 있는 태감이자 처음으로 자희태후를 '노불야(老佛爺)'라 불렀던 인물이기도 하다.

8세에 정신 후 다음해 입궁한 이연영은 영불연합군이 북경을 점령할 무렵 12세의 어린 나이에 함풍제를 모시고 열하로 피난하였다. 다음해 함풍제가 사망하자 새 황제를 따라 귀경하였다. 처음 주사처(奏事處)와 동육궁의 하나인 경인궁(景仁宮) 등에서 일하다 16세 되던 1864년 자희태후의 장춘궁(長春宮)에서 일하기 시작하였다. 비슷한 무렵에 진궁한 안덕해는 자희태후의 총애를 받아 잘 나갔지만 이연영은 두각을 나타내지 못하였다. 그러나 1869년 안덕해가 산동에서 처형되자 이연영은 21세의 나이에 대총관(大總管)이 되었다.

총명하고 순종적이었던 이연영은 안덕해사건을 통해 주인과 노예의 관계가 어떠해야하는지 분명하게 인식하였다. 먼저 주인의 성격과 기호를 면밀히 관찰하고 파악한 뒤 주인인 자희태후를 즐겁게 하기 위해 세심한 주의를 기울이면서도 매사에 신중하였다. 그러면서도 아랫사람들에게는 관대했던 것이 이연영의 처세술이자 성공의 비결이었다.

광서 5년(光緖, 1879) 4품 태감으로 승진한 이연영은 자희태후의 권세가 강화될수록 덩달아 그의 지위와 권세도 높아졌다. 31세의 이연 영은 궁실 태감의 최고 우두머리격인 경사방대총관(敬事房大總管)과 어깨를 나란히 하였다. 46세 되던 해인 광서 20년(1894) 이연영은 2품 관에 제수되었다. 비록 이는 명예의 상징에 불과하였으나 청대 태감 가운데는 첫 번째 사례였다. 옹정제가 태감에게는 4품관 이상을 제수 할 수 없다고 규정하였음에도 자희태후는 황실의 가법을 어길 정도로 이연영을 총애하였던 것이다.

1900년 8국연합군의 북경점령 직전 광서제와 자희태후를 모시고 서안으로 피난하였던 이연영은 다음해 귀경하였다. 1908년 자희태후 가 사망하자 장례를 마친 이연영은 다음해 2월 52년간 머물렀던 황궁 을 떠나 사가에서 여생을 보내다 1911년 2월 64세로 사망하였다. 이연 영은 재물을 탐했을지언정 정치에 깊이 간여하지 않아 수십 년간 자희 태후를 모시고 자의로 퇴직 후 출궁할 수 있었다.

제7장

삼국지(三國志)의 영웅들

1. 조조(曹操)

조조(155-220)의 자는 맹덕(孟德) 일명 길리(吉利)이며, 패국 초현(沛國 譙縣, 현 안휘성 박주시) 출신이다. 후한 말년에 활동한 걸출한 정치가, 군사가, 문학가, 서예가로 삼국시대의 본격적인 시작을 알리는 위나라 건국의 기초를 닦은 인물이다.

후한 말년 천하가 어지러워지자 조조는 한나라 황제의 명의로 사방으로 출정하여 안으로는 원소(袁紹), 원술(袁述), 여포(呂布), 유표(劉表) 등 할거세력을 제거하고, 밖으로는 남흉노(南匈奴), 오환(烏桓), 선비(鮮卑) 등을 복속시켜 중국 북방을 통일하는데 공헌하였다. 이러한 공로로 생전 후한의 승상을 역임하였고, 위왕(魏王)에 봉해졌다. 사후 무왕(武王)이라는 시호를 받았으며, 아들 조비가 황제가 된 뒤 무황제(武皇帝)로 추존되었다. 묘호는 태조(太祖)이다.

조조의 부친 조숭(曹嵩)은 환관 조등(曹騰)의 양자였다. 네 명의 황제를 모신 조등은 상당한 권세와 명망을 가져 환제(桓帝)대에 비정후(費亭侯)에 봉해졌다. 조등의 작위를 승계한 조숭은 영제(靈帝)대에 무관의 최고위직인 태위(太尉)를 맡았다.

천성이 기지가 넘치고 임기응변에 능했던 조조는 젊은 시절 품행이 방탕하여 학업에는 뜻이 없었다. 따라서 별다른 재능을 보여주지 못한 조조에 대한 당시 주변의 평가는 상당히 비관적이었다. 다만 교현(喬玄), 하옹(何顒) 등은 조조의 비범함을 높이 평가하였다. 특히 사람을 보는 눈이 특출하기로 유명하였던 허소(許邵)는 조조를 '평세의 간웅, 난세의 영웅'이라 평하였다.

경서는 가까이 하지 않았지만 조조는 어려서부터 무예를 좋아하고 그 방면에 재능도 보여 관련 서적을 널리 탐독하였다. 특히 병법에 깊은 관심을 보인 조조는 고대 여러 병법가의 도략(韜略)을 베껴 읽으며, 이 과정에서 손자병법의 주석서인 『위무주손자(魏武注孫子)』라는 저작을 후세에 남겼다. 젊은 시절 병법에 대한 남다른 관심과 연구는 후일 조조가 군사적 재능을 발휘하는데 큰 자양분이 되었다.

174년, 약관의 조조는 효렴(孝廉)의 천거과정을 통해 수도인 낙양의 하급무관으로 임용되었다가 얼마 뒤 낙양성 북문 수비와 출입을 책임지는 북부위(北部尉)를 맡게 되었다. 새로운 자리에 부임하자 조조는 법령준수를 천명하며 기강을 엄히 다스려 조직문화를 바꾸었다. 오색 몽둥이 10여개를 제작하여 아문의 좌우에 걸어두고 금령을 어기는 자는 누구든 몽둥이로 처형할 것을 호언하였다. 마침 황제의 총애를 받던 환관 건석(蹇碩)의 숙부 건도(蹇圖)가 통금령을 어기자 조조는 한치의 망설임도 없이 오색 몽둥이로 건도를 처형하였다. 이로 인하여 조조는 권세가들의 미움을 사게 되어 낙양에서 멀리 떨어진 돈구(頓丘,

현 하남성 청풍현)로 좌천되었다.

178년, 조조는 사촌매부 송기(宋奇)가 환관에게 주살된 사건에 연루되어 관직이 박탈되었다. 이에 고향 초현으로 돌아가 한가로운 나날을 보냈다. 2년 뒤인 180년 재차 조정의 명을 받아 의랑(議郞)에 임명되었다. 이에 앞서 대장군 두무(竇武)와 태부 진번(陳蕃) 등이 환관들을 제거하려고 모의하다 발각되어 오히려 환관들에게 살해되는 사건이 있었다. 재차 관직에 나아간 조조는 이 일을 문제삼아 두무 등을 변호하는 상소를 올렸으나 영제는 이를 받아들이지 않았다. 이후로도 조조는 여러 차례 상소를 올려 시정의 적폐를 지적하였다. 황제는 종종 조조의 건의를 받아들여 잘못을 시정하고자 하였지만, 정치는 날로 부패함이 더해갔다.

184년, 황건적의 난이 발생하자 조조는 기도위(騎都尉)에 임명되어 황보숭(皇甫嵩) 등과 황건적 토벌의 임무를 부여받았다. 영천(潁川, 현 하남성 허창시)에 진격하여 황건적 수만 명을 토벌한 조조는 그 공로로 제남상(濟南相)에 임명되었다. 당시 제남국 10여개 현의 관리들은 대부분 권세가들과 결탁하여 닥치는대로 재물을 수탈하는 등 불법 행위가 만연하였다.

이전 국상(國相)들은 하나같이 이를 방관하였으나, 조조는 자리에 오르자마자 대대적인 개혁을 단행하여 관리의 8할을 면직하도록 조정에 주청하였다. 소식이 알려지자 제남국 전체가 진동하였고 탐관오리들은 다투어 도망하였다. 치적이 알려지자 조정에서 동군태수(東郡太守)로 발탁하려 하였으나 권세가들에 영합하려 하지 않은 조조는 병을 핑계로 재차 낙향하여 잠시 은거하였다.

천하가 어지러운 상황에서 기주자사 왕분(冀州刺史 王芬) 등이 영제를 폐위하고 합비후(合肥侯)를 새 황제로 옹립하려 계획하였다. 왕분이 자신들의 계획에 가담하기를 청하였으나 조조는 이를 거절하였다. 얼마 뒤 왕분은 일이 실패하자 자살하였다. 이어 서북방면 금성군(金城郡, 현 섬서성 난주시)에서 10여만 명이 자사와 태수를 살해하고 조정에 반기를 드는 반란이 발생하였다.

188년, 영제는 통치기반을 공고히 하기 위해 서원팔교위(西園八校尉)를 설치하였다. 이때 조조는 팔교위 중의 전군교위(典軍校尉)에 임명되었다. 다음해 영제가 사망하고 나이어린 태자 유변(劉辯)이 등극하자 황제의 모친 하태후(何太后)가 수렴청정하였다. 이 무렵 하태후의 이복오빠 대장군 하진(何進)이 그간 영제의 총애를 등에 업고 권력을 농단하던 십상시를 주살하려 하였다. 태후가 자신의 계획을 지지하지 않자 하진은 병주목(並州牧) 동탁(董卓)을 불러들여 태후의 동의를 얻어내고자 하였다. 그러나 동탁이 낙양에 당도하기 전 하진은 오히려 환관들에게 살해당하고 말았다. 같은 해 9월 입경한 동탁은 황제를 폐하여 홍농왕(弘農王)으로 삼고 동생 진류왕(陳留王)을 옹립하니 이가 후한의 마지막 황제인 헌제(獻帝)이다. 새 황제를 옹립한 동탁은 반년 뒤 홍농왕 모자를 독살하고 태사(太師)를 자칭하며 조정의 대권을 장악하였다. 불법을 자행하는 동탁과 합작하기를 원치 않던 조조는 몰래 낙양을 빠져 나와 진류(陳留, 현 하남성 개봉시)에 다다르자 의병을 모아 동탁토벌의 첫 깃발을 올렸다.

190년 정월, 원술(袁術) 등은 발해태수 원소(袁紹)를 맹주로 추대하고 본격적인 동탁토벌에 나섰다. 조조도 분무장군(奮武將軍) 대리 자격으로 토벌군에 참가하였다. 2월, 연합군에 패퇴한 동탁은 궁실을 불사르고 왕릉을 파괴한 뒤 헌제를 협박하여 장안으로 천도하였다. 동탁이 거느린 정예병인 양주군(涼州軍)의 전력을 두려워한 관동연합군은 관서로 전진하지 못하고 모두 산조(酸棗, 현 하남성 연진현) 일대에 진을 쳤다.

동탁과의 결전을 위해 홀로 군대를 이끌고 서진한 조조는 중과부적으로 대패하여 병사의 절반을 잃었다. 자신도 부상을 당했던 조조는 집안동생 조홍(曹洪)의 도움으로 간신히 화를 면하고 산조로 회군하였다. 조조는 재차 서진하여 동탁을 포위할 것을 건의하였으나 여타 장수들은 이에 응하지 않았다. 관동연합군에 가담한 여러 장수들은 겉으로는 동탁토벌에 뜻을 같이하였으나, 속마음은 모두 세력 확장의 기회만을 엿보고 있었다. 결국 얼마 뒤 내부마찰이 격화되어 서로 무력을 앞세워 다투면서 연합군은 해산되었다.

191년, 조조는 동군에서 우독(于毒), 백요(白繞) 등이 이끈 흑산군(黑山軍)이라 불린 농민기의군을 소탕하여 동군태수(東郡太守)에 임명되었다. 192년, 청주(靑州, 현 산동반도 중부) 일대의 황건적이 재차 세력을 확장하여 연주(兗州, 현 산동 제녕시 일대)의 군현을 차례로 점령하고 연주자사까지 살해하였다. 이에 제북상 포신(濟北相 鮑信) 등이 조조를 연주목으로 맞아들였다. 그러나 포신이 전사하는 등의 위기를 극복하고, 조조는 마침내 황건적을 격파하였다. 조조는 투항한 황건적 가운데 정예를 추려 청주병(靑州兵)이라는 군대를 조직하고, 이들을 동원하여 원소를 도와 유비를 패퇴시켰다.

193년 가을, 조조의 부친 조숭이 아들을 만나기 위해 길을 나섰다가 중도에 서주목 도겸(陶謙)이 보낸 병사에게 피살되었다. 이에 조조는 서주를 공략하여 동남방향으로 세력을 확장하였다. 다음해 여름 조조는 재차 서주를 공격하였다. 이 과정에서 과도한 살육이 행해지자 이에 불만을 품은 동군수비 진궁(東郡守備 陳宮) 등이 반란을 일으켜 여포(呂布)를 연주목에 추대하고자 하였다.

반란이 일어난 뒤 연주의 대부분은 진궁 등의 수중에 들어가고, 조조의 지지자들은 단지 두 개의 현만을 지켜내고 있었다. 소식을 듣고 다급히 서주에서 돌아온 조조는 여포가 주둔하고 있는 복양(濮陽)을 포위하였다. 두 세력은 백여 일간이나 대치하였으나 황재(蝗災)가 크게 발생하여 전투를 멈추었다. 이 무렵 연주를 잃은 조조는 군량도 소진되어 매우 어려운 상황에 처해 있었다. 이에 원소가 사람을 보내 자신의 편에 설 것을 제안하였다. 조조는 난국타개의 방안으로 이 제안을 받아들일 생각이 없지 않았으나 책사 정욱(程昱)의 반대로 포기하였다.

195년, 전열을 재정비한 조조는 여포와의 세 차례 전투에서 모두 승리하여 연주 전역을 다시 손에 넣었다. 서주로 도망한 여포는 유비에게 몸을 의탁하였다. 같은 해 7월, 장안에서 낙양으로 되돌아온 헌제는 각지의 장수들에게 근왕군을 조직하라는 조서를 내렸다.

196년 8월, 헌제는 조조의 보호를 받기 시작하여 그를 사례교위에 봉하였다. 얼마 뒤 조조는 헌제를 앞세워 허창(許昌, 현 하남성 허창시)으로 천도하였다. 같은 해 11월 헌제는 조조를 사공(司空)에 임명하여 백관을 지휘 통솔하도록 하였다.

197년 정월, 조조는 장수(張繡) 토벌을 위해 친히 군대를 이끌고 출정하여 육수(淯水)에 주둔하였다. 이에 장수는 투항과 반란을 거듭하여, 그 와중에 조조의 큰아들 조앙(曹昂)과 조카 조안민(曹安民) 등이 전사하였다. 이후 조조는 두 차례 더 공격하였으나 장수의 세력을 철저히 괴멸시키지는 못하였다. 같은 해 9월, 조조는 원술을 치기 위해 동정에 나섰고 원술은 부하들을 버리고 회하(淮河)로 도망하였다.

198년 9월, 조조는 오랜 적수인 여포를 치기 위해 서주로 진격하였다. 조조군의 기세에 눌린 여포의 휘하는 전의를 상실하였고, 12월 여포의 부장 위속(魏續) 등이 진궁을 생포하여 조조에게 투항하였다. 대세가 기운 것으로 판단한 여포는 결국 성문을 열고 투항하였고, 조조는 여포와 진궁 등을 처형하였다. 이로써 서주 전역도 완전히 조조의 세력권에 놓이게 되었다. 다음해 조조는 군사를 파견 하내군(河內郡)을 정벌하여 세력범위를 황하 이북으로까지 확대하였다.

하내군을 손에 넣은 뒤 조조는 북방의 강자 원소와의 전쟁을 착실히 준비하였다. 조조는 먼저 산동반도 중부의 청주(靑州)를 공략하여 우익을 공고히 하였다. 이어 우금이 이끄는 병력을 황하 남안에 주둔시켜 원소의 군대를 감시하도록 하였다. 얼마 뒤 남양(南陽, 하남성 서남부)을 장악하고 있던 장수(張繡)가 투항하여 조조는 배후를 걱정하지 않아도 되었다. 199년 12월, 조조는 친히 군대를 이끌고 관도(官渡)에 주둔하여 원소와의 일전을 준비하였다.

도겸 사후 유비는 한동안 서주목을 지낸 적이 있었다. 후일 서주가 여포의 수중에 들어가자 유비는 조조에게 의탁하였다. 유비의 재능을 높이 산 조조는 그를 예주목(豫州牧), 좌장군(左將軍)에 임명하여 우대하였다. 후일 조조가 서주를 점령하자 원술은 청주로 도망하여 원소에게 의탁하려 하였다. 이에 조조는 유비를 파견하여 원술의 앞길을 막도록 하였고 북상에 실패한 원술은 피를 토하며 사망하였다.

조조가 군대를 이끌고 출정한 200년 정월, 동승(董承) 등이 조조를 모살하려 계획하였으나 기밀이 누설되어 조조에게 살해당한 사건이 발생하였다. 이 기회를 틈타 조조는 서주자사를 죽이고 서주를 점거하였다. 장래 원소와의 전쟁 시 앞뒤로 적을 상대해야 할 위험을 미리 제거하기 위해 조조는 먼저 유비를 공략하기로 결정하였다. 이에 여러 장수들이 서주를 공격하는 틈을 노려 원소가 허도를 기습공격할지 모른다며 조조를 만류하였다. 그러나 원소의 됨됨이를 잘 간파하고 있었던 조조는 유비를 제거하지 않으면 반드시 후환이 따를 것이라며 자신의 뜻을 관철시켰다. 순식간에 조조에게 격파당한 유비는 북으로 도망하여 원소에게 의탁하였다.

후한 말년 각지에서 활약한 군웅 가운데 원소는 가장 강대한 세력을 지닌 인물이었다. 원소는 북방을 통일하려는 조조의 가장 강력한 적수이기도 하였다. 증조부 원안(袁安) 이래 후한의 대표적 명문가 출신인 원소는 기주(冀州), 병주(並州), 유주(幽州), 청주(青州) 4주를 장악한 뒤 실력이 크게 증대하여 휘하에 수십만 대군을 거느렸다. 큰아들 원담(袁譚), 작은 아들 원희(袁熙), 외조카 고간(高幹)에게 각기 청주, 유주, 병주를 맡겨 후방을 공고히 한 원소는 정예병 10만과 전마 1만필을 동원하여 일거에 조조세력을 섬멸하고자 하였다.

200년 정월, 원소는 조조를 꾸짖는 내용을 담은 격문을 작성하여 발포하도록 하였다. 2월에는 여양(黎陽)까지 진군하여 황하를 건너 조조군의 주력과 결전을 모색하였다. 원소는 먼저 안량(顔良)으로 하여금 백마(白馬)에 주둔하고 있는 동군태수 유연(劉延)을 공격하여 황하 남안의 요지를 탈취하여 주력군의 안전한 도하를 보장하도록 하였다. 이로써 후한 말년 3대 전투 가운데 하나인 '관도지전(官渡之戰)' 막이 올랐다.

4월, 조조는 첫 번째 전투에서 승리하여 기선을 제압하고 전쟁을 주동적으로 이끌기 위해 직접 군대를 이끌고 백마를 향해 북상하였다. 이때 책사 순유(荀攸)가 성동격서(聲東擊西)의 책략으로 상대적으로 숫자가 많은 원소의 병력을 분산시킬 것을 건의하였다. 이를 채납한 조조는 먼저 연진(延津)으로 진격하여 강을 건너 원소의 후방을 공격할 것처럼 위장하였다. 예상대로 원소가 부대의 일부를 서쪽으로 이동시키자 조조는 장요(張遼)와 관우(關羽)를 선봉으로 삼아 백마를 포위하고 있던 원소의 군대를 기습하였다. 갑작스런 조조군의 내습에 원소의 군대는 미처 손쓸 겨를도 없이 패배하고 안량은 관우에게 참수당하였다.

백마의 포위가 풀리자 조조는 백성들을 구출하여 황하를 따라 서쪽으로 철수하였다. 소식을 접한 원소는 문추(文醜)로 하여금 뒤를 쫓게 하였다. 당시 조조가 거느린 군대는 기병 6백에 불과한 반면 원소의 군대는 5-6천기에 달하였고 그 뒤로는 보병이 따르고 있었다. 추격병이 가까이오자 조조는 병사들에게 말안장을 벗기고 말을 풀어놓도록 하는 한편 고의로 값나가는 물건들을 길가에 흩어 놓도록 하였다. 조조의 예상대로 추격하던 원소군이 재물을 서로 차지하기 위해 혼란스러워지자 조조는 반격을 개시하여 원소군을 격퇴시켰다. 이 와중에 문추는 피살되고 조조는 무사히 관도로 퇴각하였다. 초전에 하북의 명장으로 유명한 안량과 문추가 전사하자 원소군의 기세는 크게 꺾이고 말아 이후 전투에 심대한 영향을 미쳤다.

비록 초전에 패배를 당하였지만 원소군의 병력은 여전히 조조군에 비해 우위에 있었다. 전열을 정비한 원소군은 7월 무양(陽武)까지 진군하여 허창으로의 진공을 준비하였다. 8월, 관도 부근까지 접근한 원소군 주력은 동서 수십리에 이르는 진영을 갖추고 조조군과 대치하였다. 9월, 조조군 일부가 선제공격을 가하였으나 전황이 불리하자 진영으로 퇴각하여 수비를 굳건히 하였다. 이후 양군은 소규모 공방을 벌이며 대치를 계속하였다. 전쟁이 지구전 양상을 보이면서 상대적으로 보급이 어려웠던 조조군은 곤란한 지경에 처하게 되었다.

10월, 원소는 후방에서 수레 만여 대 분량의 군량을 운송하여 본영에서 40리 정도 떨어진 오소(烏巢)에 비치해두고 1만여 명의 병사를 파견하여 간수하도록 하였다. 이 무렵 원소의 책사인 허유(許攸)는 자신의 계책을 원소가 채납하지 않은데다 하북에 남아 있던 가족들마저 체포되자 불만을 품고 조조에게 투항하였다. 장유가 오소의 군량창고 기습을 제안하자 조조는 직접 정예병 5천을 이끌고 출정하여 군량창고를 잿더미로 만들어 버렸다.

조조가 오소의 군량창고를 습격하고 있다는 소식을 접한 원소는 이때가 조조의 본영을 공격할 호기라 여겼다. 이에 오소 방면으로는 소규모 지원병만 파견하고 대다수 병력은 조조 본영 공격에 동원하였다. 이를 미리 예상했던 조조는 정예병 다수를 본영에 남겨 두었기에 원소군의 공격을 막아낼 수 있었다. 군량창고가 습격당했다는 소식이 전해지면서 원소군의 핵심장수들이 조조에게 투항하였다. 결국 원소는 7만여 병력을 잃고 황하 이북으로 퇴각하였다.

전쟁 개시 전의 객관적인 조건에서 보면 조조는 분명 열세에 있었다. 그럼에도 조조는 객관적인 조건을 정확하게 분석하고 주변 인물들의 의견을 받아들여 장점은 살리고 단점은 보완하여 적절한 전략전술을 채용, 국면을 자신에게 유리한 방향으로 전환시켰다. 관도전투에서 최대의 적인 원소를 패퇴시킴으로써 조조는 북방을 통일할 절호의 기회를 맞게 되었다.

202년, 원소가 병사한 뒤 두 아들 원담(袁譚)과 원상(袁尙) 간에 분쟁이 발생하였다. 동생을 이기지 못한 원담은 조조에게 투항할 의향을 비쳤다. 204년 2월, 조조는 원상이 원담을 공격하는 틈을 이용하여 업성(鄴城, 현 하북성 임장현 서쪽)을 공격하였다. 군대를 돌린 원상은 부수(滏水, 현 부양하)에 진을 쳤다. 진영이 포위되자 원상은 투항을 청하였으나 조조는 이를 불허하였다. 이에 원상은 중산(中山, 현 하북성 정현)으로 야반도주하였다. 원상의 부대가 지리멸렬한 뒤 조조는 업성의 수군에게 투항을 권고하여 무혈 입성하였다. 업성을 손에 넣은 조조는 자신의 정치거점을 이곳으로 옮겨 이후 모든 정령이 이곳

에서 하달되었다. 대신 헌제가 머물고 있던 허도에는 소수의 관리만
남겨 두었다.

205년 정월, 조조는 약속을 어겼다는 명분으로 원담을 친 뒤 기주
(冀州)와 청주(青州)를 평정하였다. 이후 조조는 연주목을 반환하고
기주목을 겸임하였다. 한편 패퇴한 원상은 유주자사 원희(幽州刺史 袁
熙)에게 몸을 의탁하였고 얼마 뒤 두 사람은 삼군오환(三郡烏桓)의 세
력권으로 도망하였다. 같은해 흑산군 수령 장연(張燕)이 10여만 명을
이끌고 조조에게 투항하였다. 206년 조조는 고간(高幹)을 물리치고
병주(并州, 치소는 현 산서성 태원시)를 평정하였다.

207년, 조조는 원소의 잔존세력과 변경의 골칫거리인 오환을 철저
히 소멸시키기로 결심하였다. 후한 말년, 요서(遼西)·요동(遼東)·우북
평(右北平) 3군이 오환과 결합하였는데, 이 세력을 일반적으로 삼군오
환이라 칭하였다. 이 세력의 우두머리는 요서군에 기반을 둔 답둔(蹋
頓)이었다. 원소를 비롯한 원씨 일족과 지속적으로 우호적인 관계를
맺고 있었던 삼군오환은 여러 차례 변경을 침공하여 사람과 재물을 약
탈하여 문제를 일으키고 있었다.

207년 5월, 직접 대군을 이끌고 출정한 조조는 폭우를 뚫고 오환의
본거지인 유성(柳城, 현 요녕성 조양시 남쪽)을 향해 전진하였다. 8월,
조조군이 유성 2백리 가까이까지 접근해서야 이를 알아챈 답둔과 원
상, 원희 등은 수만 기병을 동원하여 맞섰다. 비록 삼군오환의 병력이
우위를 점하였지만, 진영이 제대로 갖추어지지 않은 것을 간파한 조조
는 선제공격을 명하여 답둔을 참수하고 대승을 거두었다. 이에 원상
등은 평주(平州, 요동군)에 할거하고 있던 공손강(公孫康)에게 몸을
의탁하였다. 그러나 얼마 뒤 공손강은 원상과 원희를 참하고 수급을
조조에게 바쳤다. 이로써 조조는 삼군오환을 격파하고 원씨의 잔존세

력을 완전히 소멸시켰다.

조조는 208년 6월 삼공(三公)을 없애고 승상제도를 회복시켜 승상을 자임하였다. 이 무렵 이미 북방을 통일한 조조는 현무지(玄武池)를 만들어 수군을 훈련시키는 등 남쪽으로 시선을 돌리기 시작하였다. 동년 7월 조조군은 형주의 유표를 일차적인 목표로 삼아 남정에 나섰다. 다음 달 유표가 병사하자 뒤를 이어 형주목에 오른 둘째 아들 유종(劉琮)은 조조군이 공격하기도 전에 투항하였다.

조조군이 남하할 무렵 관도전투 후 원소의 곁을 떠나 유표에게 의지하고 있던 유비는 번성(樊城, 현 호북성 양양시)에 주둔하고 있었다. 유종이 투항했다는 소식을 접한 유비는 강릉(江陵, 현 호북성 형주시) 방면으로 철퇴하였다. 형주의 중진인 강릉에는 당시 다량의 군용물자가 비축되어 있었다. 강릉이 유비의 수중에 들어갈 것을 염려한 조조는 직접 5천의 기병을 이끌고 유비의 뒤를 추격하였다. 조조군은 양양에서 3백리 떨어진 장판(長阪)에서 유비군을 대파하고 이어 강릉을 손에 넣었다.

유비를 격파한 조조는 내친김에 강동(江東)까지 손에 넣고자 하였다. 이에 노숙(魯肅)과 제갈량(諸葛亮)의 알선으로 손권과 유비가 연합군을 결성하였다. 강릉을 출발하여 적벽(赤壁)에 다다른 조조의 군대는 주유(周瑜)와 유비가 이끄는 5만 연합군의 공격을 받아 불리한 상황에 처하였다. 이에 조조군은 진군을 멈추고 오림(烏林, 현 호북성 홍호현 동북)에 주둔하여 강을 사이에 두고 양군이 대치하였다. 여기서 거짓 투항의 계책을 마련한 주유는 동남풍을 이용한 화공(火攻)으로 조조의 군대를 대파하였다. 패잔병을 수습한 조조는 강릉을 거쳐 북으로 귀환하였다.

적벽전투에서 패배한 조조는 한동안 대외진출보다는 내부안정에 치중하였다. 210년 봄, 조조는 품행에 상관없이 재능 있는 자는 모두 중용한다는 방침을 정하고 널리 인재를 구하여 자신의 곁에 두고자 하였다. 정비를 마친 조조는 211년 관중(關中, 서안시 등을 포함한 현 섬서성 중부)으로의 진출을 꾀하였다. 3월부터 시작된 전초전에서 승리를 확신한 조조는 7월 대군을 이끌고 직접 출정하여 관중연합군을 대파하였다. 10월까지 이어진 전투에서 관중을 평정한 조조는 하후연(夏侯淵)에게 계속 서정(西征)을 명하고 자신은 중원으로 귀환하였다. 이후 약 2년간 이어진 공략을 통해 조조군은 양주(涼州, 현 감숙성 일대)를 거의 평정하였다.

212년, 헌제는 조조에게 자신을 알현할 때 이름을 대지 않아도 되고, 검을 찬 채 궁전에 들어오는 것을 허용하였다. 213년, 조조는 친히 40만 대군을 이끌고 손권을 치기 위해 남정(南征)에 나섰다. 다음 해 정월, 유수구(濡須口, 현 안휘성 소현 동남)에 다다른 조조군은 손권이 설치한 보루들을 파괴하고 장수 공손양(公孫陽)을 생포하였다. 이에 손권이 7만 병사를 거느리고 출정하여 쌍방은 한 달 이상이나 대치하였다. 손권군의 진용이 단단하여 승산이 없다고 판단한 조조는 결국 철군하여 북으로 귀환하였다.

212년 5월, 헌제는 조조를 위공(魏公)에 봉하고 구석(九錫, 황제가 특별한 공훈이 있는 제후나 대신에게 내리는 9가지 예기로 최고 예우의 표시). 이에 위국(魏國)을 건국한 조조는 업성을 도성으로 삼았다. 당시 기주 10군을 강역으로 삼은 위국은 독자적으로 승상, 태위, 대장군 등 백관을 두었다.

그간 이곳저곳을 전전하던 유비가 익주(益州)를 확실히 장악하게 되었다. 조조는 유비가 분명 익주의 문호인 한중(漢中, 섬서성 최남단의 현 한중시)을 공격할 것이라 예상하였다. 이에 한발 앞서 215년 3월

10만 대군을 거느리고 한중을 장악하고 있던 장로(張魯)를 치기 위해 출정하였다. 1차 저지선이 붕괴되어 조조군이 한중에 접근하자 파중(巴中, 사천성 동북부 현 파중시)으로 도망하였던 장로는 11월 투항하였다. 이로써 한중을 차지한 조조는 유비군이 중원으로 진출할 길목을 차단할 수 있게 되었다.

216년 4월, 헌제는 조조를 위왕으로 책봉하고 3만호를 식읍으로 하사하였다. 모든 제후왕의 위에 자리한 위왕은 황제에게 주청할 때 신을 칭할 필요가 없었고, 조서를 받을 때는 절을 하지 않아도 되었다. 천자가 쓰는 면류관을 쓰는 등 모든 의례는 황제와 동격이었고 황제만의 권리였던 천지에 대한 제사도 지낼 수 있도록 하였다. 국도는 여전히 업성에 둔 조조는 이로써 명의상으로는 한나라의 신하였으나 실제로는 이미 황제와 다름없게 되었다. 217년 10월, 헌제로부터 더욱 많은 특권을 부여받은 조조는 조비(曹丕)를 태자로 책봉하였다.

217년 봄, 재차 남정에 나선 조조는 병사를 직접 지휘하여 유수구를 맹공하였다. 패배한 손권이 사람을 보내 항복을 청하자 이를 받아들인 조조는 서로 인친관계를 맺을 것을 허락하였다.

215년 말 조조군이 한중을 차지하여 동쪽으로의 진출이 가로막힌 유비는 호시탐탐 한중을 손에 넣기 위해 기회를 엿보았다. 몇 년을 기다린 유비는 218년 마침내 한중을 치기 위해 친히 대군을 이끌고 양평관(陽平關, 섬서성과 사천성 경계)까지 진군하였다. 하후연(夏侯淵)이 이끄는 조조군은 여러 차례 유비군을 격퇴시키며 격렬히 저항하였다. 7월, 조조는 직접 관중으로 가 장안에 주둔하며 한중의 전황을 관찰하였다. 이와 동시에 동북방에 변고가 발생하자 조조는 둘째 아들 조창(曹彰) 등을 파견하여 오환과 선비연합군을 대파하였다.

219년 정월, 유비는 양평관을 출발 면수(沔水, 현 한수)를 건넌 뒤 산록을 따라 전진하여 한중에 가까운 정군산(定軍山, 현 섬서성 면현 동남)에 주둔하였다. 유리한 지형을 차지하기 위해 쌍방이 접전을 벌이는 과정에서 조조군은 장수 하후연이 참살되고 대패하였다. 소식이 알려지자 조조는 한중을 탈환하기 위해 대군을 이끌고 출정하였다. 그러나 유비군은 성벽을 굳건히 하고 교전을 피하여 쌍방은 수개월간이나 대치하였다. 결국 조조는 한중을 포기하고 귀환할 수밖에 없었다.

조조가 한중에서 철수한 직후인 219년 7월, 형주를 출발한 관우가 조조군의 동남방어선인 번성을 향해 진격해 왔다. 소식을 접한 조조는 즉각 대장군 우금을 파견하여 번성을 구원하도록 하였다. 8월, 홍수로 강물이 범람한 기회를 이용하여 관우는 우금을 사로잡고 계속 진군하여 번성을 포위하였다. 당시 번성을 수비하던 조조군은 수천 명에 불과하였고, 폭우로 인해 성은 물에 잠겨버렸다. 조조는 구원병을 급파하는 한편 급거 관중에서 낙양으로 돌아와 번성 구원작전을 직접 지휘하였다.

이 무렵 오래전부터 형주에 눈독을 들이고 손권이 움직이기 시작하였다. 이미 장강의 상류를 차지한 관우의 세력이 계속 발전하면 자신에게 불리할 것으로 여긴 손권은 조조와의 연계를 도모하며 강릉 습격을 준비하였다. 연합의 뜻을 담은 손권의 서신을 받은 조조는 즉각 번성을 지키고 있던 조인(曹仁)에게 사실을 알리고 끝까지 성을 지킬 것을 명하였다. 아울러 조조는 번성에서 멀리 떨어지지 않은 마피(摩陂)까지 진출하여 전투를 지휘하였다. 악전 끝에 관우는 조조군에 패배하였고 그 틈에 손권이 보낸 여몽(呂蒙)이 강릉을 기습하여 함락시켰다. 익주로 퇴각하던 관우는 중도에서 손권군에게 사로잡혀 살해되었다. 손권이 관우의 수급을 허창으로 보내자 조조는 제후의 예로 관우를 안장하였다. 이로써 번양전투도 막을 내리게 되었다.

손권의 도움으로 관우를 제거하고 형주를 손에 넣은 뒤 조조는 손권을 표기장군(驃騎將軍), 형주목(荊州牧)에 임명하였다. 이에 손권은 사자를 보내 입공하고 신하를 칭하였다. 아울러 손권은 조조에게 한나라를 대신하여 황제를 칭할 것을 권하였고 주변에서도 권고하였지만 조조는 이를 거절하였다.

220년 정월, 군대를 이끌고 낙양으로 돌아온 조조는 같은 달 66세로 병사하였다. 사후 조조에게는 무왕(武王)이라는 시호가 내려졌다. 죽기 직전 남긴 유언에 따라 조조의 시신은 2월 21일 업성 서쪽 교외 고릉(高陵)에 안장되었다. 동년 11월, 위왕 조비가 헌제를 대신하여 황제의 자리에 올라 국호를 위라 정하고 조조를 무황제(武皇帝)로 추존하고 묘호는 태조(太祖)로 정하였다.

후한 말년 계속되는 군벌 간의 혼전으로 황하와 회수 유역의 사회경제는 공전의 파괴에 직면하였다. 백성들이 도살되고 토지가 황폐해지자 간신히 살아남은 자들도 고향을 떠나 타지를 유랑하는 신세를 면치못하였다. 이 지역의 실제 통치자로 자리한 뒤 조조는 이러한 비참한 상황을 타개하고 경제를 회복시키며 국면을 안정시키기 위해 일련의 정책을 실시하였다. 조조가 입안하고 시행한 정치, 경제, 군사방면의 조치들은 분명 사회경제의 회복과 정돈에 긍정적인 성과를 발휘하였다.

관직사회에 발을 들인 초창기부터 조조는 법률을 비교적 엄격히 집행하여 권세가와 호족이 득세하던 당시의 상황을 바꾸어 놓으려 하였다. 다만 관계에 발을 들인 초기 무렵은 힘이 없는데다 이미 정치중심이 와해되어 있었기에 조조가 자신의 뜻을 펼치기에는 한계가 있었다. 오랜 분투 끝에 정권을 장악한 이후 조조는 비로소 기득권세력을 억제하는 법치정책을 전면적으로 추진할 수 있었다. 적절한 형벌의 운용을 중시한 조조는 왕수(王修), 사마지(司馬芝) 등 지방관을 중용하여 권세가들의 불법을 적발하고 억제하는 정책을 펼쳐 백성들의 마음을 얻을 수 있었다.

동탁 사후 이각(李傕)·곽사(郭汜) 등 양주 출신 군벌들이 헌제와 중신들을 인질로 삼고 권력을 농단할 때 각 지방의 실력자들은 자신들의 세력을 지키기에 급급하며 공납도 바치지 않았다. 이로 인해 전 중국은 군웅할거의 국면에 접어들어 군벌 간의 혼전이 계속되었다. 나라 전체가 혼란스러운 상황에서 조조는 황제를 앞세워 허창으로 천도하고 북방의 군웅을 소멸시켜 후한 정권을 안정시키는데 결정적인 작용을 하였다.

한나라의 전통적인 관리선발은 인의효제(仁義孝悌) 등 도덕방면의 품행과 출신 가문을 우선적으로 고려하였다. 반면 조조는 헛된 이름에 구애되지 않고 관원을 선발할 때는 법리에 밝고 법치를 행할 수 있는가를 가장 먼저 고려하였다. 조조는 기본적으로 유가사상의 영향을 많이 받아 예의와 도덕을 중시하였다. 그러면서도 형벌을 엄히 하고 법 집행을 철저히 하여 법가를 숭상하는 면모를 보여주기도 하였다. 유가와 법가를 혼용한 통치방침을 적절히 택한 일면 모순적인 행태는 후일 조조가 속임수에 능한 인물로 평가받게 된 가장 큰 요인이었다.

능수능란한 정치술을 지닌 조조는 병법에도 밝은 또 다른 재주가 있었다. 전략전술의 원활한 운용은 조조가 무력으로 북방을 통일하는데 큰 자산이 되었다. 젊어서부터 병법에 깊은 관심을 보인 조조는 손무 등 군사가의 저작을 탐독하여 군사이론에 정통하였다. 고대 군사가들의 병법서를 두루 섭렵한 기초를 바탕으로 삼고 자신의 전쟁 경험을 더해 조조는 『병법접요(兵書接要)』를 찬술하였다. 『손자약해(孫子略解)』는 손자병법서 13편에 대한 주석의 선구적 작품으로 중국 고대 군사이론을 풍부하게 하고 발전시키는데 큰 영향을 미쳤다.

황건적의 난 이후 격화된 군벌 간의 혼전으로 후한은 거의 해체상태에 놓여 있었다. 혼전 중 동탁, 이각 등 양주 출신 군벌들은 도처에서 양민을 도살하고 재물을 약탈하여 비참하고 황량한 모습이 도처에서 목격되었다. 191년 처음 두각을 나타낸 때부터 208년까지, 조조는 장강 중하류 이북 각지에 할거하고 있던 세력을 차례로 소멸시켜 북방의 대부분을 통일하였다. 북방 통일을 위한 17년간의 노력으로 조조는 위나라 건국의 기초를 닦아 후일 서진왕조가 중국을 통일할 수 있는 초석을 닦아놓았다.

후한 말년 어지러운 정치상황으로 사회생산이 파괴되어 대기황(大饑荒)이 연달았다. 당연히 군량의 공급문제가 각 군사집단에게는 사활이 걸린 중대사가 아닐 수 없었다. 군량이 부족하여 적과의 전투가 없었음에도 사망하는 군인이 부지기수였다. 조조는 자신의 세력범위 내에서 둔전을 시행하고 수리시설을 확충하여 군량부족 문제를 해결하고 농업생산 회복에 커다란 영향을 끼쳤다.

196년, 조조는 조기(棗祇) 등의 건의를 받아들여 황건적으로부터 노획한 물자를 이용하고 둔전을 시행하여 즉각적인 효과를 거두었다. 이에 조조는 각 지방에 전관(田官)을 두도록 하고 둔전을 본격 시행하였다. 둔전제는 국가투자의 방식으로 재생산을 보증하는 제도로 보통의 자경농이 거두는 수확에 비해 효율이 높았다. 둔전제의 보편적인 시행으로 단시간에 각 지방의 생산이 증가하여 사회안정에 큰 도움이 되었다. 둔전제의 시행과 동시에 조조는 합리적인 조세제도의 시행 등 자경농의 생활안정을 위한 각종 조치도 연달아 시행하여 농업생산의 회복을 앞당겼다.

문화방면에 있어 조조의 치적은 널리 책을 모으고 국가적인 차원의 도서소장제도를 확립시킨 것이다. 고전을 좋아했던 조조는 북방을 통일하는 과정에서 군벌과의 혼전 중에도 도서의 보호와 수집에 주의하였다. 위공에 봉해진 뒤에는 도서전적을 관리하는 기구를 별도로 두고 전란 중에 흩어진 관청과 민간 소장 도서를 널리 모아 비서성 등에 소장하도록 하였다.

2. 유비(劉備)

유비(161-223)의 자는 현덕(玄德)으로 후한 말년 탁현(涿縣, 현 하북성 탁주시)에서 출생하였다. 전한(前漢)의 황족이었던 중산정왕 유승(中山靖王 劉勝)의 후예로 삼국시기 촉한(蜀漢)의 개국황제이다.

소년시기 노식(盧植) 아래서 학문을 연마하였고 황건적의 난 진압에 참가하였다. 결의형제인 관우(關羽)·장비(張飛)와 힘을 합쳐 공융(孔融)·도겸(陶謙)을 구원하였고 도겸 사후 서주(徐州)를 물려받았다. 활동 초기에는 별다른 성과를 거두지 못하였던 유비는 손권(孫權)과 연합하여 적벽대전에서 조조(曹操)를 물리친 뒤 기회를 엿보아 형주(荊州)와 익주(益州)를 손에 넣은 뒤 221년 촉한정권을 수립하고 성도(成都)에서 황제에 즉위하였다.

223년 63세를 일기로 백제성(白帝城)에서 사망한 유비의 시호는 소열황제(昭烈皇帝) 묘호는 열조(烈祖)로 혜릉(惠陵)에 묻혔다.

유비는 전한의 여섯 번째 황제인 경제(景帝)의 아들 중산정왕 유승의 후예이다. 유비의 조부 유웅(劉雄)은 동군범령(東郡範令)을 지냈고 아버지 유홍(劉弘)은 일찍 사망하였다. 소년시절 어머니와 돗자리와 신발을 만들어 팔아 생계를 유지할 정도로 생활이 어려웠다.

175년 15세 되던 해 유비는 모친의 권고로 구강태수(九江太守)를 지낸 노식을 스승으로 모시고 학업에 전념하기 시작하였다. 다만 동물과 음악을 좋아한 유비는 학문에는 별다른 뜻이 없었다. 이 무렵 유비는 자신보다 나이가 많은 공손찬(公孫瓚)을 형처럼 따르며 긴밀한 관계를 유지하였다. 유비는 키가 유달리 큰데다 두 팔이 무릎에 닿을 정도로 길고 자신의 귀를 볼 수 있을 정도로 시야가 넓은 신체적 특징을 지니고 있었다. 말수가 많지는 않으나 아랫사람을 잘 챙기고 얼굴에 감정을 잘 드러내지 않았던 유비는 호걸들과의 교유를 즐겨하였다. 됨됨이가 널리 알려지면서 일부러 유비를 찾아 교유하려는 이도 적지 않았다. 특히 중산(中山) 출신의 거상 장세평(張世平)·소쌍(蘇雙) 같은 이는 유비에 대한 재정적 지원을 아끼지 않았고, 이들의 도움에 힘입어 유비는 많은 인재들을 곁에 둘 수 있었다.

184년 황건적의 난이 일어나자 23세의 유비는 반란군을 진압한 공으로 안희현(安喜縣, 현 하북성 정주시 동부) 현위(縣尉)에 발탁되었다. 후일 조정에서 군공을 세워 관리가 된 자들 가운데 일부를 도태시키고자 하였다. 안희현이 소속된 중산군에서 자신을 파면시키려하자 상사를 매질한 뒤 도망하였다. 대장군 하진(何進)이 병사들을 모을 때 도망 도중 여기에 가담하여 도적을 토벌하는데 공을 세워 하밀현승(下密縣丞)이 되었으나 얼마 뒤 사직하였다. 이후 여러 지방관직을 전전하다 공손찬에게 몸을 의탁하였다.

191년 유비는 청주자사(靑州刺史) 전해(田楷)와 힘을 합쳐 기주목(冀州牧) 원소(袁紹)와 대적하였다. 이 과정에서 여러 차례 공을 세운 유비는 평원현령(平原縣令)을 거쳐 평원국상(平原國相)에 임명되었다. 이 시기 유비는 밖으로는 도적의 침입을 막고 안으로는 선정을 베풀어 크게 인심을 얻었다.

이 무렵 황건적 잔존세력의 공격으로 위급한 상황에 처한 북해상(北

海相) 공융(孔融)이 유비에게 구원을 청하였다. 이에 유비는 즉각 3천의 정예 병력을 파견하여 공융을 구원하였다. 후일 원소가 공손찬을 공격하자 유비는 전해와 힘을 합쳐 반항하기도 하였다.

194년, 조조가 부친의 원수를 갚는다는 명분으로 서주(徐州)를 공격하였다. 조조의 공격에 속수무책인 도겸(陶謙)은 청주자사 전해에게 구원을 요청하였다. 이 때 조조군을 물리친 공으로 유비는 도겸의 추천을 받아 예주자사(豫州刺史)에 임명되어 소패(小沛, 현 강소성 패현 경내)에 주둔하게 되었다. 195년, 도겸이 병사하자 유비는 주변의 강권으로 서주목에 취임하였다.

196년, 유비는 조조의 추천으로 진동장군(鎭東將軍)에 임명되고 의성정후(宜城亭侯)에 봉해졌다. 이 무렵 원소(袁紹)의 동생 원술(袁術)이 대군을 이끌고 서주를 공격하자 이에 맞서 싸우던 과정에서 유비의 처자가 여포(呂布)에게 포로로 잡히고 유비의 군대는 크게 패하였다. 이곳저곳을 전선하며 어려움에 처하게 된 유비는 결국 여포에게 화친을 청하여 처자를 돌려받은 뒤 소패로 귀환하였다. 얼마 뒤 유비가 만여 명의 군대를 재조직하자 여포는 소패를 공격하였다. 여포와의 전투에서 패배한 유비는 허도(許都, 현 하남성 허창시. 196년 조조가 헌제를 낙양으로부터 이곳으로 모셔와 후한의 수도가 되었다)로 가 조조에게 몸을 의탁하였다. 조조는 유비에게 병마와 군수물자를 제공하고 예주목(豫州牧)으로 삼았다. 이후 사람들은 유비를 '유예주(劉豫州)'라 칭하였다.

198년, 여포가 부하들을 파견하여 유비를 공격하자 조조는 구원병을 파견하였다. 그러나 여포의 군대에 의해 패성(沛城)이 함락되어 처자가 재차 포로로 잡히는 와중에 유비는 홀로 피난하였다. 피난 도중 조조와 조우하게 된 유비는 연합하여 여포를 공격하였다. 전투에서 패배한 여포가 투항하자 조조는 유비의 건의를 받아들여 그를 처형하였다. 조조와 허도로 돌아온 유비는 좌장군(左將軍)에 임명되었다.

199년, 조조의 견제와 감시가 심해질 것을 염려한 유비는 허도를 벗어나 서주를 공략한 뒤 소패로 되돌아갔다. 이곳에서 유비가 세력을 재정비하자 조조는 부하들을 파견하여 유비를 공격하도록 하였으나 유비군의 강력한 저항을 받게 되었다. 이에 조조는 200년 봄 직접 군대를 이끌고 유비를 치기 위해 동정(東征)에 나섰다. 당시 유비가 조조의 군대에 패하는 과정에서 관우(關羽)가 포로로 잡히기도 하였다. 청주(靑州)로 도망한 유비는 과거 자신이 도움을 주었던 청주자사 원담(袁譚)의 지원으로 점차 세력을 회복할 수 있었다.

200년 7월, 황건적 잔당이 원소에게 귀순하자 원소는 유비로 하여금 허도 이남을 공격하도록 하였다. 소식을 들은 관우는 유비를 돕기 위해 조조의 진영을 탈출하였다. 조조는 집안 동생 조인(曹仁)을 파견하여 유비를 공격하도록 하였고, 전황이 불리해지자 유비는 원소의 진영으로 회군하였다. 장래의 발전을 위해 유비가 원소의 곁을 떠나 황건적의 잔당과 손을 잡자 조조는 채양(蔡陽)을 파견 유비를 공격하였으나 채양은 유비에게 살해당하였다. 201년, 조조가 직접 군대를 이끌고 공격해오자 유비는 유표(劉表)에게 몸을 의탁하였다. 유표의 우대를 받은 유비는 한동안 신야(新野, 현 하남성 남양시)에 주둔하였다. 이때 많은 인재들이 유비의 주위에 몰리자 이를 경계한 유표는 암중 유비에 대한 방비를 강화하였다.

202년 이후 유표 휘하에서 보낸 수년간 유비는 별다른 공업을 쌓지 못하였다. 초조해진 유비는 조조가 오환(烏桓)을 공격하는 틈을 노려 허도를 공략할 것을 제안하였으나 유표는 이를 채납하지 않았다.

207년, 삼고초려 끝에 제갈량을 책사로 모시게 된 유비는 새로운 발전방향을 모색하기에 여념이 없었다. 208년, 조조가 직접 군대를 이끌고 공격해 올 무렵 유표는 이미 병사하고 둘째 아들 유종(劉琮)이 형주목의 자리를 차지하고 있었다. 형세가 불리하다고 판단한 유종이 조조에게 투항할 당시 유비는 번성(樊城, 현 호북성 양양시)에 주둔하고 있었다. 조조군의 내습과 유종의 투항 사실을 알지 못했던 유비는 결국 자신을 따르는 무리를 이끌고 독자적 행보를 시작하였다.

208년, 유비는 손권(孫權)과 연합하였고 주유(周瑜)가 이끄는 연합군은 적벽(赤壁)에서 조조의 대군을 격파하였다. 유비는 이어 형주의 남부 4군(郡)을 수복하고 손권으로부터 빌려온 강릉(江陵)을 합하여 형주의 5군을 장악하였다.

211년, 익주목(益州牧) 유장(劉璋)이 사람을 유비에게 보내 사천으로 들어와 장로(張魯)를 치는데 도움을 주기를 청하였다. 이 기회를 틈타 익주를 차지하기를 청하는 주변의 권고에 유비는 제갈량과 관우를 형주에 남겨두고 자신은 수만 명의 보병을 이끌고 사천으로 들어가 유장과 회합하였다. 당시 장송(張松)·법정(法正)·방통(龐統) 등은 모두 유장을 제거할 것을 권하였다. 그러나 유비는 사천에 들어온지 얼마 되지 않아 민심이 아직 자신의 편에 있는지 확신할 수 없음을 이유로 경거망동해서는 안 된다고 거절하였다. 유장으로부터 장로 공격에 필요한 인적, 물적지원을 받은 유비는 북진하여 전선에 다다르자 더이상 진격하지 않고 민심을 자기편으로 끌어들이는데 주력하였다.

212년, 그간 유비를 도와 일을 도모하던 장송이 피살되면서 유비와 유장은 반목하기 시작하였다. 방통의 계책을 채용한 유비는 유장의 휘하 부대 일부를 수중에 넣은 뒤 군대를 남하시켜 유장을 공격하도록 하여 전략요충지인 부성(涪城)을 점령하였다.

213년, 유장은 여러 차례 군사를 파견하여 부성을 공략하도록 하였으나 그때마다 패배하여 큰 손실을 입었다. 유장 휘하 장수와 병졸의 투항으로 군사력이 더욱 강해진 유비는 군대를 사방으로 파견하여 사천 분지의 여러 현을 차례로 수중에 넣었다. 동시에 유비는 제갈량·장비(張飛)·조운(趙雲) 등으로 하여금 휘하를 이끌고 사천으로 들어오도록 하였다. 214년, 유비의 부대는 유장의 주력군이 수비하던 락성(雒城, 현 사천성 광한시)을 근 1년만의 공략 끝에 함락시켰다. 그러나 이 과정에서 방통이 성 아래서 전사하는 손실을 입기도 하였다. 락성을 함락시키자 유비는 제갈량·장비·조운의 부대를 앞세워 성도(成都)를 포위하여 결국 유장의 항복을 이끌어 내었다. 유장으로부터 익주목의 자리를 물려받은 유비는 사천 출신의 인재들을 널리 중용하여 단시간에 민심을 자기편으로 돌려세우는데 성공하였다.

215년, 손권은 이미 익주를 차지하여 확실한 기반을 마련한 유비에게 7년전 자신이 넘겨주었던 형주를 되돌려달라고 요청하였다. 이에 유비는 량주(涼州)를 손에 넣은 뒤 형주를 돌려주겠다고 회답하였다 이에 분노한 손권은 장수 여몽(呂蒙)을 파견하여 형주 남부 3군을 무력으로 회수하였다. 같은 해, 조조가 한중(漢中)을 장악하고 장로는 파서(巴西)로 도망하였다. 소식을 접한 유비는 손권과 화의를 맺어 형주를 반분하는 한편 장로를 한편으로 끌어들이기 위해 사람을 파견하였으나 장로는 조조에게 투항하였다. 조조의 군대가 여러 차례 파서로 공격해오자 유비는 장비 등으로 하여금 응전토록 하였으나 패전하자 성도로 되돌아 갔다. 218년 유비는 직접 군대를 이끌고 한중을 공격하는 한편 조조의 세력을 견제하기 위해 동쪽으로 세력범위를 확대하였다. 219년, 조조와 유비는 한중을 차지하기 위해 치열한 접전을 벌였다. 결과적으로 조조의 군대를 패퇴시키고 한중을 지켜낸 유비는 한중왕을 칭하였다. 그러나 한중을 장악한지 얼마 지나지 않아 관우가 피살되어 유비는 큰 타격을 입게 되었다.

조비(曹丕)가 정권을 찬탈하여 위(魏)를 건국한 다음 해인 221년, 유비는 성도에서 황제를 칭하고 국호를 한(漢) 연호를 장무(章武)라 정하였다. 같은 해 유비는 관우의 원수를 갚는다는 명분으로 동오(東吳) 토벌령을 하달하였다. 이 과정에서 장비마저 부하에 의해 살해당하였다. 손권이 사자를 파견하여 화친을 청하였으나 거절한 유비는 오와의 전투를 계속하였다. 222년 봄부터 여름까지 전투가 계속되어 승패를 주고받은 한과 오는 결국 손권의 화친요청을 유비가 받아들이면서 정전하였다.

촉한정권을 수립한 유비는 사천의 교통이 비교적 낙후되어 있는 사정을 감안하여 승상 제갈량과 힘을 합쳐 교통시설 확충에 정책의 주안점을 두었다. 도로교통정비는 군사적 목적을 위한 것이기도 하였다. 촉한을 건국한 뒤 유비는 우선 북으로부터 위협을 가하고 있는 위나라 군대에 대항하기 위해 한중지구에 군사기지를 건립하였다. 이어 군수물자의 원활한 수송을 위해 사천과 한중 사이에 네 갈래의 간선도로를 개척하였다. 아울러 한중에는 중요한 군사요새인 백수관(白水關)을 설치하고 그 주변에는 다수의 봉화대를 두었다. 백수관에서 수도인 성도에 이르는 4백리 길에는 역사(驛舍)를 두어 우역(郵驛)의 정상적인 운행을 확보하였다. 오나라와의 경계지역인 형주지구에는 관우의 주도 아래 '척후(斥堠)'라는 군용통신 설비를 설치하였다. 이로써 촉은 북방의 위나라, 동쪽의 오나라 경계지역과 성도를 잇는 교통통신망을 확보할 수 있게 되었다.

223년 4월 24일(양력 6월 10일) 유비는 63세를 일기로 백제성(白帝城)에서 사망하였다.

3. 주유(周瑜)

주유(周瑜, 175-210)의 자는 공근(公瑾)으로 낙양령(洛陽令)을 지낸 주이(周異)의 아들이다. 어려서부터 손책과 친분이 있어 21세 무렵부터는 손책과 함께 전장에 나가 강동을 평정하는데 공헌하였다. 후일 손책이 암살당하자 손권을 도와 적벽대전을 승리로 이끌었다. 209년 남군태수(南郡太守)에 임명되었으나 다음해 병사하였다. 송 휘종대에 평로백(平虜伯)에 추존되었다.

사족(士族) 출신인 주유의 집안은 대대로 명인을 많이 배출하였는데 당조부 주경(周景)과 당숙부 주충(周忠)은 삼공의 하나인 태위(太尉)를 역임하였다. 기골이 장대하고 용모가 준수한 주유는 손책과 동갑으로 어려서부터 절친한 사이였다.

190년, 손견은 동탁토벌에 나서기에 앞서 가족을 주유의 고향인 서현(舒縣, 현 안휘성 여강현 서남)으로 이주시켰다. 이때 주유는 손권의 가족이 머물 수 있도록 저택을 내주고 손책의 모친을 자주 방문하여 두 집안은 돈독한 관계를 맺었다. 주유와 손책은 이때부터 강남의 명사들과 두루 교류하여 어린 나이에 이미 상당한 명성을 쌓았다.

191년 손견이 사망하자 손책이 아버지의 뜻에 따라 부졸들을 통솔하게 되었다. 강남으로의 발전을 꾀한 손책은 역양(曆陽, 현 안휘성 화현)에서 장강을 건너려 하였다. 당시 주유의 숙부인 주상(周尚)은 이 지역을 관할하는 단양태수(丹陽太守)를 맡고 있었다. 도움을 청하는 손책의 편지를 받은 주유는 병사들을 거느리고 한걸음에 달려가 손책군에 합류하였다. 두 사람은 협동작전을 펼쳐 먼저 횡강(橫江, 현 안휘성 화현 동남 장강 이북)·당리(當利, 현 아휘성 화현 동쪽)를 공략한 뒤 장강을 건너 말릉(秣陵, 현 강소성 남경시)으로 진격하였다.

착융(笮融)·설례(薛禮)를 패퇴시킨 두 사람은 최종적으로 곡아(曲阿, 현 강소성 단양현)에 진주하였다.

195년, 양주태수 유요(劉繇)를 패퇴시킬 당시 손책의 부하는 이미 수만 명으로 증가하였다. 이에 손책은 주유에게 "지금 거느리고 있는 부하들만으로도 오군(吳郡)·회계군(會稽郡)·산월(山越)을 평정하기에 충분하니 단양(丹陽, 현 안휘성 마안산시 남쪽) 진수에 힘쓰라"하였다. 이에 주유는 일부 병력을 거느리고 단양으로 되돌아갔다. 이로부터 얼마 뒤 원술은 사촌동생 원윤(袁胤)을 주상을 대신하여 단양태수에 임명하였다. 주유는 단양태수직에서 물러나게 된 숙부 주상을 따라 수춘(壽春, 현 안휘성 회남시)으로 이주하였다. 이 무렵 주유의 비범함을 알아본 원술은 주유를 자기 밑에 두고 싶어 하였다. 반면 원술이 결코 대단한 업적을 이룰 인물이 아니라고 판단한 주유는 때를 보아 손책에게 돌아가기 편하도록 장강에 인접한 거소(居巢, 현 안휘성 소호현) 현장직을 요구하였다. 원술은 주유의 요청대로 그를 거소현장에 임명하였다.

198년, 주유는 거소를 거쳐 오군(吳郡, 현 강소성 소주시)으로 돌아왔다. 주유가 돌아온다는 소식을 접하고 교외까지 마중한 손책은 주유를 건위중랑장(建威中郎將)에 임명 2천의 병사와 전마 50필을 내주었다. 당시 주유의 나이 24세였다. 이때부터 오군 사람들은 모두 주유를 주랑(周郎)이라 칭하였다.

여강 일대의 백성들이 은덕에 감사하며 따르자 손책은 주유에게 우저(牛渚, 현 안휘성 마안산시 서쪽)의 통치와 방위를 맡기고 이어 춘곡(春穀, 현 안휘성 남릉현)현장을 겸하도록 하였다. 형주 공략에 나서기 전, 손책은 주유를 중호군(中護軍)에 임명하고 강하(江夏, 현 호북성 강하현)태수를 겸하도록 하여 출정에 동참시켰다.

199년 12월, 주유와 손책은 환성(皖城, 현 안휘성 안경시)을 공략하고 피난중이던 교공(橋公)의 두 딸을 구하여 언니 대교(大喬)는 손책이, 동생 소교(小喬)는 주유가 취하였다. 이어 심양(尋陽, 현 호북성 황매현)을 공략하여 유훈(劉勳)을 패퇴시킨 주유와 손책은 강하(江夏, 현 호북성 강하현)를 점령한 뒤 방향을 돌려 예장(豫章, 현 강서성 남창시), 여릉(廬陵, 현 강서성 길안시)을 연달아 점령하였다. 성공적인 출정 후 주유는 파구(巴丘, 현 호남성 악양시)에 주둔하며 변경수비를 담당하였다.

200년, 26세의 젊은 나이에 손책이 암살당하였다. 임종 전 손책은 동생 손권을 후계자로 지목하고 주변 인물들에게 잘 보좌할 것을 부탁하였다. 당시 손권의 나이가 비교적 어린데다 직접적인 세력범위는 회계(會稽)·오군(吳郡)·단양(丹陽)·예장(豫章)·여릉(廬陵)의 몇 개 군에 불과하였다. 이를 제외한 강남의 벽지에는 많은 할거세력이 상존하여 손씨와 대립관계에 있었다. 손책의 유훈을 받든 장소(張昭)와 주유는 손권이 비록 나이는 어리지만 그와 함께 대업을 이룰 수 있으리라 확신하며 성심껏 보좌하였다.

손책의 장례에 참석하기 위해 파구로부터 급히 오군으로 돌아온 주유는 이후 손권 주변에 머물며 중호군 신분으로 장소와 함께 군정대사를 관장하였다. 당시 손권의 신분은 장군에 불과하여 각종 예절이 매우 간단하였다. 오직 주유만이 신하의 예를 갖추어 손권에 대한 지지를 나타내었다. 이 무렵 주유는 노숙(魯肅)이 모친을 오군으로 모시고 온 기회를 틈타 손권에게 노숙을 천거하였다. 아울러 주유는 노숙과 같은 인재를 널리 모아 대업을 이룰 것을 진언하였다.

관도의 전투에서 원소를 패퇴시킨 조조는 202년 손권을 힐책하며 아들을 인질로 보낼 것을 요구하였다. 조조에게 휘둘리는 것을 원치 않은 손권은 주변 인물들과 회합을 가졌다. 손권은 아들을 인질로 보내고 싶지 않았지만 주변에서 강하게 지지하는 자가 없어 쉽사리 결정을 내리지 못하였다. 이에 손권은 주유 한 사람만 데리고 모친을 만나 일을 상의하였다. 이 자리에서 주유는 강력하게 인질을 보내서는 안 된다고 주장하여 결국 손권은 주유의 의견에 따랐다. 이 일이 있은 뒤 조조는 주유를 곁에 두고 싶어 언변에 능한 장간(蔣幹)을 보내 주유를 설득하였다. 그러나 주유는 일언지하에 제안을 거부하고 장간을 돌려보냈다. 206년, 강하태수 황조(江夏太守 黃祖)가 등룡(鄧龍)에게 수천 군사를 주어 시상(柴桑, 현 강서성 구강시)를 공격하도록 하였다. 이에 맞서 출정한 주유는 대승을 거두고 등룡을 포로로 잡았다.

208년 가을, 조조군이 대거 남침하여 형주를 점령하고 손권을 압박하였다. 급박한 상황에 처한 손권은 조조와 일전을 결심하고 주변 인물들에게 계책을 물었다. 손권의 막료들은 주전파와 주화파로 나뉘어 설전을 벌이고, 그 중 가장 영향력 있는 책사인 장소는 조조에게 투항할 것을 권고하였다. 이에 노숙이 파양(鄱陽, 현 강서성 파양현)에 주둔하고 있던 주유를 불러들여 그의 의견을 들을 것을 권하였다.

손권의 진영으로 돌아온 주유는 장거리 원정에 지치고 수전에 능하지 못하며 기후와 풍토에 적응하지 못하는 조조군의 약점을 들어 승산이 없지 않다며 일전을 벌일 것을 건의하였다. 주유의 의견을 따르기로 최종 결심한 손권은 주유와 정보(程普) 등에게 3만 병사를 내주며 조조군에 맞서도록 하였다. 적벽에서 벌어진 첫 번째 전투에서 패배하자 조조는 강북으로 후퇴하였고 주유는 유비군과 함께 장강 남안에 진영을 갖추었다. 이때 주유의 부장인 황개(黃蓋)가 화공으로 조조군을 패퇴시킬 것을 건의하였다. 가능성이 있다고 판단한 주유는 먼저 황개를 거짓 투항시킨 뒤 화공으로 조조군의 선박을 전소시키고 큰 승리를 거두었다. 대패한 조조는 군사를 북방으로 돌려 남군(南郡, 현 호북성 형주시)으로 철수하였다.

여세를 몰아 남군까지 진격한 주유와 정보는 강을 사이에 두고 조인(曹仁)과 대치하였다. 쌍방이 본격적인 접전을 벌이기 전 주유는 감녕(甘寧)을 파견하여 형주의 상류에 위치한 이릉(夷陵, 현 호북성 의창시)을 점거하도록 하였다. 이에 조인은 일부 병력을 내어 감녕군을 포위하였고 감녕은 주유에게 급한 상황을 보고하였다. 주유는 여몽(呂蒙)의 계책을 받아들여 일부 병력을 남겨 후방을 방위하도록 하고 자신은 직접 여몽과 함께 감녕을 구원하러 나섰다.

감녕을 구원한 주유는 장강 북안에 주둔하며 날자를 정해 조인과 일전을 벌였다. 직접 말 위에 올라 병사들을 독려하던 주유는 날아온 화살에 오른쪽 옆구리에 큰 부상을 입고 진영으로 돌아왔다. 주유가 병상에 누웠다는 소식을 접한 조인이 직접 군사를 이끌고 공격해오자 주유는 아픈 몸으로 각 진영을 돌며 병사들을 독려하였고 결국 조인은 패퇴하였다. 전투가 일단락된 뒤 손권은 주유를 편장군(偏將軍)에 임명하고 남군태수를 겸하도록 하였다. 더불어 하준(下雋, 현 호남성 통성현)·한창(漢昌, 현 호남성 평강현)·주릉(州陵, 현 호북성 홍호현) 3현을 봉읍으로 하사하고 강릉(江陵)에 주둔하도록 하였다.

적벽전투 후 주유는 유비를 연금하고 유비 진영의 군대와 군속들을 직접 관리할 것을 건의하였다. 손권은 조조가 여전히 북방에서 호시탐탐 남침의 기회를 엿보고 있는데다 유비를 다루는 것도 쉽지 않다고 판단하여 건의를 받아들이지 않았다.

210년, 손권은 익주(益州, 현 사천성과 그 일대)를 치자는 주유의 방안을 받아들였다. 그러나 출정준비를 위해 본영이 있는 강릉으로 급히 돌아가던 주유는 중병에 걸려 파구(巴丘)에서 36세를 일기로 사망하였다. 소식을 접한 손권은 상복을 차려입고 애도의 뜻을 표시하였다. 주유의 영구가 오군으로 옮겨지자 손권은 무호(蕪湖)까지 나아가 친히 영접하고 모든 장례비용은 국가에서 지출하였다. 황제의 자리에 오른 뒤 손권은 "만일 공근이 없었다면 나는 황제의 자리에 오르지 못했을 것"이라며 다시 한 번 주유의 공적을 치하하였다.

4. 제갈량(諸葛亮)

제갈량(181-234)의 자는 공명(孔明) 호는 와룡(臥龍)으로 낭야 양도(琅琊 陽都, 현 산동 임기시 기남현)에서 출생하였다. 삼국시기 촉한의 승상이자 걸출한 정치가·군사가·문학가·발명가이다. 234년 오장원(五丈原, 현 섬서성 보계시 기산 경내)에서 사망하였다. 생존 시 무향후(武鄉侯)에 봉해졌고, 사후에는 충무후(忠武侯)라는 시호가 추서되었다. 동진을 세운 사마씨는 제갈량의 군사적 재능을 높이 평가하여 무흥왕(武興王)을 추봉하였다.

제갈량은 대대로 관직을 역임한 지역의 유지 집안에서 출생하였다. 선조인 제갈풍(諸葛豐)은 전한 원제대에 사례교위를 지냈고, 부친 제갈규(諸葛珪)는 후한 말년 태산군승(泰山郡丞)을 지냈다. 3살 때 어머니를 여의고 8살 때는 아버지마저 사망하자 제갈균(諸葛均)을 비롯한 동생들과 함께 원술(袁術)에 의해 예장(豫章, 현재의 강서성 북부로 군치소는 남창)의 태수로 임명된 숙부 제갈현(諸葛玄)을 따라 예장에서 생활하였다. 그러나 후한정부가 주호(朱皓)를 파견하여 직무를 대신하게 하자 제갈현은 형주로 가 유표에게 의탁하였다.

197년, 제갈현이 사망하여 생활을 돌봐줄 사람이 없게 되자 제갈량은 동생들과 함께 융중(隆中, 현 호북성 양양시)으로 이사하여 농사를 지으며 생계를 유지하였다. 이 무렵 유표의 밑에 있던 유비는 신야에 주둔하고 있었다. 후일 사마미(司馬徽)로부터 와룡(제갈량)과 봉추(방통)의 재능이 뛰어나다는 정보를 입수한 유비는 서서(徐庶)까지 나서서 추천하자 제갈량을 불러보고자 하였다. 그러나 서서가 제갈량은 불러서 올 사람이 아니니 직접 찾아가기를 권하여 유비는 세 차례나 제갈량의 초막을 방문하여 겨우 만남을 가질 수 있었다.

마침내 제갈량을 만난 유비는 주위 사람들을 물린 뒤 단도직입적으로 자신을 도울 방책이 무엇인지 물었다. 이에 제갈량은 형주와 익주를 취한 뒤 중원으로 진출할 전략을 상세히 고하였다. 이를 '융중대(隆中對)'라 칭하며 융중대는 이후 수십 년간 유비와 촉한의 기본 국책이 되었다. 제갈량의 계책을 흡족하게 여긴 유비는 자신을 도와줄 것을 간곡히 부탁하여 마침내 제갈량은 유비의 막하에 들어가게 되었다. 이후 모든 일을 의논하게 되면서 유비와 제갈량의 관계는 날로 친밀함을 더해갔다.

208년 8월, 유표가 병사하자 둘째아들 유종(劉琮)이 아버지의 자리를 물려받았다. 유종은 조조가 대군을 이끌고 남하한다는 소식을 듣자 조조에게 투항하였다. 유종의 투항 소식을 접한 유비도 부하와 백성들을 이끌고 남하하였으나 장판파(長阪坡)에서 뒤를 추격한 조조군에게 크게 패하였다. 패퇴한 유비가 하구(夏口)에 머물고 있을 때 손권의 명으로 상황을 살피기 위해 도착한 노숙(魯肅)이 손권에게 도움을 청하라고 유비를 설득하였다.

유비의 사자로 손권을 만난 제갈량은 장거리 행군에 피곤하고 수전(水戰)에 약한 조조군의 약점을 지적하며 힘을 합쳐 조조군에 대적할 것을 건의하였다. 제갈량의 건의 외에도 노숙과 주유가 항전을 설득하자 손권은 유비와 연합하여 조조에 대항할 것을 결심하였다. 유비의 진영에 돌아온 제갈량은 손권과의 연합작전을 준비하였다. 208년 11월, 조조의 대군은 적벽(赤壁)에서 손권과 유비의 연합군으로부터 화공을 당하여 엄청난 손실을 입었다. 여기에다 돌림병까지 창궐하자 조조는 부득이 군대를 돌려 북쪽으로 퇴각하였다.

적벽전투에서 승리한 직후인 208년 12월 유비는 형주 남부 4군을 평정하고 제갈량을 군사중랑장(軍師中郎將)에 임명하여 임증(臨烝)에 머물게 하였다. 영릉(零陵), 계양(桂陽), 장사(長沙) 3군의 조세징수를 책임진 제갈량은 이 기회를 이용하여 군사활동에 필요한 자원을 충실히 하였다.

211년, 익주목 유장(劉璋)이 유비에게 사람을 파견하여 장로(張魯)를 치는데 도움을 줄 것을 청하였다. 이 무렵 제갈량은 관우, 장비, 조운 등과 함께 형주를 지키는데 여념이 없었다. 다음해 12월 유장과 결별한 유비는 성도(成都)를 공략하였다. 이때 제갈량은 전투에 참여하기 위해 장비, 조운 등과 사천으로 들어가고 관우에게 형주의 방무를 일임하였다. 사천으로 진입한 제갈량은 각 군현을 차례로 평정한 뒤 유비와 합류하여 성도를 포위하였다. 214년 유장이 투항하면서 유비는 익주를 차지하게 되었다. 성도 함락 시 세운 공을 인정한 유비는 제갈량에게 많은 상금을 내리고 군사장군(軍師將軍)에 임명하여 좌장군부(左將軍府)의 사무를 처리하도록 하였다. 이후 매번 유비가 출정할 때마다 제갈량은 성도에 남아 군정사무를 대신하고 전선에 병사와 군량을 공급하는 중책을 수행하였다.

220년 조비가 정권을 찬탈하여 위를 건국하자 다음해 유비도 주변의 권고를 받아들여 황제를 칭하고 국호를 촉한으로 정하였다. 즉위 후 유비는 제갈량을 승상에 임명하였다. 같은 해 장비가 피살되자 제갈량은 사례교위의 직까지 겸하였다.

222년 8월, 형주를 되찾기 위해 동정에 나섰던 유비는 전투에서 패배하여 영안(永安)으로 철퇴하였다. 다음해 2월, 병세가 위독해진 유비는 제갈량을 영안으로 불러 뒷일을 부탁하였다. 4월, 유비가 사망하고 아들 유선(劉禪)이 계위하였다. 유선에 의해 무향후(武鄕侯)에 봉해진 제갈량은 관부를 열고 업무를 시작하였고 얼마 뒤 익주목에 임명되었다. 유선은 정치상의 대소사무를 모두 제갈량과 의논하고 제갈량의 결정에 따랐다.

225년 봄 제갈량은 친히 군대를 이끌고 남정에 나섰다. 옹개(雍闓), 맹획(孟獲)을 토벌하기 위해 남중(南中, 현 운남과 귀주 및 사천 서남부)지대로 깊숙이 진군한 제갈량은 마속(馬謖)의 건의를 받아들여 무력토벌보다는 심리전 위주로 적을 상대하였다. 먼저 옹개의 부대를 패퇴시킨 제갈량은 맹획을 일곱 번 사로잡고 일곱 번 풀어준 끝에 가을에 접어들어 혼란한 상황을 바로잡을 수 있었다. 남중을 안정시킴으로써 촉한은 대량의 물적 자원을 획득할 수 있었다. 또한 남중지역의 소수민족을 주축으로 무당비군(無當飛軍)이라 불린 정예병을 조직하여 북벌의 기초를 닦을 수 있었다.

228년 봄, 제갈량은 직접 군대를 이끌고 제1차 북벌에 나섰다. 이에 맞서 위나라 명제(明帝)는 장안까지 진출하여 군대를 독려하였다. 마속과 조운의 부대가 패배하면서 북벌은 실패로 마감되었다. 같은 해 겨울, 위나라 군대가 동쪽으로 철수하여 관중(關中)의 방비가 허술한 틈을 노린 제갈량은 재차 북벌을 단행하였다. 산관(散關, 현 섬서성 보계시 서남)에 출병하여 진창(陳倉, 현 섬서성 보계시 동부)을 포위한 제갈량의 부대는 위나라 장수 학소(郝昭)의 완강한 저항에 직면하였다. 학소가 투항을 거부한데다 후방의 보급도 원활하지 못하자 제갈량은 부득이 한중으로 퇴각하였다.

229년 봄, 제갈량은 부하장수를 파견하여 무도(武都, 현 감숙성 성현 주변)와 음평(陰平, 현 감숙성 문현 주변) 2군을 공략토록 하여 손에 넣었다. 다음해 가을, 사마의(司馬懿)등이 지휘하는 위나라 군대가 세 방면으로 나누어 한중을 공략하였다. 이에 맞서 제갈량은 친히 군대를 이끌고 성고(城固, 현 섬서성 고현 동부), 적판(赤阪, 현 섬서성 양현 동쪽)에 주둔하였다. 이 무렵 마침 한달 가량이나 폭우가 계속되자 위나라 군대는 자진하여 철퇴하였다. 같은 해 겨울 제갈량은 강중(羌中, 현 청해와 서장 및 사천서북부와 감숙 서남부)에 군대를 파견하여 위나라 후장군과 옹주자사가 이끄는 군대를 대파하였다.

231년 2월, 제갈량이 대군을 이끌고 기산(祁山), 상규(上邽)에 진주하자 사마의는 진영을 단단히 하고 수비에 급급하였다. 같은 해 5월, 제갈량의 군대에 대패한 사마의는 보영(保營)으로 퇴각하였다.

234년 2월, 제갈량은 대군을 이끌고 출정하여 오장원(五丈原, 현 섬서성 기산 남쪽)에 진을 치고 위수 유역에 둔전(屯田)하였다. 위수를 사이에 두고 제갈량의 부대와 대치한 사마의는 제갈량이 여러 차례 사자를 보내 도전장을 내밀었으나 미동도 하지 않았다. 위나라 경내에까지 둔전을 시행하여 장기주둔을 계획하고 있던 제갈량은 이 무렵 과로로 인해 병세가 점점 깊어갔다. 같은 해 8월 제갈량은 54세를 일기로 오장원에서 사망하였다.

유언에 따라 장수들은 제갈량의 사망 소식을 알리지 않고 조용히 퇴군을 시작하였다. 촉한 군대의 뒤를 추격한 사마의는 마차 안에 제갈량이 부채를 들고 앉아 있는 모습을 확인하고 이를 유인술이라 여겨 급히 군대를 불러들였다. 여기서 '죽은 제갈량이 살아 있는 사마중달을 놀라 달아나게 하다'는 고사가 생겨났다. 유선은 제갈량에게 충무

후(忠武侯)라는 시호를 내렸다.

제갈량 사후 촉한 각지에서는 제갈량의 묘(廟)를 세우자는 상서가 빗발쳤다. 그러나 예제(禮制)에 어긋난다는 이유로 조정에서 이를 채용하지 않자 백성들은 사시의 절일마다 길에서 제갈량에 대한 제를 올렸다. 263년에 이르러서야 유선은 제갈량의 묘를 세우도록 허락하였다.

촉한의 승상으로서 제갈량은 백성들을 잘 다독이고 예제를 준수하며 관원들을 잘 단속하여 정치가 안정되도록 노력하였다. 자신에게 주어진 권리와 권력을 행사하는데는 신중하였으며, 사람을 대하는 데는 진정을 다하여 거짓됨이 없었다. 나라를 위해 힘을 다하는 자는 설사 그가 자신의 원수일지라도 칭찬하고 포상하는데 주저함이 없었다. 반면 직무를 소홀히 하고 법을 지키지 않는 자는 자신의 친신이라 할지라도 가차 없이 처벌하였다. 진심으로 자신의 죄를 뉘우치는 경우에는 아무리 중한 범죄자라도 관대히 처리하였다. 반대로 교언영색으로 책임을 회피하려는 자는 사소한 잘못을 저지른 경우에도 엄중히 다스렸다.

일의 크고 작음에 상관없이 선행과 공로에 대한 포상은 충분하였고, 잘못에 대한 처벌은 철저하였다. 일을 처리할 때는 간결하면서도 실제적인 것을 추구하였다. 허영된 것을 좇지 않는 풍격은 촉한의 모든 백성들이 제갈량을 두려워하면서도 존경하게 만든 요인이었다. 엄형과 준법을 사용하여도 누구 하나 제갈량을 원망하는 사람이 없었다. 한마디로 제갈량은 어떻게 나라를 다스려야 하는지를 잘 보여준 교과서와 같은 존재였다.

정치면에서 뿐만 아니라 제갈량은 경제방면에 있어서도 생산력 증대를 위한 다양한 정책을 수립하고 실천하였다. 군사활동차 한중에 머무는 동안 제갈량은 한중의 경제조건을 효과적으로 활용하여 생산발전을 위한 일련의 조치들을 취하였다. 이로써 북벌군이 필요로 하는 물질적 조건이 충족될 수 있었다.

제갈량 사후 촉한의 군대가 철퇴하자 그 자리를 차지한 위나라 군대는 촉한의 군영에서 많은 도서와 양곡을 취하였다. 이는 곧 제갈량이 전쟁이 없는 기간동안 병사들을 동원하여 권농에 힘써 군둔경전(軍屯耕戰)의 효과를 거두었음을 증명하는 것이다. 생활환경이 향상되면서 더욱 많은 인구가 한중에 모이게 되어 땅은 넓으나 사람이 드물었던 한중지역이 발전할 수 있었던 것이다.

제갈량이 주둔하면서 증축한 산하언(山河堰)은 현재까지도 한중지구에서 관개면적이 가장 넓은 최대의 수리시설이다. 또한 제갈량대에 만들어진 한중시의 6대 저수지는 지금도 사용되고 있다. 한중지구에 남겨진 고대 수리관개시설이 지금까지도 실제적인 효용을 발휘하고 있다는 사실은 농업을 중시한 제갈량이 이곳에 주둔할 때 농토를 개척하고 수리시설을 확충하여 생산력을 발전시키는데 얼마나 주목하였는지, 얼마나 큰 성과를 보여주었는지 잘 보여주는 것이다.

군사가로서의 제갈량도 역대 병가(兵家)가 주목했던 부분이다. 제갈량 사후 촉한군의 진영을 둘러본 사마의는 '천하에 둘도 없는 기재'라고 제갈량을 칭찬할 정도였다. 당나라 때는 제갈량을 무묘십철(武廟十哲)의 하나로 평가하여 그를 장량(장량), 한신(韓信)과 동격으로 평가하였다. 전략가로서 제갈량의 재능은 그가 남긴 「남정(南征)」, 「북벌(北伐)」, 「북출(北出)」 등 저작을 통해 확인할 수 있다.

다재다능했던 제갈량은 공명등(孔明燈), 제갈연노(諸葛連弩), 공명쇄(孔明鎖) 등 다수의 발명품을 남긴 발명가이기도 하였다. 청소년 시절 각고의 훈련을 통해 다양한 서체에 능한 수준 높은 서예가로도 이름을 날린 제갈량은 회화, 음악과 문학 방면에서도 뛰어난 업적을 남겄다. 특히 그가 남긴 「출사표(出師表)」는 불후의 문학작품으로 평가받고 있다.

5. 손견(孫堅)

손견(孫堅, 155~191)의 자는 문태(文台)로 오군 부춘(吳郡 富春, 현 절강성 항주) 출신이다. 춘추시기의 유명한 병법가인 손무(孫武)의 후예이다. 후한 말년 황건적과 동탁을 토벌하는 과정에 참여하였고, 강남지역에 할거하여 오나라 건국의 기초를 닦았다. 유표(劉表)와의 전쟁에서 사망하였으며, 아들 손권(孫權)이 오나라의 황제를 칭한 뒤 무열황제(武烈皇帝)라는 시호가 추존되었다.

손씨는 대대로 강남 오(吳) 지역의 관리를 지냈다. 사서의 기록에 따르면 손견이 출생하기 전 손씨 집안 조상의 묘지에 오색 빛이 하늘에 닿는 기이한 현상이 나타났다. 손견의 모친이 임신 중 배에서 튀어나온 창자가 오 지역을 감싸는 꿈을 꾸었다는 말도 전해지는데 과연 출생한 아이의 용모가 비범하였다 한다.

젊은 시절 현의 하급관리를 맡은 손견이 성격이 활달하고 호기심이 많으며 의협심이 강하였다. 17세 되던 해 아버지와 함께 배를 타고 전당(錢塘)으로 향하던 중 해적들이 상인의 재물을 약탈하여 강변에서 분배하고 있는 광경을 목도하게 되었다. 주변 모든 사람들과 지나가는 배들도 해적들이 두려워 아무런 조치도 취하지 않았으나, 손견은 기지를 발휘하여 혼자서 해적들을 해산시키고 그 중 하나를 목베었다. 소식이 알려지자 군에서는 손견을 대리 교위직에 발탁하였다.

이 무렵 회계군(會稽郡) 출신의 허창(許昌)이 반란을 일으켜 양명황제(陽明皇帝)를 자칭하고 아들 허소(許韶)와 함께 수만 명을 거느리고 활동하였다. 이에 맞서 손견은 장사 천여 명을 모아 관병과 힘을 합쳐 반란군을 토벌하는데 앞장섰다. 당시 손견의 나이 불과 18세였다. 주 자사로부터 손견의 활약상을 보고 받은 조정에서는 염독현승(鹽瀆縣 丞)에 임명하였다. 이로부터 수년간 손권은 우이현승(盱眙縣丞)과 하 비현승(下邳縣丞)을 연달아 역임하였다. 세 곳의 현승을 역임하는 동 안 가는 곳마다 선정을 베풀어 손권의 명성은 날로 높아갔다.

184년 황건적의 난이 발생하자 백성들이 이에 호응하여 중원지구가 화염에 휩싸이게 되었다. 황건적이 가는 곳마다 관아를 불사르고 관원 들을 처형하자 관리와 귀족들은 살길을 찾아 뿔뿔이 흩어지고 후한왕 조의 운명은 한치 앞을 예측하기 힘들게 되었다. 불안에 휩싸인 통치 자들은 황건적을 진압하기 위해 모든 역량을 동원하였다. 조정에서는 차기장군 황보숭(車騎將軍 皇甫嵩)과 중랑장 주준(中郎將 朱儁)에게 낙양을 위협하는 황건적 파재(波才) 무리 소탕을 지시하였다. 이때 주 준은 손견을 좌군사마(佐軍司馬)에 이명 해줄 것을 조정에 건의하였 다. 손견은 가족을 구강군 수춘현(九江郡 壽春縣, 현 안휘성 수현 수 춘진)에 남겨두고 병사 1천 명을 모아 주준을 따라 황건적 토벌전에 참가하였다. 목숨을 아끼지 않은 분전으로 황건적 토벌전에서 혁혁한 공을 세운 손권은 주준의 천거로 별부사마(別部司馬)에 임명되었다.

변장(邊章), 한수(韓遂) 등이 양주(涼州)에서 소요를 일으키자 조정 에서는 중랑장 동탁(中郎將 董卓)을 파견하여 이들을 토벌하도록 하였 다. 동탁이 임무를 완수하지 못하자 조정에서는 186년 사공 장온(司空 張溫)을 대리 차기장군으로 삼아 변장 등을 토벌하도록 하였다. 장온 의 요청으로 손견도 토벌군에 참여하게 되었다. 장안에 진주한 장온은 황제의 조서를 받아 동탁을 소환하였으나 동탁은 부름을 받은 한참 뒤에야 도착하였다. 장온이 이를 꾸짖자 동탁은 불손한 태도로 응대하였다. 곁에서 이를 지켜본 손견이 은밀하게 동탁의 세 가지 죄상을 거론하며 군법에 따라 동탁을 처형할 것을 건의하였으나 장온은 이를 채납하지 않았다.

186년 11월, 장온은 북궁백옥(北宮伯玉)이 이끈 강족(羌族) 반란군을 격파하고 주신(周慎)으로 하여금 잔당을 추격하도록 하였다. 아울러 동탁에게는 강족의 일족인 선영강(先零羌)을 토벌하도록 하였다. 그러나 주신과 동탁은 모두 임무를 제대로 완수하지 못하였고, 심지어 주신은 하마터면 전군이 몰살당할 뻔한 위기를 겪기도 하였다. 이후 조정에서는 손견을 의랑(議郎)에 임명하였다.

187년, 장사(長沙) 출신의 구성(區星)이 장군을 자칭하며 1만여 명을 모아 반란을 일으키고 성읍을 포위하였다. 이에 조정에서는 손권을 장사태수로 삼아 반란군을 진압하도록 하였다. 임지에 도착한 손권은 관리들에게 내부 일을 맡기고 즉각 출정하여 한 달도 채 못되어 반란군을 완전히 소탕하였다. 구성이 반란을 일으키자 주조(周朝), 곽석(郭石) 등이 이에 호응하여 영릉(零陵, 현 호남성 영주시), 계양(桂陽, 현 호남성 계양현) 일대에서 소요를 일으켰다. 구성 일당을 진압한 손권은 군 경계를 넘어 이들 반란군을 진압하였다. 이로써 호남 남부 3군이 질서를 되찾을 수 있었다.

이 무렵 의춘현령(宜春縣令)을 맡고 있던 여강태수 육강(廬江太守 陸康)의 조카가 반란군의 공격을 받아 위급한 상황에 처하였다. 이에 육강은 손견에게 사람을 보내 도움을 청하였다. 주부가 군 경계를 넘어서는 안 된다고 말렸지만 손권은 이에 아랑곳하지 않고 대오를 정비하여 신속하게 진군하였다. 손견이 출동했다는 소식을 접한 반란군은 사방으로 흩어졌다. 이상의 공로로 손견은 오정후(烏程侯)에 봉해졌다.

189년, 영제가 사망한 뒤 대장군 하진과 십상시가 서로 권력을 다투다 공멸하였다. 이 와중에 동탁은 유변(劉辯)을 폐하고 진류왕 유협(陳留王 劉協)을 황제로 내세워 대권을 장악하고 국정을 농단하였다. 동탁의 발호에 각지에서 토벌군이 일어나고 손견도 여기에 동참하였다. 기병한지 얼마 지나지 않아 손견은 형주자사 왕예(荊州刺史 王睿)를 자결시키고 남양태수 장자(南陽太守 張咨)를 참수하는 두 가지 큰 일을 겪었다.

왕예는 손견이 영릉, 계양의 반란군을 진압할 때 일을 같이했던 인물이다. 이때부터 왕예는 종종 무관 출신인 손견을 경멸하는 언사를 서슴지 않아 손견은 내심 불만이 없지 않았다. 후일 형주자사로 부임한 왕예는 무릉태수 조인(武陵太守 曹寅)과 불편한 관계에 있었다. 손견이 동탁토벌에 동참할 것을 권하자 왕예는 조인을 먼저 제거해주면 출병하겠노라 약속하였다. 손견이 진짜로 자신을 칠까 두려워한 조인은 가짜 격문을 만들어 왕예의 죄상을 열거하고 오히려 왕예를 처단할 것을 주문하였다. 격문을 본 손견은 이를 사실로 여기고 왕예를 치기 위해 즉각 양양으로 군대를 돌렸다. 손견으로부터 전후사정을 들은 왕예는 죽음을 피할 길이 없음을 감지하고 자결하였다. 왕예의 후임으로 유표(劉表)가 형주자사에 임명되었다.

왕예를 핍박하여 죽음에 이르게 한 손견은 북쪽으로 진군하여 남양(南陽, 현 하남성 남양시)에 당도하였다. 이곳에서 손견은 태수 장자에게 공문을 보내 군량 공급을 요청하였다. 공문을 받은 장자는 수하와 대처방안을 논의한 끝에 손견의 요구를 거절하였다. 얼마 뒤 손견은 예물을 갖추어 장자를 예방하였다. 이튿날 장자도 답례의 의미에서 손견의 진영을 방문하였다. 이 자리에서 손견의 명을 받은 부하들에 의해 장자는 참수 당하였다. 이 일이 있은 뒤 남양에 주둔하는 동안 손견의 부대는 원하는 모든 것을 취할 수 있었다.

남양에서 정비를 마친 손견은 병사를 이끌고 북진하여 노양(魯陽, 현 하남성 노산현)에 이르러 원술(袁術)과 합류하였다. 원술의 추천에 의해 손견은 파로장군(破虜將軍) 겸 대리 예주자사(豫州刺史)에 임명되었다. 손견은 한동안 노양에 머물며 부대를 정비하여 동탁토벌을 준비하였다.

191년 2월, 손견은 예주군을 이끌고 최종목적지인 낙양을 향해 양동(梁東, 현 하남성 여주시)으로 출격하였다. 그러나 중도에 서영(徐榮)의 부대에 포위되어 병사의 대부분을 잃고 손견은 10여 기병만 거느린 채 간신히 포위망을 뚫을 수 있었다. 거의 목숨을 잃을 정도로 큰 위기를 넘긴 손견은 포기하지 않고 다시 병력을 모아 설욕할 기회를 엿보았다. 양인(陽人) 전투에서 동탁의 군대를 대파하여 손견의 명성이 높아지자 원술의 주변인물들이 자칫하면 호랑이 새끼를 키우는 우를 범할 수 있다며 손견에게 군량 공급을 중단할 것을 건의하였다. 이에 원술이 군량 공급을 중단하여 손견은 곤란한 상황에 처하게 되었다. 초조해진 손견은 자신의 진영에서 1백리 가량 떨어진 노양의 원술 진영으로 한걸음에 달려가 설득한 끝에 군량을 조달받을 수 있었다.

이 무렵 손견의 용맹함을 두려워 한 동탁은 이각을 보내 손견을 자기편으로 끌어들이고자 하였다. 동탁이 내건 조건은 서로 인친관계를 맺고, 손견의 자제 가운데 자사나 군수를 맡을만한 인물의 명단을 제출하면 그들을 임용하겠다는 것이었다. 동탁의 제의를 일언지하에 거절한 손견은 낙양 90리 밖까지 진군하였다.

위기감을 느낀 동탁은 직접 군대를 이끌고 손견군에 맞섰으나 크게 패배하였다. 여포를 엄호군으로 남겨두고 동탁이 민지(澠池)로 도망하자 손견은 낙양으로 진군하였다. 여포의 군대를 패퇴시키고 낙양에 입성한 손견은 부하들을 시켜 종묘를 청소하고 제사를 올렸다.

부대를 정비한 손견은 신안(新安), 민지 방면으로 병력을 파견하여 동탁의 뒤를 쫓도록 하였다. 손견의 부대가 진격해올 것을 염려한 동탁은 부하 장수들을 각지에 파견하여 방어선을 구축하도록 조치한 뒤 자신은 장안으로 퇴각하였다. 손견은 동탁에 의해 파헤쳐진 능묘들을 정비한 뒤 노양으로 퇴각하였다. 이 무렵 손견만이 부단히 동탁군과 작전을 벌였을 뿐 나머지 군웅들은 자신의 세력범위를 확대하기에 급급하였다. 원소와 원술도 비록 형제간이었지만 새 황제를 옹립하자는 원소의 제안에 원술이 반대하면서 관계가 틀어지고 말았다. 원술의 지령으로 동탁을 치기 위해 출정한 손견이 귀환하기 전 원소는 주앙(周昻)을 예주자사로 임명한 뒤 손견의 치소를 습격하도록 하였다. 소식을 접한 손견은 군대를 돌려 주앙을 공격하였다.

동탁토벌의 기치를 내걸었던 관동(關東)의 군웅 가운데 손견군은 동탁군과 정면으로 교전하여 대승을 거둔 유일한 군대였다. 조조의 군대가 변수(汴水)에서 동탁군에게 패배하고 원소가 관망하는 태도를 보일 때, 손견만이 고군분투하여 결국 동탁은 장안으로 도망하지 않을 수 없었다. 그러나 손견의 용맹함과 공적은 다른 군벌들의 시기와 질투를 불러오는 요인이 되었다. 홀로 낙양에 입성한 손견이 군량지원을 요청하고 동탁세력 소멸을 촉구할 때, 각자 꿍꿍이가 있는 연합군의 여타 군웅들은 영토를 확장하기에 여념이 없었다. 이런 상황에서 손견이 혼자의 힘으로 취약하고 분열된 반동탁세력을 단결시킬 수 없었다. 결국 결정적 승리를 얻지 못한 상황에서 반동탁군은 해체되는 운명을 맞고 말았다.

191년 4월, 원술은 손견으로 하여금 형주의 유표를 치도록 하였다. 유표군의 1차방어선을 뚫은 손견군은 한수를 건너 양양을 포위하였다.

황조(黃祖)가 이끄는 유표군을 추격하던 중 날아온 화살에 맞은 손견은 전사하였다.

6. 손책(孫策)

손책(孫策, 175-200)의 자는 백부(伯符)로 손견의 장자이자 손권의 형이다. 후한 말년 강동(江東) 일대에 할거했던 군벌로 『삼국지연의』에서는 소패왕(小霸王)이라는 별명으로 소개되었다. 처음에는 부친의 유업을 이어 원술을 섬겼으나 후일 독립하여 강동을 통일하였다. 사냥 중 자객의 습격을 받아 부상을 입고 얼마 뒤 26세의 젊은 나이에 사망하였다. 동생 손권이 황제를 칭한 뒤 장사환왕(長沙桓王)이라는 시호를 올렸다.

장사태수 손견의 장자로 태어난 손책은 부친이 주준(朱儁)의 천거로 좌군사마(佐軍司馬)로 임명되어 황건적 토벌에 나섰을 때 가족들과 수춘(壽春, 현 안휘성 회남시)에 머물렀다. 10여세 무렵부터 명사들과 교류하여 이미 주변에 이름이 알려지기 시작한 손책의 명성을 듣고 서현(舒縣, 현 안휘성 여강현 서남) 출신의 주유(周瑜)가 직접 그를 찾을 정도였다. 동갑인 두 사람은 비록 나이는 어렸지만 큰 뜻을 품고 있어 금세 절친한 사이가 되었다. 후일 주유는 손책에게 서현으로 이주할 것을 권하고 그가 머물 저택을 제공하였다.

191년, 형주목 유표를 공격하던 손견은 유표의 부하 황조(黃祖)의 매복에 걸려 37세를 일기로 사망하였고 당시 손책은 17세였다. 손견의 유해는 조카 손분(孫賁)에 의해 강동으로 호송된 뒤 곡아(曲阿, 현 강소성 단양시)에 안장되었다. 손견의 장례를 마치고 3년간의 수효(守

孝)까지 끝낸 손책은 가족들과 장강을 건너 강도(江都, 현 강소성 양주시 소속)로 이주하였다.

이 무렵 손책은 수춘에 머물고 있던 원술을 찾아가 아버지가 거느리던 옛 부하들을 돌려받고 공업을 세워 아버지를 위해 복수할 준비를 진행하였다. 마침 양주의 명사인 장굉(張紘)도 모친의 수효를 마치고 강도에 머물고 있었다. 몇 차례 장굉을 예방한 손책은 천하의 대세를 연구하고 장래의 계획을 수립하였다. 장굉의 도움으로 모친과 어린 동생들을 안치한 손책은 곧장 원술을 만나기 위해 수춘으로 향하였다. 손책을 보고 그의 비범함을 알아본 원술은 곧바로 손견이 거느렸던 옛 부하들을 되돌려주기를 꺼려하였다. 그렇다고 전혀 모른 채 할 수 도 없는 노릇인지라 당분간 단양태수(丹陽太守) 오경(吳景)의 밑에서 일하며 장래를 도모할 것을 권하였다.

손책의 외삼촌인 오경은 손견을 따라 황건적 토벌전에 참가하여 세운 공으로 기도위(騎都尉)에 봉해졌다. 후일 조조와 원소의 연합군에 패하여 구강(九江)으로 퇴각한 원술은 오경을 단양태수에 천거하여 오경은 전임 태수 주흔(周昕)을 몰아내고 단양군을 점거하였다. 오경의 휘하에 들어간 손책은 주변의 도적들을 소탕하는 한편 병사들을 모아 수백 명의 휘하를 거느리게 되었다. 194년, 그간 모은 병사들을 데리고 원술을 찾아가자 그때서야 손견이 거느렸던 옛 부하 수천 가운데 1천 명을 떼어 손책의 지휘를 받도록 하였다.

이 무렵 조정에서는 태부 마일제(馬日磾)를 관동에 파견하여 지역의 사정을 살피도록 하였다. 수춘에 도착한 마일제는 예를 갖추어 손책을 맞이한 뒤 조정에 회의교위(懷義校尉)로 천거하였다. 당시 원술의 휘하인 교유(橋蕤)·장훈(張勳) 등은 물론이고 원술마저도 손책의 풍채와 부하를 통솔하는 재능을 보고 경외의 감을 품었다.

성격이 종잡을 수 없고 신용이 없었던 원술은 애초 손책을 구강태수로 삼겠노라 약속하였다가 후일 자신의 친신인 진기(陳紀)를 태수로 삼았다. 후일 서주를 공략하는 과정에서 원술은 여강태수 육강(廬江太守 陸康)에게 군량지원을 요청하였으나 거절당하였다. 이 일이 있기 전 손책도 공무로 육강을 방문한 적이 있었으나 박대를 당한 적이 있었다. 원술과 손책 모두 육강에 대해 불만이 있던 차에 원술은 손책으로 하여금 육강을 치도록 하고 만일 성공하면 여강군을 손책에게 주겠노라 약속하였다. 손책이 손쉽게 여강을 손에 넣자 원술은 또 다시 약속을 어기고 자신의 부하인 유훈(劉勳)을 여강태수에 임명하였다. 거듭되는 원술의 약속불이행에 손책의 실망감은 갈수록 깊어갔다.

이 같은 일련의 사건이 있기 전 헌제는 유요(劉繇)를 양주자사(揚州刺史)에 임명하였다. 양주의 원래 치소 수춘은 당시 원술이 점령하고 있었다. 이에 유요는 손책의 외삼촌 오경과 사촌형 손분의 도움으로 장강을 건너 아곡에 치소를 설립하였다. 후일 손책이 여강을 칠 것이라는 소식이 알려지자 유요는 근심걱정이 앞서지 않을 수 없었다. 왜냐하면 오경과 손분은 원술의 임명을 받은자들인데다 손책과도 친척들이라 일이 성공하면 이어 원술과 손책이 연합하여 자신을 공격할 것으로 예상했기 때문이다. 이에 유요는 무력을 앞세워 오경과 손분을 역양(曆陽, 현 안휘성 화현)으로 축출하였다. 이어 유요는 부하들을 요지에 파견하여 원술군의 내습을 대비하였다. 이에 맞서 원술은 부하 혜구(惠衢)를 양주자사, 오경을 독군중랑장(督軍中郎將)에 임명하고 손분과 함께 유요군을 공격하도록 하였다. 쌍방은 강을 사이에 두고 장기간 대치하였으나 별다른 접전은 없었다.

당시 오군도위(吳郡都尉)를 맡고 있던 주치(朱治)는 오랫동안 손견을 따르던 부하로 손견 생전 그의 교위(校尉)였다. 태부 마일제는 수춘에 머무는 동안 주치를 부관으로 삼았다가 오군도위에 임명하였다. 원술이 덕이 부족하고 정치적 능력이 떨어짐을 잘 알고 있었던 주치는 손책에게 하루속히 강동으로의 발전을 꾀할 것을 건의하였다. 주치의 건의를 받아들인 손책은 원술을 만나 횡강(橫江)을 공략한 뒤 그곳에 남아 병사들을 모은 뒤 다시 돌아와 원술을 돕겠노라 계획을 말하였다. 원술은 손책이 자신에 대한 불만으로 떠나려는 것을 알고 있었지만 당시 정세로 보아 독자적인 발전을 꾀할 수 없을 것으로 보고 이를 허락하였다. 아울러 조정에 건의하여 손책을 절충교위(折沖校尉)에 임명하였다. 손책은 부친의 옛 부하 및 수백 명에 이르는 자신의 문객을 데리고 동진하였다.

행군도중 부단히 합류하는 사람이 늘어 오경이 주둔하고 있는 역양에 이르렀을 때 손책의 대오는 이미 5-6천에 달하였다. 손책은 주유에게 편지를 보내 동진 소식을 알렸다. 당시 주유는 단양태수로 재직중인 숙부 주상(周尚)을 돕고 있었다. 소식을 접한 주유는 즉각 병사를 이끌고 와 손책을 마중하고 군량을 제공하였다. 즉시 강을 건넌 손책은 횡강과 당리(當利)를 연달아 함락시켰다. 이어 유요가 파견한 번능(樊能)·장영(張英)을 물리친 손책은 가는 곳마다 승리를 거두었다. 손책군은 군기가 엄하여 백성들에게 전혀 피해를 입히지 않아 백성들도 손견군을 상당히 옹호하였다.

195년, 21세 되던 해 손책은 주유와 정보(程普)·황개(黃蓋) 등의 지지 하에 역양에서 장강을 도하한 뒤 우저영(牛渚營, 현 안휘성 마안산시 서남)의 유요 진영을 공격하여 창고에 보관중이던 양식과 병기를 획득하였다. 이를 계기로 손책군의 세력은 날로 강대해졌다. 유요군과의 전투에서 부상을 입기도 하였던 손책은 결국 유요를 단도(丹徒, 현 강소성 진강시)로 패퇴시키고 곡아를 점령하였다.

손책군이 당도했다는 소식에 처음 백성들은 전전긍긍하고 관리들도 혼비백산하여 도망하기에 급급하였다. 그러나 시간이 지나면서 손책군의 기율이 엄하여 전혀 백성들에게 피해를 끼치지 않는다는 사실이 알려지자 오히려 먼저 나서서 손견군에게 술과 고기를 대접하며 노고를 치하하였다. 이 무렵 손책은 유요의 휘하 가운데 투항해온 자는 과거의 죄를 묻지 않을 것이며, 자원하여 자신을 따르는 자는 가족의 모든 부세와 요역을 면제하겠다는 고시를 내렸다. 이 공고가 발포되자 사방에서 사람들이 몰려 단기간에 사병 2만여 명과 말 1천여 필을 모을 수 있었다. 강동지역에서 손책의 명성이 날로 높아지자 유요는 단도를 버리고 서쪽으로 도망하였고, 손책은 이 기회에 오군(吳郡)을 손에 넣고자 하였다. 이에 주치가 전당(錢塘)에서 오군을 향해 진공하자 오군태수 허공(吳郡太守 許貢) 유권(由拳, 현 강소성 가흥시 남쪽)에서 저항하다 대패하였다. 허공을 패퇴시킨 주치는 오군태수 직책을 대리하였다.

수춘에 주둔 중이던 원술은 유요가 패퇴하였다는 소식을 접하자 손책을 진구장군(殄寇將軍)에 추천하는 한편 오경·손분·주상을 수춘으로 불러들여 자신이 부리고자 하였다. 여기에 그치지 않고 원술은 집안동생 원윤(袁胤)을 주상 대신 단양태수에 임명하였다. 주상을 따라 수춘에 도착한 주유를 만난 원술은 그의 재능이 비범함을 알고 자신의 곁에 두고자 하였다. 그러나 원술이 결코 대단한 업적을 이룰 인물이 아니라고 판단한 주유는 때를 보아 손책에게 돌아가기 편하도록 장강에 인접한 거소(居巢, 현 안휘성 소호현) 현장직을 요구하였다. 원술은 주유의 청대로 그를 거소현장에 임명하였다.

196년, 손책은 강동 각지에 대한 진공을 계속하여 판도를 넓혀갔다. 손책의 군대가 절강(浙江, 전단강)을 건너 회계(會稽)로 진군하자 태수 왕랑(王朗)은 고릉(固陵, 현 절강성 소산현 서쪽)에서 손책군의 진군을 저지하고자 하였다. 손책은 여러 차례 공세를 발동하였으나 매번 실패를 거듭하였다. 이때 손책의 숙부 손정(孫靜)이 적의 시선을 정면 전장으로 돌린 뒤 돌격대를 우회시켜 기습공격하자는 성동격서(聲東擊西)의 계책을 건의하였다. 손책군의 기습공격에 당황한 왕랑은 황급히 주흔(周昕)을 파견하여 응전하도록 하였다. 주흔을 참살한 손책은 여세를 몰아 진격하였고, 패퇴한 왕랑은 우번(虞翻) 등을 데리고 선박 편으로 동야(東冶, 현 복건성 복주시)로 도망하였다. 손책은 하제(賀齊)를 파견하여 추격하도록 하는 한편 장소(張昭)를 파견하여 투항을 권고하였다.

손책의 투항권고에 응하지 않은 왕랑이 후일 조정의 부름을 받게 되자 손책은 그가 허도까지 안전하게 도착하도록 길을 터주었다. 손책은 예를 갖추어 우번을 예방하여 자기편으로 끌어들인 뒤 원래의 자리인 회계공조(會稽功曹)에 임명하였다. 이로써 회계를 평정한 손책은 조정에 예물을 공헌하기 시작하였다.

197년, 우연한 기회에 진시황 이래 황권의 상징으로 여겨지던 전국옥새(傳國玉璽)를 손에 넣은 원술은 정식으로 황제를 잠칭하기 시작하였다. 이에 손책은 서신을 보내 칭제의 불가함을 간하였으나 원술이 이를 무시하여 두 사람은 절교한 뒤 더 이상 왕래하지 않았다. 이후 손책은 오경·손분 등 친척들에게 원술과 관계를 단절할 것을 청하는 서신을 보낸 뒤 강동으로 귀환하였다.

강동지역에서 손책의 지위가 공공해지자 조조는 헌제의 조서를 휴대한 왕포(王浦)를 손책에게 파견하였다. 이 조서는 손책을 기도위(騎都尉)에 임명하고 손견에게 주어졌던 오정후 작위를 이어받도록 함과 동시에 회계태수를 겸임하라는 내용이 담겨 있었다. 아울러 여포(呂

布)·진우(陳瑀) 등과 함께 원술을 토벌하라는 명령도 함께 있었다. 손책은 많은 휘하를 거느리기에 기도위라는 직책이 너무 낮다고 판단하여 최소한 장군의 봉호를 원하였다. 이에 사람을 왕포징(王浦微)에게 보내 자신의 뜻을 넌지시 전하도록 하였다. 손책의 뜻을 확인한 왕포징은 즉각 황제의 명의로 손책을 명한장군(明漢將軍) 권한대행에 임명하였다.

당시 진우는 해서(海西, 현 강소성 동해현)에 주둔하고 있었다. 손책은 조서의 지령에 따라 진영을 정비한 뒤 여포·진우를 만나 장래의 군사행동계획을 세우기 위해 북쪽으로 출발하였다. 그러나 손책이 전당에 이르렀을 무렵 돌발 상황이 발생하였다. 진우가 몰래 사람을 보내 각지의 도적 및 요충지의 관원들과 내통하여 손책이 북상하자마자 각 군현을 공격하려 계획한 것이다. 이를 알고 대노한 손책은 여범(呂範)과 서일(徐逸)에게 해서를 공격하게 하여 진우군을 대파하고 진우의 부하와 처자 등 4천여 명을 포로로 잡았다.

진우가 북으로 도망하여 원소에게 의탁하자 손책은 친히 군대를 이끌고 추륜(鄒倫)·전동(錢銅) 등 각지의 할거세력을 차례로 제압하고 오군을 평정하였다. 한편 칭제를 반대하는 손책에 대한 불만이 커진 원술은 단양의 조랑(祖郎) 등 지방할거세력과 손잡고 손책에 공동으로 대항하였으며, 유요의 휘하였던 태사자(太史慈)는 경현(涇縣, 현 안휘성 경현)을 점거하고 단양태수를 자칭하였다.

198년, 손책은 서곤(徐琨)을 파견 원술이 임명한 단양태수 원윤(袁胤)을 축출하여 선성(宣城, 현 안휘성 선성시) 이동 각지를 평정하였다. 새 단양태수에는 직전 원술의 진영에서 돌아온 오경이 임명되었다. 이어 손책은 직접 군대를 지휘하여 단양과 경현 이서지역을 공략하기 시작하였다. 먼저 능양(陵陽, 현 안휘성 청양현 동남)으로 진격하여 조랑을 사로잡은 손책은 용리(勇裏, 현 안휘성 경현 서북)로 진격하여 태사자를 생포하였다. 단양을 평정한 손책은 이미 투항한 태사자와 조랑을 선도로 삼아 회군하였다. 오군으로 귀환한 손책은 태사자를 절충중랑장(折沖中郎將), 조랑을 문하적조(門下賊曹)에 임명하였다. 이로써 단양지역에 대한 평정이 마무리되었다.

손책이 단양지역을 평정하고 있을 무렵 원술에 의해 거소장(居巢長)에 임명되었던 주유와 동군장(東郡長)에 임명되었던 노숙(魯肅)이 관직을 버리고 도강하여 손책을 찾아왔다. 손책은 주유를 건위중랑장(建威中郎將)으로 삼고 거처를 마련해주었다. 주유를 통해 노숙을 소개받은 손책은 그의 재능을 높이 평가하여 적당한 직무를 맡기고자 하였다. 공교롭게도 이때 노숙의 조모가 사망하여 성사되지 못하였다. 주변정리를 마친 손책은 196년 처음 공헌했던 예물의 배에 달하는 공물을 조정에 진헌하였다. 이에 조정에서는 손책을 토역장군(討逆將軍)에 임명하고 오후(吳侯)로 봉하였다.

199년, 유요의 사망소식이 전해지자 태사자가 유요의 잔병 1만을 끌어들일 것을 손책에게 제안하였다. 두 달 안에 일을 마무리하겠다는 약조에 손책은 태사자를 파견하였다. 당시 주변사람들이 이제 막 투항해 온 태사자를 믿을 수 없다 하였으나 손책은 그에 대한 신뢰를 확신하였다. 일을 성공적으로 완수하고 귀환한 태사자는 예장군(豫章郡, 현 강서성 일원)의 상황을 손책에게 보고하였다. 유요의 영구를 그의 고향까지 모셔 안장한 손책은 유요의 가족을 오군으로 데려와 보살폈다.

손책이 조조(曹操)·동승(董承)·유장(劉璋) 등과 연합하여 유표와 원술토벌을 위한 준비를 마칠 무렵 원술이 병사하였다. 이에 손책은 장굉(張紘)을 허도에 파견하여 조정의 대신들과 인맥을 쌓도록 하였다.

징굉은 강동지역에서 손책이 이룬 공적을 널리 선전하는 한편 조정에 대한 손책의 충심이 변함없음을 대신 전하였다.

원술 사후 그의 휘하였던 양홍(楊弘), 육면(陸勉) 등이 무리를 이끌고 손책에게 귀부하기 위해 남쪽으로 향하였다. 그러나 이들은 중도에 여강태수 유훈(廬江太守 劉勳)에게 모두 체포되고 말았다. 한편 원술의 집안동생인 원윤과 사위 황의(黃猗) 등은 조조의 위력이 두려워 병사와 가족을 데리고 수춘을 떠나 환성(皖城, 현 안휘성 안경시)으로 가 유훈(劉勳)에게 의탁하였다. 갑작스레 병력이 크게 증가한 유훈은 군량조달에 애를 먹게 되었다. 이에 유해(劉偕)를 예장태수 화흠(豫章太守 華歆)에게 보내 지원을 요청하였다. 화흠도 군량이 부족하기는 마찬가지여서 해혼(海昏, 현 강서성 봉신현 서쪽)·상요(上繚) 등지에 주둔하고 있는 유요의 옛 부하들에게 도움을 청하여 소량의 군량을 확보할 수 있었다.

당시 유훈의 세력은 상당히 강하였다. 기회를 엿보아 유훈을 제거하고자 하였던 손책은 유훈에게 편지를 보내 해혼과 상요를 공격하면 자신도 병력을 내어 지원하겠노라 약속하였다. 이를 믿고 유훈은 해혼을 공격하였으나 별다른 소득을 얻지 못하였다. 당시 황조를 치기 위해 서정에 나서 석성(石城, 현 안휘성 귀지현)에 다다른 손책은 유훈이 해혼을 공격하기 시작했다는 정보를 입수하였다. 이에 즉각 손분·손보(孫輔) 등으로 하여금 군대를 이끌고 팽택(彭澤, 현 강서성 팽택현)에서 유훈의 부대를 공격하도록 지령하였다. 이와 동시에 손책은 주유와 함께 2만 병력을 이끌고 유훈의 대본영인 환성을 공격하였다. 일거에 환성을 점령하고 3만여 명을 포로로 잡은 손책은 이술(李術)을 여강태수로 삼았다.

환성이 함락되었다는 소식에 대경실색한 유훈은 밤새워 팽택으로 회군하였다. 이미 진을 치고 기다리던 손분은 유훈군을 대파하였고, 유훈은 유기(流沂, 현 호북성 악성)으로 도망하여 황조에게 구원을 청하였다. 황조가 아들 황사(黃射)가 이끄는 수군 5천을 파견하였으나 손책군에게 패퇴하자 유훈은 다시 조조에게 의탁하였다. 유훈이 남긴 2천여 병사와 1천여 척의 전선을 손에 넣은 손책은 여세를 모라 황조의 본영을 향해 진군하였다.

199년 12월 초순, 손책이 사선(沙羨, 현 호북성 가어현 북방)까지 진군하자 유표는 조카 유호(劉虎)와 한희(韓晞)로 하여금 5천 군사를 거느리고 출정하여 황조를 지원하도록 하였다. 12월 11일, 손책은 주유·여범(呂範)·정보(程普)·한당(韓當)·황개(黃蓋)·손권(孫權) 등과 동시에 진격하여 황조군과 결전을 벌였다. 1만 명이 익사하는 대패를 당하자 황조는 도망하였고 손책은 전선 6천 척을 노획하였다.

황조를 대파하고 예장으로 동진한 손책은 초구(椒丘, 현 강서성 신건현 북쪽)에 도달하자 우번(虞翻)을 예장태수 화흠에게 보내 투항을 권고하였다. 화흠이 순순히 투항해오자 손책은 예장군의 일부를 떼어 여릉군(廬陵郡)을 세우고 손분을 예장태수, 손보를 여릉태수에 임명하고 중호군(中護軍) 주유를 파구(巴丘, 현 호남성 악양시)에 주둔시켰다. 이어 태사자를 건창도위(建昌都尉)에 임명 해혼(海昏)에 주둔시켜 유반(劉磐)의 내습에 대비하도록 하였다.

강동을 평정한 손책은 오경을 단양태수, 주치를 오군태수, 주유를 강하태수 겸중호군, 손분을 예장태수에 임명하여 지방통치를 맡기고 자신은 회계태수를 맡았다. 손책이 강동을 평정했다는 소식을 접한 조조는 조카딸을 손책의 동생 손광(孫匡)의 아내로 삼도록 하고, 자신의 셋째아들 조창(曹彰)은 손분의 딸을 아내로 맞이하도록 하였다. 아울러 양주자사 엄상(揚州刺史 嚴象)에게 명하여 손권을 무재(茂才)로 천거하도록 하였다. 이어 손책의 동생 손권과 손익(孫翊)을 허도로 불러들여 손책 세력을 자기편으로 끌어들임과 동시에 견제하려는 양면정책을 펼쳤다.

용모가 준수하고 성격이 쾌활한데다 솔직한 손책은 주변의 의견도 잘 받아들이고 무엇보다 적재적소에 인재를 등용할 줄 알았다. 유머감각까지 갖춘 손책의 주변에는 자연 사람들이 몰리고 백성들도 진심으로 그를 따랐다. 당시 광릉태수(廣陵太守)를 맡고 있던 진등(陳登)은 진우의 조카였다. 손책이 유훈과 황조를 치기 위해 서정에 나서자 진등은 재차 비밀리에 간첩을 사방에 파견하여 손책에 대항할 세력을 결집하고자 하였다. 이는 진우가 손책의 부하인 여범(呂範)에게 격퇴된 원수를 갚기 위한 목적에서였다. 단도(到丹, 현 강소성 진강시)에 도달한 손책은 직접 진등을 치기로 결심하고 전투에 필요한 군량과 물자가 도착하기를 기다렸다.

이에 앞서 손책을 몰아내고 강동을 차지할 욕심이 없지 않았던 허공(許貢)이 조정에 손책을 수도로 불러들여 후환을 없앨 것을 청하는 상주를 올렸다. 자신이 파견한 밀탐을 통해 이 상주문을 탈취한 손책은 허공을 살해하였다. 허공이 살해된 뒤 민간으로 잠적한 그의 문객들은 복수의 기회를 엿보았다. 200년 4월, 단도의 산중에서 사냥하고 있던 손책은 허공의 문객이 보낸 자객의 습격을 받아 얼굴에 화살을 맞게 되었다. 자신의 운명이 다했음을 안 손책은 장소(張昭) 등을 불러 동생 손권을 잘 보좌해 줄 것과 절대 북방으로 진출하지 말 것을 부탁한 뒤 4월 4일 저녁 26세로 사망하였다.

7. 손권(孫權)

손권(孫權, 182-252)의 자는 중모(仲謀)이다. 200년 4월 형 손책이 암살당하자 뒤를 이어 강동을 통치하였다. 208년 유비와 연맹을 맺어 적벽에서 조조군을 대파하고 삼국정립의 기초를 닦았다. 219년 여몽(呂蒙)을 파견 유비를 축출하고 형주(荊州)를 차지하여 영토면적을 크게 증가시켰다. 222년 위 문제 조비에 의해 오왕에 봉해져 오국을 건립하였다. 229년 정식으로 칭제하고 강남의 경제발전을 촉진시키기 위해 노력하였다. 24년간 재위하다 252년 71세로 병사하였으며 삼국시대 통치자 중 가장 장수하였다. 시호는 대황제(大皇帝) 묘호는 태조(太祖)이며 장릉(蔣陵)에 안장되었다.

182년 손권이 출생하였을 당시 부친 손견은 하비현승(下邳縣丞)을 맡고 있었다. 춘추시기 군사가인 손무의 22대손인 손권은 태어나면서부터 용모가 보통사람들과는 달랐던 것으로 전해진다. 184년, 당시 좌군사마(佐軍司馬)의 직에 있던 손견이 주준(朱儁)을 따라 황건적토벌에 나서자 손권은 모친 등 가족과 함께 구강군 수춘현(九江郡 壽春縣, 현 안휘성 수현 수춘진)에 거주하였다.

189년, 당시 장사태수의 자리에 있던 손견은 동탁토벌을 위한 연합군의 일원으로 참가하였다. 이에 따라 그의 가족은 여강군 서현(廬江郡 舒縣, 현 안휘성 여강현 서남)으로 이주하였다. 191년, 원술의 명으로 형주자사 유표를 공격하던 손견이 전사하였다. 장례를 마친 가족들은 다시 광릉군 강도현(廣陵郡 江都縣, 현 강소성 강도현)으로 이주하였다.

194년, 손권의 장형 손책이 원술을 도와 여강군을 공격하자 혹 지반을 잃을까 염려한 양주자사 유요(揚州刺史 劉繇)는 손권 등 동생들과 모친 오부인(吳夫人)을 해하려 하였다. 이에 주치(朱治)가 손권 가족을 외삼촌 오경(吳景)이 있는 곡아(曲阿, 현 강소성 단양시)로 피신시켰다.

195년, 손책이 군대를 일으켜 강동지역을 평정하기 시작하자 손권도 형을 따라 전장에 나섰다. 성격이 쾌활하고 부드러우면서도 결단력이 있는 손권은 협의를 숭상하고 널리 문객을 맞아들여 어린 나이에 이미 아버지나 형에 못지않은 명성을 쌓았다. 종종 군중의 작전회의에 참가하여 기발한 전략전술을 내놓는 손권의 재주에 손책은 자신의 능력이 아우에 미치지 못한다고 감탄하였다. 아우의 재능을 높이 산 손책은 장래를 위해 빈객을 맞이할 때마다 일부러 손권이 자리를 같이하도록 배려하였다. 이후 한동안 손권은 호종(胡綜)·주연(朱然) 등과 오군(吳郡)에서 학문을 연마하였다.

196년, 손책은 15세에 불과한 손권을 양선(陽羨, 현 강소성 의흥현) 현장에 임명하였다. 이후 손권은 당시 오군태수(吳郡太守) 직무를 대리하고 있던 주치에 의해 효렴(孝廉)으로 천거되었다. 이어 양주자사 엄상(揚州刺史 嚴象)은 손권을 무재(茂才)에 천거하고 봉의교위(奉義校尉)를 대리하도록 하였다.

199년, 손책은 손권을 따라 여강태수 유훈(廬江太守 劉勳)토벌에 동참하였다. 유훈을 패퇴시킨 뒤에는 강하태수 황조(江夏太守 黃祖)를 치기 위해 사선(沙羨, 현 호북성 가어현 북방)까지 진격하였다.

200년, 손책이 허공(許貢)의 문객이 보낸 자객에게 암살되자 조정에서는 손권을 토로장군(討虜將軍)에 봉하고 회계태수(會稽太守)를 겸하여 오군에 주재하도록 하였다. 손권이 아직 약관도 되기 전 강동의 통치를 맡게되자 초기에는 정세가 상당히 불안하였다. 그러나 장소·주유 등의 보좌를 받으며 각지의 할거세력들을 제거시킴으로써 단기간에 강남의 정세가 안정될 수 있었다.

203년부터 208년까지 손권은 세 차례 강하태수 황조를 치기 위해 출정하였고, 그 과정에서 명장 감녕(甘寧)을 얻었다. 208년 조조가 친히 군대를 이끌고 남정하여 예주목 유비(豫州牧 劉備)를 대파하고 남군(南郡)의 치소인 강릉(江陵)을 점령하였다. 여기서 조조는 손권에게 반드시 동오를 치겠다는 내용을 담은 편지를 보내었다. 이에 동오 내부는 노숙(魯肅)과 주유(周瑜)를 위시한 주전파와 장소(張昭) 중심의 주화파로 의견이 엇갈리게 되었다. 당시 동오 내부에서는 주화파인 장소의 영향력이 상당하였다. 장소의 설득에도 불구하고 손권은 조조와 일전을 겨룰 의향이 없지 않았다. 이때 노숙이 유비의 책사 제갈량을 데려와 유비가 손권과 연합하여 조조에 대적할 결심을 굳혔다고 전하였다. 이어 주유가 급히 진영을 찾아와 조조의 여러 폐단을 지적하고 전승의 희망이 없지 않다고 결심을 재촉하였다.

과감한 결단을 내린 손권은 주유와 정보를 좌우도독에 임명한 뒤 유비의 군대와 힘을 합쳐 조조에 맞서기로 하였다. 주유는 황개의 모략을 이용하여 5만의 병사로 조조군을 대파하니 이 전투가 역사상 유명한 적벽대전이다. 전투가 끝난 뒤 유비와 주유 등은 남군까지 조조군을 추격하였다. 조조는 조인(曹仁)과 서황(徐晃)을 강릉에 남겨두고 악진(樂進)으로 하여금 양양(襄陽)을 진수토록 한 뒤 북방으로 철군하였다. 같은 해 손권은 친히 대군을 이끌고 합비(合肥)를 포위공격하는 한편 장소를 파견하여 구강군(九江郡)의 당도현(當塗縣, 현 안휘성 마안산시 남쪽)을 공략하도록 하였다. 장소의 전황이 불리해진데다 1개월여의 공략에도 합비를 점령하지 못하자 손권은 결국 군대를 퇴각시키지 않을 수 없었다.

209년, 주유와 1년 이상이나 대치하고 있던 조인은 부하의 상당수를 잃고 결국 성을 버리고 도망하였다. 이에 손권은 주유를 남군태수 (南郡太守)에 임명하였다. 같은 해 유비는 조정에 손권을 대리 차기장 군(車騎將軍) 겸 서주목(徐州牧)으로 천거하였다.

210년, 손권은 보즐(步騭)을 교주자사(交州刺史)에 임명하여 남정 에 나서도록 하였다. 오군이 압박을 가해오자 사섭(士燮)이 앞장서서 투항하였다. 그러나 유표가 임명한 창오태수 오거(蒼梧太守 吳巨)는 겉으로는 오군을 따르는 척 하면서 딴마음을 먹고 있는 것이 발각되어 보즐에게 참살되었다. 교주를 평정한 손권은 사섭을 좌장군(左將軍)에 임명하였다. 210년 손권은 치소를 말릉(秣陵, 현 강소성 남경시)으로 이전하였다. 2년 뒤인 212년에는 석두성(石頭城)을 쌓고 말릉을 건업 (建業)으로 개명하였다. 같은 해에는 유수오(濡須塢)를 건설하여 조조 군의 남침에 대비하였다.

213년 정월, 조조가 유수오를 공격하자 손권이 출정하여 쌍방은 1개 월 이상이나 대치하였다. 결국 조조가 먼저 철퇴하여 별다른 충돌은 없었다. 다음해 5월, 손권은 환성(皖城, 현 안휘성 안경시)를 공격하 여 여강태수 주광(廬江太守 朱光)을 포획하였다. 215년, 유비가 촉 (蜀)을 취하는데 성공하자 손권은 제갈량의 형 제갈근(諸葛瑾)을 보내 형주를 돌려줄 것을 청하였으나 유비는 이를 거절하였다.

노한 손권은 여몽(呂蒙)이 이끄는 대군을 파견하여 장사(長沙)·계양 (桂陽)·영릉(零陵) 3군을 공략하도록 하였다. 이에 유비도 친히 5만 대군을 이끌고 공안(公安, 현 호북성 공안현)에 진주하였고, 관우는 3만 명을 거느리고 익양(益陽, 현 호남성 익양시)에서 노숙과 대치하여 일 촉즉발의 위기감이 감돌았다. 이 와중에 조조가 한중(漢中) 공략을 획 책하여 양면으로 적을 맞게 된 유비는 손권과 화의를 맺어 3군 이동의 영토를 손권에게 양보하였다. 유비와 화의를 맺은 뒤 손권은 재차 합비를 공략하였으나 여전히 손에 넣지 못하자 철군하였다.

216년 겨울, 거소(居巢, 현 안휘성 소호현)에 진주한 조조가 재차 유수오를 공격하자 다음해 봄 손권은 서상(徐詳)을 조조에게 보내 투항할 의사를 밝혔다. 이를 받아들인 조조는 화친을 약속하고 또 다시 인친관계를 맺자고 제안하였다.

219년, 형주를 지키고 있던 유비의 최측근 관우가 양번(襄樊, 현 호북성 양번시) 공략에 나섰다. 이 무렵 유비의 세력이 점차 강대해진데다 상당수의 병력을 동원하여 자신을 위협하자 손권은 전략을 바꾸어 조조와의 연맹을 꾀하였다. 손권은 우선 여몽으로 하여금 형주를 공격하게 하고 반장(潘璋)·주연(朱然)이 출동하여 관우를 사로잡아 참살하였다. 같은 해 조조는 손권을 표기장군(驃騎將軍)으로 삼고 남창후(南昌侯)에 봉하였다. 그 답례로 손권은 조정에 진공하고 포로로 잡았던 주광(朱光) 등을 북으로 돌려보내 조조의 호감을 사기 위해 노력하였다.

220년 정월 조조가 병사하고 조비(曹丕)가 자리를 이어받았다. 같은 해 10월, 조비는 한나라를 대신하여 위(魏)를 세우고 황제를 칭하였다. 다음해 4월에는 유비도 촉한(蜀漢)을 세우고 황제를 칭하였다. 정세의 변화에 맞추어 손권은 공안에서 악주(鄂州)로 천도하고 이름을 무창(武昌)으로 바꾸었다.

조비가 황제를 칭하자 손권은 사람을 보내어 위나라의 번속이 되기를 청하며 자신에게 투항했던 장수와 병사들을 북방으로 돌려보냈다. 이에 221년 11월 조비는 손권에게 구석(九錫)을 하사하고 오왕(吳王)에 봉하여 형주·양주·교주의 군사를 총괄하도록 하였다. 같은 해 유비는 손권의 죄를 묻는다며 대규모 병사를 동원하여 공격을 감행하였다. 손권은 과감히 비교적 젊은 육손(陸遜)을 대도독으로 삼아 응전하게 하였고, 다음해 이릉(彝陵, 현 호북성 의창시)전투에서 촉군을 대파하였다.

222년, 손권이 진심으로 자신을 섬기는 것이 아니라고 판단한 조비는 조인(曹仁)·조휴(曹休)·장요(張遼)·장패(臧霸)·조진(曹真)·하후상(夏侯尚)·장합(張郃)·서황(徐晃) 등으로 하여금 세 방면으로 나누어 오를 공격하도록 하였다. 두 방면의 공격이 순조로워 초기 전황은 위군이 우위를 점하였다. 그러나 오의 주환(朱桓)에게 조인부대가 크게 패하면서 전세가 역전되자 다음해 위군은 전면철수하였다. 222년 12월, 손권은 정천(鄭泉)을 유비가 주둔하고 있는 백제성(白帝城)에 보내 촉과 오가 다시 우호적인 관계를 맺기를 청하였다. 이때까지도 손권과 조비 간에는 부단히 사절이 왕래하였지만 손권은 다음해 정식으로 조비와의 관계를 단절하였다.

223년 4월 유비가 병사하였다. 이에 앞서 손권의 부하장수인 진종(晉宗)이 왕직(王直)을 살해한 뒤 부하들을 이끌고 위나라에 투항하여 기춘태수(蘄春太守)에 임명되었다. 진종이 여러 차례 오의 변경을 침범하자 6월 손권은 하제(賀齊) 등으로 하여금 기춘(蘄春, 현 호북성 황강시)을 습격하여 진종을 사로잡았다. 같은 해 11월에는 촉한에서 파견한 등지(鄧芝)가 손권을 예방하였다. 이에 대한 답례로 다음해 여름 손권은 장온(張溫)을 촉한에 파견하였다.

225년 조비는 직접 군대를 이끌고 광릉(廣陵, 현 강소성 양주시 경내)까지 진격하였다. 이에 손권은 공격보다는 수비 위주의 전술을 펼치며 대치하였다. 마침 한파로 강이 얼어붙자 조비는 군대를 철수하여 북으로 귀환하였다. 다음해 7월 조비가 사망하자 손권은 이 기회에 강하(江夏, 현 호북성 강하현)를 공격하였으나 함락시키지 못하고 후퇴하였다.

225년 교지태수 사섭(交趾太守 士燮)이 사망하자 손권은 교주의 일부를 떼어 광주를 설치하였다. 이에 따라 월남 북부의 교지(交趾)·구진(九真)·일남(日南) 3군은 교주에 예속되어 대량(戴良)이 자사를 맡게 되었다. 현재의 광동과 광서에 속한 창오(蒼梧)·남해(南海)·울림(鬱林)·합포(合浦)의 4군은 광주에 예속되어 원 교주자사인 여대(呂岱)가 자사를 맡게 되었다. 이에 불만을 품은 사섭의 아들 사휘(士徽)가 반란을 일으켜 교지태수를 자칭하였으나 얼마 뒤 여대에게 참살되었다. 이 사건이 있은 뒤 손권은 다시 교주와 광주를 합쳐 교주로 하였다.

229년, 손권은 무창에서 정식으로 황제의 자리에 올라 국호를 오(吳)로 정하였다. 이 무렵 요동을 점거하고 있던 공손연(公孫淵)은 손권이 칭제하기 전인 228년부터 여러 차례 사람을 보내 통교를 희망하였다. 이에 229년 5월 손권은 사자를 요동에 파견하였다. 6월, 손권의 등극을 축하하기 위해 온 촉의 사신 진진(陳震)은 위나라가 차지하고 있는 9주를 나누어 갖자고 제안하여 오와 촉은 맹약을 맺었다.

9월, 손권은 건업(建業, 현 남경시)으로 천도한다는 조서를 내리고 육손으로 하여금 태자 손등(孫登)을 보좌하여 군국사무를 관장하도록 하며 자신은 무창에 계속 주둔하였다. 원래 조그마한 촌락에 불과하였던 건업은 손권이 수도로 정하고 운하를 개착하면서 일류도시로 성장하여 여섯 왕조가 이곳을 수도로 하였다.

232년, 손권은 해로를 통해 장군 주하(周賀)를 요동으로 파견하였다. 다음 해 공손연은 손권에게 사자를 보내 신하를 칭하였다. 이는 위의 배후에 있는 오와 가까이하며 위나라에 대항하려는 계책이었다. 손권은 공손연을 연왕(燕王)에 봉할 의향이 없지 않았으나 고옹(顧雍)·장소(張昭) 등이 반대하였다. 그럼에도 손권은 장미(張彌)·허안

(許晏) 등을 파견하여 금은보화를 선물로 내리고 공손연을 연왕에 봉하였다.

공손연은 오나라는 멀리 떨어져 있고 위나라는 국경을 맞대고 있는 점을 감안하여 손권이 보낸 보물은 차지하고 오의 사신은 참살하여 그 수급을 위 명제(明帝)에게 바쳤다. 공손연의 행태에 분개한 손권은 직접 군대를 이끌고 토벌에 나설 생각이었으나 조정대신들의 만류로 포기하였다. 이후 수년간 손권은 합비(合肥)·육안(六安) 등 장강 이북 회하 남쪽지역에 대한 공략을 계속하였다. 이 와중에 241년 5월 태자 손등이 사망하였다.

장자인 손등이 사망하자 손권은 셋째아들 손화(孫和)를 태자로 책봉하였다. 242년부터 태자와 손권의 넷째아들 노왕 손패(魯王 孫霸)간에 후계문제를 둘러싸고 모순이 극대화되어 조정대신들도 두 파로 나뉘게 되었다. 육손(陸遜)·고담(顧譚)·오찬(吾粲)·주거(朱據)·제갈각(諸葛恪) 등은 태자를 지지하였고, 보즐(步騭)·여대(呂岱)·전종(全琮)·여거(呂據) 등은 노왕을 지지하였다. 형제간의 다툼을 보다 못한 손권은 250년 손화를 폐하고 손패는 사사하였다. 아울러 같은해 11월 막내아들 손량(孫亮)을 태자로 삼았다.

251년 11월 교외에 나가 제천의식을 행한 손권은 풍질에 걸려 눕게 되었다. 12월, 손권은 급히 제갈각을 궁으로 불러 뒷일을 부탁하였다. 252년 4월, 손권은 재위 24년 만에 71세로 병사하였다. 시호는 대황제(大皇帝), 묘호는 태조(太祖)로 정해져 장릉에 안장되었다.

황제를 칭하기 이전부터 강동을 수십 년간 실질적으로 지배했던 손권은 정치, 경제,문화, 군사 등 여러 방면에서 많은 정책을 도입하여 지역발전에 공헌하였다. 손권은 군사와 외교활동을 통해 영역을 확대함과 동시에 생산발전에도 주목하여 부국강병을 위한 기틀을 닦아 나갔다. 손책의 뒤를 이은 지 얼마 지나지 않아서부터 손권은 둔전을 시행하였다.

오의 둔전은 군둔(軍屯)과 민둔(民屯)으로 나누었는데 전농교위(典農校尉)·전농도위(典農都尉)·둔전도위(屯田都尉) 등 관리를 두어 관리하였다. 둔전병은 농사와 전투를 병행하였으며 둔전호는 경작에만 집중하도록 하고 요역을 면제하였다. 오나라 둔전지구의 분포범위는 매우 광범위하였고 규모도 커 비릉(毗陵, 현 강소성 상주시)의 둔전민은 수만 명에 달하였다. 대부분 우경을 통한 경작이 진행되었으며 경작기술도 비교적 선진적이었다.

손권은 둔전에 필수적인 수리사업에도 크게 주의를 기울였다. 230년 동흥제(東興堤)를 쌓아 소호(巢湖)의 범람을 막았다. 245년 8월에는 진훈(陳勳)을 파견하여 구용(句容, 현 강소성 구용현)에 중로운하를 개착하고 양식창고를 건립하였다. 이 외에도 손권은 몇 개의 운하를 더 개착하도록 하였다. 이들 운하는 내하교통에 이용되었을 뿐만 아니라 관개용수의 공급에도 널리 활용되었다. 생산발전을 회복시키기 위해 손권은 백성들의 조세부담을 줄이는데도 주목하였다. 형주를 탈취한 뒤에는 지역농민의 조세를 면제하였다. 여타 지역에서도 농민들의 체납세금 납부를 독촉하지 못하도록 하였다.

손권은 세력 확대를 위해 230년 위온(衛溫)·제갈직(諸葛直)으로 하여금 1만의 병사를 거느리고 이주(夷州, 대만)원정에 나서도록 하였다. 이로서 중국대륙과 대만 사이에 왕래가 있게 되었다. 242년에는 섭우(聶友)와 육개(陸凱)를 담이(儋耳. 해남도)에 파견하였으며, 교주에 대한 통치를 공고히 하기 위해 부남(扶南, 캄보디아), 임읍(林邑, 월남 남부) 등지에 사자를 파견하여 우호관계를 건립하였다. 이후로도 교주자사를 남양 각지에 파견하여 인도와도 관계를 건립하는 등 외교방면에서도 특출한 성과를 거두었다.

243년 12월, 부남왕 범전(範旃)이 사절을 파견하여 공물을 바쳤다. 범심(範尋)이 부남왕의 자리에 있을 때 손권은 주응(朱應)·강태(康泰) 등을 부남과 남양 여러 나라에 파견하기도 하였다. 귀국 후 주응은 『부남이물지(扶南異物志)』, 강태는 『오시외국전(吳時外國傳)』을 남겨 동오와 남양의 외교관계 연구에 귀중한 자료를 제공하였으나 두 책은 후일 실전되었다.

손권을 얘기할 때 군사방면의 재능과 공적을 빼놓을 수 없을 것이다. 재위기간 손권은 여러 차례 북벌에 나섰다. 위나라를 치기 위한 전초전으로 두 차례나 합비를 포위하였지만 결국 실패한 것은 아쉬운 결과였다. 237년, 요동태수 공손연이 위나라를 배반하고 자립하여 연왕(燕王)을 칭하였다. 239년, 손권은 요동원정군을 파견하였으나 공손연은 이미 사마의(司馬懿)에게 공멸된 뒤였다. 오군은 여순(旅順)의 위나라 방어시설을 파괴하고 장지(張持)가 이끄는 위군을 격파한 뒤 다수의 포로를 노획하여 귀환하였다.

황제의 자리에 오른 뒤 손권은 산월(山越)지구에 군현을 건립하여 영토를 확장하고자 하였다. 산월인은 진한시대에 활동했던 백월(百越)의 후예들로 가중한 세금을 피해 산중으로 도망하여 자신들만의 조직과 사회를 이루고 있었다. 이들은 당연히 손권정부에 납세를 거부하였다. 처음 손권은 소규모 병력을 파견하여 이들을 진압하려 하였으나 별다른 성과를 거두지 못하였다. 병력을 집중하여 대외확장전쟁을 벌이기 전 후방을 안정시킬 필요에서 손권은 대규모 정예병을 동원 산월인을 제압하기 시작하였다. 여범(呂範)·정보(程普)·태사자(太史慈) 등이 협력하여 산월인 수령들을 각개 격파하였다. 포로 가운데 건장한 청년들은 군대에 보내고 노인과 부녀자는 통일 관리하여 농업생산에 종사하도록 하였다. 병력을 집중하여 산월인을 해결함으로써 후방을 공고히 하고 다음 단계의 대외전쟁에 확실한 기초를 세울 수 있었다.

손권의 요동공략은 현실적으로 볼 때 오나라에는 적지 않은 손실을 가져왔다. 그렇지만 중국의 역사발전에는 분명 적극적인 의의를 남긴 행동이었다. 무엇보다도 오군의 요동출정으로 강남과 동북지구를 직통하는 해상교통이 열린 것이다. 오나라 건국 이전 북부 산동반도에서 요동반도를 잇는 항로와 강남에서 산동반도를 연결하는 항로는 이미 개통되어 있었다. 다만 후한 말엽까지도 강남의 경제와 문화가 비교적 낙후되어 강대한 정치중심과 대도시는 형성되지 못한 상태였다. 따라서 오 건국 이전까지 강남과 산동반도를 잇는 항운교통은 활발함과는 거리가 멀었다. 물론 이때까지도 강남과 요동반도 간에는 상호왕래가 없었다.

강남에 확실한 기반을 마련한 오가 건국되어 삼국정립의 시대가 열리면서 새로운 정치중심이 형성되었다. 이에 자연 경제와 문화도 신속하게 발전하여 건업을 대표로 하는 대도시가 형성되어 북방과 연결되는 항운운수의 필요성이 대두되었다. 손권이 빈번하게 요동과 사절을 주고 받으면서 강남과 요동을 잇는 직항로가 자연스럽게 개통되었다. 북방항로의 개통은 강남과 동북지구 간 교통의 편리를 가져왔다. 이후 동진왕조시기 이 항로를 통한 교통이 더욱 왕성해져 남북조시기 강남과 동북지구 간 교통의 중요 노선으로 확실히 자리 잡았다. 이 항로는 동진과 남북조시기 북방의 호족정권 점령 지구를 거치지 않고 동북지구의 소수민족 및 한반도의 여러 나라들과 교왕하는 교통로로서 중요한 작용을 하였다.

손권의 요동경략은 강남과 동북지구 간 경제와 문화교류를 가속화시켰다. 이 항로를 통해 손권은 동북지구로부터 마필을 공급받는 외에도 상호 특산물을 교환하였다. 이 같은 상호교류는 두 지역의 물산문화의 교류에도 적극적인 작용을 하여 서로의 사회와 경제문화의 발전에 이바지하였다. 강남의 잠상기술이 해로를 통해 요동지구에 전해진 것이 가장 대표적인 예라 할 수 있다.

제8장

모험가의 일생

1. 장건(張騫)

장건(B.C. 164-B.C. 114)의 자는 자문(子文)으로 한중 성고(漢中 城固, 현 섬서성 한중시 성고현) 출신이다. 모험정신이 충만하여 B.C. 139년 한 무제의 명을 받아 서역에 출사하여 후일 비단길이라 불린 중국과 서역을 잇는 교통로를 개척하였다. 그 공로로 무제에 의해 박망후(博望侯)에 봉해졌다. B.C. 114년 장안에서 사망하여 고향 한중에 안장되었다.

장건의 초기 행적은 잘 알려지지 않고 있다. 무제 재위 시 조정에서 시종관을 담당하였는데 이 무렵의 장건을 사서에서는 "강인한 정신력과 체력을 갖추었으며 성품이 관대하였다"고 기록하고 있다. 활달하면서 신의로 사람을 대하는 천성은 장건이 각종 난관을 헤치고 사업을 성공시킬 수 있게 한 중요한 요소였을 것이다.

진나라가 멸망하고 유방과 항우가 천하의 패권을 다투던 이른바 초한상쟁(楚漢相爭)시기, 중원이 혼란한 틈을 노린 흉노 묵특선우(冒頓單于)는 세력을 확장하여 중국 동북부와 북부 및 서부의 광대한 영토를 점령하였다. 서한(西漢, 전한) 초엽, 서역을 정복한 묵특선우는 이곳에 동부도위(僮仆都尉)를 두고 주변 소수민족들로부터 과도한 조세를 징수하였다. 여기에 그치지 않고 흉노는 서역을 군사거점과 후방지원기지로 삼아 수시로 한의 영토를 침입하였다. 이로 인해 서한의 통치자들은 흉노와의 투쟁과정에서 점차 서역의 중요성을 인식하게 되었다. 특히 무제는 흉노 투항자들을 통해 서쪽으로 옮겨간 월지(月氏)가 흉노에 복수할 기회를 엿보고 있다는 정보를 얻자 월지와 연합하여 흉노를 협공하고자 하였다.

무제로부터 서역사행의 임무를 부여받은 장건은 B.C. 139년 흉노인 감보(甘夫)를 향도로 삼아 1백여 명의 수행원과 함께 장안을 출발하였다. 이 무렵 서역으로 들어가는 길목인 하서회랑(河西回廊)은 월지가 서쪽으로 쫓겨난 뒤 완전히 흉노의 통제하에 있었다. 조심스럽게 하서회랑을 지나던 장건 일행은 흉노 기병대를 만나 전원이 포로로 잡히게 되었다. 흉노군은 즉각 장건 일행을 흉노의 왕정(王庭, 현 내몽고 후허하오터 부근)으로 압송하여 군신선우(軍臣單于)에게 보고하였다. 장건의 임무를 알게 된 군신선우는 어떠한 경우에도 한의 사자가 흉노의 영역을 통과하여 월지로 가는 것을 허용할 수 없다며 일행을 구류하여 연금하였다. 이후 흉노선우는 장건이 서역행을 포기하도록 회유와 압박 등 각종 수단과 방법을 동원하였다. 그러나 장건은 오직 황제로부터 부여받은 임무완수만을 생각하며 월지행의 의지와 결심에 아무런 동요가 없었다. 이렇게 장건은 흉노에 잡혀 10년이라는 세월을 보내게 되었다.

장건이 포로로 잡힌지 어언 10년이 되자 흉노의 감시도 느슨해지기 시작하였다. B.C. 129년, 장건은 감보 및 몇 명의 수행원과 함께 흉노 점령구역을 탈출하였다. 장건이 흉노에 잡혀있는 동안 서역의 형세는 많은 변화가 있었다. 월지의 적국인 오손(烏孫)이 흉노의 지지와 교사 아래 월지를 공격하자 이리하(伊犁河) 유역에서 쫓겨난 월지는 계속 서천하여 중앙아시아 함호(鹹湖, 발하시호) 부근 규수(嬀水, 아무다리아강) 유역에 정착하였다. 서역에 발생한 그간의 변화를 대략 파악한 장건은 투루판을 통과한 뒤 오손이 장악하고 있는 서북의 이리하 유역을 피해 반대의 서남방으로 향하였다. 언기(焉耆)와 쿠차(庫車)를 거쳐 카슈카르(疏勒)에서 파미르고원을 넘은 장건은 대완(大宛, 현 우즈베키스탄 페르가나분지)으로 직행하였다. 모래바람이 이는 고비사막과 타클라마칸사막, 눈과 얼음으로 덮힌 파미르고원을 넘는 험난한 여정의 중간에는 사람도 거의 살지 않고 물자도 부족하여 어려움이 이만저만이 아니었다. 강행군이 이어지면서 몇 몇 부하들은 기아와 질병으로 중도에 사망하여 사막과 얼음동굴에 묻혔다.

　대완에 도착한 장건은 국왕에게 월지에 출사하게 된 사명과 연도에서 겪은 여러 일들을 상세히 고하였다. 더불어 장건은 대완이 사람을 내어 길을 인도해주면 이후 한에 돌아가 황제에게 보고하여 많은 재물로 은혜를 갚겠노라 약속하였다. 한나라의 강성함과 부유함을 들어 알고 있던 대완왕은 오래전부터 한과 통교하고 싶었으나 흉노의 방해로 뜻을 이루지 못하고 있었다. 뜻밖에 찾아온 한나라 사신의 출현에 기쁨을 감추지 못한 대완왕은 장건의 약속에 마음이 동하여 즉각 장건의 요구를 수용하였다.

　장건을 융숭히 접대한 대완왕은 향도와 통역을 내주고 장건을 강거(康居, 현 우즈베키스탄과 타지키스탄 경내)까지 호송하도록 하였다.

강거왕도 장건을 후대하고 사람을 딸려 월지까지 안전하게 안내하도록 하였다. 천신만고 끝에 월지에 도착하기는 하였으나 상황이 여의치 않게 되었다. 새로 정착한 지역의 땅이 비옥하고 물산이 풍부한데다 흉노와 오손으로부터 멀리 떨어져 있어 월지에게는 낙원과 같은 곳이었다. 장건이 출사한 목적을 알리자 이미 흉노에 복수할 뜻이 없어진 월지는 시큰둥한 반응을 보였다. 월지는 한나라가 너무 멀리 떨어져 있어 흉노를 연합 공격하는 과정에서 어려움에 처하면 적시에 도움을 받을 수 없다는 점을 가장 우려하였다. 1년여를 머물며 설득하였으나 장건은 월지와 동맹을 맺는데는 실패하였다. 이 사이 장건은 아무다리 아강을 건너 현재의 아프가니스탄에 있던 대하(大夏, 토하라)를 둘러보기도 하였다. B.C. 128년 장건은 애초 부여받은 임무를 완수하지 못한채 귀국길에 올랐다.

귀국길에 장건은 흉노의 영역을 피하기 위해 행군노선을 바꾸었다. 청해의 강족(羌族) 거주지역을 거쳐 타림분지의 남부 곤륜산맥의 북로, 곧 후일의 서역남도를 통해 장안으로 가는 길을 택한 것이다. 장건은 예정대로 사차(莎車)·우전(于闐)·선선(鄯善) 등 오아시스를 거쳐 강족 거주지역에 진입하였다. 장건은 알지 못하였지만 그 사이 강족은 이미 흉노에 복속된 상태였다. 재차 흉노 기병에게 사로잡힌 장건은 다시 1년여 동안 연금되었다.

B.C. 126년, 흉노 내부에 권력다툼이 심화된 틈을 타 장건은 감보와 함께 탈출하여 장안으로 향하였다. B.C. 139년에 출발하여 귀환하기까지 13년이 걸린 것이다. 출발 시 1백여 명이었던 일행도 장건과 감보 두 사람만 생환하였다.

장건은 흉노를 협공하기 위해 월지와 연맹을 맺으라는 애초 부여받은 사명을 완수하지 못하였다. 그러나 장건의 서역행이 남긴 실제 영향과 역사 작용은 기대 이상의 큰 성공을 거두었다. 장건이 처음으로 서역에 다녀오면서 이후 중국의 정치와 문화가 서역에까지 미칠 수 있게 된 것이다. 이후 서역과 중국 내지와의 관계는 더욱 밀접해지기 시작하였으며, 이는 유럽과 직접 왕래의 기초로 작용하였다.

장건의 출사는 외교적 목적에서 출발한 것이었지만, 뜻하지 않게 서역 각지에 대한 현지조사의 성격도 띠게 되었다. 장건은 서역 각국과 중앙아시아의 대완, 강거, 월지, 대하를 직접 둘러보았을 뿐 아니라 소문을 통해 오손(烏孫, 발하시호 이남과 이리하 유역), 엄채(奄蔡, 카스피해와 발하시호 이북), 안식(安息, 이란), 조지(條支, 이라크), 신독(身毒, 인도) 등 국가의 사정을 파악할 수 있었다. 장안으로 귀환한 뒤 장건은 무제에게 자신이 보고 들은 바를 상세히 보고하였다.

이 보고를 통해 장건은 파미르고원의 동서, 중앙아시아, 서아시아에 산재한 여러 나라의 위치, 특산, 인구, 도시, 병력 등을 설명하였다. 이 보고의 기본적인 내용은 사마천이 쓴 사기의 대완열전에 인용되었다. 이는 세계에서 가장 오래된 상기 지역에 대한 상세하고 믿을만한 기록으로 평가받고 있다. 장건의 출사 성과에 대해 크게 만족한 무제는 장건을 태중대부(太中大夫)에 봉하고 감보에게는 봉사군(奉使君)의 작위를 수여하여 두 사람의 공적을 표창하였다.

B.C. 123년 2월과 4월 위청(衛靑)이 두 차례 흉노정벌에 나설 때 무제는 장건을 교위(校尉)에 임명하여 참전하도록 하였다. B.C. 121년, 무제의 명을 받은 장건은 이광(李廣)을 보좌하여 재차 흉노 정벌전에 참여하였다.

B.C. 119년, 한나라에게 하서회랑을 빼앗긴 흉노는 서북방향으로 퇴각한 뒤 서역 여러 나라의 인력과 물력을 동원하여 한에 대항하고자 하였다. 이에 무제는 장건을 중랑장(中郞將)에 임명 3백여 명의 수행

원, 금은과 비단 및 소와 양 만여 두를 내주고 두 번째 서역출사에 나서게 하였다. 이번 출사의 첫 번째 목적은 흉노와 모순관계에 있는 오손을 설득하여 그들의 원래 터전으로 돌아오게 하는 것이었다. 이것이 성공하면 흉노의 오른팔을 자르는 효과를 거둘 수 있을 것이었다. 두 번째 목적은 국위를 선양하고 서역 여러 나라가 한과 연합하게 하여 울타리를 삼고자 함이었다. 장건이 오손에 도착하였을 때 마침 내란이 발생하여 부여받은 첫 번째 임무를 이루지 못하였다. 그렇지만 장건의 부사(副使)가 중앙아시아의 대완, 강거, 월지, 대하 등 나라를 방문하여 한나라의 정치적 영향력을 이 지역까지 확대하고 상호 이해를 증진시킬 수 있었다. 장건 일행은 오손의 사자 수십 명과 함께 B.C. 115년 장안으로 귀환하였다.

장건의 두 차례 서역출사는 동서 간의 경제문화 교류를 촉진시키는 결과를 가져왔다. 장건의 출사 후 한나라와 서역 각국은 수시로 사절을 파견하여 인적교류가 활발해지게 되었다. 쌍방 간의 무역도 자연스럽게 발전하기 시작하였다. 그러나 서역으로 향하는 초입인 누란(樓蘭) 등 오아시스 지역이 여전히 흉노의 세력권에 있어 길을 지나는 사신과 상인의 안전을 보장할 수 없었다. 서역으로 통하는 길목의 장애물을 제거하기 위해 한은 B.C. 108년 왕회(王恢) 등에게 7백 명의 기병을 거느리고 누란을 공격하도록 하였다. 후일 조파노(趙破奴)는 수만의 병력으로 고사(姑師, 투루판분지 중부)를 격파한 뒤 주천(酒泉)에서 옥문관(玉門關)에 이르는 길목에 역참과 초소를 세워 교통상의 안전을 보장하였다.

B.C. 115년, 장건을 따라 장안에 들어왔던 사자들이 귀국한 뒤 한의 강성함을 보고하자 오손왕은 한에 대한 믿음이 배가되어 재차 사자를 파견하였다. 오손왕은 사자를 통해 한의 공주를 취하여 더욱 긴밀하고

우호적인 관계를 맺을 수 있기를 청하였다. 이에 무제는 강도왕 유건(江都王 劉建)의 딸 세군(細君)을 오손왕에게 시집보내고 많은 예물을 준비하여 관속과 환관 수백 명을 딸려 보내냈다. 세군이 사망한 뒤 한에서는 다시 초왕 유무(楚王 劉戊)의 딸 해우공주(解憂公主)를 오손왕에게 시집보냈다. 두 차례 혼인을 맺음으로써 한과 오손의 우호관계는 더욱 공고해졌고, 오손은 흉노를 견제하는 서방의 중요한 세력으로 자리 잡았다. 군사와 외교적인 관계에서 뿐만 아니라 쌍방은 경제와 문화교류 등 방면에서도 상호 매우 적극적이었다.

대완에 대한 흉노의 통제를 깨고 대완 특산의 한혈마(汗血馬)를 얻기 위해 무제는 B.C. 104년과 102년 두 차례 이광리(李廣利)로 하여금 대완을 정벌하도록 하였다. 한의 위세에 굴복한 대완은 수천 필의 말을 공물로 바쳤다. 한의 군대가 대완을 정벌하였다는 소식을 접한 중앙아시아 각국은 크게 놀라 다투어 왕공귀족의 자제들을 중원으로 회군하는 한나라 군대 편에 딸려 보냈다. 이들은 무제에게 많은 공물을 진상한 뒤 스스로 인질이 되어 한에 남아 무제에 대한 충성을 표시하였다. 이로써 장건으로부터 시작된 외교수단과 무역을 통한 한의 중앙아시아에서의 세력확장정책이 결실을 맺게 되었다. 이후 한은 서역으로 통하는 길목에 군사와 행정기구를 설치하여 후일 서역도호(西域都護) 설립의 토대를 확립하였다.

무제와 장건의 성공적인 모략으로 중국의 존재는 서역에 널리 알려지게 되었다. B.C. 105년, 한의 사절단은 장건의 족적을 따라 현재의 이란 경내에 있던 안식국(安息國)에 당도하여 화려한 비단을 선물하였다. 이에 대한 답례로 안식국왕은 타조알과 마술단을 바쳤다. 이로써 동방의 중국과 서방의 로마제국을 잇는 비단길이 정식으로 열리게 되었다.

장건에 의해 동서를 잇는 교통로가 개척된 뒤 한과 서역 간에는 경제문화교류가 활발하게 진행되었다. 중국의 비단이 장안으로부터 하서회랑을 거쳐 멀리 안식국까지 팔려나갔다. 안식국을 거친 비단은 서아시아와 유럽의 대진(大秦, 로마)까지 전해져 비단길이 개척되었다. 또한 한혈마 등 우량한 마필이 중국에 수입되었고 포도, 호두, 석류, 목숙, 당근 등 식물류와 양탄자가 중국 내지에 유입되어 중국인의 경제생활을 한층 풍족하게 하였다. 한족의 야철(冶鐵), 수로건설, 착정(鑿井) 등 선진적 기술과 비단 및 금속제품이 서역에 전해져 서역의 경제발전에 크게 이바지하였다.

첫 번째 서역출사를 다녀온 뒤 장건은 무제에게 출사과정에서 보고 듣고 느낀 바를 상세히 보고하였다. 장건이 서역에 다녀오기 이전 황제를 비롯하여 한나라의 어느 누구도 중국의 서남쪽에 신독국이 있다는 것을 알지 못하였다. 장건의 보고와 기록을 통해 한나라 조정에서는 중국 밖에 또 다른 세계가 있음을 비로소 알게 되었다.

월지에 1년간 머무는 동안 장건은 대하(大夏)에 다녀온 적이 있었다. 그곳에서 장건은 사천의 토산품인 공죽장(邛竹杖, 사천 특산의 대나무로 만든 지팡이)과 촉포(蜀布)를 보고 이 물건이 어디서 왔는지 물어보았다. 대하인들은 상인들이 신독에서 사온 것이며, 신독국은 대하의 동남방에 위치한다고 알려주었다. 귀국 후 장건은 무제에게 대하는 중국의 서남방 장안으로부터 1만 2천리 떨어진 곳에 있으며, 신독국은 대하의 동남방 수천리 쯤에 있어 신독에서 장안까지의 거리는 대하에서 장안보다 멀지 않을 것이라고 추단하였다.

장건은 사천은 장안의 서남방에 있는데, 신독에서 사천의 특산물이 유통된다는 것은 신독이 사천에서 멀지 않은 증거라고 보고하였다. 이에 근거하여 장건은 사천에서 신독을 통해 중앙아시아 여러 나라와 연결되는 새로운 교통로를 확보하여 강인(羌人)과 흉노의 위협으로부터 벗어날 것을 진언하였다.

물론 장건의 추단은 큰 방향에서는 틀리지 않았지만 거리의 원근은 실제와는 적지 않은 차이가 있었다. 사실을 알 리 없는 무제는 서역 여러 나라와 직접 교통을 통해 자신의 정치적 영향력을 확대하고, 흉노를 철저히 고립시킬 목적에서 장건의 건의를 흔쾌히 받아들였다. 무제는 장건을 건위군(犍爲郡, 현 사천성 의빈시)에 파견하여 신독으로 통하는 새로운 교통로 확보사무를 책임지도록 하였다.

자고로 지금의 사천 서남부, 청해 남부, 티베트 동부, 운남과 귀주 등지를 아우르는 중국 서남부는 수많은 소수민족이 산거(散居)하여 이들을 서남이(西南夷)로 통칭하였다. 전국시대 말엽, 초나라의 장군 장교(莊蹻)가 운남에 들어가 국가를 건립하였으나, 얼마 지나지 않아 중국 내지와 연락이 단절되었다. 한 무제 초년 당몽(唐蒙)·사마상여(司馬相如) 등을 파견하여 서남이를 정복하고, 건위군(犍爲郡)을 설피하여 공도(邛都, 현 사천성 서창시 일대), 자(筰, 현 사천성 한원현 일대), 염호(冉駹, 현 사천성 무현) 등지 여러 부족을 한의 통치범위에 포함시켰다. 이로부터 얼마 뒤 한은 흉노와의 전쟁에 전력을 기울이느라 서남지구에 대한 경영을 중지하였다. 이후 한동안 서남의 각 소수민족과 중원지역과는 상호연결이 단절되어 서남으로 통하는 교통로를 확보하는 것은 쉽지 않은 사명이었다.

B.C. 122년, 장건은 4조의 탐색대를 파견하였다. 이들은 사천의 성도(成都)와 의빈(宜賓)을 출발하여 청해 남부, 티베트 동부 및 운남 경내로 전진하였고, 그들의 최종목적지는 신독국이었다. 4조의 탐색대는 각기 1-2천리를 전진하다 모두 소수민족의 방해를 받아 원래의 출발지로 되돌아 왔다.

장건이 책임을 맡아 진행한 서남교통로 확보업무는 최종목적을 이루는데는 실패하였지만 이후 서남지역의 개발에 지대한 공헌을 하였다. 장건이 파견한 탐색대의 일부는 장교가 세웠던 전국(滇國) 경내까지 당도하였다. 전월(滇越)이라고도 불린 전국은 병사들이 코끼리를 타고 전쟁을 벌여 승상국(乘象國)이라는 별칭으로 불리기도 하였다. 장건이 파견한 탐색대는 이전부터 사천지방의 상인들이 물건을 전국에 가져와 교역하고 있다는 사실을 알게 되었다. 동시에 곤명(昆明) 일대에 거주하는 소수민족들은 아직 사회조직이 갖추어지지 않았음을 알게 되었다.

장건의 탐색대가 들어오기 전까지 서남 각지의 소수민족은 한나라의 상황에 대해 거의 무지한 상태였다. 그러기에 장건 탐색대에게 전국의 왕은 '한나라가 더 큰지 전국이 더 큰지'를 물어볼 정도였다. 장건 탐색대의 보고를 통해 한은 서남 각지 소수민족과의 연계를 중시하기 시작하였다. B.C. 111년 한은 정식으로 서남지역에 반가(牂柯)·월요(越巂) 등 5군을 설치하였고 후일 익주(益州)와 교지(交趾) 등 군(郡)을 증설하여 서남지역에 대한 개척을 기본적으로 완성하였다.

장건은 중국 역사상 처음으로 서역사행에 나섰던 인물로 그의 사행을 통해 중앙아시아와 서아시아 및 유럽까지 이어지는 교통로가 열릴 수 있었다. 외교가로서 장건은 국가와 국가 간 평등관계에서 출발한 외교이념을 실천하여 한나라와 서역 각국 간 우호적 교류의 물꼬를 틈으로써 동서양의 문화교류와 경제발전에 이바지하였다. 그러기에 위대한 외교가이자 모험가인 장건은 '열린 눈으로 세계를 바라본 첫 번째 중국인', '실크로드의 개척자', '동방의 콜롬버스'라는 평가를 받고 있다.

2. 반초(班超)

반초(32-102)의 자는 중승(仲升)으로 부풍군 평릉현(扶風郡 平陵縣, 현 섬서성 함양시 동북) 출신이다. 후한시기 외교가이자 군사가로 유명한 반표(班彪)의 막내아들로 형 반고(班固)와 여동생 반소(班昭)는 저명한 역사학자이다. 언변이 뛰어나고 박학다식했지만 전장에 나가 흉노를 격퇴하고 서역에 출사 50여개 소수민족국가를 평정하였다. 30년간 서역에서 활약하다 낙양에 귀환하여 사성교위(射聲校尉)에 임명된지 얼마 지나지 않아 병사하였다.

저명한 역사학자인 반표의 막내아들로 태어나 어려서부터 큰 뜻을 품은 반초는 조신한 행동과 효성, 어른을 공경하는 태도로 주위의 찬사를 받으며 성장하였다. 뛰어난 언변을 가진 반초는 널리 고전을 탐독하였는데, 특히 『공양춘추(公羊春秋)』를 가까이하였다.

62년, 형 반고가 교서랑(校書郞)에 임명되어 상경하게 되자 모친과 함께 낙양으로 이주하였다. 당시 가정형편이 어려워 반초는 관청에서 문서를 베끼는 일로 생계를 유지하였다. 매일 책상 앞에 앉아 붓을 놀리는 생활이 거듭되는 상황에 지친 반초는 장건이 서역사행에 돌아온 뒤 박망후(博望侯)에 봉해졌던 역사를 떠올리며 나라 밖에 나가 공을 세울 뜻을 굳히게 되었다.

후일 우연한 기회에 관상을 보게 된 반초는 "조상들은 비록 평민백성이었으나 당신은 나라 밖에서 큰 공을 세워 반드시 후(侯)에 봉해질 것"이라는 관상쟁이의 말을 듣고 더욱 결심을 굳히게 되었다. 얼마 뒤형 반고를 통해 명제(明帝)의 부름을 받은 반초는 궁내의 문서를 관리하는 난대영사(蘭台令史)에 임명되었으나, 사소한 잘못으로 면직되었다.

당시 서역 각국은 북흉노의 압박과 위협 등 여러 이유로 한나라와 직접적이고 긴밀한 관계를 맺지 못하고 있었다. 서역 각국을 통제하여 얻은 인력과 물력을 바탕으로 실력이 강대해진 북흉노는 누차 하서(河西)지역을 침범하여 백성들의 어려움이 상당하였다.

73년, 두고(竇固) 등이 이끄는 한군(漢軍)이 북흉노를 치기 위해 출정할 때 반초도 사마(司馬) 대리를 맡아 참전하게 되었다. 전투과정에서 특출한 재능을 보인 반초는 병사를 이끌고 이오(伊吾, 현 신강성 이오현), 포류해(蒲類海, 현 신강성 파리곤호)로 진격하여 북흉노와 교전하여 큰 전과를 올렸다. 반초의 재능을 알아본 두고는 곽순(郭恂)과 함께 서역에 출사하도록 하였다.

준비를 마친 반초와 곽순은 부하 수십 명을 이끌고 서쪽으로 길을 떠나 선선(鄯善, 현 신강성 롭노르호 서남)에 도착하였다. 처음에는 반초 일행을 반갑게 맞이하던 선선왕은 얼마 뒤 돌연 태도를 바꾸어 냉담해지기 시작하였다. 선선왕의 태도변화는 분명 근자에 북흉노의 사신이 도착하여 압력을 가했기 때문이라고 판단한 반초는 자신들을 접대하고 있던 선선의 관리를 통해 북흉노 사신의 거처를 파악하였다. 야음을 틈타 북흉노 사신단을 급습한 반초와 부하들은 30여 명을 참살하고 다음날 수급을 선선왕에게 보였다. 대경실색한 선선왕은 한나라에 귀부할 것을 약속하고 아들을 인질로 보냈다.

첫 번째 서역사행의 임무를 완수하고 귀환한 반초는 두고에게 그간의 사정을 상세히 보고하였다. 반초의 성공적인 임무완수에 몹시 기뻐한 두고는 조정에 출사경과와 성과를 보고하고 재차 서역에 사자를 파견할 것을 황제에게 건의하였다. 반초의 용맹함과 도략(韜略)을 높이 산 명제는 두고에게 달리 사람을 뽑을 필요 없이 반초를 군사마(軍司馬)로 승격시켜 출사임무를 계속 수행하도록 조서를 내렸다. 반초의 수하가 너무 적다고 판단한 두고가 병력을 증원해주려 하였으나, 반초는 사람이 많으면 오히려 위급상황에서는 부담이 될 수 있다며 기존의 30여 명을 인솔하고 재차 서역사행에 나섰다.

재차 서역사행에 나선 반초의 첫 번째 도착지는 우전(于闐, 현 신강성 화전시)이었다. 우전왕 광덕(廣德)은 반초가 도착하기 얼마 전 인근의 사차(莎車, 현 신강성 사차현)를 정벌하여 천산남로의 강자로 등장하였다. 이 무렵 북흉노는 광덕을 감호한다는 명분으로 우전에 사자를 주재시키고 있었으나, 실제는 우전의 대권을 장악하기 위한 것이었다. 반초 일행에 대한 우전왕의 태도도 매우 냉담하였다.

당시 우전국에는 미신풍조가 강하였다. 무당으로부터 한나라 사자들이 타고 온 말 가운데 한 마리를 죽여 하늘에 제사지내지 않으면 화가 있을 것이라는 말을 들은 우전왕은 재상 사래비(私來比)를 반초에게 보내 말을 요구하였다. 전후사정을 들은 반초는 흔쾌히 말을 내주겠다고 답하면서 대신 무당이 직접 와서 말을 끌고 가라고 조건을 달았다. 말을 가지러 무당이 당도하자 반초는 단칼에 그를 목 베고 사래비를 체포하였다.

이어 반초는 무당의 수급을 우전왕에게 전하고 질책하였다. 반초가 선선국에서 흉노의 사자를 참살했던 사실을 익히 알고 있던 우전왕은 어쩔 줄 몰라 하며 우전국에 머물던 북흉노 사자를 죽이도록 하고 한나라에 귀부할 것을 약속하였다. 반초가 성공적으로 우전국을 진무했다는 소식이 알려지자 서역 각국은 다투어 한에 인질을 보내고 복속을 맹세하였다. 이로써 60여 년간 중단되었던 서역과 한나라 간의 관계가 회복되었다.

이 무렵 흉노세력을 등에 업은 구자(龜玆, 현 신강성 고차현)국왕은 천산북로 일대를 주름잡고 있었다. 그는 군대를 파견하여 소륵(疏勒,

현 신강성 객십시)을 치고 국왕을 살해한 뒤 구자 출신의 두제(兜題)를 소륵왕으로 앉혔다. 이로써 소륵국은 사실상 구자의 괴뢰국으로 전락하였다.

74년, 반초는 약간의 수하를 이끌고 소륵국을 향해 출발하였다. 소륵국왕 두제가 머물고 있던 가탁성(架橐城) 근방에 다다르자 반초는 전려(田慮)를 두제에게 보내 투항을 권고하였다. 홀홀단신으로 나타난 전려를 보고 얕잡아 본 두제는 전혀 투항할 기미를 보이지 않았다. 방비가 소홀한 틈에 전려가 두제를 포획하자 돌발 상황에 놀란 두제의 수하들이 혼비백산하여 도망하였는데, 이에 전려는 전속력으로 말을 달려 반초에게 상황을 보고하였다.

즉각 가탁성을 공격한 반초는 소륵국의 문무관원 전원을 집합시킨 뒤 구자국의 무도함을 낱낱이 파헤치고 피살된 소륵국왕의 조카를 국왕으로 세웠다. 새 국왕과 일부 관원들은 두제를 참살할 것을 요청하였으나, 반초는 대국적인 관점에서 두제를 석방하도록 설득하였다. 이로써 소륵국도 평정되어 한에 복속하게 되었다. 두 차례 출사를 통해 반초는 선선, 우전, 소륵 3국과 한나라 간의 우호적인 관계를 회복시켰다.

75년, 명제가 사망하여 국상중인 틈에 언기(焉耆, 현 신강성 언기 회족자치현)가 서역도호 진목(陳睦)을 포위 공격하여 살해한 사건이 발생하였다. 이로써 반초는 고립무원의 상황에 처하게 되었고, 구자와 고묵(姑墨, 현 신강성 온숙·아극소 일대) 등이 누차 소륵을 공격하였다. 외부의 도움을 전혀 받지 못한 상황에서 반초와 소륵왕은 힘을 합쳐 1년 동안이나 가탁성을 지켜내었다.

76년, 명제를 이어 황제의 자리에 오른 장제(章帝)는 진목이 이미 사망한 상태에서 반초 혼자의 힘으로 변경을 지켜내기 무리라 판단하여 반초에게 귀환하라는 조서를 내렸다. 반초가 귀환하리라는 소식이 알려지자 소륵국 전체가 걱정과 두려움에 빠져 반초의 귀환을 적극 만류하였다. 간신히 우전국에 이른 반초는 그곳에서도 울며 매달리는 사람들을 보고 다시 소륵으로 돌아가기로 결심하였다. 반초가 떠난 뒤 짧은 시간에 소륵의 두 개 성이 이미 구자에 투항한 상태였다. 더구나 이 무렵 구자가 위두국(尉頭國, 현 신강성 아합기현)과 연합하여 난을 일으켰다. 반초는 신속히 반란군의 수령을 체포하고 위두국을 격파하여 6백여 명을 참살하고 소륵의 상황을 안정시켰다. 78년, 반초는 소륵 등 여러 나라의 병사 1만여 명을 동원하여 고묵국을 격파하고 7백여 명을 참살하여 구자를 고립시켰다.

80년, 반초는 서역 각국의 형세 및 자신의 처지를 분석한 상주문을 장제에게 올리고 한에 반기를 든 구자와 언기를 평정할 것을 건의하였다. 상주문을 본 장제는 반초의 능력이라면 성공가능성이 충분하다고 판단하고 반초의 역량을 강화시킬 방안을 강구하도록 지시하였다. 마침 서간(徐幹)이 반초의 뜻에 동조하여 서역으로 가 반초를 돕겠노라 출정을 자원하였다. 조정에서는 즉각 서간을 대리 사마에 임명하고 1천의 병사를 내주어 반초를 지원하도록 하였다.

당초 사차국은 한나라가 간섭하지 않을 것이라 판단하여 구자국에 투항하였고, 소륵국 도위 번진(番辰)도 같은 생각에서 반란을 일으켰다. 그러던 차에 마침 서간이 지원병을 이끌고 소륵에 당도하자 반초는 서간과 함께 번진을 참살하고 그를 따르던 반란군 1천여 명도 제거하여 반란을 평정하였다. 번진을 격파한 반초는 구자로의 진격을 계획하였다. 당시 오손국의 세력이 상당히 강성한 것을 간파한 반초는 그들의 역량을 빌려 구자를 공격할 심산이었다. 이에 사자를 오손에 보내 합작을 제안하자는 내용의 상서를 황제에게 올렸다. 이를 받아들인 장제는 83년 반초를 장병장사(將兵長史)에 임명하고 서간을 군사마(軍司馬)로 승진시키는 한편 이읍(李邑)으로 하여금 오손의 사자를 호송하게 하여 반초 일행과 함께 오손으로 향하도록 하였다.

이읍이 우전에 도달했을 때 마침 구자가 소륵을 공격하고 있었다. 앞길이 험난할 것을 염려한 이읍은 더 이상 전진하지 못하고 자신의 비겁함을 감추기 위해 조정에 상서를 올렸다. 이 상서에서 이읍은 서역경영이 쉽지 않음을 밝히는 한편 반초는 본래의 임무는 저버리고 처자식과 국외에서 안락한 생활을 누리고 있다며 모함하였다. 사실을 알게 된 반초는 의연히 처자를 내지로 돌려보냈다. 한편 반초의 충정을 잘 알고 있는 장제는 오히려 이읍을 책망하는 조서를 내리고 반초의 지시에 따르도록 하였다. 또한 별도로 반초에게 조서를 보내 현지의 상황에 따라 이읍을 서역에 남겨둘지 내지로 송환시킬지 결정하도록 하였다. 이에 반초는 즉각 이읍과 오손의 사자를 낙양으로 돌려보냈다.

84년, 조정에서는 다시 화공(和恭)을 대리 사마로 임명 8백 명의 병사를 거느리고 반초를 지원하도록 하였다. 이에 더하여 반초는 소륵과 우전의 병사를 규합하여 사차로의 진공을 준비하였다. 다급해진 사차왕은 사람을 파견 소륵왕 충(忠)과 몰래 연계를 맺고 많은 재물을 뇌물로 주어 반초를 배반하도록 부추겼다. 꼬드김에 넘어간 소륵왕 충은 반란을 일으켜 오즉성(烏即城)을 점령하였다. 노한 반초는 성대(成大)를 소륵왕으로 삼고 병력을 모아 충을 공격하였다.

마침 강거국(康居國, 발하시호와 아랄해 중간)이 정예병력을 파견하여 충을 도운 탓에 장기간의 공격에도 반초는 소륵 공략에 실패하였다. 당시 월지왕과 강거왕은 서로 통혼하여 관계가 좋은 편이었다. 이를 이용하여 반초는 월지왕에게 사람을 파견 많은 예물을 주고 강거왕을 설득해 군사를 돌리도록 청하였다. 반초의 계책이 주효하여 강거왕은 충을 데리고 스스로 군대를 철수시켰다. 강거군의 철수 후 반초는 오즉성을 재차 수복하였다.

86년, 강거왕으로부터 병사와 마필을 빌린 충은 구자와 몰래 밀약을 맺은 뒤 반초에게 거짓 투항하였다. 충의 음모를 간파한 반초는 짐짓 반기는 듯 투항을 받아들였다. 충이 소수의 부하만 이끌고 진영에 당도하자 반초는 환영의 의미에서 주연을 베풀었다. 술자리가 무르익자 반초는 사람을 시켜 충을 참살하고 그의 부하들을 제거하여 서역남도가 재차 열리게 되었다.

87년, 반초는 우전국 등의 병사 2만을 모아 재차 사차를 공격하였다. 이에 맞서 구자왕은 온숙·고묵·위두 등지에서 5만의 병력을 모아 사차를 구원하고자 하였다. 적의 병력이 아군보다 많음을 확인한 반초는 후퇴하는 양 거짓 정보를 흘려 적군을 분산시킨 다음 사차의 대본영을 급습하여 5천여 명을 참살하고 수많은 물자를 노획하였다. 대세가 기울자 사차왕은 하는 수없이 투항하였고, 구자왕도 군대를 돌리지 않을 수 없었다.

당초 월지는 한이 거사(車師, 현 신강성 투루판 일대)를 공략하는데 도움을 준적이 있었다. 반초가 사차를 격파하던 해 월지왕은 사자를 반초의 진영에 파견 예물을 바치고 한의 공주를 아내로 맞이하고 싶다는 뜻을 전하였다. 요구가 거절당하자 월지왕은 반초에게 앙심을 품게 되었다. 90년 여름, 월지는 7만 명의 병력을 파견 파미르고원을 넘어 반초를 공격하였다. 상상외의 대군이 진격해오자 열세에 놓인 반초의 부하들은 공황상태에 빠지게 되었다. 그러나 반초는 비록 월지의 병력이 많으나 장거리를 행군해 피곤한데다 후방지원도 여의치 않을 것임으로 크게 염려할 것 없다고 부하들을 다독였다.

반초가 성문을 굳게 닫고 응전하지 않자 월지군은 별다른 방도가 없는데다 군량도 떨어지자 구자에 구원을 요청하였다. 이를 미리 예견한 반초는 사전에 수백의 군사를 구자로 향하는 길목에 매복시켜 두었다. 반초의 예상대로 월지군은 구자에 구원을 청하는 사자를 보내었으나 중도에 반초의 부하들에게 몰살당하였다. 진퇴유곡의 위기에 처한 월지군이 용서를 구하자 반초는 그들을 안전하게 돌려보내었고 월지와 한은 예전처럼 우호적인 관계를 회복하였다.

91년, 그간 한에 반기를 들었던 구자·고묵·온숙 등 서역북도의 여러 나라가 투항하였다. 이에 조정에서는 반초를 서역도호(西域都護), 서간을 장사(長史)에 임명하고 백패(白霸)를 구자왕으로 삼아 사마요광(司馬姚光)을 파견하여 그를 호송하도록 하였다. 사마요광은 구자의 원래 왕이었던 우리다(尤里多)를 낙양으로 압송하였고 반초는 이후 구자 타건성(它乾城)에 주재하였다. 이 무렵 서역의 여러 나라 가운데 언기와 위수(危須, 현 신강성 언기현 동북), 위리(尉犁, 현 신강성 고이륵시 동북) 3국만이 일찍이 서역도호 진목을 살해한 죄가 무서워 복속하지 않았을 뿐 나머지 각국은 모두 평정되었다.

94년 가을, 반초는 구자·선선 등 8국에서 8만 명의 병력을 규합하여 언기·위수(危須)·위리(尉犁) 등지 공략에 나섰다. 대군이 위리에 도착하자 반초는 먼저 사람을 보내 투항을 권고하였다. 언기왕은 북건지(北鞬支)를 파견하여 술과 가축을 바쳤다. 이에 대한 답례로 반초도 적지 않은 예물을 마련하여 북건지를 돌려보냈다. 북건지가 무사히 귀환하자 안심한 언기왕은 직접 고관들을 이끌고 위리까지 당도하여 반초를 영접하고 예물을 봉헌하였다. 형식적인 예를 갖추어 대접하였을 뿐 언기왕은 결코 반초의 군대가 자신의 국경 안으로 진입하는 것을 원치 않았다.

반초를 만나고 돌아온 언기왕은 즉시 국경 입구의 다리를 파괴하여 반초군의 진입을 방해하였다. 우회한 반초군이 왕성에서 20여 리 떨어진 곳에 진을 치자 놀란 언기왕은 산으로 도망하여 계속 저항하고자 하였다. 이에 이전 인질로 낙양에 머문적이 있던 대신 원맹(元孟)이 몰래 반초에게 사람을 보내어 언기왕의 동향을 보고하였다. 언기국 귀족들을 안심시키기 위해 반초는 원맹이 보낸 사자를 참살하고 시간을 정하여 3국 국왕과 대신들을 위한 연회를 베풀겠다고 통보하였다.

언기왕 광(廣), 위리왕 범(泛)과 북건지 등 30여 명은 약속된 시간에 도착하였지만 위수왕은 나타나지 않았다. 연회가 시작되자 반초는 위수왕이 참석하지 않은 사실을 들어 언기왕을 책문한 뒤 일행을 체포하여 참살하였다. 원맹을 언기왕에 임명하여 정세를 안정시킨 반초는 언기에 반년간 주재하였다. 이로써 서역에 산재한 50여국이 모두 한에 복속하게 되었다. 다음해 황제는 반초의 공적을 인정하여 정원후(定遠侯)에 봉하고 1천호를 식읍으로 하사하였다. 97년, 반초는 감영(甘英)을 대진(大秦, 로마제국)에 사자로 파견하였다. 감영은 서해(西海, 페르시아만)까지 다다른 뒤 더 이상 전진하지 못하고 귀환하였다.

장시간 내지를 떠나 있었던 반초는 나이가 들면서 귀환하고 싶은 생각이 깊어졌다. 이에 100년 귀국을 원한다는 상서를 조정에 올렸다. 마침 여동생 반소(班超)도 오빠의 귀국을 요청하는 상주를 올려 이를 읽고 감동한 화제(和帝)는 반초를 귀환시키라는 조서를 내렸다.

서역에서 31년을 보낸 반초는 102년 8월 낙양으로 귀환하여 사성교위(射聲校尉)에 임명되었다. 가슴부위에 고질이 있었던 반초는 낙양으로 돌아온 뒤 병세가 점점 심해졌다. 사실을 안 화제는 환관을 보내 위문하고 치료에 필요한 약재를 하사하였다. 동년 9월, 반초는 71세를 일기로 낙양에서 사망하였다.

비범한 정치와 군사재능을 갖춘 반초는 서역에 30년 이상을 머물며 한에 가장 위협적인 흉노세력을 견제하기 위해 노력하였다. 오랫동안 흉노의 통제 아래 있었던 서역 50여국을 한에 복속시켜 흉노세력을 서역에서 축출하고 한나라의 안전을 확보하였다. 반초의 서역경영은 군사와 정치면에서 성공적인 결과를 가져왔을 뿐만 아니라 민족융합 이라는 측면에서도 후세에 큰 영향을 미쳤다.

3. 정화(鄭和)

정화(1371-1433)의 원래 성은 마(馬), 이름은 화(和)로 아명은 삼보 (三寶) 혹은 삼보(三保)이다. 운남 곤양(昆陽) 출신인 그의 조상은 원 나라 초엽에 이곳으로 이주하여 원대 운남왕 휘하의 귀족으로 생활하 였다. 마화의 조부와 부친은 온갖 고초를 견뎌가며 메카 순례를 다녀 온 이슬람교도였다.

홍무 13년(洪武, 1381) 명나라 군대가 운남에 진공하였을 때 11세의 의 마화는 남경으로 붙잡혀 갔다. 거세당한 뒤 남경의 궁중에서 일하 던 마화는 14세 되던 해 북경으로 가 연왕 주체(燕王 朱棣)의 밑에서 일하게 되었다. 총명하고 영리한 마화는 금세 연왕의 측근으로 자리잡 았다. 연왕도 학식이 풍부한 관원을 왕부로 초빙하여 마화를 교육시키 고 다량의 장서를 마음껏 읽도록 허락하여 천성이 총명한 마화는 짧은 시간에 충분한 학식을 갖출 수 있었다.

조카 혜제(惠帝, 1399-1402)를 제거하고 황제의 자리에 오른 연왕 은 혜제와의 싸움에서 큰 공을 세운 마화에게 정(鄭)이라는 성을 내리 고 4품의 내관감태감(內官監太監)으로 승진시켰다. 지략을 갖춘데다 전술에도 능한 정화는 황제의 신임을 얻어 대규모 원정단의 사령관으로 활약하여 세계항해사에 큰 족적을 남겼다.

영락제(永樂帝, 1403-1424)가 정화에게 중임을 맡긴 것은 그의 인품, 재능, 지식에 대해 충분한 이해가 있었기 때문이었다. 영락제는 어려서부터 자신의 주변에서 성장한데다 자신을 따라 여러 차례 전쟁에서 공을 세운 정화를 심복 중의 심복으로 간주하였다. 그러나 이보다 중요한 것은 정화 본인이 대항해를 이끌 사령관으로서 충분한 소질과 조건을 갖추었다는데 있을 것이다.

우선 정화는 병법에 능하였고 모략을 갖춘데다 실전경험을 통한 군사지휘의 재능까지 겸비하고 있었다. 여러 사정을 감안한 영락제는 정화에게 흠차총병태감(欽差總兵太監)의 직함을 수여하고 2만여 명의 관병을 지휘하여 대항해에 나서도록 하였다. 원정 중 여러 차례 군사행동을 통해 정화는 황제의 믿음이 틀리지 않았음을 보여주는 군사지휘 능력을 발휘하여 임무를 성공적으로 완수하였다. 1405년부터 1433년까지 7차례 진행된 대규모 원양항해의 일정과 기항지는 다음과 같다.

영락 3년 6월 15일(1405년 7월 11일) 영락제는 정사 정화, 부사 왕경홍(王景弘)에게 2만 8천 명의 사병을 이끌고 서양(西洋, 현재의 서양을 일컫는 것이 아니라 당시 남중국해 서쪽 해안과 연안지역을 통칭하는 의미로 쓰였다) 탐사를 명하였다. 길이 138미터, 너비 56미터에 이르는 기함을 비롯 62척의 선박으로 구성된 원정대는 소주(蘇州)를 출발 복건(福建)과 현재의 베트남 중남부지역을 거쳐 1406년 6월 30일 자바섬 북해안 중부의 삼보롱(三寶壟, Semarang)에 상륙하여 무역을 진행하였다.

이 무렵 자바에서는 내전이 발생하여 서자바가 동자바를 멸망시키면서 이 와중에 정화원정대의 사병 170명이 살해당하였다. 후환을 두려워 한 서자바왕은 사망자에 대한 보상금으로 황금 6만냥을 정화에게 바치며 용서를 구하였다. 이어 수마트라, 말라카, 실론, 캘커타 등지를 거친 원정대는 1407년 10월 2일 귀국하였다.

제1차 원정이 끝난지 십여 일만인 1407년 10월 13일 2만 7천 명으로 구성된 제2차 원정이 시작되었다. 두 번째 원정의 주요 기착지는 베트남 동남부의 점성(占城, Champa), 자바, 샴(태국), 말라카, 남무리(南巫里, 인도네시아 수마트라섬 서북부), 가이륵(加異勒, 인도반도 남단 동안), 실론, 가지(柯枝, 인도 서남부 코친 일대), 캘커타 등이었다. 두 번째 항해에 나선 일행은 1409년 8-9월경 귀국하였다. 제2차 원정 시 실론에 들른 정화는 절에 보시하고 타미르어, 페르시아어, 한문으로 된 비석을 남겼는데, 1911년 발견된 이 비석은 현재 실론박물관에 소장되어 있다.

1409년 10월 강소성 태창(太倉)의 유가항(劉家港)에서 출발한 세 번째 원정대는 베트남, 말레이시아, 인도 등지를 거쳐 실론에 들른 뒤 1411년 7월 6일 귀국하였다.

1413년 11월 시작된 네 번째 원정대는 27,670명으로 구성되었다. 원정대는 아라비아반도를 돌아 선단의 일부가 동아프리카에까지 다다른 뒤 1415년 8월 12일 귀국하였다. 중국원정대의 위엄에 감탄한 케냐에서는 그해 11월 특사를 중국에 파견하여 기린을 선물로 진헌하였다.

1417년 6월 다섯 번째 원정을 시작한 함대는 천주, 점성, 자바를 거쳐 아프리카 동부의 모가디슈, 케냐 등지를 거쳐 1419년 8월 8일 귀국하였다.

여섯 번째 원정은 1421년 3월 3일 시작되었다. 이때 정화의 본대가 호르무즈까지 갔다는 설과 수마트라와 태국까지만 갔다는 설 등이 있으나 선단의 일부는 아프리카 동쪽해안까지 도착했던 것으로 보인다. 선단은 1422년 9월 2일 귀국하였다.

1424년 영락제가 사망하자 계위한 홍희제(洪熙帝, 1425)는 한 차례 항해에 많은 비용이 소요된다는 이유로 원정대 파견 중지를 명하였다. 원정대 파견에 부정적이었던 홍희제가 즉위 1년만에 사망하고 뒤를 이은 선덕제(宣德帝, 1426-1435)시기에 마지막 일곱 번째 원정이 이루어졌다.

1431년 1월 27,550명으로 구성된 원정대는 남경을 출발하였다. 마지막 항해에서 정화의 본대는 호르무즈까지 가고, 일부는 아프리카 동해안에 상륙하였다. 귀환 도중 정화는 1433년 4월 초 인도 서해안 캘커타에서 사망하였다. 태감 왕경홍의 인솔 하에 선단은 1433년 7월 22일 남경에 도착하였다. 선덕제는 남경 우수산(牛首山) 남록에 정화를 안장하도록 하였다.

『명사(明史)』「정화전(鄭和傳)」의 기록에 따르면 정화원정대가 방문한 곳은 36개국에 달하였다. 비록 매번의 항해에 많은 비용이 소요되어 비판의 대상이 되기도 하였지만, 정화원정대는 매번 항해시마다 평화적인 외교방침을 펼쳐 동남아 국제질서를 안정시키는데 크게 이바지하였다. 또한 관방과 민간의 해외무역을 발전시키고 중국문화를 해외에 널리 전파하는데도 공헌하였다.

정화원정대는 중국 해양사업의 개척에도 지대한 공헌을 하였다. 서태평양과 인도양에 대한 해양탐사를 통해 아시아와 아프리카를 잇는 항로를 개척하였다. 다량의 실제조사를 통해 완성된 「정화항해도(鄭和航海圖)」의 상세한 기록은 영국 챌린저호의 탐사기록보다 400여년이 앞선 것이다. 원정대가 필요로 하는 다수의 대규모 선박을 건조하는 과정에서 중국의 조선술(造船術)은 당시 세계 최고수준으로 발전하였다. 천문도항, 지문도항, 나침반도항, 수심과 지질의 측량 등 항해기술 방면에 있어서도 정화원정대는 당시 세계에서 가장 선진적이었다.

4. 정성공(鄭成功)

정성공(1624-1662)의 본명은 삼(森) 혹은 복송(福松)으로 명엄(明儼)과 대목(大木)이라는 자를 썼다. 조상들의 관적은 고시(固始, 현 하남성 고시현)이나 복건 천주 남안(福建 泉州 南安, 현 복건성 천주시 남안현)에 적을 두었고 일본 구주(九州)에서 출생하였다. 부친은 정지룡(鄭芝龍)이며 모친은 일본인이다. 명말 감생(監生)으로 후일 반청복명운동에 뛰어들어 주(朱)라는 성과 성공(成功)이라는 이름을 하사받고 충효백(忠孝伯)에 봉해졌다. 이런 까닭에 정사성(鄭賜姓), 정국성(鄭國姓), 국성야(國姓爺) 등으로 불렸고, 연평왕(延平王)에 봉해졌기에 정연평(鄭延平)이라고도 칭하였다.

1645년 청군이 강남에 침공하자 부친은 청에 투항하였으나 정성공은 부친이 남긴 병사들을 이끌고 동남 연해지방에서 반청운동을 전개하였다. 한때 해로를 통해 남경을 공격하기도 하였다. 1661년 대만해협을 건너 다음해 네덜란드 동인도회사가 장악하고 있던 대원(大員, 현 대만 대남시)을 점령하여 반청복명의 기지로 삼았다.

여러 기록에 따르면 정성공의 조상은 대대로 중원에 거주하였으나 동진 말년 전란을 피해 복건으로 이주하였다. 정성공의 부친 정지룡은 바다를 무대로 한 상인이자 밀수집단의 두목이기도 하였다. 정지룡이 일본을 오가며 무역에 종사할 무렵 일본당국도 그를 상당히 중시하여 히라도(平戸)번주 마쓰라(松浦)는 정지룡이 거주할 저택을 제공하기도 하였다. 1623년 무역거래차 일본에 머무는 동안 정지룡은 일본인 다가와씨(田川氏)를 두 번째 부인으로 맞아들였다. 다음해인 1624년 7월 14일(양력 8월 27일) 정성공은 히라도에서 출생하였다.

정성공은 6세 이전까지는 모친과 함께 일본에서 성장하였다. 후일 명나라의 초모(招募)에 응하여 관직을 얻은 정지룡은 정성공을 복건 안평(安平, 현 복건성 진강현)으로 데려와 교육을 받도록 하였다. 1638년, 정성공은 향시에 합격하여 수재(秀才)가 되었고, 지금의 국비 장학생에 해당하는 늠선생(廩膳生)에도 선발되었다.

1641년, 정성공은 복건 혜안(惠安, 현 복건성 혜안현) 출신으로 예부시랑을 지낸 동양선(董颺先)의 조카를 아내로 맞아들였다. 1644년, 정성공은 학업을 계속하기 위해 금릉(金陵, 남경) 국자감에 입학하였다. 정지룡은 아들을 위해 강남의 명사인 전겸익(錢謙益)과 같은 인물을 가정교사로 초빙하였다. 정성공의 어릴 적 이름인 복송(福松)도 당시 그를 가르치던 스승 중 한 분이 지어준 것이다.

정성공이 국자감에 입학한 해 이자성(李自成)이 북경을 점령하자 숭정제(崇禎帝)가 매산(煤山)에서 자진하여 명나라는 멸망하였다. 이어 산해관총병(山海關總兵) 오삼계(吳三桂)가 청군을 관내로 인도하여 이자성군을 격파하고 북경에 진주하였다. 이에 명의 유신들은 남경에 복왕 주유송(福王 朱由崧)을 옹립하고 다음해 연호를 홍광(弘光)으로 바꾸었다. 1645년 5월, 청 예친왕 다택(豫親王 多鐸)이 팔기군을 이끌고 남하하여 양주와 남경을 잇달아 점령하였다. 이 와중에 병부상서 사가법(史可法) 등이 순국하고 홍광제는 체포 후 살해되어 홍광정권도 멸망하였다.

홍광정권이 붕괴된 뒤 청이 강남지역에서 잔혹하고 야만적인 고압정책을 펼치자 각지에서 항청투쟁이 폭발하였다. 이때 정지룡은 동생 정홍규(鄭鴻逵)와 복주(福州)에서 당왕 주율건(唐王 朱聿鍵)을 옹립하였다. 당왕은 1645년 7월 융무(隆武)로 개원하여 후일 융무제로 불렸다. 당시 상당수의 병력을 휘하에 거느리고 있었던 정지룡은 새로 옹립된 융무제가 가장 의지하는 군사참모였다. 그로부터 얼마 뒤 노왕 주이해(魯王 朱以海)가 소흥(紹興)에서 감국(監國)을 칭하고 연호를 노감국 원년(魯監國 元年)으로 바꾸었다. 이후 융무와 노감국정권은 모두 빼앗긴 국토의 회복을 기치로 내걸었으나 피차간에는 모순과 충돌이 빈번하여 상호 협력을 기대할 수 없었다.

1646년 2월, 융무제는 연평부(延平府, 치소는 현 복건성 남평시)로 이주하였다. 3월, 정성공은 연평에서 융무제에게 항청의 계책을 진언하였다. 정성공의 재주를 아낀 융무제는 충효백(忠孝伯)으로 봉하고 초토대장군(招討大將軍)에 임명하였다. 아울러 융무제는 총애의 뜻으로 국성인 주(朱)와 성공(成功)이라는 이름을 내렸다. 이후 조정에서는 정성공을 국성, 보통백성들은 국성야라 불렀다. 연평에 군사지휘부와 수군 훈련기지를 설립한 정성공은 부근 요충지를 순시하였다.

1646년부터 정성공은 여러 차례 군대를 거느리고 출정하여 복건과 강서일대에서 청군과 작전을 벌이기 시작하였다. 이 과정에서 상당한 전공을 세운 정성공에 대한 융무제의 믿음은 더욱 굳어졌다. 8월 하순, 정성공은 융무제에게 작별을 고하고 민강(閩江) 일대에서 청군에 맞서 싸웠다. 전황이 불리해지자 부대를 이끌고 남하한 정성공은 금문도를 손에 넣자 초토대장군의 명의로 금문과 하문 일대에서 항청활동을 계속하였다. 반면 융무정권의 군정대권을 장악하고 있던 정지룡은 전력을 다해 청군과 맞설 의지가 없었다. 심지어 그는 청군이 남하한다는 소식을 접하자 절강에서 복건으로 통하는 관문인 선하관(仙霞關)의 수장인 시복(施福)에게 군대를 복주로 철수하도록 하였다. 이로 인해 청군은 아무런 저항도 받지 않고 복건에 진입할 수 있었다.

당시 청의 대학사였던 홍승주(洪承疇)는 정지룡과 동향인 남안 출신이었다. 홍승주는 3성(省)을 다스리는 왕의 자리를 약속하며 정지룡의 투항을 유혹하였다. 동생과 아들의 반대에도 불구하고 정지룡은 여타 아들들을 데리고 북상하여 청에 투항하였다. 부친의 투항을 막지 못한 정성공은 일부 병사들을 데리고 금문도(金門島)로 진영을 옮겼다. 청에 투항하면 가족을 지킬 수 있을 뿐만 아니라 출세도 보장받을 수 있을 것으로 믿었던 정지룡은 아들들과 함께 북경으로 압송되었다. 정지룡을 기만한 청군의 복건공격군 지휘관 박락(博洛)이 정지룡의 고향 남안을 공격하자 당시 이곳에 머물고 있던 정성공의 모친은 자살하였다. 모친의 사망소식을 접한 정성공은 더욱 항청의 결심을 굳혔다.

1646년 8월, 청군이 포성(浦城, 현 복건성 포성현)과 하포(霞浦, 현 복건성 하포현)를 점령하자 융무제는 강서로 도망을 가다가 정주(汀州, 현 복건성 장정현)에서 청군에게 사로잡혀 복주에서(福州)에서 단식투쟁 끝에 사망하였다. 융무제 사후 남명정권은 계왕 주유랑(桂王 朱由榔)이 계승하여 영력(永曆)으로 개원하였다.

융무제의 사망을 전후하여 금문도에 진영을 갖춘 정성공은 연해 각지에서 새로 군사를 모으고 정지룡의 옛 부하들을 수습하여 상당한 병력을 갖추게 되었다. 이에 정성공은 1647년 1월 금문도에서 정식으로 출정식을 가졌다. 동년 7월, 정성공은 정채(鄭彩)의 부대와 연합하여 해징(海澄, 현 복건성 용해시 해징진)을 공격하였으나 실패하였다. 다음 달 정성공은 정홍규 부대와 연합하여 천주부성을 공격하였으나 청군 지원병이 적시에 당도하여 패퇴하였다.

1648년, 남명정권에서 절강순무를 맡았던 노약등(盧若騰)이 부대를 이끌고 합류하여 실력이 배가된 정성공은 재차 출격하여 동안(同安, 현 복건성 동안현)을 점령하고 5월에는 천주(泉州)를 포위 공격하였다. 7월, 청군의 반격으로 동안을 상실한 정성공은 얼마 뒤 청군 지원군이 도착하자 천주에 대한 포위를 풀고 급히 해상으로 후퇴하였다. 이 무렵 강서와 광동에서 여러 항청세력이 새로 등장하였으나 이들 상호간에 연계가 제대로 이루어지지 않아 대부분 국지적 저항세력으로 활동할 뿐이었다. 1649년, 정성공은 영력제를 남명정권의 정통으로 받들었고 이에 영력제는 정성공을 연평왕(延平王)에 봉하여 이때부터 사람들은 정성공을 정연평이라 칭하였다.

청군이 입관(入關)할 무렵 여타 지역과 마찬가지로 복건지역도 매우 혼란스러운 상황에 처해 있었다. 당시 복건에는 관병 외에도 도처에 성채를 구축한 토호와 산적이 난립하여 인근 백성들에게서 닥치는대로 재물을 거두어들여 마치 군벌과 같은 행태를 보이고 있었다. 이들 세력에 비해 정성공은 비교적 큰 진영과 정돈된 군기를 갖춘 병력을 거느리고 있었으나, 문제는 병력의 숫자에 비해 영토가 협소하여 군량 조달이 여의치 않은 점이었다. 이에 정성공은 1649년 10월 남하를 결심하였다. 이는 복건 남부의 청군에 타격을 가하려는 목적 외에도 각지의 성채를 접수하여 군량을 확보하기 위한 필요에서였다.

이후 1개월여의 기간에 정성공은 청군이 점령하고 있던 장포(漳浦, 현 복건성 장주시 장포현)·운소(雲霄, 현 복건성 장주시 운소현) 등지를 탈환하였다. 11월, 광동과의 경계지역에 위치한 소안(詔安, 현 복건성 장주시 소안현) 공략에 실패하자 정성공은 광동 동부지역으로 진공 방향을 바꾸었다. 다음해 5월까지 정성공은 복건과 인접한 광동 동부의 성채들을 차례로 손에 넣었다. 1650년 6월, 정성공은 광동 동부의 요충지인 조주(潮州)까지 진출하였으나 3개월간의 공격에도 조주성 함락에 실패하였다. 오랜 공략에도 조주성을 점령하지 못하여 병사들의 사기가 하락한데다 군량조달도 여의치 않자 정성공은 8월 혜주 공략을 포기하고 복건 남부로 회군하였다.

1650년, 정성공은 정채(鄭彩)·정련(鄭聯)의 부대와 연합하여 하문(廈門)을 점령하였다. 복건 남부로 퇴각한 뒤 정성공은 시랑(施琅)의 계책을 받아들여 동년 가을 정채가 하문을 잠시 떠난 기회를 이용 정련을 살해하였다. 얼마 뒤 정련의 사망소식을 들은 정채는 감히 정성공에 대적하지 못하고 하문으로 돌아와 병권을 내려놓았다. 이후 정채와 정련의 부대를 합병한 정성공은 하문과 금문을 실제 지배하여 확실한 근거지를 확보할 수 있었다.

1650년말, 청의 편에 선 평남왕 상가희(平南王 尙可喜)와 정남왕 경계무(靖南王 耿繼茂)가 수만의 기병을 이끌고 광주를 점령하였다. 정성공은 칙명을 받아 근왕을 위해 남하하고 숙부 정지완(鄭芝莞)에게 하문 유수를 맡겼다. 12월, 정성공은 게양(揭陽, 현 광동성 게양시)에 도착하여 정홍규부대와 합류하였다. 두 사람은 상의 후 정성공은 계속 군대를 이끌고 남하하여 근왕하고, 정홍규는 하문으로 진영을 옮겨 후방을 수비하기로 결정하였다. 동년, 노왕 주이해(魯王 朱以海)도 하문으로 와 정성공이 보호를 받기 시작하였다. 정성공은 노왕을 금문도에 안치하였다.

1651년 봄, 정성공은 부대를 이끌고 혜동(惠東, 현 광동성 혜주시 혜동현)까지 진출하였다. 이 무렵 정성공의 주력군이 광동으로 향하였음을 탐지한 청 복건순무 장학성(張學聖)은 하문의 방비가 허술할 것으로 짐작하여 마득공(馬得功)·왕방준(王邦俊)에게 하문을 공격하도록 하였다. 청군의 내습에 하문방무를 책임지고 있던 정지완은 재물을 챙겨 달아나고 말았다. 별다른 저항을 받지 않고 하문을 점령한 청군은 닥치는대로 재물과 장비를 약탈하였다. 정성공의 부인과 큰아들 정경(鄭經)은 조상의 위패만 챙겨 바다로 도망하여 화를 면하였다. 하문 기습공격에 성공한 청군은 장기점거의 뜻이 없어 전리품만 챙겨 곧바로 내륙으로 귀환하였다. 얼마 뒤 하문이 습격 받았다는 보고를 접한 정성공은 계속 남하하여 근왕할 생각이었으나 돌아가기를 원하는 장수와 병사들의 반대로 부득이 하문으로 귀환하였다.

하문을 수복한 뒤 정성공은 책임을 물어 숙부 정지완을 참수하였다. 정홍규도 병권을 내려놓고 더 이상 정사에 간여하지 않기로 하였다. 1651년 여름, 정홍규 휘하였던 시랑이 반란을 꾀하다 발각되자 정성공의 부하 증덕(曾德)을 살해한 사건이 발생하였다. 이에 정성공은 시랑의 가족 모두를 주살하고자 하였다. 시랑은 주변의 도움으로 도망하였으나 부친과 동생들은 모두 죽임을 당하였다. 이 일로 정성공을 원수로 여긴 시랑은 청에 투항하였다.

1651년 후반기 정성공은 복건 남부 여러 곳에서 전투를 벌여 장포·소안 등지를 수복하였다. 연말에는 정서후 장명진(定西侯 張名振) 등이 합류하여 정성공진영의 사기가 크게 올라갔다. 1652년 초에는 해징을 지키던 청군 수장 혁문흥(赫文興)이 정성공에게 투항하였다. 동년 봄 정성공부대는 장주 북부의 요충지인 장태(長泰, 현 복건성 장주시 장태현) 공격에 나섰다. 이에 청은 진금(陳錦)이 지휘하는 대규모 지원군을 파견하여 쌍방은 대전을 벌이게 되었다.

정성공은 적군에 비해 복건 남부의 지형에 익숙한 장점을 적극 활용 사방에 복병을 배치하여 대승을 거두고 장태를 점령하였다. 장태점령 후 정성공은 전열을 정비하여 장주부성(漳州府城) 공략에 나서 겹겹으로 성을 포위하였다. 여름에 접어들자 청은 장주의 포위망을 와해시키기 위해 백여 척의 전함을 동원 하문을 공격하였다. 정성공은 진휘(陳輝)와 주서(周瑞) 등에게 백여 척의 전함을 이끌고 응전하도록 하여 해전에서 큰 승리를 거두었다.

해전에서의 승리로 장주성에 대한 압박은 조금도 감소되지 않았으나 장주성을 지키는 청군의 저항도 매우 완강하여 대치는 반년 이상이나 계속되었다. 동년 가을, 청이 만여 명의 대군을 천주(泉州)에 파견하자 정성공은 비로소 장주성 포위망을 풀고 남하하는 청군을 맞아 싸울 준비를 하였다. 청군과의 교전에서 상당한 피해를 입자 정성공은 해징과 하문의 안전을 위해 전략적인 퇴각을 결심하였다. 반면 청군은 여세를 몰아 남정(南靖)·장포(漳浦)·평화(平和)·소안(詔安) 4현을 점령하였다.

1653년 4월, 금려(金礪)가 이끄는 청군이 해징을 공격하자 이에 맞서 출정한 정성공부대와 격렬한 전투가 발생하였다. 대포를 앞세운 청군의 맹렬한 공세에 많은 장수와 병사가 사망하자 정성공부대의 사기는 크게 떨어졌다. 다음달, 청군의 후방공급이 여의치 않아 화약이 거의 떨어진 것을 탐지한 정성공은 적을 유인하여 화공(火攻)으로 큰 패배를 안기고 해징을 지킬 수 있었다. 이 전투 후 금려가 북경으로 송환되어 쌍방은 재차 장기간의 대치상태에 들어가게 되었다.

1653년 봄과 여름 사이 두 차례 큰 전투에서 패배하자 순치제는 정성공을 해징공(海澄公)에 봉한다는 칙서를 내리고 투항을 권고하였으나 정성공은 이를 받아들이지 않았다. 8월, 쌍방은 천주 보은사(報恩寺)에서 화약을 맺어 정성공부대는 휴식과 정돈의 시간을 가질 수 있었다. 11월, 순치제는 재차 칙령을 내려 병사들을 안치할 수 있도록 천주부를 내주겠노라 약속하였지만 정성공은 역시 거절하였다.

1654년, 정서후 장명진은 청의 대군이 복건에 집결하여 그 후방인 강소와 절강의 방무는 허술할 것이니 해로로 장강을 따라 남경을 급습할 것을 건의하였다. 그러나 후방지원이 여의치 않아 원정군은 중도에 되돌아오고 말았다. 동년 2월, 청은 재차 사자를 보내 덕화(德化)·천주(泉州)·장주(漳州)·조주(潮州)의 지배권을 약속하며 재차 정성공의 투항을 권하였다. 이에 정성공은 최소한 몇 개의 성(省)이 필요하다며 제안을 거절하였다. 8월, 청은 다시 정성공의 친동생인 정도(鄭渡)·정음(鄭蔭)이 포함된 사절단을 파견하였으나, 정성공은 항청의 결심에 흔들림이 없음을 재천명하였다.

같은 해 남명정권의 일원인 서녕왕 이정국(西寧王 李定國)이 정성공에게 사람을 보내 동서에서 광동을 협격하자고 제안하였다. 이에 정성공은 임찰(林察)·주서(周瑞) 등이 지휘하는 부대를 파견하였으나, 예기치 못한 사정으로 이정국과 약속한 날자를 지키지 못하였다. 이로 인해 고군분투한 이정국부대는 조경(肇慶)을 함락시키기는 하였으나, 광주성 외곽에서 대패하여 후퇴하였다.

본래 광주를 점령한 뒤 정성공부대와 함께 북벌을 계획하고 있었던 이정국은 이 일로 상당히 실망하였다. 광주협공에는 실패하였으나 이 해에는 장주를 지키던 청군 장수 유국헌(劉國軒)이 투항하여 정성공부대에게 장주성을 내주었다. 탄력을 받은 정성공부대는 병력을 나누어 진격하여 동안·남안·안계 등 여러 현을 점령하였다.

1655년, 영력제는 조정의 소재지와 정성공의 주둔지가 너무 멀다고 여겨 정성공이 정부의 주요 관리를 임명할 수 있도록 특허하였다. 이후 매번 관리를 임명할 때마다 정성공은 영정왕 주술계(寧靖王 朱術桂) 등 명 종실이 참관할 수 있도록 하여 예를 갖추었다. 동시에 정성공은 당시 중좌소(中左所)라 부르던 하문의 명칭을 사명주(思明州)로 바꾸고 연무정을 지어 직접 장병들의 훈련을 관장하였다. 동년 9월, 청은 정원대장군 제도(定遠大將軍 濟度)에게 3만 병사를 주어 복건으로 파견하고 복건에 주둔중이던 청군과 합세하여 하문 공격을 준비하도록 하였다.

정성공은 금문과 하문의 방어를 공고히 함과 동시에 절강을 향한 북상군과 광동을 향한 남하군을 동시에 파견 청군의 배후를 노리도록 하였다. 북상군은 연전연승하여 주산(舟山)을 공략하였고, 남하한 부대는 한때 계양을 점령하였으나 청의 지원병에게 패퇴하였다. 1656년 4월, 제도는 수군을 총동원하여 하문을 공격하였으나 해전에서 크게 패배하였다. 동년 12월 정성공부대는 복건 북부지역을 공략하여 큰 승리를 거두었다.

1658년, 정성공은 수군과 육군 17만 명을 이끌고 북상 절강 동부에서 항청활동을 전개하고 있던 장황언(張煌言)부대와 합류하여 북벌을 진행하였다. 장강 진입을 앞두고 있던 대군은 양산(洋山)해역에서 태풍을 만나 큰 손실을 입자 하문으로 철수하였다. 정성공은 다음해 재차 대군을 이끌고 북벌에 나서 장황언부대와 합류하였다. 순조롭게 장강에 진입한 정성공부대는 파죽지세로 진강(鎭江)·과주(瓜洲)를 점령하고 남경을 포위하였다. 장황언부대도 무호(蕪湖)일대 십여 현을 수복하여 일시 강남이 크게 진동하였다. 시간이 지나면서 청군의 지구전과 기습전에 어려움을 겪게 된 정성공부대는 결국 많은 장수와 병사를 잃고 퇴각하였다.

남경공략에 실패한 정성공은 숭명도(崇明島)를 장악하여 재차 장강 진공을 위한 진지로 삼고자 하였으나, 오랜 공격에도 뜻을 이루지 못하자 전군을 이끌고 하문으로 후퇴하였다. 남경공격전은 정성공의 생애에서 가장 휘황하고 중요한 일전이었다. 그러나 초기의 성공에도 불구하고 끝내 남경점령에 실패하여 정성공의 반청활동은 치명적인 좌절을 맛보게 되었다. 그러나 다음해 정성공부대는 달소(達素)가 이끄는 청 수군 4만여 명을 섬멸하는 큰 전과를 거두어 어느 정도 위세를 회복할 수 있었다.

1647년 1월 정식으로 항청의 기치를 내건 이후 정성공은 절강·복건·광동 등 동남 연해지역을 무대로 활동하며 명 종실과 백성들이 대만과 동남아 각지로 진출할 수 있도록 도움을 주었다. 이 외에도 정성공은 화상(華商)들에게 무역허가증과 국성야(國姓爺) 깃발을 주어 해외무역 시 안전을 보장하였다. 당시 적지 않은 해외 화상(華商)들이 정성공세력의 보호하에 무역활동을 전개하였다. 그러나 수만 명의 항청군을 이끌고 있던 정성공은 시종 비교적 큰 규모의 확실한 근거지를 확보하지 못하여 필요한 군량을 해외에서 조달해야 하는 어려움에 처해 있었다. 설상가상으로 남경공략 실패 후 크게 원기가 상한 정성공군은 급양문제에 시달리게 되었다. 이에 정성공은 하빈(何斌)의 건의를 받아들여 네덜란드세력이 장악하고 있던 대만섬을 공략하기로 결심하였다.

1661년 4월, 정성공은 큰아들 정경에게 하문과 금문의 방어책임을 맡기고 직접 2만 5천의 병력과 수백 척의 전함을 이끌고 금문도를 출발 대만을 향해 진격하였다. 당시 네덜란드세력은 대만 서남부 대원(大員, 현 대남시 안평구)에 질란디아(熱蘭遮城, Fort Zeelandia)와 적감(赤崁, 현 대남시 중서구)에 프로빈티아(普羅民遮城, Provintia) 두 개의 성채를 두고 있었다. 4월 24일 팽호 해역에 도착한 정성공부대는 폭풍우를 뚫고 팽호도를 공략하는데 성공하였다. 이어 대만으로 진격한 부대는 격전 끝에 네덜란드군을 물리치고 대만을 접수하였다.

네덜란드세력을 축출하고 대만을 수복한 정성공은 우선 정권건립에 나섰다. 적감을 동도명경(東都明京)으로 바꾸고 승천부(承天府) 및 천흥(天興)·만년(萬年) 두 현을 두었다. 천흥현은 승천부 이북지역을, 만년현은 이남지역을 관할하였다. 이어 정성공은 안무사(安撫司)를 두어 중국대륙과 동일한 부현제도를 대만에 확립하였다.

대만을 수복한 뒤 정성공은 군기를 엄히 하여 병사들이 원주민(고산족)들을 괴롭히지 못하도록 하였다. 또한 교육을 제창하여 고산족 거주지역에 널리 향숙(鄕塾)을 세워 자녀를 입학시키는 고산족에게는 세금과 요역을 면제하였다. 대만의 개발을 통해 식량부족 문제를 해결하기 위해 정성공은 둔간(屯墾)제도를 적극 추진하였다. 병사들을 농사에 동원한 결과 수년 뒤 군대의 자급자족이 가능해지고 남는 양식이 정부의 창고에 쌓이게 되었다. 이 외에도 정성공은 중국대륙 연해지역 주민들의 대만 도항(渡航)과 정착을 장려하고 고산족의 생산기술을 향상시키기 위한 여러 시책을 펼쳤다.

정성공은 바다를 통해 사방으로 교통이 가능한 대만의 이점을 살려 대외무역을 적극 권장하고 발전시켰다. 이미 하문에 주둔할 때부터 정성공은 동남아 각지에 상선을 파견하여 무역을 진행한 경험이 있었다. 정성공이 대만에 근거지를 마련한 뒤 청조가 해금(海禁)정책을 펼쳐 중국대륙의 상선이 발이 묶이자 정성공은 오히려 해상무역을 독점할 기회를 갖게 되었다. 대만은 일본·월남·필리핀·캄보디아 등지와 활발한 교역을 통해 사슴가죽·장뇌·유황·설탕과 같은 특산품을 수출하고, 무기와 갑옷 및 일용품 등을 수입하였다. 활발한 대외무역은 정성공의 재정수입을 증대시키는데도 크게 기여하였다.

대만 수복을 전후하여 정성공은 독자적인 외교활동에도 주력하였다. 그 주된 대상은 가까이에 있는 필리핀과 일본이었다. 1565년 필리핀을 식민 점령한 스페인은 1603년과 1639년 두 차례에 걸쳐 대대적으로 화교와 화상을 배척하여 5만여 명이 살해되었다. 필리핀화교의 비참한 상황을 전해 들은 정성공은 1657년 자바 바타비아(巴達維亞, 자카르타)의 화교영수에게 편지를 보내 필리핀과의 무역을 중지할 것을 요구하였다. 이후로도 지속적으로 필리핀화교사회에 관심을 보인 정성공은 필리핀에 진공하여 스페인 식민세력을 징벌할 계획을 세우기도 하였다.

대만을 수복한 직후인 1662년, 정성공은 이태리 출신의 천주교 성

직자를 통해 필리핀총독에게 화교살육의 죄상을 꾸짖는 편지를 보내었다. 그러나 필리핀 식민당국은 오히려 마닐라에서 세 번째 대대적인 화교탄압을 자행하였다. 소식을 접하고 분노한 정성공은 피해를 입은 화교들의 설욕을 위해 필리핀정벌을 결심하였다. 정성공은 화를 피해 대만으로 피신한 화교들을 보살피는 한편 파견군 조직을 준비하였다. 이 과정에서 정성공은 비밀리에 사람을 필리핀에 보내 현지 화교들과 유사시의 대처방안을 논의하도록 하였다.

그러나 군대파견을 준비하던 단계에서 정성공이 사망하여 필리핀원정은 성사되지 못하였다. 후일 정경도 1670년과 1671년 두 차례 마닐라원정을 준비하였다. 공교롭게도 이 무렵 삼번의 난이 발생하자 정경이 경정충을 지원하기 위해 복건에 출정하여 필리핀출병은 다시 무산되었다.

1658년 6월경, 정성공은 계오(桂梧)·여석(如昔) 두 스님을 나가사키(長崎)에 파견 도쿠가와막부의 제4대 쇼군인 도쿠가와 이에쓰나(德川家綱)에게 서신을 전달하도록 하였다. 이 편지에서 정성공은 막부 쇼군에 대한 존경의 뜻을 표시하고 일본과 우호적인 관계를 발전시키고 싶다는 뜻을 밝혔다. 편지의 핵심은 남명정권이 북벌군을 일으키려 하니 일본이 도움을 달라는 것이었다. 최종적으로 막부는 정성공의 병력지원 요청을 거절하였다.

정성공이 대만을 수복하던 해 청에서는 순치제가 사망하고 강희제가 계위하였다. 이 무렵 한때 정성공의 휘하로 활동했던 황오(黃梧)가 당시 청의 실력자이던 오배(鼇拜)에게 항청군을 평정할 계책 5가지를 건의하였다. 그 핵심은 20년간의 천계령(遷界令)을 내려 북으로는 산동에서 남으로는 광동까지 연해 20리 이내에는 백성들이 살 수 없도록 하여 정성공의 무역재원을 단절시키자는 것이었다. 동시에 황오는 정지룡을 영고탑(寧古塔)으로 유배 보내고 정씨 조상의 분묘를 파헤치며 투항한 병사들은 각지로 보내 황무지 개간에 동원할 것을 건의하였다.

나쁜 소식이 연이어 들려오는데다 대만의 기후와 풍토에 적응하지 못한 병사들의 불만이 커지자 심신이 지친 정성공은 병에 걸려 1662년 5월 39세로 급사하였다. 정성공 사후 아들 정경이 금문도에서 군사정변을 일으켜 연평왕을 자칭하였다. 정경은 대만으로 진격하여 정성공의 동생 정세습(鄭世襲)을 패퇴시키고 즉위하였다. 즉위 후 동도명경을 동녕(東寧)으로 개칭한 정경은 진영화(陳永華)의 건의를 받아들여 명나라의 중앙관제를 모방한 정치제도를 확립하였다. 아울러 이미 사망한 영력제의 정삭을 받들어 대만을 남명정권의 마지막 항청근거지로 삼았다.

1680년 정경과 진영화가 연달아 사망하자 풍석범(馮錫範)이 정경의 막내아들 정극상(鄭克塽)을 옹립하였다. 1683년 시랑이 이끄는 청군이 팽호를 공격하자 정극상은 청에 투항을 결심하였다. 1684년 4월 청은 대만을 정식으로 판도에 포함시켜 복건성에 예속시키고 대만부(臺灣府)를 두어 대만현(臺灣縣)·봉산현(鳳山縣) 및 제라현(諸羅縣)을 관할하도록 하였다.

제9장

청말의 4대 명신(名臣)
– 양무운동기의 지도자

1. 증국번(曾國藩)

증국번(1811-1872)의 초명은 자성(子城) 자는 백함(伯涵)이며 호는 척생(滌生)으로 증자(曾子)의 70세손이다. 근대중국의 유명한 정치가, 전략가, 문학가, 철학가로 태평천국시기 상군(湘軍)을 창설하였다. 양강총독(兩江總督), 직예총독(直隸總督)을 역임하였고 시호는 문정(文正)이다. 이홍장(李鴻章)·좌종당(左宗棠)·장지동(張之洞)과 더불어 청말의 4대 명신으로 꼽힌다.

증국번은 1811년 11월 호남성 장사부(長沙府)의 평범한 가정에서 9남매의 장자로 출생하였다. 조상대대로 농사를 지었으며 생활은 비교적 여유로운 편이었다. 조부와 부친은 비록 관직을 맡지는 않았으나 나름 학문적 소양을 갖추어 성장과정에서 증국번은 두 사람의 훈도와 교육을 받았다. 5세부터 공부를 시작한 증국번은 1826년 봄 장사부에서 실시한 동자시(童子試)에 7등으로 합격하였다. 1830년 공부를 위해 형양(衡陽)으로 갔다 1년 뒤 상향(湘鄕)의 연빈서원(漣濱書院)으로 전학하였다. 1832년 수재(秀才)의 칭호를 얻었다.

1834년 악록서원(嶽麓書院)에 들어가 학문을 연마한 증국번은 같은 해 호남 향시에 합격 거인(擧人)이 되자 회시(會試) 준비를 위해 북경으로 향하였다. 1835년 회시에서 탈락한 뒤에는 북경의 장사회관(長沙會館)에 머물며 과거를 준비하였다. 다음해 치러진 은과회시(恩科會試)에서도 탈락하자 장사로 돌아가 동향 출신의 유용(劉蓉)·곽숭도(郭嵩燾) 등과 상향회관에 머물며 공부하였다.

1838년, 증국번은 재차 회시에 참가하여 마침내 3갑 42등으로 합격하였다. 회시에서 2·3갑으로 합격한 신진진사들을 대상으로 치러지는 조고(朝考)에서 3등으로 합격하였으나 도광제가 직접 2등으로 성적을 올려 한림원 서길사(庶吉士)가 되었다. 1840년에는 한림원 검토(檢討)에 임명되었고, 1843년 7월에는 사천 향시의 시험감독관을 맡았다. 다음 달 한림원 시강(侍講)을 거쳐 12월에는 문연각 교리(校理)에 임명되었다. 이후 회시 시험감독관, 시강학사, 기거주관 등을 맡아 능력을 인정을 받았고, 1849년 정월 예부우시랑, 8월에는 병부좌시랑 서리를 맡게 되었다. 이처럼 증국번은 과거에 합격한지 10여년만에 2품관에 오를 정도로 능력을 인정을 받으며 운도 따랐던 것이다.

1851년 1월, 홍수전이 광서성 계평현 금전촌에서 기의하였다. 태평군이 기의한 뒤 함풍제는 신하들에게 정치의 득실에 관한 의견을 구한다는 조서를 내렸다. 이때 증국번은 "지금의 급무는 인재를 중용하는 것"이라 진언하며 이당계(李棠階)·강충원(江忠源) 등 5인을 추천하고 함풍제의 과실을 지적하였다. 증국번이 올린 상주문을 읽고 화가 나내동댕이쳤던 함풍제는 며칠 뒤 다시 그 글을 읽어본 뒤 증국번의 지적이 옳았음을 깨닫고 5월 형부우시랑 서리에 임명하였다.

1852년 정월 이부좌시랑 서리에 임명되고 6월 강서 향시 시험감독관을 맡아 남창으로 향하던 도중 증국번은 모친상을 당해 귀가하였다. 이 무렵 태평천국군은 강남의 대부분을 차지하여 기세가 하늘을 찌를 듯하였다. 조정에서는 전국 각지에서 다수의 팔기군과 녹영을 동원하여 태평군을 진압하고자 하였으나, 이미 전투능력을 상실한 이들은 지리멸렬하였다. 이에 조정에서는 누차 단련(團練)조직을 장려한다는 포고를 내려 각지의 자발적 무장세력의 힘으로 태평군을 진압하고자 하였다. 이때 조정에서는 증국번과 호남순무 장량기(張亮基)에게 단련조직을 명하였다.

1853년, 증국번은 호남 일대에서 제자, 친척, 친구 등 인간관계를 적절히 이용하여 병사를 모아 지방단련을 조직하고 상용(湘勇)이라 이름 붙였다. 8월, 형주(衡州)에서 군사훈련을 시작하라는 허락을 얻은 증국번은 모든 편제와 훈련과정을 직접 관장하는 한편 광동에 사람을 파견 서양무기를 구입하고 수군건립도 준비하였다. 향용의 군기를 엄히 하고 훈련을 진행하는 과정에서 증국번은 새로운 병력을 계속 모집하여 5천 명까지 확대하였다. 이들을 탑(塔)·라(羅)·왕(王)·이(李) 등 10영(營)으로 편제한 증국번은 장사에 주둔중인 녹영과의 마찰을 피하기 위해 훈련장소를 상담(湘潭)으로 옮겼다.

충군과 도덕을 강조한 증국번은 유가학설을 지휘관 선발, 병사 모집, 군대 관리 등 군사방면에 적용하여 큰 성과를 거두었다. 그는 군대의 강하고 약함은 병사의 많고 적음에 따른 것이 아니라 얼마나 잘 훈련되고 군기가 엄격한 지에 달려있다고 보았다. 그는 오히려 병사가 많을수록 군사력은 약해지고 군향(軍餉) 지출이 많을수록 나라는 더욱 빈곤해진다고 주장하였다. 군사와 정치를 분리하여 책임을 분명히 하고 서양에서 선진적 무기를 도입하여 중국군대 장비의 근대화를 앞장서 추진한 것도 군사방면에 남긴 증국번의 업적이었다.

증국번은 군대를 거느리는 첫 번째 요건은 좋은 지휘관을 선발하는데 있다고 보았다. 이에 근거하여 증국번은 상군의 장수를 선발할 때 덕과 재능을 겸비했는지, 지혜와 용기를 함께 갖추었는지를 가장 중요한 기준으로 설정하였다. 이때 덕을 가장 중시하였는데, 증국번은 이를 충의혈성(忠義血性)이라고 개괄적으로 정리하였다. 구체적으로 증국번은 사람을 다스릴 줄 아는 재주가 있어야 하며, 죽음을 두려워하지 않고, 헛된 명예와 이익을 탐하지 않으며, 고생을 마다하지 않아야 지휘관으로서의 자격이 있다고 보았다. 봉건적 예교(禮敎)의 훈도를 받았으나 관료사회의 악습에 물들지 않은 자들을 충의혈성을 갖춘 지휘관 후보군으로 본 증국번은 실제 상군 장령의 절반 이상을 유생과 사대부 출신으로 채웠다.

농촌 출신의 순박하고 건장한 자들 가운데 병사를 선발하여 청의 병제를 세병제(世兵制)에서 모병제로 바꾸게 한 것도 상군으로부터 시작되었다. 청의 정규군인 팔기와 녹영이 악습에 물들어 이미 전력을 상실하였음을 잘 알고 있었기에 증국번은 상군을 조직할 때 도시거주자가 아닌 농촌 출신을 위주로 초모(招募)하였다. 이는 농촌에서 초모한 병사들은 소박하고 건강하여 충의와 같은 윤리사상을 불어넣기 유리하며 힘들고 잔혹한 전쟁환경에 잘 적응하리라는 것이 고려된 결정이었다.

증국번은 상군의 편제도 기존의 녹영과는 달리하였다. 상군은 영(營)을 기본 작전단위로 하였으며, 그 아래는 초(哨)를 두었다. 초 아래로는 육군은 대(隊), 수군은 선(船), 기병은 붕(棚)을 하나의 단위로 하였다. 건립 초기 상군은 영 이상의 단위나 장수를 따로 두지 않고 각 영은 증국번이 통할적으로 지휘하였다. 이후 상군의 규모가 커져 영이 늘어나자 통령(統領), 분통(分統) 등 칭호가 생겨났다. 증국번은 상군의 장수는 반드시 자신이 친히 선발하였고, 병사는 장수가 자체적으로 초모하도록 하였다. 통령에서 병사까지 모두가 초모의 과정을 거쳤기에 이전 녹영처럼 병사와 병사가 서로를 몰라보는 폐단은 없어졌다. 다만 이로 인해 상군은 개인군대라는 성격이 강하여 훗날 군벌출현의 단초를 제공했다는 비판이 없지 않았다.

1854년 2월, 증국번은 「토월비격(討粵匪檄)」을 발표하고 정식으로 출정명령을 하달하였다. 240여 척의 대소 함선과 1만 7천 명의 병사가 동진을 시작하였으나 3월 악주(嶽州), 4월 정항(靖港)에서 연달아 패하자 증국번은 투신자살까지 시도하였다. 이후 탑제포(塔齊布)·양재복(楊載福)과 지현 팽옥린(彭玉麟)의 분전으로 상담(湘潭)을 수복하자 7월 25일 증국번은 전열을 정비하여 악주(嶽州) 공략에 나서고 성능기(城陵磯)를 수복하였다. 10월 14일에는 상용이 무창과 한양을 수복하자 조정에서는 증국번을 호북순무서리에 임명하였다. 증국번이 극구 순무직을 사양하자 대신 조정에서는 병부시랑의 칭호를 내렸다. 12월 초, 장강을 따라 동진한 상용은 구강(九江) 상류의 전가진(田家鎭)에서 태평군 수만 명을 물리친 뒤 구강을 포위하였다.

1855년 2월, 태평군 석달개(石達開)부대가 상군의 수군지휘부가 있는 호구(湖口)를 총공격하여 전함 1백여 척을 불살랐다. 이 과정에서 증국번은 물에 뛰어들어 위기를 면하였으나 그가 타고 있던 전함은 태평군에게 노획되었다. 태평군의 서진을 막기 위해 증국번은 이맹군(李孟群)·호림익(胡林翼)을 무창으로 급파하는 한편 자신은 강서성으로 들어가 병사를 모으고 전함을 건조하였다. 7월, 탑제포가 사망하자 증국번은 급히 구강으로 돌아와 탑제포가 이끌던 부대를 통솔하여 다음 달 호구를 수복하였다. 9월, 조정에서는 증국번에게 병부우시랑을 제수하였다.

1856년, 석달개가 강서로 진공하자 증국번은 남창에 포위되었다. 마침 팽옥린(彭玉麟)이 천리를 달려와 남창방어에 동참하였다. 9월, 홍수전과 양수청의 내분으로 천경(天京, 남경)이 어지럽게 되자 석달개는 남창의 포위를 풀고 물러났다. 1857년 2월, 부친이 사망하자 증국번은 동생 증국화(曾國華)와 함께 귀향하여 장례를 마쳤다. 7월, 증국번은 두 차례 상소를 올려 고향에서 수효(守孝)하기를 청하였고 함풍제는 이를 허락하였다.

1858년 여름, 증국번은 절강의 군무를 담당하라는 함풍제의 명령을 받고 다시 태평군토벌에 나섰다. 1860년 2월, 증국번은 태호(太湖)에서 태평군의 핵심인 진옥성(陳玉成)부대를 격파하였으나, 양강총독 하계청(何桂清)이 상주(常州)를 버리고 상해로 도망하여 소주와 상주가 태평군의 손에 들어갔다. 4월, 조정에서는 증국번에게 즉각 강소성으로 이동하라는 명령을 하달하고 병부상서의 직책을 내린 뒤 양강총독 서리에 임명하였다. 6월에는 서리의 꼬리표를 떼고 양강총독에 임명되었다. 흠차대신 신분으로 강남의 군무를 책임지게 된 증국번은 7월에는 강북 안휘의 군무까지 맡게 되었다.

1861년 9월 5일 상군이 안경(安慶)을 수복하자 25일 증국번은 안경으로 이주하였다. 12월 20일, 태자태보(太子太保)의 직함을 하사받은 증국번은 강소·안휘·절강·강서 4성의 군무를 총괄하고 각 성의 순무이하 모든 문무관원이 그의 통제를 받게되었다. 같은 달 증국번은 안경에 군계소(軍械所)를 설립하여 무기와 탄약제조에 나섰다. 연말에 증국번은 증국전(曾國荃)에게는 남경공략, 절강의 사무는 좌종당(左宗

棠) 강소의 사무는 이홍장(李鴻章)에게 맡겨 동남지역 안정을 위한 큰 방향을 설정하였다.

1862년 1월 31일, 증국번은 양강총독 겸 협판대학사에 임명되고, 증국전은 절강안찰사에 제수되었다. 2월에는 좌종당군이 강서에서 절강으로 진입하였고, 4월에는 이홍장군이 상해에 도착하였다. 5월, 증국전이 남경성 인근의 우화대(雨花臺)에 진주하여 팽옥린이 이끄는 수군과 함께 남경을 포위하였다. 이에 맞서 홍수전은 6월 각지의 태평군에게 남경을 지원하도록 지령하여 태평군 20만이 집결하였다. 10월부터 태평군은 40여일에 걸쳐 상군을 공격하였으나 결정적 승리를 얻지는 못하였다. 1864년 7월 상군이 남경을 함락시키자 조정에서는 증국번을 1등후작에 봉하였다. 다음 달 증국번은 상군 2만 5천 명을 감축시켰다.

1865년 5월, 증국번은 염비(捻匪)소탕의 명을 받아 산동으로 이동하였다. 염비소탕을 준비하는 과정에서 증국번은 10월 금릉제조국(金陵制造局)을 상해 홍구(虹口)로 이전하였다. 이전 후 금릉제조국은 이홍장이 설립한 포국(炮局), 미국인으로부터 구매한 철공소 및 용굉(容閎)을 통해 구입한 백여 대의 공작기계를 아울러 강남제조총국(江南制造總局)으로 거듭났다. 1867년 3월, 강남제조총국 산하에 조선소를 두어 전함의 시험건조가 이루어졌다. 5월, 이홍장은 강남제조총국을 고창묘(高昌廟)로 이전하여 규모를 확대하였다. 1868년 5월 31일, 증국번은 강남제조총국을 시찰하였고, 8월에는 직예총독에 임명되었다. 12월, 북경에 도착한 증국번은 자희태후와 동치제를 배알하였다.

직예총독에 취임한 증국번의 첫 번째 임무는 천진교안(天津教案)을 마무리 짓는 것이었다. 당시의 정세로 보아 프랑스와 전쟁을 벌이기는 무리라고 판단한 증국번은 프랑스 측의 요구를 수용하기로 하였다. 이에 수괴 8명은 처형하고 25인을 변경으로 유배 조치한 증국번은 교안 발생의 책임을 물어 천진지부 장광조(張光藻)와 지현 유걸(劉傑)을 파면하여 흑룡강으로 방출하였다. 외국인의 손실에 대한 배상금 46만냥 지불이 결정되었으며, 숭후(崇厚)를 프랑스에 파견하여 사죄하였다. 숭후사절단은 청이 파견한 최초의 외교사절이었다. 천진교안의 교섭 결과가 알려지자 조정인사들과 민중의 불만여론이 들끓었다. 비난여론이 높아진데다 건강도 좋지않자 증국번은 이홍장을 불러들여 사후문제를 처리하도록 하였다.

1870년, 양강총독 마신이(馬新貽)가 평민에게 피살되자 조정에서는 증국번에게 재차 양강총독을 맡도록 하였다. 이후 증국번은 남경에 주재하며 양강총독직무를 수행하는 한편 조정에 여러 차례 조속한 유학생파견의 필요성을 역설하는 상주를 올렸다. 1872년 3월 12일 오후, 식사 후 산보에 나섰던 증국번은 다리가 마비되는 증상으로 증기택(曾紀澤)의 부축을 받아 서재로 돌아온 뒤 채 1시간이 지나지 않아 사망하였다. 조정에서는 증국번에게 태부(太傅)를 추증하고 문정(文正)이라는 시호를 내렸다.

청말의 대표적 정치가의 한 사람인 증국번은 강희와 건륭의 성세가 지난 뒤 찾아온 청조의 부패와 쇠락의 원인이 무엇인지 잘 파악하고 있었다. 그 요체는 인사(人事)에 있다고 판단한 증국번은 관리사회에 청렴한 문화가 뿌리내릴 수 있도록 제창하고 예의염치를 우선하는 인정(仁政)을 펼칠 것을 주장하였다. 폭정을 반대한 그는 백성들을 괴롭히고 재물을 탐하는 관리들은 반드시 엄히 다스려야 한다는 주장을 몸소 실천하기도 하였다. 국운과 민생에 관계되는 재정경제 방면에 있어서 증국번은 농업을 국가경제의 기본으로 설정하고 농업의 전략적 지위를 강조하였다.

두 차례 아편전쟁의 충격을 직접 경험한 증국번은 외국과의 교류에 대해서도 자신만의 관점을 지니고 있었다. 서방 각국의 중국침략을 누구보다도 증오한 증국번은 태평군 소탕을 위해 외국에 도움을 청하자는 일부의 주장을 극력 반대하였다. 그렇다고 증국번은 맹목적인 배외주의자는 아니었다. 증국번은 기회 있을 때마다 서양의 선진적 과학기술을 배워야한다고 강조하고 기술 발전에 필요한 기기의 수입도 적극 추진하였다.

문학방면에서 증국번은 동성파(桐城派)의 풍격을 계승하면서도 이를 변혁 발전시켜 그의 문풍을 세상에서는 상향파(湘鄕派)라 칭하였다. 증국번의 문학적 성취는 청말민초 엄복(嚴複)·임서(林紓)·담사동(譚嗣同)·양계초(梁啟超) 등에게 적지 않은 영향을 미쳤다. 사상 면에서 증국번은 일생동안 정주이학(程朱理學)을 봉행하였다. 그렇다고 정주의 학설을 맹목적으로 숭배한 것은 아니고 송명유학 여타 지파의 사상에 대해서도 많은 공부가 있었다. 정치가로서, 뛰어난 군사지략가로서 증국번이 보여준 풍격과 개인수양의 정도는 동시대 어느 누구도 필적할 수 없을 정도였다. 그렇기에 증국번은 청말 가장 존경받는 정치가이자 위대한 학자형 관료로 평가받았다.

2. 이홍장(李鴻章)

이홍장(1823-1901)의 본명은 장동(章銅) 자는 점보(漸甫) 혹은 자불(子黻)이며 호는 소전(少荃)이다. 안휘 합비 출신으로 세간에서는 이중당(李中堂)으로 존칭하였다. 말년에는 의수(儀叟)라 자호하였고 별호는 성심(省心) 시호는 문충(文忠)이다.

회군과 북양수군의 창시자이자 통수(統帥)로 양무운동을 주도하였으며, 직예총독 겸 북양통상대신을 역임하였다. 직예총독 재임 시 청 정부를 대표하여 근대중국의 역사에 남을 여러 조약에 서명하였다. 비스마르크·그랜트와 함께 19세기 세계 3대 위인에 선정되기도 하였다.

이홍장은 1823년 정월 초 5일 안휘 합비에서 이문안(李文安)의 8남매 중 둘째로 출생하여 민간에서는 그를 이이선생(李二先生)이라 부르기도 하였다. 6세에 체화서옥(棣華書屋)에 들어가 공부를 시작하였다. 어려서부터 총명하였던 이홍장은 집안 숙부 이방선(李仿仙)과 합비의 명사인 서자령(徐子苓)을 스승으로 모시고 경전과 역사서를 공부하여 튼튼한 학문적 기초를 닦을 수 있었다. 1840년 수재(秀才)가 되었다.

1843년, 여주부학(廬州府學)의 우등생으로 선발되었다. 당시 북경에서 관직에 있던 이홍장의 부친은 장래를 위해 북경으로 올라와 다음해 치러지는 순천부(順天府) 향시를 준비하도록 하였다. 북경에 올라온 이홍장은 형부낭중(刑部郎中)을 맡고 있던 부친의 인도로 여현기(呂賢基)·왕무음(王茂蔭) 등 안휘 출신 인사들을 두루 만나 그들로부터 재능을 칭찬받았다. 1844년 순천부 향시에 84등으로 합격, 거인(擧人)이 된 이홍장은 같은 해 주씨(周氏)와 혼인하였다. 첫 번째 도전한 회시에서 낙방한 이홍장은 1845년 이후 부친과 같은 해 진사가 되어 이미 학자로 크게 이름을 떨치고 있던 증국번의 문하에서 2년간 학문을 연마하여 일생의 사업과 사상의 기초를 굳건히 하였다.

1847년 2갑 13등으로 회시에 합격한 이홍장은 조고(朝考)를 거쳐 한림원 서길사(庶吉士)가 되었다. 이홍장과 동시에 갑진년 거인, 정미년 진사에 합격한 사람들 가운데는 인재가 적지 않아 상당수가 후일 국가의 중추로 활약하였다. 이홍장은 과거 합격 직후부터 이들과 긴밀하고 특수한 관계를 계속 유지하였다. 한림원 내 여러 직책을 거친 이홍장은 1850년 무영전 편수(武英殿 編修)로 전임하였다.

1853년, 무한을 출발 장강을 따라 동진한 태평군이 안경(安慶)을 점령하고 순무 장문경(蔣文慶)을 살해하였다. 소식을 접한 이홍장은 공부좌시랑 여현기(呂賢基)의 이름을 빌려 단련조직의 필요성을 담은 상주문을 올렸다. 이를 본 함풍제는 여현기에게 안휘로 가 단련을 조직하라는 유지를 내렸다. 졸지에 명을 받은 여현기는 이홍장과 동행을 원한다는 상주를 올려 결국 두 사람은 함께 안휘로 가 단련조직에 나섰다. 동년 5월 태평군과 첫 번째 교전을 벌인 이홍장은 다음해 조정의 명으로 부친 이문안이 고향으로 돌아와 단련을 조직하자 여기에 합류하였다. 이씨 부자가 조직한 단련은 이후 안휘성 중부에서 태평군과 염군을 소탕하는 작전에 투입되었다. 서생 출신의 이홍장은 단련을 거느린 초기에는 별로 두각을 나타내지 못하였다. 그러나 몇 년을 전장에서 보내면서 지휘관의 길이 무엇인지를 깨달은 이홍장은 점차 지도자의 면모를 갖추어갔다.

1855년부터 1857년 사이 이홍장은 안휘 각지를 수복하는데 공을 세워 안찰사의 직함을 부여받기도 하였다. 그러나 공이 커질수록 그를 시기하고 질투하는 자들이 많아져 앞날이 순탄치만은 않았다. 마침 1857년 부친상을 당하자 안휘순무 복제(福濟)가 이홍장의 수효(守孝)를 청하여 허락받음으로써 5년간에 걸친 단련생활을 마감하게 되었다. 다음해 태평군이 재차 여주(廬州)를 점령하자 이홍장은 가솔을 이끌고 남창으로 가 형 이한장(李翰章)의 집에 머물렀다. 다음해 12월 이홍장은 강서 건창(建昌)의 증국번 막부에 들어가 문서기초 업무를 담당하였다.

당시 상군은 삼하(三河)전투에서 태평군에 패배한 직후인지라 많은 인재를 필요로 하였다. 따라서 증국번은 이홍장을 막료로 들이는데 매우 주동적이고 적극적이었다. 이홍장이 재주는 많으나 오만함이 없지 않음을 잘 알고 있는 증국번은 그를 곁에 두고 더욱 많은 가르침을 주려는 뜻도 없지 않았다. 이에 증국번은 평소 핵심기밀을 논할 때도 가능한 이홍장을 참여시켜 호림익(胡林翼)·이속의(李續宜)의 고급막료들과 동등하게 대하였다. 아울러 증국번은 실제행동을 통해 이홍장에게 긍정적인 영향을 미치고자 하였다. 이홍장이 늦잠 자는 것을 좋아하자 증국번은 매일 아침 막료들이 모두 모인 뒤에야 비로소 식사를 시작하였다. 이는 무언중 이홍장의 빠른 기상을 유도하기 위한 것이었다.

증국번의 배려와 관심 속에 이홍장의 사상과 성격 내지 생활습관은 점차 증국번을 닮아가기 시작하였다. 증국번의 막부에 들어간 뒤 자신에게 여러 긍정적 변화가 일어났음을 잘 아는 이홍장도 후일 "여러 스승을 모셔보았지만 증국번만큼 언제 어디서든 무슨 일에나 좋은 가르침을 준 사람은 없었다"고 술회하였다.

1860년, 사제간이나 다름없는 증국번과 이홍장은 기문(祁門)으로 진영을 옮기는 문제와 이원도 탄핵안으로 심각한 의견충돌이 발생하였다. 이홍장은 첩첩산중에 있는 기문은 상군의 진영으로 적당하지 않다며 이주를 극력 반대하였다. 이원도는 휘주(徽州)방어 책임을 맡았으나 임무를 다하지 못하였다. 자신의 뜻이 받아들여지지 않자 이홍장은 분한 마음에 상군진영을 떠나고 말았다. 호림익과 곽숭도 등의 권고와 증국번의 간청에 이홍장은 다음해 6월 상군진영에 합류하였다.

1860년, 태평군이 재차 강남대영(江南大營)을 격파한 뒤 청조는 장강하류지역에 대한 통제권을 완전히 상실하였다. 태평군의 맹렬한 공세가 이어지자 강남의 지주와 유력자들은 이미 고도(孤島)와 다름없는 상해로 다투어 피난하였다. 상해가 함락되는 것을 막기 위해 신사와 매판들은 중외회방국(中外會防局)을 설립 서방 용병들에게 상해방위를 맡길 준비를 하였다. 다른 한편으로는 전정명(錢鼎銘) 등을 대표로 안경에 파견하여 증국번에게 지원병 파견을 요청하였다.

증국번을 만난 전정명은 상해의 재력으로 보아 매달 60만냥의 군사비를 지원하는데 무리가 없을 것이라고 유혹하였다. 동시에 전정명은 자신의 부친 전보침(錢寶琛)이 증국번 및 이문안과 동년배라는 관계를 활용하여 이홍장의 앞날을 위해서라도 지원병을 파견해줄 것을 간곡하게 청하였다. 이에 처음 증국번은 동생 증국전(曾國荃)을 상해지원군지휘관으로 삼을 의향이 없지 않았다. 그러나 천경을 함락시켜 공을 세우고 싶은 욕심이 강했던 증국전은 상해행을 원하지 않았다. 이에 증국번은 오랫동안 자신을 따랐던 상군의 용장 진사걸(陳士傑)을 파견하고자 하였다. 진사걸 역시 모친이 연로함을 이유로 사양하자 증국번은 마지막으로 이홍장의 뜻을 물었다. 흔쾌히 명을 따르겠노라 답한 이홍장은 이때부터 회군(淮軍)의 초모와 조직편제를 갖추기 시작하였다.

1861년 여름, 증국번이 양강총독에 취임하였다. 안휘 출신의 이홍장이 증국번의 막료로 중요한 일을 맡고 있다는 소식을 접한 안휘 여주의 단련조직 수령이 일찍이 이문안의 막료를 지낸 장수성(張樹聲)을 대표로 파견하여 증국번과 이홍장에게 안휘의 형세를 보고하고 상군 진영에 가담하고 싶다는 뜻을 전하였다. 여주의 단련조직을 기초로 그간 고향사람들과 맺은 각종 관계를 이용하여 이홍장은 비교적 순조롭게 회군을 건립할 수 있었다.

이홍장은 먼저 장수성을 통해 합비 인근에서 활동하고 있는 단련조직을 규합하였다. 이어 인사차 안경을 찾아온 여강 출신의 진사 유병장(劉秉璋)과 삼하(三河)에 주재하고 있던 여강 단련조직 수령 반정신

(潘鼎新)·오장경(吳長慶) 등과 연계를 맺었다. 유병장과 반정신은 어려서부터 친구로 이문안의 제자이기도 하였다. 이미 사망한 오장경의 부친도 생전 이문안과 관계가 깊었던 인물이었던지라 이들은 자연스럽게 이홍장과 뜻을 같이하게 되었다. 이렇게 해서 1862년 춘절이 지난 직후 회군 최초의 부대인 수(樹, 장수성), 명(銘, 유명전), 정(鼎, 반정신), 경(慶, 오장경) 4영이 안경에 집결하여 훈련을 받기 시작하였다. 동시에 이홍장은 셋째동생 이학장(李鶴章)을 고향 합비로 보내 지휘관과 병사들을 모으도록 하였다.

회군이 초보적인 모습을 갖추고 안경에서 훈련을 시작한 뒤 이들을 매우 중시여긴 증국번은 직접 각 영의 장령들을 불러 그들의 됨됨이를 살피고 각 영의 편제와 규칙도 직접 마련하였다. 또한 새로 조직된 회군의 병력이 너무 약소함을 염려한 증국번은 상군 가운데 일부 장령과 병사를 차출하여 회군에 편입시키기도 하였다.

1862년 2월, 증국번은 이홍장의 인도를 받으며 안경에 집결한 회군 각 영을 검열하였다. 이로서 회군이 정식으로 건군되었다. 얼마 뒤 상해의 신사와 매판이 16만냥을 들여 빌린 영국상선 7척에 분승한 회군은 상해로 향하였다. 선박편으로 상해에 도착한 회군은 13영 약 9천명 (1영은 병사 505명, 인부 180명 합 685명)이었다. 이홍장 본인은 3월 10일 선두의 회군과 함께 상해에 도착하였다. 같은 달 이홍장은 증국번의 추천으로 강소순무서리에 임명되었다가 12월 정식으로 순무가 되었다.

이홍장이 상해에 도착할 무렵의 상황은 상당히 좋지 않은 편이었다. 당시 이미 중국 최대의 무역항으로 성장한 상해는 강남에서 가장 부유한 곳이었으며 다수의 외국인도 거주하고 있었다. 회군이 도착할 무렵은 또한 태평군이 재차 상해를 향해 진공하고 있을 때였다. 당시 상해

관신(官紳)들은 중외회방국을 설립하고 용병이 태평군을 막아 주리라 기대하였다. 따라서 상해 관신들과 외국군대는 회군을 거지 취급하며 우습게 여기고 있었다. 1862년 하반기 회군은 독자적으로 홍교(虹橋) 등 3곳의 전투에서 승리하여 상해를 보위하였다. 이때부터 회군에 대한 상해 관신과 외국인의 시선이 달라지기 시작하였다.

상해에 도착한지 채 1년이 되지 않아 회군은 상군을 모방했던 구식 편제를 버리고 서양식편제를 채용하였다. 무기와 장비도 서양의 것을 도입하고 외국인 교관을 초빙하여 신식군대로 거듭나면서 회군의 전투력은 크게 증대되었다. 동시에 이홍장은 실력을 확충하여 지방의 실권을 장악하는데도 심혈을 기울였다. 대대적인 확충을 통해 상해에 도착한지 2년 만에 회군은 6-7만의 병력으로 확대되었으며, 가장 우수한 장비와 강한 전투력을 갖춘 지방 무장 세력으로 자리 잡았다.

1862년 11월, 상숙(常熟)을 수비하던 태평군 장수 낙국충(駱國忠)이 투항하였다. 이홍장은 이 기회를 이용 회군을 이끌고 소주와 상숙을 수복하고자 하였다. 격전 끝에 회군은 상숙·태창(太倉)·곤산(昆山) 등지를 수복하였다. 이로써 소주(蘇州) 주변의 태평군을 소탕한 이홍장은 세 방면으로 나누어 소주 탈환작전을 전개하였다. 이 와중에 1863년 정월 이홍장은 5구통상대신서리를 겸하게 되었다. 이때 상해에 외국어언문학관(外國語言文學館) 설립을 주청한 것이 이홍장이 양무운동에 투신한 첫 번째 사례였다. 동년 7월부터 시작된 소주탈환전은 11월 초 회군의 승리로 마감되었다. 이후 연전연승한 회군은 1864년 상주(常州)를 수복하여 강소 남부의 태평군을 거의 숙청하였다.

이홍장은 상해 신사들로부터 자금을 조달하여 1863년 중국의 두 번째 근대적인 군수공장인 상해양창삼국(上海洋槍三局, 첫 번째 근대적 군수공장은 1861년 증국번이 안경에 설립한 군계소)을 창립하였다.

1865년, 양강총독서리를 맡고 있던 이홍장은 기존의 삼국은 설비가 부족하다고 판단하여 증국번의 지지하에 미국상인이 경영하던 상해 홍구의 철공소를 매입하고 한전갑(韓殿甲)·정일창(丁日昌)이 운영하던 설비 등을 통합하여 강남제조총국(江南制造總局)으로 확대 개편하였다. 동시에 이홍장은 소주기기국을 남경으로 이전하여 금릉기기국(金陵機器局)으로 확대하였다. 1870년 직예총독으로 자리를 옮긴 뒤에는 숭후(崇厚)가 창설했던 천진기기국의 생산규모를 확대하였다. 이로써 이홍장은 중국 근대 초기의 4대 군수공장 가운데 3곳을 창설하였다.

이 무렵 상군은 오랜 공격에도 불구하고 천경을 함락시키지 못하고 있었다. 이에 조정에서는 누차 이홍장에게 회군을 이끌고 천경공략전에 참여하라는 조서를 내렸다. 증국번·증국전 형제와의 관계를 고려한 이홍장은 회군이 천경수복에 공을 세우게 되면 증씨 형제와의 관계가 껄끄러워질 것을 염려하였다. 이에 이홍장은 회군의 일부는 소주와 상숙 일대에 남겨두고 일부를 이끌고 남하하여 절강의 태평군 토벌에 나섰다. 이에 분개한 민절총독 좌종당(閩浙總督 左宗棠)이 조정에 이홍장을 고발하는 상주문을 올려 두 사람은 평생의 원수가 되었다.

5월 13일, 이홍장은 상군이 천경성을 공략할 땅굴을 완성했다는 소식을 들은데다 조정의 거듭된 재촉에 하는 수 없이 유사기(劉士奇)가 이끄는 포병과 유명전·반정신 등이 이끄는 27영의 회군을 파견하여 상군과 함께 천경공략에 나서도록 하였다. 5월 16일 상군이 마침내 천경을 수복하였다. 그간의 모든 사정을 알고 있었던 증국번은 사후에 이홍장에게 형제의 체면을 세워준 것을 감사하였다.

천경을 수복하여 태평천국을 와해시킨 뒤 상군과 회군의 선후문제를 처리하는 증국번과 이홍장의 태도는 엇갈렸다. 천경을 수복한 뒤 채 1개월이 지나지 않아 증국번은 상군의 대부분을 해산하였다. 당시 염비(捻匪)가 안휘와 산동일대에서 여전히 횡행하고 있었음에도 증국번은 안휘의 군무를 책임지라는 조정의 명에도 상군을 해산시켰다. 이는 상군의 전투력이 이전만 못하다는 판단도 있었지만 강력한 무력을 계속 거느리는 것이 결국 화를 불러올 수 있다는 증국번의 우려가 컸기 때문이었다. 반면 내환과 외우에 대비하여 회군을 계속 존속시킬 필요가 있다고 판단한 이홍장은 증국번과는 다른 결정을 하였다.

1865년 4월, 염비소탕전을 총지휘하던 승격임심(僧格林沁)군이 산동 하택(荷澤)에서 전멸하는 사건이 발생하였다. 청조는 증국번을 흠차대신에 임명 염비소탕을 책임지도록 하고 이홍장을 양강총독서리에 임명 후방지원을 맡도록 하였다. 총병력 6만을 이끌고 염비소탕에 나선 증국번은 1년 반이 지나도록 임무를 완수하지 못하였다. 이에 청조는 1866년 11월 이홍장을 흠차대신에 임명 염비토벌을 책임지도록 하고 증국번은 양강총독의 본래 자리로 귀임하도록 하였다.

새 임무를 부여받은 뒤에도 이홍장은 회군확충을 계속하였다. 11월 23일 이홍장이 서주(徐州)에 당도했을 무렵 염비는 이미 둘로 갈라져 일부는 계속 중원에서 활동하고 일부는 섬서로 향하였다. 동염(중원지역의 염비)을 우선적으로 처리하기로 결정한 이홍장은 호북, 산동 등지에서 격전을 벌인 끝에 1867년 말 동부의 염비를 완전히 소탕하였다. 1868년 초부터 시작된 서염(섬서지역의 염비) 소탕전은 6월 말에 이르러 성공적으로 마감되었다. 서염이 소멸되자 조정에서는 공로를 인정하여 이홍장에게 태자태보(太子太保)의 직함을 내리고 호광총독 협판대학사(授湖廣總督 協辦大學士)에 임명하였다.

호광총독 재임 중이던 1870년 초, 이홍장은 조정의 명으로 귀주의 군무를 맡아 묘족(苗族)반란 진압에 나설 준비를 하였다. 이홍장이 길을 떠나기 전 이번에는 감숙의 회족(回族)이 반란을 일으켜 섬서로 진격하는 사건이 발생하였다. 이에 조정에서는 이홍장에게 섬서 지원의 새로운 임무를 부여하였다. 좌종당과의 관계가 몹시 좋지 않았던 이홍장은 고의로 시간을 끌어 6월 하순에야 서안에 도착하였다. 그로부터 1주일 뒤 천진교안이 발생하여 열강의 군함이 대고(大沽)에 출몰하자 조정에서는 이홍장에게 급히 군대를 이끌고 북경부근에 주둔할 것을 명하였다.

1870년 7월, 중국번을 대신해 천진교안 관련 교섭을 성공리에 마무리한 이홍장은 다음 달 직예총독에 임명되었고 얼마 뒤 북양통상대신을 겸하게 되었다. 다음해 7월, 이홍장은 중국번과 연명으로 총명한 소년들을 선발하여 미국에 유학 보낼 것을 상주하였다.

직예총독 취임 후 이홍장의 책임은 더욱 무거워졌지만 시야는 더욱 넓어졌다. 세계 각국의 발전상을 종합 관찰한 이홍장은 중국의 나약함은 국가재정의 빈약함에 있다고 결론 내렸다. 백성과 나라가 풍요로워야 비로소 강해질 수 있다는 인식은 종래 양무운동이 군수공업에 치중했던 데서 민생공업과 백성의 부유함을 추구하는 방향으로 변하게 만든 결정적 요인이었다.

청대 중엽 이후 대운하는 토사의 퇴적으로 제 기능을 발휘하지 못하였다. 이에 조정에서는 남북간 화물운송의 일부를 해로를 이용하였다. 1872년 말, 이홍장은 해상운수의 중요성을 절감하고 윤선초상국(輪船招商局) 창설을 주도하였다. 중국 최초의 기선회사인 초상국은 또한 근대중국 최대의 민영기업이기도 하였다. 이후 이홍장은 남북 각지에 광산, 방직, 전신, 철도 관련 기업 창설을 주도하였다. 이들 기업의 운영방식도 애초의 관독상판(官督商辦)에서 점차 관상합판(官商合辦)으로 전향하여 중국 자본주의의 발전을 촉진하였다.

이홍장의 생애에서 외교활동을 빼놓을 수 없을 것이다. 중국이 자강을 추구하는 과정에서는 반드시 외국과 원만한 관계를 유지해야 한다는 것이 이홍장의 지론이었다. 이로 인해 직예총독 취임 후 이홍장은 청조 내부의 봉건적 완고파와 외교문제를 가지고 수시로 갈등을 빚었다. 가능한 이이제이의 외교수단을 활용하여 자강운동 추진에 필요한 평화시간을 벌고자 하였던 이홍장은 스스로 외교교섭에 능수라 자부하였고 청말 수많은 중대 외교교섭에 직접 참여하였다.

천진교안을 처리한지 얼마 지나지 않은 1871년 7월 29일, 이홍장은 중국을 대표하여 일본과 평등호혜의 원칙에 입각하여 중일수호조규(中日修好條規)를 체결하였다. 조약체결을 위한 협상과정에서 일본대표의 태도를 유심히 관찰한 이홍장은 장래 일본이 중국에 큰 화를 가져올 것을 예견하였다. 이홍장의 예상대로 1874년 일본은 대만에 출병하였다. 이홍장은 심보정(沈葆楨)을 흠차대신에 임명 함대를 이끌고 대만을 순열하게 하려는 조정의 결정을 적극 지지하였다. 아울러 서주에 주둔하고 있던 회군 6,500명을 대만으로 파견하였다. 사태의 확대를 원하지 않은 중일 쌍방은 화평조약을 체결하여 대만문제는 일단 미봉되었다. 이어 일본은 1879년 유구(琉球)를 병탄하였다.

일본과의 교섭을 전후하여 이홍장은 1874년 페루와 통상조약, 1876년 영국과 연대조약(煙台條約)을 체결하였다. 전자는 화공(華工)보호를 위한 필요성에서 체결한 조약이었다. 후자는 주중영국공사관 통역 마가리의 피살로 인해 발생한 중영교섭의 결과였다. 이홍장은 주영공사 토마스 웨이드와의 교섭과정에서 국제법을 교묘히 이용하여 교섭이 파국으로 치닫는 것을 막을 수 있었다. 조약체결 후 이홍장은 곽숭도(郭嵩燾)를 영국에 파견 사죄할 것을 청하였다. 사죄사절로 파견되었던 곽숭도는 이후 런던에 체류하며 외교업무를 담당하여 중국 최초의 주외공사가 되었다. 물론 조약체결의 결과 중국은 의창(宜昌)·무호(蕪湖) 등 4개의 통상항을 새로 개방하고 영국인이 티베트에 진입할 수 있도록 허용하는 등 주권에 손해를 보았다.

1883년, 베트남 경내에서 청군과 프랑스군이 충돌하여 전쟁이 발발하자 청조는 이홍장에게 관련 사무를 총괄하도록 명하였다. 이홍장은 해방(海防)이 완전히 갖추어지지 않은 상황에서 유럽의 강국과 전쟁을 벌인다는 것은 무모하다는 생각이었다. 이후 교착상태에 빠졌던 전쟁이 프랑스군의 우세로 기울자 이홍장은 프랑스대표와 화약을 체결하여 베트남에 대한 프랑스의 보호권을 인정하고 베트남과 통하는 중국의 변경을 개방하였다.

일본의 대만 침공 이후 일련의 외환이 발생하자 이홍장은 열강의 위협은 바다로부터 시작된다는 인식을 갖고 해방론(海防論)을 제출하였다. 이에 근거하여 이홍장은 그대적인 해군건설을 적극 제창하였다. 1874년 올린 상주문에서 이홍장은 철갑선을 구입하여 북, 동, 남 3양함대를 건설할 필요성을 역설하고 연해지역의 육상방어시설을 확충하여 보조하는 해방전략을 제시하였다. 청불전쟁으로 북건의 수군이 거의 전멸하자 청조는 대대적인 해군건설에 주목하기 시작하였다. 그 결과 1885년 해군아문이 신설되어 순친왕(醇親王)이 해군 건설 사무를 총괄하고 이홍장은 회판(會辦)으로 업무를 보조하였다. 이 기회를 이용 이홍장은 북양해군 건설에 착수하였다.

이홍장의 주도와 지원에 힘입어 창설된 북양해군은 25척의 함정과 4천 명의 관병으로 구성된, 당시로서는 아시아 최강의 해상 군사역량이었다. 북양해군 창설과 더불어 이홍장은 여순(旅順)·대고(大沽)·위해(威海) 등지에 해군기지를 건설하여 해방을 더욱 강화하였다. 그러나 재정적인 부담으로 함선과 무기의 구입이 중지되어 북양해군 건설은 제자리에 머물게 되고 시간이 지나면서 오히려 일본의 해군력에 비해 뒤떨어지는 결과가 나타나게 되었다.

1884년 조선에서 갑신정변이 발생하였다. 오랫동안 조선에 눈독을 들이고 있던 일본은 출병하여 청나라와 조선에 대한 지배권을 다투었다. 다음해 이홍장은 이토 히로부미와 천진조약을 체결하여 조선문제로 야기된 양국 간 갈등을 봉합하였다. 향후 조선에 중대한 사변이 발생하면 중일 쌍방은 사전에 사실을 알리고 조선에 출병할 수 있도록 한 조약규정은 제1차 중일전쟁(청일전쟁, 갑오전쟁) 폭발의 화근이 되었다.

1894년 동학농민혁명이 발생하자 조선정부는 청에 출병을 요청하였다. 당시 조선에 머물고 있던 원세개(袁世凱)로부터 일본이 사태에 개입하지 않을 것이라는 보고를 받은 이홍장은 이를 믿고 직예제독 섭지초(葉志超)와 태원진총병 섭사성(聶士成)이 지휘하는 1,500명을 조선에 파견하였다. 예상과 달리 일본도 즉각 조선에 병력을 파견 도합 8천의 일본군이 조선에 주둔하자 사태는 매우 심각한 방향으로 전개되었다. 가능한 전쟁을 피하고자 했던 이홍장은 영국과 러시아를 통해 조정을 꾀하였으나 일본은 협상을 거절하였다. 결국 중일 쌍방은 전쟁을 벌여 일본의 승리로 마감되었다.

1895년, 이홍장은 일본 시모노세키에서 이토 히로부미와 마관조약(馬關條約)을 체결 대만과 그 부속 도서 및 요동반도를 일본에 할양하고 2억냥의 배상금을 지불하게 되었다. 요동반도 할양은 이 지역의 이익과 관계가 있는 러시아·프랑스·독일 3국의 간섭을 불러일으켰다. 불리한 형세에 처한 일본은 요동반도 반환에 동의하였으나 그 대가로 청으로부터 3천만 냥을 보상받았다. 이후 러시아는 요동반도 반환에 공이 있음을 빌미로 여순과 대련을 조차하였다. 이상의 조약을 포함하여 이홍장은 평생 30여개의 청조의 대외조약을 체결하였다. 제1차 중일전쟁 후 이홍장은 25년간 맡았던 직예총독 겸 북양대신직에서 물러나게 되었다.

1896년 봄, 니콜라이2세의 대관식에 즈음하여 이홍장은 특사자격으로 러시아에 파견되었다. 이 무렵 청조 내부에서는 요동반도를 반환받는데 러시아가 도움을 주었다 여겨 친러파가 형성되었다. 이홍장 본인은 물론이고 옹동화(翁同龢)·장지동(張之洞) 등 원로중신이 모두 러시아에 친밀감을 보이면서 청의 외교정책도 이이제이에서 특정 강국과 연계하여 국제사회에서 나름의 영향력을 발휘하지는 방향으로 선회하였다. 여기서의 특정강국은 러시아를 염두에 둔 것이었다.

이런 기조에 바탕을 두고 동년 4월 22일 이홍장은 모스크바에서 중러밀약을 체결 러시아와 결맹하여 공동으로 일본에 대적하고자 하였다. 그 조건으로 이홍장은 러시아가 건설 중인 시베리아철도가 중국의 흑룡강과 길림을 통과하여 블라디보스토크와 연결되는 것에 동의하였다.

러시아에서 돌아온 뒤 황하치수 임무를 부여받던 이홍장은 1898년 양광총독에 임명되었다. 양광총독 재임기간 의화단사건이 발생하여 자희태후는 광서제를 앞세워 서안(西安)으로 도망하고 북방의 정세가 크게 혼란하였다. 이런 상황에서 동남지구의 실력파 지방관인 양강총독 유곤일(劉坤一)·호광총독 장지동(張之洞) 등은 성선회(盛宣懷)의 연락으로 동남호보(東南互保)를 기치로 내걸고 조정의 명에 따르지 않았다. 당시 이홍장도 동남호보에 호응하였다. 여기에 혁명당 진소백(陳少白)이 이홍장의 막료 유학순(劉學詢)과 선을 대어 이홍장은 양광독립을 계획하고 있던 손문(孫文)을 만날 계획을 갖기도 하였다. 다만 이홍장과 손문이 서로를 경계하여 만남은 이루어지지 않았다.

8국 연합군의 북경 점거를 전후하여 조정에서는 연달아 남방에 지원병을 파견할 것을 요청하였다. 남방의 냉담한 반응이 이어지자 조정은 이홍장을 다시 직예총독 겸 북양대신에 임명하고 속히 북상할 것을 재촉하였다. 선박편으로 상해에 도착한 이홍장은 몸이 불편하다는 핑계로 북상을 미루며 사태를 관망하였다. 이홍장의 부하와 친속들도 마관조약 체결 시의 비난과 치욕을 거울삼아 더 이상 속죄양이 되지 말라며 북상을 만류하였다. 7월 30일, 북방의 국면이 수습할 수 없을 정도로 악화되자 도망 중이던 자희태후는 이홍장의 북상을 재촉하는 전보를 다시 보내었다. 8월 15일 북경이 8국 연합군에 점령된 뒤인 9월 29일 이홍장은 천진에 도착하여 10월 11일 입경하였다.

북경에 도착한 직후 이홍장은 심리적 압박을 견디지 못해 병져 눕고 말았다. 이홍장이 교섭에 나서지 못하자 다급해진 열강은 자체적으로 의화대강(議和大綱) 초안을 마련하여 제시하였다. 병이 악화되어 각혈이 시작되자 이홍장도 가능한 담판을 서둘러 마치고자 하였다. 1901년 1월 15일 이홍장과 경친왕 혁광(慶親王 奕劻)은 열강이 제시한 의화대강에 서명하였다. 화약이 체결되기는 하였으나 열강은 배상금 액수가 정해지기 전까지는 철군할 수 없다는 입장이었다.

병세가 극도로 악화되어 더 이상 직접 협상을 진행할만한 기력이 없던 이홍장은 손실을 최소화 하라는 지령을 내릴 수 있을 뿐이었다. 결국 전쟁배상금은 열강이 애초 요구했던 10억 냥에서 4억 5천만 냥으로 결정되어 연리 2리를 계산하여 39년에 걸쳐 나누어 지불하기로 결정되었다. 4억 5천만 냥이라는 숫자는 당시 중국의 인구를 기준으로 1인당 1냥으로 계산된, 중국으로서는 매우 모욕적인 셈법이었다. 위혈관 파열로 진단받은 이홍장이 북경에서 79세로 사망하자 황제는 태부(太傅)를 추증하고 일등후작에 봉하는 한편 문충(文忠)이라는 시호를 내렸다.

동시대와 후대의 사람들은 이홍장의 정치와 외교면의 공과시비를 주로 논하였다. 이에 따라 상대적으로 이홍장의 높은 문화적 소양에 대한 주목은 덜하였다. 그가 생전에 남긴 다수의 묵적(墨跡)을 통해 서법예술 방면의 조예가 주목받기 시작한 것은 최근의 일이다. 회군을 창설하고 본격적으로 군사와 정치에 관여한 뒤에도 이홍장은 도서를 모으고 수장하는데 남다른 주의를 기울였다. 상해에 머무는 동안 이홍장은 망운초당(望雲草堂)이라 이름붙인 장서각을 두고 희귀한 도서전적을 모았다. 이홍장의 장서 중 1만 8천 책은 후일 그의 후손에 의해 진단대학(震旦大學)에 기증되었다. 이들 도서는 신중국 건국 후 복단대학(復旦大學) 도서관과 화동사범대학(華東師範大學) 도서관에 나누어 소장되었다.

과정에 상관없이 결과만 보고 당대와 후세의 사람들은 중국의 부진과 수모는 모두 이홍장의 잘못된 결정 때문이라고 지적하였다. 중국의 이익을 지키기 위해 노력한 이홍장은 강해지기 위해서는 부유해야 한다는 기본적인 명제를 실천하기 위해 양무운동을 주도하였다. 그러나 수십 년의 노력도 중국의 낙후된 현실을 바꿀 수 없었다. 불평등조약 체제의 속박이 가혹함을 알기에 외교협상에 임할 때는 가능한 국권을 지키고자 하였으나, 국가의 나약함으로 인해 부득이 굴욕적인 요구를 접수하지 않을 수 없었다. 많은 비판에도 불구하고 내우외환이 겹치던 혼란의 시대에 이홍장이 묵묵히 자신의 책임을 다하였음은 인정하지 않을 수 없을 것이다. 이홍장은 수천 년 중국 역사상 어느 누구에 못지 않은 재주와 식견을 갖추었으나 시대를 잘못 만난 대표적인 인물 가운데 하나라 하겠다.

3. 좌종당(左宗棠)

좌종당(1812-1885)의 자는 계고(季高) 호는 상상농인(湘上農人)으로 호남성 상음(湘陰) 출신이다. 증국번과 동향이라는 인연으로 상군(湘軍)에 가담 태평천국진압에 참여하였고 양무운동 추진에 일조하였다. 섬서·감숙·신강 등지에서 발생한 반란평정을 주도하였다. 동각대학사(東閣大學士)·군기대신(軍機大臣)의 관직을 역임하고 2등후작에 봉해졌다. 청불전쟁 후 복건에 머물다 1885년 73세로 복주에서 병사하였다. 사후 태부(太傅)가 추증되었고 시호는 문양(文襄)이다.

어려서부터 총명하고 향학열이 강했던 좌종당은 5세 무렵 부친을 따라 장사(長沙)로 가 학업을 시작하였다. 16세 되던 1827년 부시(府試)에 2등으로 합격하였다. 좌종당의 공부는 유가의 경전에만 국한된 것이 아니라 경세치용과 관련한 서적도 두루 탐독하여 중국역사, 지리, 군사, 경제, 수리 등 다방면에 튼튼한 학문적 기초를 닦았다. 젊은 시절 다양한 독서는 후일 좌종당이 병사를 이끌고 전장에 나갔을 때, 지방고관으로 시정을 펼칠 때 큰 도움이 되었다.

20세가 되기 직전 좌종당은 장사 성남서원(城南書院)에 들어가 공부하였다. 다음 해에는 호남순무 오영광(吳榮光)이 장사에 설립한 상수교경당(湘水校經堂)으로 전학하여 공부를 계속하였다. 학업에 매진한 결과 좌종당의 성적은 출중하여 년중 7차례 치러진 시험에서 계속 1등을 차지하였다. 1832년 향시에 합격하기는 하였으나 이후 6년간 세 차례 회시에서는 모두 낙방하였다.

관료사회에 진입하는 정도(正道)라 할 과거에서 연달아 실패한 좌종당은 실의에 잠기게 되었으나 일찍부터 그의 재능을 알아본 많은 명류들은 좌종당이 언젠가는 기회를 얻을 수 있을 것이라 기대하였다. 본격적으로 과거에 응시하기 전이던 1830년, 18세의 좌종당은 장사의 저명한 경세치용학자 하장령(賀長齡)을 찾아뵌 적이 있었다. 하장령은 한 눈에 좌종당의 비범함을 알아보고 장래 나라를 위해 큰일을 할 것이라 예견하였다. 하장령의 동생으로 성남서원에서 좌종당을 지도한 하희령(賀熙齡) 또한 좌종당이 큰 뜻을 펼칠 인재라 여겨 후일 인친관계를 맺기도 하였다. 10여 년간 양강총독을 연임했던 도주(陶澍)도 주동적으로 자신의 외동아들을 좌종당의 장녀와 혼인하도록 하였다.

당시 이미 천하에 명성이 알려졌던 임칙서(林則徐) 또한 좌종당의 재능을 매우 아꼈다. 1849년 호남에 들른 임칙서는 백방으로 수소문한 끝에 좌종당을 만날 수 있었다. 두 사람은 밤새워 국가경영의 근본 대계에 대해 논하였는데 특히 서북지역의 군사와 정치에 대한 두 사람의 견해는 정확히 일치하였다. 장래 신강(新疆)문제를 해결할 사람은 좌종당 뿐이라 여긴 임칙서는 자신이 신강에 주재하며 정리한 귀중한 자료 전부를 좌종당에게 넘겨주었다. 후일 임칙서는 사람들과 대화할 때마다 좌종당과의 만남을 언급하여 좌종당을 "비범한 인재", "절세의 기재"라 칭찬하였다. 뿐만 아니라 임종 전에는 아들이 대필한 유서에서까지 좌종당의 재능을 언급하며 그를 조정에 추천하였다.

1852년, 태평천국군의 대대적인 공격으로 장사(長沙)가 위급한 상황에 처하게 되었다. 이에 좌종당은 곽숭도(郭嵩燾) 등의 강권에 따라 호남순무 장량기(張亮基)를 돕기 위해 나서 본격적인 활동을 시작하게 되었다. 태평천국군의 포위망을 뚫고 입성한 좌종당을 반긴 장량기는 모든 군사업무를 일임하였다. 좌종당이 주야로 마련한 각종 계획과 건의를 장량기는 어김없이 수용하고 즉각 실행에 옮겼다. 결국 태평천국군은 3개월 이상의 포위공격에도 장사를 함락시키지 못하자 스스로 포위를 풀고 북상하였다. 좌종당 일생의 명성이 장사 보위전으로부터 비롯되었다.

장사를 지켜낸 좌종당은 다시 향리로 돌아가 독서로 소일하였다. 그러나 그의 재능을 높이 산 신임 호남순무 낙병장(駱秉章)의 거듭되는 요청에 좌종당은 1854년 3월 재차 호남순무막부에 들어가 이후 6년간 활동하였다. 당시 호남성 북부지역은 태평천국군의 세상이나 다름없어 장사 주변의 많은 요충지까지도 태평천국군에 점령된 상태였다. 호남성 동부, 남부, 서부의 광대한 지역에서도 살길이 막막한 백성들이 수시로 사단을 일으켜 어지러운 형국은 변함이 없었다.

이런 상황에서 좌종당은 호남성 내부를 정돈하고 지탱해나갈 방도를 마련하느라 불철주야 노력하였다. 이 과정에서 좌종당은 폐정을 혁파하고 화폐가치를 안정시키는 한편 무기와 선박을 마련하여 군비를 확충시킬 방안들을 마련하였다. 전폭적인 신임과 지지를 보낸 낙병장을 보좌하여 계획을 실천에 옮긴 결과 호남의 형세는 점차 안정되었다.

두 차례 호남순무막부에 들어가 상당한 치적을 남기자 조정에서도 좌종당의 활약상을 주목하기 시작하였다. 고관과 유력자들이 다투어 천거하자 함풍제도 좌종당의 존재에 큰 관심을 보이기 시작하였다. 반면 좌종당의 명성이 높아가자 이를 시기하고 질투하는 사람도 없지 않았다. 특히 호남 영주진총병 번섭(永州鎭總兵 樊燮)의 모함으로 좌종당은 하마터면 목숨을 잃을 뻔한 위기에 처하기도 하였다. 다행히 호림익(胡林翼)·곽숭도(郭嵩燾) 등 지방 인사들의 도움과 반조음(潘祖蔭)·숙순(肅順) 등 중앙대신들의 진정으로 좌종당은 위기를 넘길 수 있었다.

1856년, 좌종당은 상군이 무창(武昌)을 탈환하는 과정에서 군량조달 등 적절한 후방지원을 성공리에 완수한 공을 인정받아 증국번의 추천으로 병부낭중(兵部郎中)에 임용되었다. 1860년 태평천국군이 강남대영을 격파한 뒤부터 좌종당은 흠차대신으로 양강총독직을 수행하고 있던 증국번을 도와 군무를 처리하기 시작하였다. 아울러 호남에서 5천 명의 병사를 초모하여 초군(楚軍)을 조직 강서와 안휘에서 태평천국군과 싸웠다. 1861년, 태평천국군이 항주(杭州)를 점령하자 증국번은 좌종당을 절강순무에 천거하여 군무를 총괄하도록 하였다.

1862년, 좌종당은 중국군과 프랑스인 용병들로 상첩군(常捷軍)이라는 혼합군을 조직하였다. 여기에 영국인 용병까지 포함시켜 진영을 확충하고 이들을 지휘하여 금화(金華)·소흥(紹興) 등 절강의 중요 도시들을 수복하여 그 공으로 민절총독(閩浙總督)으로 승진하였다.

1864년 3월, 항주를 수복하여 절강성 전역에 안정을 가져온 좌종당은 일등각정백(一等恪靖伯)에 봉해졌다. 이어 태평천국군 이세현(李世賢)·왕해양(汪海洋)부대를 추격하여 강서와 복건으로 진격한 좌종당은 1866년 2월 광동 가응주(嘉應州, 현 광동성 매주)에서 이세현부대를 섬멸하였다.

태평천국이 진압된 뒤 좌종당은 각지의 단련을 해산하거나 축소하여 재정지출을 감소시킬 것을 조정에 건의하였다. 1866년에는 증기선 건조의 필요성을 상주하여 허락을 얻자 복주 마미(馬尾)에 조선소를 건설하기 시작하였다. 아울러 외국에 사람을 보내 선박건조에 필요한 기기 등을 구입하는 한편 조선기술자와 해군인재 양성을 위한 구시당예국(求是堂藝局, 선정학당이라고도 칭함)을 창설하였다.

마침 이 무렵 서북지역에 회족의 반란이 발생하자 좌종당은 진압책임을 맡아 섬감총독(陝甘總督)으로 전임하였다. 서북으로 출발하기 전 좌종당은 당시 강서순무를 맡고 있던 심보정(沈葆楨)을 총리선정대신(總理船政大臣)에 추천하였다. 1년 뒤 중국 최초의 신식 조선소인 복주선정국(마미선정국이라고도 칭함)이 정식으로 선박건조에 나서게 되었다.

아직 태평천국이 와해되기 전인 1862년, 섬서와 영하의 회교도들이 태평천국과 염란으로 어지러운 틈을 이용하여 연달아 반란을 일으켰다. 처음 섬서 중부에서 활동하던 섬서의 반란군은 1864년부터는 청군에 쫓겨 섬서와 감숙의 경계지대로 활동무대를 옮겼다. 태평천국이 와해된 뒤 좌종당은 상군을 이끌고 섬서와 산서 일대의 반란군소탕에 나섰다. 먼저 염비소탕에 나서 성과를 거둔 좌종당은 섬서일대의 회군(回軍)을 향해 진격하였다. 1866년, 섬서의 회군은 감숙으로 퇴각하였다.

1869년 좌종당의 부장 유송산(劉松山)이 영하 금적보(金積堡)를 공략하자 섬서회군의 수령 마화룡(馬化龍)부자는 투항 뒤 피살되었다. 1871년 좌종당이 감숙에 진주하자 회군수령 마점오(馬占鰲)가 부하들을 이끌고 투항하였다. 좌종당은 이들을 청군에 편입시켰다. 1872년 청해로 퇴각한 백언호(白彦虎)가 이끄는 회군은 다음해 신강으로 퇴각한 뒤 최후에는 러시아로 도망하였다. 이로써 섬서와 감숙의 회교도반란은 종식되었다.

회교도의 반란을 진압한 좌종당은 내친김에 아직 중앙에 확실히 복속하지 않고 있는 신강(新疆)을 경영하여 서북변경을 안정시킬 계획을 갖게 되었다. 이를 위한 준비로 좌종당은 난주제조국(蘭州制造局, 감숙제조국이라고도 칭함)을 설립하고 광주와 절강 등지에서 숙련된 기술자를 초빙 다량의 무기를 제조하였다. 좌종당이 본격적인 신강경영을 준비하자 1875년 조정내부에서는 해방(海防)과 새방(塞防)을 둘러싼 쟁론이 발생하였다.

이홍장은 일본을 가상적으로 간주하여 해방이 우선되어야한다며 새방에 필요한 경비를 모두 해방에 투입해야한다고 주장하였다. 새방파의 핵심인 좌종당은 서북이 견고하지 못하면 영국과 러시아의 침투를 불러올 수 있다고 맞섰다. 좌종당은 당시 군기대신이던 문상(文祥)을 설득하여 새방론을 지지하도록 하였다. 결국 광서제와 자희태후는 좌종당을 흠차대신에 임명 서북경영의 전권을 부여하였다.

신강수복을 위한 좌종당의 핵심전략은 먼저 신강거주자의 다수를 차지하는 회족(回族)을 안정시키는 것이었다. 전술면에서 좌종당은 러시아와 가까운 이리(伊犁)는 잠시 제쳐두고 먼저 우루무치(烏魯木齊)를 장악하여 안정적 기반을 확보하고자 하였다. 이에 앞서 좌종당은 서정군 선봉부대통수 장요(張曜)에게 명하여 하미(哈密)에 수리관개시설을 확충하고 둔전을 시행하여 군량을 확보하도록 하였다. 그 결과 둔전시행 첫해인 1876년 5천석 이상의 수확을 거두어 하미주둔부대가 필요로 하는 반년치 이상의 양식을 확보할 수 있었다. 후방으로부터 군량을 운수하기 위해 좌종당은 또한 세 갈래 운송로를 새로 건설하였다.

1876년 4월, 좌종당은 상군 출신을 골간으로 사천과 신강 등지의 주둔군을 포함 8만에 가까운 보병·기병·포병을 거느리게 되었다. 그러나 이 가운데 실제 전선에 파견되어 전투를 벌인 병력은 2만여 명에 불과하였다. 출정군은 사막을 횡단해야 하는 까닭에 말과 사람이 필요한 물의 원활한 보급을 고려하여 1천 명을 단위로 무리를 나누어 시차를 두고 출발하였다. 유금당(劉錦棠)이 이끄는 북로군과 금순(金順)이 이끄는 남로군은 각기 다른 노선을 통해 하미에서 집결하기로 하였다.

1천 7백리를 행군한 북로군은 순조롭게 하미에 도착하여 정비를 마친 뒤 선두부대가 출정하여 우루무치에서 3백리 떨어진 제목살(濟木薩, 현 신강성 길목살이현)을 점령하였다. 5월 북로군과 남로군이 합류하자 본격 출정한 좌종당 휘하부대는 9월 우루무치를 점령하였다.

좌종당군이 우루무치일대의 거점을 하나둘씩 점령해갈 무렵, 이홍장 등 해방파가 재정적 부담을 이유로 들며 신강경영을 중도에 포기할 것을 주장하였다. 이에 좌종당은 상소를 올려 신강경영의 중요성을 재차 강조하였다. 좌종당의 상주문을 읽고 설득된 자희태후는 신강 수복전을 계속 진행하도록 지시하였다.

이 무렵 러시아와 터키 사이에 전쟁이 발발하였다. 남로군총지휘관 금순은 이 기회에 러시아가 점거하고 있는 이리를 공격하자고 제안하였다. 좌종당은 명분 없이 출병하였다가는 오히려 러시아에 이용당할 수 있다며 우선 사태의 발전을 관망하자고 제지하였다. 1877년 8월, 좌종당군은 타클라마칸 남북의 중요 오아시스를 점거하고 있던 회교도반란군을 모두 진압하여 이리를 제외한 신강 전역을 수복하였다. 그간의 경과를 보고받은 광서제와 자희태후는 좌종당을 2등후작에 봉하였다. 신강의 대부분을 수복한 뒤 좌종당은 난주에 감숙직니총국(甘肅織呢總局, 난주기기직니국이라고도 칭함)을 건설하였다. 이 공장은 중국 최초로 동력기계를 이용한 방직공장이었다.

1880년 좌종당은 오랫동안 마음에 두었던 신강성(新疆省) 설치를 공식적으로 조정에 요청하였다. 동시에 명망 있는 대신을 러시아에 파견하여 이리 반환문제와 러시아로 도망한 회교반군지휘자 백언호(白彦虎) 등의 송환문제를 협상할 것을 청하였다. 조정에서는 좌종당의 건의를 채납하여 숭후(崇厚)를 전권대표로 파견하였다.

이리반환문제가 대두된 것은 1871년으로 거슬러 올라간다. 당시 아고백(阿古柏)이 이끄는 회교도반군이 신강을 침점하자 러시아는 기회를 틈타 이리를 강점하였다. 이 무렵 러시아는 비교적 국력이 약한데다 크리미아전쟁에서 패배하여 국제사회에서 발언권이 약해진 상태였다. 당시 주중러시아공사는 이리점령은 변강의 질서를 안정시키기 위한 것이라며 회란이 평정되고 청이 우루무치 등지를 수복하면 이리를 되돌려주겠노라 약속하였다.

청군이 우루무치와 마납사(瑪納斯) 등 성을 수복하고 정세를 안정시켰음에도 러시아는 이리를 반환하지 않았다. 좌종당은 러시아가 이미 이리반환을 약속하였음을 구실로 우선 외교교섭을 통해 이리문제를 평화적으로 해결할 것을 주청했던 것이다.

러시아는 통상, 토지할양, 배상금 지불 외에 천산산맥 이북의 국경 재획정 등 사안에 대해 중국이 양보하면 비로소 이리를 반환하겠다는 입장을 취하였다. 동시에 러시아는 백언호 등을 지원하여 부단히 중국의 변경지역에 소요를 일으키도록 하였다. 자신들의 요구가 관철되지 않으면 중국과 기존에 맺은 조약을 모두 파기하고 이리를 반환하지 않겠다는 강경한 자세에 굴복한 숭후는 러시아의 요구사항이 반영된 조약에 서명하지 않을 수 없었다.

소식을 접한 좌종당은 러시아의 주장은 국제공리에 맞지 않는다고 조목조목 반박한 뒤 협상대표를 교체하여 러시아와 다시 담판을 벌일 것을 조정에 건의하였다. 이 상주문에서 좌종당은 만일 러시아가 고집을 꺾지 않으면 무력을 동원해서라도 이리를 되찾아야 할 것이며 이 경우 자신이 그 선봉에 서겠노라고 하였다. 이에 자희태후는 숭후를 치죄하도록 하고 증기택(曾紀澤)을 파견 재협상을 진행하도록 하였다.

좌종당은 새로 담판에 임하는 증기택에게 힘을 실어주기 위해 자원하여 부대를 이끌고 하미에 진주하였다. 하미에 도착한 좌종당은 한 걸음 나아가 세 방면으로 부대를 편성하여 이리를 향해 진격하도록 하고 자신은 하미에 남아 후방지원을 담당하였다. 동시에 좌종당은 자신의 관을 하미로 운반하여 죽음을 불사하고 이리를 수복하겠다는 결심을 드러내보였다.

좌종당의 움직임을 탐지한 러시아는 급히 이리지역에 병력을 증파하고 중국해역에 함대를 파견하였다. 하미에 4개월간 머문 좌종당은 내지로부터 군량을 운반하는 부담과 어려움을 줄이기 위해 새로 도로를 건설하고 수리시설을 확충하여 둔전을 시행하였다. 또한 전투력 제고를 위해 하미의 대본영에서는 병사들의 훈련을 강화하였다. 터키와 전쟁을 치르느라 원기가 크게 상해 있었던 러시아는 설령 중국과의 전쟁에서 승리한다 해도 잃는 것이 더 많은 입장이었다. 결국 담판과정에서 러시아의 양보를 이끌어낸 증기택은 1881년 2월 24일 「중러이리조약」과 「육로통상장정」을 체결하여 중국은 러시아로부터 이리를 반환받았다.

이리반환협정이 체결된 1881년 좌종당은 군기대신에 임명되어 병부의 사무를 관장하게 되었다. 얼마 뒤 좌종당은 양강총독 겸 남양대신으로 자리를 옮기게 되었다. 1882년, 좌종당은 신강 전역이 수복되었고 원정군이 아직 철수하지 않아 적절한 기회임을 들어 재차 신강건성(新疆建省)의 필요성을 상주하였다. 1884년 11월 16일, 호부에서는 신강에 순무와 포정사 각 1인을 둘 것을 주청하였다. 이에 조정에서는 유금당(劉錦棠)를 신강순무에 임명하고 감숙포정사를 신강포정사에 전보하여 신강이 공식적으로 성으로 승격되었다.

1884년 6월, 좌종당은 입경하여 군기대신직을 맡게 되었다. 당시는 중불전쟁이 한창인 때로 동년 8월 프랑스군은 마미해전에서 남양해군을 전멸시켜 전황은 중국에 불리하게 전개되고 있었다. 11월, 흠차대신 신분으로 복건의 군무를 총괄하기 위해 복주에 도착한 좌종당은 연해의 방어를 강화하는 한편 각정원대군(恪靖援臺軍)을 조직 파견하여 대만을 지원하도록 하였다.

1885년 1월, 흑기군(黑旗軍)과 각정정변군(恪靖定邊軍)의 활약으로 청군은 양산(諒山)을 점령하였다. 이 충격으로 내각이 총사퇴한 프랑스는 5천만 프랑의 군사비를 편성하여 설욕을 다짐하였다. 반면 이미 힘을 다 소진한 중국은 조선에서 갑신정변까지 발생하여 가능한 빨리 베트남문제에서 손을 떼고자 하였다. 그 결과 베트남에 대한 중국의 종주권을 부정하고 프랑스가 베트남에서 전권을 행사한다는 내용을 담은 화약이 체결되어 전쟁은 종식되었다.

화약체결에 불만인 좌종당은 화약체결의 중국 측 대표였던 이홍장을 강력하게 비판하였다. 이에 이홍장도 좌종당의 수하들을 손보는 방식으로 맞불을 놓았다. 이홍장은 자신의 친신인 반정신(潘鼎新)·유명전(劉銘傳) 등을 동원 좌종당의 휘하들을 모함하여 병권을 놓게 하였다. 부하들의 억울함을 탄원하는 상서를 조정에 올린 좌종당은 병을 이유로 은퇴를 청하였다. 1885년 7월 27일, 73세의 좌종당은 복주에서 병사하였다. 사후 조정에서는 태부(太傅)를 추증하고 문양(文襄)이라는 시호를 내리고 호남성 등 그가 생전 활동했던 지역에 사당을 짓도록 하였다.

4. 장지동(張之洞)

장지동(1837-1909)의 자는 효달(孝達) 호는 향도(香濤)로 귀주성(貴州省) 흥의(興義)에서 출생하였다. 1863년 회시에 3등인 탐화(探花)로 급제하여 한림원의 여러 직책을 맡았다. 후일 산서순무, 양광총독, 호광총독, 군기대신 등 지방과 중앙의 요직을 두루 역임하였다.

양무운동의 대표적 추진자이자 중국 근대교육의 선구자로 수많은 학교를 창설하였고, 정치적으로는 '중학위체(中學爲體), 서학위용(西

學爲用)'의 중체서용론을 주창하였다. 1909년 병사하여 문양(文襄)이
라는 시호를 받았다.

장지동은 1837년 9월 부친의 근무지인 귀주 흥의부(興義府) 관사에서
장영(張鍈)의 넷째 아들로 태어났다. 일찍부터 총명함이 남달라 5세부
터 공부를 시작하였다. 엄격한 유가사상의 교육적 훈도를 받으며 성장
하였다. 어려서부터 여러 스승들로부터 가르침을 받았는데 특히 정송
선(丁誦先)·한초(韓超) 두 사람의 영향이 컸다. 정송선은 1838년 진사
시에 합격하여 한림원시독을 지냈고, 한초는 귀주순무를 역임한 인물
이다. 12세에 자신의 시문집을 간행한 장지동은 13세 이전 이미 4서5경
등 유가의 중요 경전을 배웠고 역사학과 문자학 및 문학 등 방면의 책
도 두루 섭렵하였다. 여기에 그치지 않고『손자병법(孫子兵法)』『육도
(六韜) 등 병학명저도 자습하여 후일 정치활동의 기초를 닦았다.

1850년, 채 14세가 되지 않은 장지동은 원적지인 남피(南皮, 현 하
북성 창주시 남피현)의 향시에 응시 1등으로 합격 수재의 칭호를 얻고
현학(縣學)에 입학하였다. 2년 뒤에는 순천부 향시에 역시 1등으로 합
격 거인이 되어 회시에 응시할 자격을 얻게 되었다. 당시 장지동의 실
력으로 보아 진사급제가 문제없어 보였지만 27세에야 비로소 회시에
합격 진사가 되었다. 거인칭호를 얻은 뒤부터 진사가 되기까지 11년간
장지동은 앞의 절반정도 시간은 부친을 도와 군무를 처리하며 귀주 묘
족(苗族)의 반란을 진압하였다. 중간에 결혼하여 자식을 낳고 부친이
사망하여 수효(守孝)하느라 회시를 준비할 시간이 없었던 것이다. 23세
에 회시에 응시하려 하였으나 사촌형 장지만(張之萬)이 시험 감독관이
라 포기할 수밖에 없었다. 다음해 재차 회시에 응시하려 하였으나 역
시 같은 이유로 뜻을 이루지 못하였다.

1863년 장지동은 마침내 1갑 3등으로 진사급제 7품관의 한림원편수

로 임명되어 관직생활을 시작하였다. 1866년 승급시험인 대고(大考)에서 2등을 차지한 장지동은 이후 절강향시 부감독관, 호북 학정(湖北學政), 사천향시 부감독관, 사천 학정(四川 學政) 등 직을 역임하였다. 호북학정 재임기간 장지동은 학풍을 정돈하고 경심서원(經心書院)을 건립하는가 하면 재능 있는 인재들을 지원하여 큰 칭찬을 받았다. 사천 학정 재임 시에는 사천총독 오당(吳棠)과 함께 존경서원(尊經書院)을 설립 유명한 학자들을 초빙하여 교육을 펼쳤다.

이후 북경으로 돌아온 장지동은 1876년 문연각교리(文淵閣校理), 1879년 국자감사업(國子監司業)을 역임하였다. 1879년은 러시아가 서북변경의 이리(伊犁)를 점거하자 숭후(崇厚)를 파견하여 반환교섭을 진행하던 해였다. 국제사무에 어두웠던 숭후는 이리를 반환받는 대신 이리의 서부와 남부를 러시아에게 넘겨주는 내용을 담은 「리바디아조약」을 체결하여 국권을 상실하였다. 조약체결 소식이 전해지자 중국 내 여론은 들끓기 시작하였다. 조약폐기를 주장하는 상주문이 폭주할 때 장지동도 10가지 이유를 들어 조약비준을 늦추고 숭후를 치죄할 것을 강력하게 건의하였다.

상주문을 보고 감동한 자희태후는 장지동을 궁으로 불러 격려하고 아무 때나 총리아문에 출두하여 자문에 응하도록 특허하였다. 이후 장지동은 장패륜(張佩綸)·진보침(陳寶琛)과 공동으로 19건의 상주문을 기초하여 적극 군비를 강화하고 변방의 방위를 튼튼히 할 것을 건의하였다. 당시 장지동과 장패륜을 비롯하여 보정(寶廷)·황체방(黃體芳)을 한림4간(諫) 혹은 청류파라 칭하였다. 이들은 군기대신이자 대학사인 이홍조(李鴻藻)를 영수로 여론을 주도하였으나, 실제로는 장지동이 청류파의 수령격이었다.

이리반환문제가 불거진 뒤 장지동의 명성은 크게 높아지고 자희태후의 특별한 관심을 받게 되었다. 다음해 한림원시독을 거친 장지동은 일강기거주관(日講起居注官)을 역임한 뒤 1881년 내각학사에 발탁되고 이어 산서순무에 임명되었다.

1881년부터 1884년까지 산서순무를 맡은 장지동은 부임 초기 지방관리들의 부패함과 아편흡입이 보편화된 상황을 개선하기 위해 노력하였다. 장지동은 먼저 지방관의 근무태도에 대한 감찰과 적절한 상벌을 통해 적폐를 해소하는데 주력하였다. 일반백성은 물론이고 관리와 병사들까지 대부분 아편에 빠져있는 세태를 바로잡기 위해서는 아편의 판매와 흡입을 엄금하고 이를 어기는 자는 신분에 상관없이 중죄로 다스렸다. 경제면에 있어서는 운송비의 절감을 통해 원가를 낮추어 생산발전을 유도하였다. 당시 산서에서 생산되는 철광석은 육로를 통해 봉천이나 상해로 운반되어 운송비 부담이 상당히 컸다. 장지동은 이를 개선하여 천진을 통해 해로로 운송하는 방법으로 운송비를 대폭 절감하였다.

장지동이 산서순무로 재직할 당시 영국선교사 티모시 리차드(Timothy Richard)가 마침 산동에서 구제활동을 펼친 뒤 산서에 들어와 구제와 선교활동을 병행하고 있었다. 티모시를 회견한 장지동은 그가 쓴 책자들을 읽고 영향을 받아 양무국(洋務局) 설립을 계획하였으나 실현하지는 못하였다.

1883년 청불전쟁이 폭발하자 장지동은 끝까지 항쟁할 것을 주장하여 양광총독에 임명되었다. 광주에 도착한 장지동은 연해지역의 방무를 강화하는 한편 1884년 6월 프랑스군이 대만의 기륭(基隆)을 침공하자 이부주사 당경송(唐景崧)을 대만에 파견 유영복(劉永福)과 함께 프랑스군에 맞서도록 주청하였다. 조정에서는 장지동의 건의를 받아들여 유영복으로 하여금 흑기군(黑旗軍)을 이끌고 출정하도록 하였다.

유영복부대는 프랑스군과의 전투에서 여러 차례 승리를 거두었으나 광서포정사 서연욱(徐延旭)과 운남 포정사 당형(唐炯)의 비협조로 결국 전황이 중국측에 불리하게 되었다. 당형이 패퇴하자 흑기군도 중과부적으로 실패를 맛보았다. 이로 인해 서연욱과 당형은 면직되고 장지동도 서연욱을 추천하였다는 이유로 감찰을 받게 되었다.

1885년 정월, 프랑스군이 중국과 베트남의 변경에 위치한 요충지 진남관(鎭南關)을 침공하여 형세가 매우 긴박하였다. 이에 장지동은 전임 광서제독 풍자재(馮子材)와 총병 왕효기(王孝祺) 등을 파견하여 진남관을 사수하도록 주청하였다. 이미 칠십의 고령이었던 풍자재의 항쟁으로 프랑스군이 대패하여 전황이 역전될 수 있었다. 이때의 패배로 프랑스내각이 사퇴하는 등 중국이 유리한 형국이었으나 속히 전쟁을 마무리하고 싶었던 청조는 전선의 각 부대에게 정전하고 철수할 것을 명령하였다. 장지동은 철병을 미룰 것을 청하는 전보를 여러 차례 타전하였으나 이홍장은 이를 힐책하고 화평조약 체결을 서둘렀다.

1894년 8월 1일 선전포고를 발동하여 중일 간 전쟁이 본격화되자 장지동은 천진과 대고 및 성경의 방비를 강화할 것을 주청하였다. 전황이 중국에 불리하게 진행되던 10월 26일, 장지동은 이홍장에게 전함 구입, 차관 도입, 열강과의 결맹 등 3가지 주장을 담은 전보를 발송하였다. 10월 말 일본군이 압록강을 넘어 요동(遼東)까지 진출하자 장지동은 재차 신속하게 전함과 무기를 구매하고 차관을 도입하여 장기 항전에 대비할 것을 주장하였다. 11월 2일 양강총독서리로 전임된 장지동은 11월 7일 이홍장에게 해군력 강화의 필요성을 다시 역설하였다. 11월 하순, 일본군이 여순을 포위하자 장지동은 이홍장과 산동순무 이병형(李秉衡)에게 속히 여순에 지원병을 파견할 것을 건의하였으나 받아들여지지 않았다.

1895년 초, 일본군이 산동반도까지 진격해오자 장지동은 이병형에게 신속히 참호를 건설하고 요로에 지뢰를 매설할 것을 건의하며 필요시 무기와 탄약을 지원하겠노라 약속하였다. 정여창(丁汝昌)이 자살 순국한 뒤 장지동은 당시 대만에 주둔하고 있던 유영복부대를 산동으로 이동시켜 연태(煙台)를 보위하도록 하자고 건의하였다. 전황이 극도로 불리해지자 청조 내부에서는 대만 할양을 조건으로 화약을 체결하자는 움직임이 있게 되었다. 소식을 접한 장지동은 2월 28일 조정에 전보를 보내 대만 할양을 극력 반대하였다. 이 전보에서 장지동은 대만을 담보로 영국으로부터 차관을 얻어내고 대만의 광산채굴권을 영국에게 넘기면 영국은 반드시 군함을 파견하여 대만보위에 도움을 줄 것이라며 위급한 상황의 타개책을 내놓기도 하였다. 3월 29일 장지동은 당경송에게 전보를 보내 결사항전을 독려하고 유영복을 중용할 것을 건의하였다.

마관조약의 체결로 대만할양이 현실화 된 뒤에도 장지동은 끝까지 대만을 지켜야한다는 주장을 굽히지 않았다. 6월 3일 일본군이 기륭을 점령하자 5일 장지동은 당경송에게 대북부(台北府) 사수를 요청하는 전보를 발송하였다. 그러나 당경송은 7일 하문(廈門)으로 철수하고 유영복이 대만에 남아 항일투쟁을 이끌었다. 항일투쟁 전개과정에서 유영복은 여러 차례 무기와 군량지원을 장지동에게 요청하였다. 장지동은 여력이 없는 것은 아니었으나 조정의 뜻을 거스를 수 없어 지원할 수 없었고, 유영복은 10월 19일 하문으로 패퇴하였다.

갑오전쟁에서 패전한 뒤 장지동은 실패의 교훈을 총결하고 변법을 통해 활로를 찾을 것을 건의하는 상주문을 올렸다. 역시 끝까지 일본에 대항할 것을 주장했던 강유위(康有爲)는 공거상서(公車上書)에서 "천하의 희망이 한 사람에 달려 있다"며 시종일관 결사항전을 주장하고 신식교육과 양무기업 창설에 노력한 장지동을 높이 평가하였다.
1895년 11월, 공거상서가 실패하자 강유위는 유신운동 전개를 위해
상해에 강학회(强學會)를 설립하기 위해 남하하였다. 중도에 남경에서
장지동을 배알한 강유위는 열정적인 환영과 접대를 받았다. 당시 강유
위는 장지동을 회장으로 추대하고 장지동을 대신하여 「상해강학회서
(上海强學會序)」를 기초하였다.

강유위는 상해강학회가 정식 성립될 즈음 장지동에게 회원으로 이
름을 올릴 것을 청하였으나 장지동은 이를 거절하였다. 대신 찬조와
동정을 표시하고 재정적인 지원을 아끼지 않았다. 장지동의 적극적인
권고로 광서제의 스승인 옹동화(翁同龢)도 강학회를 후원하여 두 사람
은 강학회의 정신적 지주로 여겨졌다. 그러나 얼마 뒤 자희태후가 광
서제를 압박하여 북경강학회를 폐쇄하고 강유위의 활동을 제한하자
장지동은 강학회에 대한 재정지원을 중지하였다.

장지동이 호광총독으로 복귀할 무렵 전년 호남순무에 취임한 진보
잠(陳寶箴)의 영향으로 호남에는 유신운동이 활발하게 진행되고 있었
다. 장지동의 적극 찬동에 고무된 진보잠은 남학회(南學會)를 설립하
고 『상학보(湘學報)』와 『상보(湘報)』를 창간하는 등 유신의 선전에 주
력하였다. 장지동은 자신의 정치역량을 이용하여 호북 각지에도 『상학
보(湘學報)』를 배포하는 등 후원하였다. 후일 『상학보(湘學報)』에 공자
개제(孔子改制)와 민권사상을 고취하는 글이 게재되자 이에 불만인 장
지동은 1898년 봄 『상학보(湘學報)』 발행 중지를 명하는 등 호남의 유
신운동에 제동을 걸었다.

무술변법운동 기간 장지동과 유신파는 비교적 긴밀한 연계를 맺었
다. 장지동은 진보잠을 통해 자신의 제자이자 막료인 양예(楊銳)와 유
광제(劉光第)를 중앙에 천거하였다. 양예와 유광제는 4품의 군기장경

(軍機章京)에 발탁되어 중요 업무를 담당하였다. 북경에 머무는 동안 양예는 장지동과 지속적으로 연락을 취하기도 하였다. 자희태후가 정변을 발동하기 직전 진보잠은 광서제에게 속히 장지동을 입경시켜 신정을 찬조하도록 주청하였으나 실현되지 못하였다. 얼마 뒤 자희태후는 무술정변을 발동하여 6군자를 살해하고 백일유신도 실패로 마감되었다. 장지동은 급전을 보내 제자 양예를 살리고자 하였으나 뜻을 이루지 못하였다.

1900년 의화단사건이 발생하자 장지동은 초기단계에서부터 강경한 진압을 주장하였다. 실제로도 호북 각지에서 의화단에 편승한 민중들이 교회당과 병원 등을 불사르자 군대를 동원하여 즉각 이들을 진압하였다. 나아가 장지동은 장강 유역 각지의 지방대리들과 연명으로 사비(邪匪)를 숙청하고 피해를 입은 각국에 사죄의 전보를 보낼 것을 주청하였다. 사태가 악화되자 영국은 장강 유역의 기득권을 지키기 위해 장지동·유곤일 등 실력파 총독들과 연락을 취하여 「동남호보장정(東南互保章程)」을 체결하였다. 이 장정은 상해조계는 각국이 공동으로 보호하며 내지에 거주하는 각국 상인과 선교사의 생명과 재산은 남양대신 유곤일과 호광총독 장지동이 확실한 보호를 약속한다는 내용을 담고 있었다. 양광총독 이홍장, 민절총독 허응규(許應騤), 산동순무 원세개(袁世凱)도 장정의 내용에 찬동을 표시하여 동남호보 행렬에 동참하였다.

무술변법 실패 후 당재상(唐才常)등이 회당(會黨) 및 청군의 일부 관병과 연계하여 자립군을 조직하고 안휘·호북·호남 일대에서 기의를 계획하였다. 이들은 군주입헌의 '신자립국(新自立國)'을 건설하고 자희태후에 의해 유폐된 광서제의 복벽을 요청할 계획이었다. 당재상 등은 일본을 통해 장지동을 움직여 동남지역을 근간으로 하는 자립을 도모할 생각도 가지고 있었다. 이런 움직임을 탐지한 장지동은 즉각적인 입장표명은 하지 않았다. 당시 영국도 홍콩의정국 의원 하계(何啓)를 매개로 손문과 이홍장을 연계시켜 화남의 독립을 획책하고 있었다. 이런 움직임에 이홍장도 관망의 태도를 취하여 화중과 화남의 정치국면이 매우 복잡하게 전개되고 있었다. 이 와중에 장지동은 1900년 7월 무한에서 자립군 영수 당재상을 비롯한 20여 명을 체포하여 처형하였다.

장지동의 일생에서 가장 큰 성과를 보이고 후세에 큰 영향을 미친 것은 교육사업과 실업진흥일 것이다. 갑오전쟁 후 장지동은 점진적으로 자신이 추구한 비교적 근대적인 교육사상을 실천에 옮기기 시작하였다. 호광총독에 취임한 뒤 장지동은 호북성에서 대규모로 실업교육과 사범교육 및 국민교육을 위주로 한 신식교육기관 설립에 나섰다. 이들 교육기관은 후일 중국 교육의 근대화 과정에서 중요한 작용을 하였다.

장지동은 우선적으로 실업진흥에 호응하여 호북에서 실업교육을 발전시키는데 주목하였다. 장지동의 경제근대화 구상에서 농업은 매우 중요한 위치를 점하였다. 호북의 농업을 개량하기 위해 장지동은 가장 먼저 농무학당(農務學堂, 현 화중농업대학 전신)을 창설하였다. 농무학당은 호북의 실업교육 발전과정에서 가장 큰 성과를 거둔 학교였다. 이 학교 출신들은 농업발전 뿐만 아니라 농업교육 방면에서도 탁월한 성과를 거두었다.

중국인들은 전통 관념에 얽매어 공예를 그다지 중시하지 않았다. 대부분의 공장(工匠)들도 문화적 지식이 거의 없는데다 이론적 지식을 갖춘 이도 찾아보기 힘들었다. 이러한 문제점으로 기술자들은 생산과정에서 부딪힌 문제의 원인이나 해결책을 찾지 못하였다. 새 기계를 도입한다 해도 중국의 실제 생산 상황에 맞추어 개조도 불가능하여 인재결핍, 공업낙후라는 현상의 악순환이 계속되었다. 공업발전을 위해서는 기술 인력의 양성이 전제되어야 한다는 점에 착안한 장지동은 1902년 본래 강한서원(江漢書院) 자리에 공예학당 설립을 계획하였다. 후일 장지동이 전임하면서 관련 업무는 정송(程頌)이 담당하였다. 공예학당 출신은 각종 실용적 생산기구를 제조하는 등 공업발전에 일익을 담당하였다.

기초사범교육 또한 장지동이 주목한 교육 분야였다. 국민교육의 보급이 교육발전의 핵심이며 교육의 기초는 소학(小學)의 보급에 있다는 것이 장지동의 생각이었다. 소학보급을 위해서는 다수의 자격을 갖춘 교사를 양성하는 것이 선결조건이었다. 결국 교사양성을 위한 사범학당 창설이 장지동이 생각한 교육발전의 요체인 셈이었다. 1902년 장지동은 학생들을 선발 일본 사범학교에 유학보내는 한편 무창에는 중소학교 교사를 전문적으로 양성하기 위해 호북사범학당을 창설하였다. 장지동의 창도 하에 호북의 사범교육 행정체계도 큰 발전이 있어 교육근대화 추진에 지대한 작용을 하였다.

1903년 양강총독 서리로 임명되어 1년여 간 남경에 머물게 된 장지동은 호북에서와 마찬가지로 강소성의 교육사업에 주목하여 서원을 정돈하고 많은 신식학당을 설립하였다. 이때 장지동은 남경에 저재학당(儲才學堂)·철로학당(鐵路學堂)·육군학당(陸軍學堂)·수사학당(水師學堂)과 삼강사범학당(三江師範學堂, 현 남경대학 전신)을 세웠다. 사범학당의 경우 과거 출신의 중학교습 50명을 선발 수신, 역사, 문학, 산학 및 체조 등 각 과목의 사범교육과정을 이수하도록 하였다. 실업과 사범관련 신식학교 외에도 장지동은 직접 구체적 계획을 세우고 지도하여 호북에 자강학당(自強學堂, 현 무한대학 전신)·무비학당

(武備學堂) 등 교육기관을 다수 설립하였다.

양강총독 서리 재임기간 다수의 청년들을 일본에 유학생으로 파견하기도 하였던 장지동은 학당과 서원의 교과과정에도 변화를 주었다. 학당과 서원이 비록 구식교육기관이기는 하였지만 사회의 필요에 맞추어 새로운 학과를 증설하도록 한 것이다. 군사문제에도 주목한 장지동은 양강총독 재임기간 서주(徐州)에서 1만 명에 달하는 강남자강군(江南自強軍)을 편성하여 훈련하였다. 자강군의 교관은 모두 독일인이 담당하여 서양식 훈련을 받도록 하였다. 1896년 호광총독의 원직에 복귀하게 된 장지동은 자강군의 관리를 신임 양강총독 유곤일(劉坤一)에게 일임하였다.

호광총독 재임 시 장지동은 교통건설을 자강의 첫 번째 요무로 간주하고 철도건설에도 깊은 관심을 보였다. 1889년 장지동은 노구교(蘆溝橋)에서 한구(漢口)를 연결하는 노한철도(蘆漢鐵道)를 건설하여 남북을 연결시킬 것을 주청하였다. 화물의 유통을 원활히 하여 백성들에게 큰 도움을 줄 수 있을 뿐만 아니라 병력과 군수품의 수송에도 편리하여 국방상으로도 중요하다는 것이 장지동의 노한철도 건설을 주청한 이유였다. 장지동의 건의를 받아들인 조정에서는 철도북단의 건설은 직예총독이 주관하고 남단의 건설은 호광총독이 주관하여 남북에서 동시에 건설을 시작하도록 하였다. 남단의 건설을 맡기기 위해 조정에서는 장지동을 호광총독서리로 전임시켰다. 1898년 건설을 시작하여 1905년 봄 완성된 이 철도는 경한철도(京漢鐵道)로 명명되었다.

1905년 여름 장지동은 월한철도(粵漢鐵道) 건설업무를 책임지라는 명을 받게 되었다. 원래 월한철도는 1898년 미국 합흥공사(合興公司)가 청조와 계약을 체결하여 부설권을 취득하였다. 1900년 쌍방은 속약(續約)을 체결 미국으로부터 4천만 달러의 차관을 들여와 5년 내 건설을 완료하도록 하고 타국에 건설권을 양도할 수 없도록 규정하였다. 그러나 속약이 체결된 지 3년이 지난 1903년까지도 공사가 시작되지 않은데다 다음해 합흥공사는 주식의 3분의 2를 벨기에회사에게 양도하였다. 이 소식을 접하고 분노한 호남·호북·광동 3성인들은 원래의 계약을 파기하고 부설권을 회수하여 자체적으로 건설에 나설 것을 요구하였다. 월한철도 건설책임을 맡은 장지동은 1년여의 교섭 끝에 1905년 7월 675만 냥이라는 고가에 철도부설권을 회수하였다. 중국이 자체적으로 건설에 나서 주식모집에 나섰으나 여의치 않자 장지동은 1909년 4월 독일·영국·프랑스 3국으로부터 550만 파운드의 차관을 들여와 3성인의 더욱 큰 반발을 불러일으켰다.

장지동의 근대화경영은 실업방면에까지 이어졌다. 1889년 겨울 호북 임지에 도착한 장지동은 한양제철소 건설에 착수하였다. 그러나 이 방면에 전혀 경험이 없었던 장지동은 시행착오를 겪지 않을 수 없었다. 강철생산에 필요한 기본적 요소인 고로는 한양(漢陽)에 설치하고 철광석은 대야(大冶)에서, 석탄은 마안산(馬鞍山)에서 들여와 제강에 나섰으나 실패하자 장지동은 부득이 독일에서 코크스 수천 톤을 수입하지 않을 수 없었다. 한양제철소는 1890년부터 1896년까지 560만냥이라는 거금을 투자하였음에도 강철을 생산해내지 못하였다. 후일 출발부터 잘못되었음을 인지한 장지동은 일본으로부터 300만원을 차용 새 고로를 도입하여 비로소 한양제철소에서 질 좋은 강철을 생산할 수 있었다.

본격적인 생산에 돌입한 뒤 한양제철소는 10여개의 관련 기업에 3천 명의 직원을 거느린 대형기업으로 성장하였다. 당시 한양제철소는 중국 최대 규모를 넘어 아시아 최초의 최대 제철소로 자리하였다. 제철공업에 머물지 않고 장지동은 방직공업 발전에도 큰 성과를 거두었다.

1892년 무창에 설립한 호북직포국은 2천 명의 직공을 거느린 큰 방직공장으로 성장하여 적지 않은 이윤을 거두었다. 다만 장지동은 직포국의 이윤을 철공소와 군수공장의 손실을 메우는데 전용하여 직포국의 발전은 제한적일 수밖에 없었다.

자립군기의 실패 후 혁명파의 세력이 날로 커지자 청조는 입헌파를 중심으로 한 기득권세력을 품에 안아 통치를 공고히 하기 위해 예비입헌을 준비하였다. 1905년 5대신을 해외에 파견하여 각국의 헌정 상황을 고찰하도록 한 청조는 다음해에는 관제개혁을 선포하고 헌법대강을 편찬하였다. 청조가 입헌군주제 시행을 위한 준비에 나선 초기 장지동은 찬성도 반대도 아닌 애매한 태도를 보였다. 반면 "만일 예정대로 시행되면 즉시 천하가 어지러워질 것"이라며 관제개혁에 대해서는 분명한 반대 입장을 표시하였다. 2백여 년간 유지되어 온 제도를 일시에 바꿀 수 없다는 것이 장지동의 기본 입장이었다. 청조가 관제개혁을 단행하려는 목적은 지방관의 권력을 약화시켜 황권을 강화하려는데 있었다. 이에 청조는 당시 지방의 총독과 순무 가운데 가장 큰 권력을 지니고 있던 원세개와 장지동을 북경으로 불러들였다.

1908년 11월, 광서제와 자희태후가 연달아 사망하고 세 살에 불과한 부의(溥儀)가 계위하여 광서제의 동생이자 부의의 부친인 순친왕 재풍(醇親王 載灃)이 섭정왕으로 국정을 총괄하게 되었다. 이를 기화로 만주족 귀족들은 한족 출신 고관들을 배척하기 시작하였다. 당시 원세개의 권세가 가장 강한데다 무술변법시기 광서제를 배반한 이력으로 우선적인 배척의 대상이 되었다. 재풍 등은 원세개를 모살하려는 계획까지 세웠지만 장지동은 이를 반대하였다.

1909년 초, 청조는 원세개가 족질(足疾)을 앓고 있다는 명분으로 낙향하여 휴양할 것을 허용하였다. 동년 7월부터 병세가 심해진 장지동은 8월 21일 본직과 모든 겸직에서 물러날 것을 청하였다. 임종 전 병상을 찾은 재풍에게 장지동은 백성들을 잘 대해줄 것을 당부하고 숨을 거두었다. 장지동이 사망하자 조정에서는 문양(文襄)이라는 시호를 내렸다.

전후 17년간 호광총독을 역임한 장지동은 실업과 교육방면에서 출중한 업적을 남겼다. 특히 호북의 교육개혁이 성공할 수 있었던 것은 장지동의 적극적인 계획과 참여가 있었기에 가능하였다. 교육개혁 방면에 남긴 장지동의 공헌은 호북에만 한정된 것이 아니라 전국적인 영향을 미쳤다. 호북교육 근대화의 기초를 닦은 장지동의 위대한 교육사상은 수많은 인재배출의 출발점이었다.

제10장

광동(廣東) 4걸
– 개혁과 혁명을 이끈 인물들

1. 강유위(康有爲)

강유위(1858-1927)의 원명은 조이(祖詒), 자는 광하(廣廈), 호는 장소(長素)이며, 이 외에도 명이(明夷)·경신(更甡)·서초산인(西樵山人)·유존수(遊存叟)·천유화인(天遊化人) 등 많은 호를 사용하였다. 광동성 남해현(南海縣) 출신인 관계로 강남해(康南海)라 불리기도 하였다. 20여 세 무렵부터 서양문화에 접촉하여 1888년에는 광서제에게 변법을 요청하는 첫 번째 상서를 올렸으나 황제에게 전달되지 못하였다. 1891년 광주에 만목초당(萬木草堂)을 열고 제자들을 가르쳤다. 갑오전쟁 후 마관조약이 체결될 무렵 1,300여 명의 거인들과 연합하여 공거상서(公車上書)를 올렸다.

1898년 무술변법을 추진하였으나 실패 후 일본으로 망명 보황회(保皇會)를 조직하고 개명전제를 주창하며 혁명에 반대하였다. 신해혁명 후에는 보황당의 영수로 활동하며 공화제에 반대하였다. 1917년 부의(溥儀)의 복벽을 추진하였으나 곧바로 실패하였다. 말년에도 시종 청조에 대한 충성을 고집하다 1927년 산동의 청도에서 병사하였다.

강유위는 1858년 3월 19일 광동성 남해현의 관료지주 집안에서 출생하였다. 5세 무렵 당·송시 수백 편을 암송하였고 6세 무렵부터 4서3경을 배우기 시작하였다. 11세에 부친이 사망한 뒤에는 조부로부터 엄격한 봉건정통교육을 받아 경서와 역사서를 공부하였다. 소년시기 송명이학의 대가인 강찬수(康贊修)·주차기(朱次琦)를 스승으로 모시고 공부하며 과거에도 응시하였다.

1879년부터 서양문화와 접촉하기 시작한 강유위는 22세에 스승 주차기 곁을 떠나 홀로 광동 4대 명산의 하나로 고향 가까이에 있는 서초산(西樵山)에 들어가 경세치용과 관련한 도서들을 널리 탐독하였다. 이 해에 홍콩을 여행한 강유위는 세상을 보는 시야가 이전에 비해 한결 넓어졌다. 홍콩에 다녀온 뒤 강유위는 『해국도지(海國圖志)』·『영환지략(瀛環志略)』등 책자를 즐겨보고 세계 지도를 구입하는 등 서학에 커다란 관심을 보이기 시작하였다. 이때가 강유위 사상변화의 중요한 전환점이라 할 수 있을 것이다.

1882년 회시에 참가한 뒤 귀향하는 길에 상해에 들러 발전상을 목도한 강유위는 자본주의와 각국의 정치제도 및 자연과학을 소개하는 서적들을 다수 구입하였다. 이들 도서들을 통해 강유위는 점차 자본주의제도에 대한 이해를 갖게 되었고, 서양의 제도가 중국의 것보다 선진적임을 인식하게 되었다. 여기에 더욱 가중되어 가는 제국주의의 침략과 청조의 부패상은 청년 강유위의 가슴 속에 구국의 불이 타오르게 하였다. 서양의 강성함에 대한 학습과 이해가 깊어질수록 서양의 제도와 사물을 배워 위기에 처한 조국을 구하겠다는 강유위의 결심도 굳어져 초보적인 유신변법의 사상체계가 모습을 갖추기 시작하였다.

1884년 청불전쟁이 폭발하여 광서와 광동지역이 프랑스군의 위협에 직면한 것은 강유위의 변법사상을 심화시키는 결정적 사건 가운데 하나였다. 1888년 순천부 향시에 참가하기 위해 북상한 강유위는 이 기회에 광서제에게 "조종의 성법을 바꾸고, 사회일반의 여론이 국정에 반영되도록 하며, 황제 주변의 인물을 신중히 골라 쓸 것"을 건의하는 상소를 올렸으나 황제에게 전달되지는 못하였다.

1891년 강유위는 양계초(梁啟超) 등의 요청에 응하여 광주성내 장흥리(長興里, 현 광주시 중산4로 장흥리)에 만목초당(萬木草堂)을 열고 제자들을 가르치기 시작하였다. 수업의 주된 내용은 중국의 학술원류와 역사정치의 득실 및 만국공법 등이었다. 강학과 더불어 강유위는 이 무렵 변법운동의 이론기초를 세우는데도 주력하여 『신학위경고(新學僞經考)』와 『공자개제고(孔子改制考)』라는 두 편의 핵심 저작을 완성하기도 하였다. 두 종의 저서에 담긴 강유위의 사상과 이론은 과학적이지는 못하였지만, 당시 주류 지식계에 강렬한 충격과 반향을 불러일으켰다. 완고한 수구파들은 강유위의 이론과 주장이 자신들의 기득권 유지에 큰 위협이 된다고 판단하여 이단이자 사설(邪說)이라 매도하였다.

이러저러한 이유로 두 차례 만목초당을 옮길 수밖에 없었던 강유위의 제자는 1893년 무렵 1백여 명으로 증가하였다. 1894년, 강유위는 『인류공리(人類公理)』를 저술한 후, 『대동서(大同書)』로 이름을 바꾸어 출간하였다. 이 책에서 강유위는 사유재산이 없고 계급도 없으며 모두가 가족처럼 지내며 모두가 평등한 인간낙원인 대동사회의 건설을 이상으로 삼았다.

갑오전쟁에서 패배한 청조는 1895년 4월 17일 굴욕적인 마관조약 (馬關條約)을 체결하였고 중국 과분(瓜分)의 위기가 더욱 현실로 다가 왔다. 이 무렵 마침 과거 응시차 북경에 머물고 있었던 강유위는 각지 에서 올라온 거인 1,300여 명과 연합하여 5월 2일 1만 8천자의 공거 상서(公車上書)를 올렸다. 공거상서에서 강유위는 마관조약 체결을 반 대하면서 천도를 단행하며 군대를 훈련시켜 일본과의 항쟁을 계속할 의지를 만천하에 보이고 조종의 성법을 바꾸는 변법을 시행할 것을 건 의하였다. 공거상서는 1888년에 이은 강유위의 두 번째 상서이자 유 신개량파가 정식으로 정치무대에 등장하게 되었음을 알리는 신호탄이 었다. 첫 번째 상서와 달리 공거상서는 부국(富國), 양민(養民), 교민 (敎民)의 구체적인 변법의 범위를 제시하였다. 공거상서 역시 광서제 에게 전달되지는 못하였으나 강유위는 회시에 합격하여 공부주사(工 部主事)에 발령되었다.

1895년 5월 29일 강유위는 변법의 순서 및 방법과 공거상서의 내용 을 보충한 세 번째 상서를 올렸다. 자강과 치욕을 씻을 수 있는 요책 (要策)으로 부민(富民), 양민(養民), 교사(敎士), 연병(練兵) 네 가지를 꼽은 강유위는 세 번째 상서에서 그 구체적인 방안을 제시하였다. 도 찰원(都察院)을 통해 상소문을 받아본 광서제는 이를 세부 베껴 한 부 는 자희태후에게 올리고 한 부는 건청궁(乾淸宮)에 보관하며, 한 부는 각 지방의 총독과 순무에게 보내 의논하도록 지시하였다. 한 달 뒤인 6월 30일, 강유위는 네 번째 상서를 올렸다. 여기에서 강유위는 독창 적인 견해를 제시한 사람에게 상을 내리고, 기술자들이 새로운 기계를 만들면 특허권을 부여하는 등 새로운 지식을 개발하도록 장려할 것, 의원(議院)을 설치하여 민의가 상달될 수 있도록 건의하였다. 세 번째 상서와 달리 네 번째 상서는 보수파의 반대로 황제에게 전달되지 못하였다.

위에서 주도하는 정치개혁 실현을 위해 부단히 상서를 올리는 한편 강유위는 새로운 지식을 보급하고 백성을 깨우쳐 아래로부터 지지를 얻어내기 위한 노력도 게을리하지 않았다. 이를 위해 1895년 8월 17일 격일간의 『만국공보(萬國公報)』를 창간하였고, 이어 북경강학회(北京强學會)를 조직하였다. 강학회는 역서국(譯書局) 혹은 강학서국(强學書局)이라 불리기도 하였다. 강학회 참여자는 양계초를 비롯하여 진치(陳熾)·심증식(沈曾植)·정립균(丁立鈞)·양예(楊銳) 등이었다. 여기에 광서제의 스승인 옹동화(翁同龢)가 지지를 보내 강학회는 개량파와 제당(帝黨)이 상호 결합된 정치단체의 성격을 지니게 되었다. 성립 후 강학회원들은 사흘에 한 번씩 모임을 갖고 자강의 길을 모색하는 토론과 더불어 완고한 수구파를 맹렬히 비판하였다. 이를 못 마땅히 여긴 이홍장 등의 압력으로 강유위는 북경을 떠나게 되었다.

북경에 강학회를 조직한 직후인 1895년 10월 17일, 강유위는 북경을 떠나 상해로 향하였다. 이는 상해의 중요성을 인식하고 이곳에 강학회를 설립하기 위해서였다. 중도에 남경에 들른 강유위는 양강총독서리 장지동(張之洞)의 열렬한 환영과 접대를 받고 재정적인 지원을 약속받아 상해에 강학회를 조직하였다. 상해강학회는 1896년 1월 12일 『강학보(强學報)』를 발간, 유신변법을 창도하였다. 북경과 상해의 강학회 활동이 활발해지자 보수파들의 반대와 증오도 덩달아 증폭되었다. 어사 양숭이(楊崇伊)의 탄핵을 시발점으로 자희태후는 광서제를 압박하여 강학회를 해체하고 간행물을 폐간하도록 하였다.

수구파의 반발로 북경을 떠난 강유위는 광주로 돌아와 만목초당에서 강학을 계속하였다. 1897년 11월 독일이 산동 교주만(膠州灣)을 강점하고 이에 맞서 러시아가 대련과 여순을 점거하자 12월 강유위는 상해를 거쳐 입경하여 다섯 번째 상서를 올렸다. 공부상서(工部尙書)가 상서를 황제에게 올리지 않자 강유위는 신문에 공개적으로 발표하여 큰 반향을 불러일으켰다. 일부에서는 황제에게 강유위를 소견(召見)하도록 상주하였으나 4품관 이상이 아니면 황제를 만날 수 없다는 규정에 따라 실현되지 못하였다. 이 무렵 강유위는 총리아문에서 옹동화와 이홍장 등을 만나 자신이 쓴 『일본변정고(日本變政考)』등을 올리고 변법의 필요성을 역설하였다. 1898년 1월, 광서제는 강유위에게 변법의 견을 제시하도록 하였다. 이에 강유위는 여섯 번째 상소문의 형식으로 「응조통주전국접(應詔統籌全局摺)」을 올려 정식으로 변법을 실행한다는 국시(國是)를 정하여 반포하자고 건의하였다. 이어 강유위는 광서제에게 자신이 쓴 『일본명치변정고(日本明治變政考)』와 『아라사대피득변정기(俄羅斯大彼得變政記)』를 올렸다. 동년 4월 강유위는 양계초와 함께 보국회를 조직하여 구국자강을 호소하였다.

1898년 6월 11일 광서제는 변법실시의 국시를 선포한 뒤 16일 이화원 근정전으로 강유위를 불러 총리아문장경(總理衙門章京)에 임명, 수시로 상주할 수 있는 자격을 배려하였다. 이 자리에서 강유위는 변법을 하지 않으면 안 되는 이유를 설명하고 황제가 명령을 많이 내려 신정을 실시할 수 있도록 요청하였다. 변법실시의 국서가 반포된 이후 9월 21일까지 진행된 일련의 조치를 무술변법이라 한다. 무술변법이 시작되자 강유위의 막후 활동 하에 광서제는 일련의 개혁을 추진하였고 강유위는 정치, 경제, 군사, 문교방면에 적지 않은 개혁과 새로운 시책을 건의하였다.

변법이 본격화되면서 자희태후를 따르는 수구파의 반발과 견제도 덩달아 강화되었다. 변법국시가 반포된 직후인 6월 15일 광서제는 자희태후의 압력으로 변법에 호의적인 옹동화를 면직시키지 않을 수 없었다. 이어 2품 이상의 신임 관리는 반드시 자희태후에게 사은(謝恩)하도록 하고, 수구파 영록(榮祿)을 직예총독에 임명하였다. 강유위가 정치를 농단한다는 공격과 더불어 수구파는 군정방면의 실권을 장악하고 광서제는 상유(上諭) 기초권만 가질 뿐이었다. 7월 중순 수구파 양숭이 등은 천진에서 영록을 만나 신정을 뒤엎을 정변을 계획하기 시작하였다. 정변이 일어나기 전인 9월초부터 광서제는 수구파의 움직임이 심상치 않아 자신의 자리도 보전하기 어려울 것으로 예견하고 강유위에게 두 차례 밀지를 보내 속히 북경을 떠나도록 하였다.

무술변법 기간 수상직에서 물러난 이토 히로부미(伊藤博文)가 중국을 방문하고 있었다. 이에 앞서 영국선교사 리차드 티모시(Richard Timothy)는 강유위에게 이토를 청조의 고문으로 초빙하도록 요청할 것을 건의하였다. 이토가 중국에 도착하자 변법파 관원들은 다투어 이토를 중용할 것을 요청하는 상서를 올려 수구파 관원들의 경각심을 불러일으켰다. 당시 이토는 리차드 티모시를 통해 강유위에게 중·미·영·일 합방을 제안하였다. 강유위의 지시를 받은 변법파 관원 양심수(楊深秀)는 9월 20일 광서제에게 '합방'이라는 이름에 개의치 말고 영·미·일과 손잡을 것을 건의하는 상소를 올렸다. 당일 광서제는 관련 문제를 논의하기 위해 금명간 이토를 만나기로 약속하였다. 9월 19일 이화원에서 자금성으로 돌아온 뒤 이런 사실을 알게 된 자희태후는 사태가 엄중함을 깨닫고 정변을 발동하여 무술변법은 막을 내리게 되었다.

1898년 9월 21일 새벽, 자희태후는 임조청정(臨朝聽政)을 선포하고 즉시 광서제를 연금하였다. 이어 변법파 관료들에 대한 체포에 나서 강광인(康廣仁)·유광제(劉光第)·양예(楊銳)·임욱(林旭)·담사동(譚嗣同) 6명을 심문도 없이 7일 만에 처형하였다. 급박한 상황에서 북경을 벗어난 강유위는 상해와 홍콩을 거쳐 10월 24일 일본에 도착하였다. 도중 강유위는 공개서한을 발표하여 자희태후와 수구파를 강력하게 비판하였다.

일본에 도착한 강유위는 문부대신 이누카이 쓰요시(犬養毅)에게 지지를 요청하는 한편 동문회(同文會) 영수 고노에 아쓰마로(近衛篤麿)에게도 도움을 청하였다. 당시 일본에 망명 중이던 손문(孫文)·진소백(陳少白) 등 혁명파는 동병상련의 감정을 가지고 방문하여 위로하고 우의를 돈독히 하고자는 뜻을 미야자키 도라조(宮崎寅藏)·히라야마 슈(平山周) 등을 통해 강유위에게 전하였다. 강유위는 자신은 밀조(密詔)를 받은 몸인지라 혁명당과 왕래하기 불편하다며 합작을 거절하였다. 이에 굴하지 않고 손중산은 일본 우인들의 주선으로 손·진·강·양 4인 회동을 제안하였다. 강유위는 불참하고 양계초가 대표로 참가한 회담이 열리기는 하였으나 아무런 결과도 도출하지 못하였다. 이후 손중산은 진소백을 보내 혁명대업을 위해 함께 손잡을 것을 제안하였으나 강유위는 광서제의 은혜를 절대 잊을 수 없다며 거절하였다.

강유위가 중국과 가까운 곳에서 활동하는 것을 원치 않은 청조는 일본과 교섭을 진행하였다. 그 결과 일본 외무성으로부터 거액의 여비를 받은 강유위는 1899년 4월 3일 요코하마(橫濱)를 출발 캐나다로 향하였다. 벤쿠버·오타와 등지에서 행한 연설에서 강유위는 자신은 "황제의 명을 받아 중국을 구할 방도를 찾기 위해 출국하였다"며 화교들의 적극적인 지원을 요청하였다. 이어 영국을 방문한 강유위는 광서제가 다시 정권을 잡을 수 있도록 영국정부가 중국 내정에 간섭을 희망하며 운동을 벌였으나 성과가 없자 캐나다로 되돌아갔다. 7월 20일, 강유위는 캐나다화교를 중심으로 보황회(保皇會)를 조직하였다. 보황회의 정식 명칭은 보구대청광서제회(保救大淸光緖帝會)이며 중국유신회(中

國維新會)라고도 칭하였다.

보황회는 캐나다를 중심으로 미국, 멕시코, 남미주, 남양, 일본, 홍콩, 마카오 등 화교가 많이 거주하는 지역으로 활동영역을 넓혀 전성기에는 11개 총회, 103곳의 지회에 회원이 100여 만 명에 달하였다. 보황회는 마카오에서 『지신보(知新報)』, 요코하마에서 『청의보(清議報)』를 발행하여 기관지로 삼고 광서제 복위, 자희태후와 영록 등 수구세력 배척을 종지로 활동하였다.

보황회의 활동은 1899년 가장 활발하였다. 자희태후가 광서제를 폐위할 것이라는 정보를 홍콩의 신문보도를 통해 접한 강유위는 즉시 각 지역 보황회에 연락하여 반대운동을 전개하도록 하고, 만일 자희태후가 이를 받아들이지 않으면 근왕군을 일으키겠다고 위협하는 전보를 자희태후에게 보내도록 하였다. 열강의 반대도 작용하여 자희태후는 광서제 폐위를 단념하였다.

강유위의 보황활동을 못마땅히 여긴 청조는 1900년 당시 양광총독이던 이홍장에게 명하여 강유위와 양계초 두 사람 조상의 묘를 밀어버리도록 하였다. 또한 복건·절강·광동 등 연해지역 총독과 순무에게 명하여 강유위와 양계초에게 10만 냥의 현상금을 걸도록 하였다. 의화단사건이 발생하자 강유위는 외국인을 도와 권비(拳匪)를 제거하고 황제를 구하자고 호소하며, 광서제 복위만이 중국을 안정시킬 수 있다고 주장하였다. 강유위의 지령을 받아 토적근왕(討賊勤王)을 기치로 내걸고 실제 활동에 나섰던 당재상(唐才常)이 체포되어 처형됨으로써 보황회의 활동은 타격을 입게 되었다.

의화단사건 이후 청조의 중국지배를 종식시키려는 움직임이 점차 시대조류로 자리 잡아 갔다. 혁명형세의 발전에 영향을 받아 제자인 양계초마저 동요되는 기미를 보이자 강유위는 초조한 기색을 감출 수 없었다. 강유위는 혁명은 멸망을 재촉하는 길이며 광서제를 복위시켜 입헌군주제를 취하는 것만이 혁명의 참화를 면할 방도라며 입헌주장을 펼치기 시작하였다. 중국 내외에서 혁명론과 입헌론의 대립이 치열하게 전개되고 있을 때 강유위는 인도, 홍콩, 페낭, 유럽, 미주 등지를 돌며 상대적으로 여유로운 시간을 보냈다.

1905년 8월 일본에서 중국동맹회가 성립되자 혁명운동을 견제하기 위해 청조는 1906년 9월 1일 예비입헌을 반포하였다. 당시 유럽에 머물고 있던 강유위는 9월 4일 포고를 발표하여 다음해 원단(1907년 2월 13일)을 기해 보황회를 국민헌정회로 개편한다고 선언하였다. 1907년 3월 23일, 보황당인들이 뉴욕에서 대회를 개최하자 강유위는 유럽에서 급히 참석하여 보황회를 제국헌정회로 정식 개명하였다. 대외적으로는 중화제국헌정회라는 이름으로 알려진 이 단체는 장정(章程) 제2조에서 "군주입헌을 종지로 한다"고 하고 민주입헌에 반대하여 나아갈 방향을 분명히 하였다.

제국헌정회 성립 후 강유위는 귀국하여 정치활동에 뛰어들고자 하였으나 뜻을 이루지 못하였다. 이에 양계초 등에게 지시하여 청조의 황실귀족 및 국내의 입헌파와 연계를 강화하도록 하고, 화교 입헌주의자들을 움직여 속히 국회를 개원하여 헌법을 제정할 것을 청원하도록 하였다. 국내외 입헌파들의 요구를 무시할 수 없었던 청조는 1908년 9월 예비입헌기간을 9년으로 하며 9년 후에는 국회를 개원하여 헌정을 실시한다고 발표하였다. 다음 달에는 헌법대강 23조를 반포하였는데, 이 가운데 지고무상의 권력이 보장된 군권(君權) 조항만 14개조에 달하였다. 혁명파는 헌법대강에 결연한 반대 입장을 표시하였으나, 강유위는 극력 옹호를 표명하였다.

헌법대강이 반포된 지 채 2개월이 못되어 광서제가 사망하였다. 강유위는 원세개가 황제를 독살하였다며 그를 죽여 황제의 원수를 갚아야한다고 주장하였다. 1910년 강유위는 제국헌정회 명의로 청원서를 올려 9년의 예비기간이 너무 길다며 다음해 즉각 국회를 개원할 것을 요구하였다. 이 무렵 보황회세력은 국내의 청원운동단체와 긴밀한 연계를 취하고 연말 제국헌정회를 제국통일당으로 바꾸어 청조 민정부에 등록신청을 계획하였다.

1911년 5월, 청조는 국회 조속 개원을 위한 청원운동을 엄격히 제한하고 황족내각을 조직하였다. 총리대신으로 임명된 경친왕 혁광(慶親王 奕劻)을 신뢰하지 않은 강유위는 보황회원을 사주하여 해외에서 혁광을 공격하는 여론을 일으키도록 하였다. 1911년 7월 강유위는 일본으로 거처를 옮겼다.

신해혁명이 폭발한 뒤인 1913년 모친상을 당한 강유위는 15년의 외국생활을 청산하고 귀국하였다. 망명 시 진보적인 유신운동의 영수였던 강유위는 귀국 시에는 골수 보수파로 변해 있었다. 강유위의 귀국 소식을 접한 원세개는 북경거주를 청하였으나 무술년 배신한 구원을 잊지 못한 강유위는 모친상을 치른 뒤 상해에 거주하였다. 이때『불인(不忍)』잡지를 창간한 강유위는 공교(孔敎)를 국교로 삼고 공자를 천단(天壇)에 배향할 것을 주장하였다.

1916년 3월, 강유위는 원세개에게 퇴위를 청하는 전보를 발송하였다. 그해 6월 원세개가 사망하자 강유위는 신임 대총통 여원홍(黎元洪)에게 속히 정식국회 소집을 요구하며, 공교를 국교로 정한다는 조항을 헌법에 삽입할 것을 청하는 전보를 보내었다. 1917년, 강유위는 여전히 청조에 대한 충성심을 간직하고 있는 북양군벌 장훈(張勳)과 작당하여 부의(溥儀)의 복벽을 성사시켰다. 그러나 얼마 지나지 않아 단기서(段祺瑞)의 토벌로 복벽은 실패로 마감되고, 지명 수배된 강유위는 상해를 거쳐 강소성 모산(茅山)에 장기 은거하였다. 1919년 5·4운동이 폭발하자 강유위는 시위학생들을 옹호하는 공개전보를 발표하기도 하였다.

1923년 강유위는 청도(靑島)로 거처를 옮기고 비교적 여유로운 생활을 즐겼다. 다음해 10월, 풍옥상(馮玉祥)이 이른바 '수도정변(首都政變)'을 일으켜 퇴위 후에도 줄곧 자금성에 머물고 있던 부의를 강제로 출궁조치하였다. 다음 해 천진에서 부의를 '배알'한 강유위는 각지를 둘러본 뒤 상해에 머물며 천유서원(天遊書院)을 설립하였다. 1927년 3월말, 외출 후 집에 돌아와 홍차를 마신 뒤 복통을 호소한 강유위는 식중독 진단을 받고 3월 31일 새벽 5시경 사망하였다.

강유위는 생존 시에도 그렇고 사후에도 극단적인 평가를 동시에 받았던 인물이었다. 그를 개혁가의 표상으로 높이 평가하는 사람이 있는가 하면, 뼛속까지 보황당이라고 폄하하는 사람도 적지 않았다. 공과(功過)가 극명하게 엇갈리지만 결과에 상관없이 강유위가 유가사상의 전통과 서방의 입헌주의를 결합시켜 새로운 발전방향을 모색하고자 노력했던 점은 부정할 수 없을 것이다.

2. 양계초(梁啓超)

양계초(1873-1929)의 자는 탁여(卓如), 임보(任甫)이다. 호는 임공(任公)이 가장 널리 알려져 있고, 이 외에 음빙실주인(飮冰室主人)·음빙자(飮冰子)·애시객(哀時客)·중국지신민(中國之新民)·자유재주인(自由齋主人) 등 많은 호를 사용하였다. 광서제 때 거인(擧人)이며 무술변법을 이끌었던 지도자의 한 사람이다.

무술변법이 실패하자 강유위와 함께 일본으로 망명한 뒤 점차 보수적인 정치경향을 보여 입헌을 추진하였다. 신해혁명 후 귀국하여 일시 원세개정부에서 사법총장, 단기서정부에서 재정총장을 맡았다.

양계초는 1873년 2월 23일 광동 신회(新會, 현 광동성 강문시 신회현)에서 출생하였다. 조부와 부친은 신사(紳士)로 지방행정에 간여하여 지역에서 일정한 세력과 영향력을 행사하였다. 4세 무렵부터 조부로부터 글을 배우기 시작하여 소년시기 적지 않은 전통적 문사(文史) 지식을 습득하였다. 동시대 여타 청년들과 마찬가지로 양계초도 어린 나이부터 과거를 준비하였다. 10세가 되던 1882년 광주에서 동자시에 응시하였으나 실패하고 2년 뒤 재차 광주로 가 향시에 합격 수재(秀才)가 되었다. 비교적 일찍 향시에 합격하자 주변의 기대가 커지고 이에 따라 부친의 엄격한 관리 아래 양계초는 과거 준비에 온 힘을 쏟았다.

1885년, 양계초는 전 양광총독 완원(阮元)이 설립한 광주 학해당(學海堂)에 들어가 공부하였다. 이곳에서 고거(考據)를 중시하는 한학(漢學)을 접하면서부터 형식과 내용에 있어 엄격한 틀이 짜여진 팔고문은 생기 없고 무미건조한 것이라는 인식이 생겨나기 시작하였다. 1889년 양계초는 광주 향시에서 8등으로 합격하였다.

다음해 회시에 참가하였으나 낙방한 양계초는 귀향길에 상해에 들르게 되었다. 이곳에서 상해제조국이 번역 출간한 서양서적과 세계지리를 소개한 『영환지략(瀛環志略)』 등을 접하면서 양계초의 시야는 넓어지게 되었다. 이후 서양의 정치와 문화에 대해 깊은 관심을 보여 같은 해 가을 친구 진천추(陳千秋)의 소개로 강유위(康有爲)와 인연을 맺게 되었다.

당시 강유위는 관직에 있지는 않았지만 이미 상당한 명성을 가진 인물이었다. 강유위의 독특한 견해와 대담한 거동에 매료된 양계초는 먼저 제자를 칭하였다. 이렇게 시작된 강유위와의 인연은 양계초 일생의 큰 전환점이 되었다. 스스로 학해당을 나와 강유위의 문하에 들어간 양계초는 개혁주장과 변법이론을 접하고 점차 유신의 길을 걷기 시작하였다.

1891년 양계초와 진천추 등은 강유위에게 청하여 광주에 만목초당(萬木草堂)을 열게 하였다. 강유위의 강학은 내용과 방법에서 전통과는 달라 공학(孔學)·불학(佛學)·송명이학(宋明理學)을 중심으로 하면서 사학(史學)과 서학(西學) 등을 아울러 중시하였다. 따라서 교재는 중국의 고서 외에도 서양서적의 번역본이 폭넓게 활용되었다. 새롭고 생동감 넘치는 교학 방법과 시대적 요구와 국가운명과 직결된 교학내용은 경서를 달달 외우는 공부법에 익숙했던 양계초에게는 낯설면서도 신기롭고 흥분을 자아내기 충분하였다.

만목초당에서 학습하는 동안 양계초는 강유위의 사상과 학설을 온전히 받아들였다. 이 기간 양계초는 강유위가 『신학위경고(新學僞經考)』와 『공자개제고(孔子改制考)』 등 중요 저작을 편찬할 때 조수 역할을 수행하였다. 이 무렵 양계초는 천하대세와 민족위기에 대해 이해하기 시작하여 개량구국, 중화문화의 진흥을 위해 분투하기로 뜻을 세웠다. 동서양 서적에 대한 광범위한 섭렵은 양계초의 지식수준을 크게 제고시켜 이후 사상과 언론계에서 실력을 발휘할 튼튼한 기초로 작용하였다.

1895년 봄, 양계초와 강유위는 회시에 참가하기 위해 북경으로 향하였다. 이때는 마침 갑오전쟁에서 패한 청조가 일본과 굴욕적인 마관조약(馬關條約)을 체결할 때였다. 조약체결 소식이 전해지자 여론이 들끓기 시작하였다. 양계초는 강유위의 명을 받아 각 성에서 올라온 거인들을 규합하는 임무를 맡고, 우선 광동 출신들에게 조약체결 반대에 앞장서도록 설득하였다. 강유위와 양계초는 각지에서 올라온 거인 1,300여 명과 연합하여 5월 2일 1만 8천자의 공거상서(公車上書)를 올렸다. 조약비준 거부, 천도, 변법실행 등의 내용을 담은 상서의 제출은 유신운동의 시작을 알리는 신호탄이었다. 공거상서를 제출하는 과정에서 양계초는 회의를 조직하고 연락을 취하는 외에도 상서문을 기초하는 등 중요한 역할을 수행하였다.

회시에 합격 공부주사로 발령받은 강유위는 유신을 선전하기 위해 1895년 8월 17일 격일간의 『만국공보(萬國公報)』를 창간하였다. 양계초는 만국공보의 중요 필진으로 참가하여 서학을 선전하고 변법을 고취하였다. 만국공보에 실린 글들을 통해 사람들은 양계초의 이름과 재능을 알게 되었다. 그리하여 불과 몇 개월 사이에 양계초는 이름 없는 서생에서 유신운동의 핵심인물로 평가받게 되었다.

1896년, 황준헌(黃遵憲)·왕강년(汪康年) 등 유신파 인사들이 상해에 『시무보(時務報)』를 창간하면서 양계초를 주필로 초빙하였다. 시무보 주필로 활동하는 기간 양계초는 통속적인 문자를 사용하면서도 날카로운 시각으로 유신변법을 이론적으로 정립한 문장을 다수 발표하였다. 이론의 출발점은 중국이 강해지기 위해서는 반드시 변법을 행해야 한다는 것이었다. "법은 천하의 공기(公器), 변화는 천하의 공리(公理)"라고 강조한 양계초는 주동적인 변화는 보국(保國), 보종(保種), 보교(保敎)를 담보할 수 있지만 피동적인 변화는 종속만 가져올 뿐이라며 자주적이고 주체적인 변화의 중요성에 대해서도 역설하였다.

시무보에 발표한 문장을 통해 양계초는 중국의 낙후된 면모를 가감 없이 드러내며 서학(西學)을 대대적으로 선전하였다. 양계초는 중국의 변화와 발전을 위해서는 반드시 서방 자본주의국가의 정치, 경제, 문화와 교육제도를 학습해야 한다는 주장을 견지하였다. 특히 서방의 민권설과 의회제도 채용을 주장한 양계초는 민권론을 주창하며 역대 중국제왕을 민적(民賊)이라 맹렬히 공격하였다. 언뜻 천박한 듯 보이면서도 시사문제를 통해 깊이 있는 도리를 담아내는 양계초의 뛰어난 글솜씨는 당시 저명한 문장가였던 엄복(嚴複)도 높이 평가할 정도였다. 양계초의 참여로 시무보의 영향력은 날로 확대되어 창간된 지 불과 수개월 만에 판매량이 1만여 부에 달하였다. 중국에서 근대적 신문이 출간된 뒤 가장 많은 판매량을 기록한 시무보의 주필 양계초의 명성도 날이 갈수록 높아갔다.

시무보 등을 통한 변법이론의 선전은 유신운동의 전개에 촉진작용을 하였으나, 다른 한편으로는 반대파의 불만과 시기를 불러 일으켰다. 양무파의 대표적 인물인 장지동은 왕강년을 통해 시무보를 장악하려 시도하였고, 이로 인하여 양계초와 왕강년 사이의 모순이 갈수록 격화되었다. 결국 시무보를 떠난 양계초는 호남순무 진보잠(陳寶箴)의 요청을 받아 1897년 가을 장사(長沙) 시무학당의 총교습에 취임하였다. 신문을 발간하다 학생을 가르치게 되면서 주변 환경이 크게 바뀌기는 하였으나, 이에 개의치 않고 양계초는 유신선전 활동을 멈추지 않았다.

이 무렵 독일이 교주만(膠州灣)을 점령하는 등 중국 과분(瓜分)의 위기가 현실로 다가오자 강유위는 급히 입경하여 활동하였다. 양계초도 호남 반유신파의 공격으로 활동이 여의치 않게 되자 1898년 2월 상해로 되돌아가 시무보 주필직을 사퇴하고 다음 달 초 입경하였다. 강유위와 합류한 양계초는 국가와 민족을 위기에서 구할 방도를 찾기에 골몰하였다. 유신운동의 기세가 높아갈수록 양계초의 역할과 명성도 더욱 커져갔다. 양계초는 백일유신 기간 반포된 신정관련 장정의 대부분을 직접 기초하였고, 광서제는 직접 그를 불러 노고를 치하하고

6품관직을 내렸다.

　무술변법이 실패하자 양계초는 일본으로 피신하여 망명생활을 시작하였다. 망명 초기 한때 양계초는 혁명파와 가까이 지내기도 하였다. 심지어 청조의 요청으로 일본에 머물 수 없게 된 강유위가 캐나다에 장기 거주하는 기회에 손문 등 혁명파와 연합을 시도하기도 하였다. 이를 알게 된 강유위가 강력하게 반대하여 혁명파와의 연합은 실현되지 못하였다. 필경 혁명파와는 지향하는 바가 달랐기에 이후 양계초는 계속 강유위를 받들며 개량파의 입장을 견지하였다.

　여론을 이용하고 보황파의 영향력을 확대하기 위한 수단으로 이 무렵 양계초는 선전활동을 매우 중시하였다. 이에 1898년 12월 요코하마에서『청의보(淸議報)』를 창간하여 개량파의 기관지로 삼았다. 당시 양계초는 광서제의 성덕(聖德)을 널리 선양하며 중국을 보전하는 길은 존황(尊皇) 밖에 없다고 선전하였다.

　1902년 2월 양계초는 요코하마에서『신민총보(新民叢報)』를 창간하고 개량주장을 계속 선전하였다. 이전과는 이미 형세가 달라졌음을 감지한 양계초는 부득이 보황의 구호를 버리고 신민설(新民說)을 기치로 내걸기 시작하였다. 이 무렵 양계초는 "중국이 부진한 까닭은 국민들의 공덕심이 결여되고 지혜가 부족한 탓"이라 여기고, 따라서 "나라를 새롭게 하기 위해서는 응당 백성이 먼저 새로워져야 한다."는 신민설을 널리 선전하는데 주력하였다.

　한때 잠시나마 연합의 움직임을 보였던 개량파와 혁명파는 양계초의 선제공격을 계기로 격렬한 논쟁을 전개하기 시작하였다. 특히 1905년 8월 중국혁명세력의 통일체인 동맹회가 성립되고『민보(民報)』를 기관으로 삼으면서 쌍방의 논전은 최고조에 달하였다. 격렬한 논전 과정에서 양계초는 신민총보에 연달아 논설을 게재하여 개명전제(開明專制)를 고취하였다. 여전히 중국 국민의 수준이 낮아 공화국 국민의 자격이 없다고 본 양계초는 현재의 중국에서 "공화는 군주입헌보다 못하고, 군주입헌은 개명전제보다 못하다"고 주장하는 한편 청조의 통치를 종식시켜야 한다는 혁명파의 주장을 '복수주의'라 폄하하고 공격하였다. 혁명파는 왕정위(汪精衛)·호한민(胡漢民)·주집신(朱執新) 등이 돌아가며 논전에 임하는 반면 혼자서 이들에 대적하느라 지친 양계초의 휴전제의로 쌍방의 논전은 마감되었다.

신축화약 체결 후 청조는 점점 첨예화되는 계급 간 모순을 완화시키고 혁명파의 성장을 가로막기 위해 신정(新政)을 실시하였다. 이어 1905년에는 헌정준비를 위해 대신들을 일본과 서양에 보내 각국의 헌정 상황을 고찰하도록 하였다. 고찰헌정대신들로부터 입헌실시가 황위를 영원히 공고히 하고 외환을 경감시키며 내란을 방지하는데 도움이 된다는 보고를 받은 청조는 입헌을 결심하게 되었다. 1906년 9월 정식으로 입헌을 선포한 청조는 국민을 교육시킬 시간이 필요하다며 12년의 예비입헌기간을 설정하였다.

청조가 헌정실시를 선포하자 이에 호응하여 강유위는 1907년 2월 13일을 기해 보황회를 국민헌정회로 개편한다고 선언하여 입헌운동에 뛰어들 채비를 마쳤다. 양계초도 이에 뒤질세라 동년 9월 도쿄에서 입헌운동기관인 정문사(政聞社)를 조직하였다.

신해혁명이 폭발하자 청조의 구원투수로 긴급 투입된 원세개는 1911년 11월 16일 책임내각을 조직하고 양계초를 법무차장에 지명하였다. 일본에 머물고 있던 양계초는 당시 중국 정치무대에서 열쇠를 쥐고 있는 인물은 원세개와 자신 둘 뿐이라는 자만과 자신이 없지 않았다. 양계초는 원세개가 장점을 발휘하여 군사문제를 책임지고, 자신은 언론을 통해 국민심리를 다독인다면 새로운 전기를 마련할 수 있을 것이라 기대하였다. 그러면서도 양계초는 이름뿐인 법무차장의 자리를 받아들이는 것보다는 국외자 신분을 유지하는 것이 여론을 통제하고 국민에 영향을 미치기에 유리하리라 판단하여 자리를 받아들이지 않았다.

양계초의 예상 밖으로 정치형세가 빨리 변하여 1912년 2월 선통제가 퇴위하고 3월 원세개가 임시대총통에 취임하였다. 순식간에 권력중심이 원세개편으로 쏠리게 되자 양계초는 그간의 고자세를 버리고 원세개의 신임을 얻기 위해 골몰하였다.

1912년 10월, 14년간의 망명생활을 청산한 양계초는 일본을 떠나 귀국길에 올랐다. 비록 장시간 국외에 있었지만 워낙 명성이 높았던지라 귀국 후 양계초는 가는 곳마다 열렬한 환영을 받았다. 고무된 양계초는 이 기회를 이용하여 뜻한 바를 펼쳐 보일 결심을 갖게 되었다. 양계초가 귀국한 직후 실시된 국회선거에서 송교인이 주도하는 국민당이 승리를 거두었다. 평소 의회정치 실시를 주장해온 송교인은 역량을 확대하여 장차 의회와 내각을 장악하고자 하였다. 국민당에 맞서 양계초도 적극적인 활동을 통해 군소정당을 합병하여 민주당을 창당하였다. 1913년 5월에는 공화당과 통일당을 합병하여 국민당에 맞설 수 있는 유일한 정당인 진보당으로 확대 개편하였다.

정당활동과 동시에 양계초는 신문을 발행하여 중앙집권의 필요성을 역설하였다. 이는 강력한 중앙집권체제를 원하는 원세개의 바람에 부응하는 것이었다. 특히 손문 등이 주도한 반원세개운동인 '2차혁명'이 실패한 뒤 양계초는 자신이 장악하고 있는 언론기관을 통해 혁명당을 비방하고 혁명운동에 반대하는 여론을 조성하기에 급급하였다. 혁명은 또 다른 혁명을 낳을 뿐 절대 정치를 개량할 수 없다는 입장을 견지한 양계초는 혁명투쟁을 '폭민정치', 혁명당을 '난폭파'라 공격하며 폭민정치의 화(禍)는 홍수나 맹수보다 심하다고 주장하였다.

양계초와 그가 영도하는 진보당이 원세개정권 옹호를 공개적으로 주장하자 원세개는 매우 흡족하지 않을 수 없었다. 그 보답으로 원세개는 1913년 7월 진보당 소속의 웅희령(熊希齡)을 내각총리로 임명하였다. 9월 출범한 웅희령내각은 '일류인재내각'이라 불렸고, 양계초는 사법총장의 자리를 차지하였다.

1914년 1월, 원세개는 국회해산령을 내렸고, 다음달 웅희령내각은 붕괴되었다. 원세개는 양계초를 폐제국총재(幣制局總裁)에 임명하여 우대의 뜻을 나타내었다. 별다른 실권이 없는 자리에 흥미를 잃은 양계초는 12월 사직하고 천진으로 거처를 옮겼다. 이후로도 원세개는 정치고문으로 임명하여 양계초를 계속 이용하고자 하였으나 양계초는 이를 거절하였다. 이 시기 양계초는 원세개의 전제통치에 불만이면서도 그에게 희망을 거는 애매한 태도를 취하였다. 다만 일본의 21개조 요구를 접수하고 황제가 되려는 원세개의 행태에 대해서는 분명한 반대 입장을 표시하였다.

21개조 요구 접수로 인해 발생했던 정치풍파가 조금 잠잠해지자 원세개는 제제(帝制)를 회복시키려는 발걸음을 빨리하였다. 이에 완전히 원세개에게 실망한 양계초는 토원격문(討袁檄文)을 발표하고 반원세개 투쟁의 선봉을 자처하였다. 언론을 통한 원세개 공격과 동시에 양계초는 채악(蔡鍔) 등과 밀모하여 무력토벌을 적극 준비하였다. 1915년 12월 25일, 채악은 운남에서 '호국군(護國軍)'을 조직 본격적인 무력토원(討袁)을 시작하였다.

1915년 연말 천진에서 상해에 도착한 양계초는 채악 등과 전보를 주고받으며 호국군 활동을 지원하였다. 아울러 양계초는 광서도독 육영정(陸榮廷)과 비밀리에 연락을 취하여 광서독립을 촉구하였다. 1916년

3월, 육영정의 요청에 응한 양계초는 홍콩과 베트남을 거쳐 광서로 들어가 호국운동에 직접 참가하였다. 5월 6일 호국군 군무원이 광동 조경(肇慶)에서 성립되자 양계초는 무군(撫軍) 겸 정무위원장을 맡았다. 재직기간 양계초는 군무원의 모든 포고와 전보문안을 직접 집필하였다.

1916년 6월 6일 원세개가 병사한 뒤 중국정치는 북양군벌의 손에 의해 농단되었다. 원세개 사후 실제 권력은 국무총리 단기서(段祺瑞)에 의해 장악되었다. 단기서를 지지한 양계초는 남방의 각 지방 실력자들에게 전보를 보내 단기서를 지지하고 협력할 것을 청하였다. 북경정부는 중화민국임시약법을 회복하고 원세개에 의해 해산되었던 국회를 회복하겠다고 선포하였다. 이에 양계초는 북방과 대치하여 충돌이 발생할 것을 염려하여 군무원 해산을 추진하였다. 양계초의 재촉으로 7월 14일 군무원은 해산을 선고하고 단기서와 합작할 것을 선언하였다.

제1차 세계대전이 폭발하여 독일에 대한 선전포고 문제를 두고 1917년 3월 총통 여원홍(黎元洪)과 국무총리 단기서 간에 첨예한 충돌이 발생하였다. 대다수의 반대에도 불구하고 양계초는 단기서의 대독선전을 지지하였다. 참전안이 국회에서 부결되자 양계초는 자신이 주도하는 연구계(研究系) 의원들에게 사직을 종용하여 여원홍과 국회에 압력을 가하고자 하였다.

쌍방이 치열하게 투쟁하고 있는 과정에서 단기서와 양계초는 각종 수단을 동원하였다. 먼저 장훈(張勳)을 부추겨 여원홍을 축출하고, 이어 복벽(複辟)의 주동자라는 죄명으로 장훈을 실각시켰다. 최후의 승자인 단기서는 재조공화(再造共和)의 공을 자본삼아 북양정부의 대권을 재차 장악하였다. 시종 단기서의 편에 섰던 양계초와 연구계 출신은 자연스럽게 새 내각의 요직을 차지하였다. 재정총장 겸 염무총서독판에 임명된 양계초는 득의양양하지 않을 수 없었다.

재직기간 양계초는 군비를 확충하고 통치기반을 공고히 하는 등 단기서를 위해 힘을 다하였다. 이 기간 양계초는 북경정부를 대표하여 일본으로부터 두 차례 차관을 들여오는 계약을 체결하기도 하였다. 군벌정권을 위해 발 벗고 나서는 양계초의 행태는 사람들의 강렬한 불만을 자아내었고, 각종 신문과 잡지에는 연일 양계초를 공격하는 글이 발표되었다.

1917년 9월, 손문이 임시약법회복과 군벌타도를 기치로 내걸고 호법전쟁을 발동하여 11월 15일 단기서정부는 와해되었다. 타의에 의해 사직하게 된 양계초는 이를 계기로 정치활동을 접고 문화교육과 학술연구에 집중하였다. 1918년 말 출국하여 유럽 여러 나라를 둘러본 양계초는 서구사회가 안고 있는 수많은 문제와 폐단을 직접 목도하게 되었다. 귀국 후 그는 서방문명은 이미 파산하였다며 동방의 고유문명을 빛내어 세계를 구하자는 주장을 내세우기 시작하였다. 중국의 고유한 제도와 전통을 극력 비판하던 양계초가 옛 전통의 옹호와 제창에 앞장서기 시작한 것이다. 이런 변화는 직접 목격한 자본주의사회에 대한 불만과 실망 그리고 신문화운동과 마르크스주의에 대한 증오와 반대가 반영된 결과였다. 1929년 1월 19일, 양계초는 북경 협화의원(協和醫院)에서 56세로 사망하였다.

양계초는 일생을 중국사회의 개조, 민족강성과 국가번영의 길을 찾기 위해 바쳤다. 다만 그의 정치주장은 때와 장소에 따라 부단히 변화하여 심지어는 모순된 부분이 없지 않았기에 사람들에게 신뢰를 주지 못하였다. 유신운동기간 양계초는 강유위의 개량사상과 변법이론을 추종하고 서양의 과학과 문화를 널리 선전하는데 앞장섰다. 무술변법 실패 후 일본에 망명한 양계초는 일시 개량과 혁명의 갈림길에서 동요하는 모습을 보이기도 하였다. 결국은 강유위와 같은 길을 걸으며 보황을 주장하였다.

혁명파와의 논전이 치열하게 전개되고 있을 당시 양계초는 다시 이전의 주장을 버리고 개명전제의 실행을 제창하였다. 양계초가 전력을 다해 개명전제를 고취하며 입헌제도의 시행을 반대하고 있을 무렵 청조가 정식으로 예비입헌을 공포하자 양계초의 주장은 다시 변하였다. 이후 양계초는 해외 입헌운동의 중추적 역할을 담당하는 입헌군주제 옹호자로 탈바꿈하였다.

신해혁명이 폭발하여 청조의 중국지배가 마감되고 공화제 시행이 현실로 다가오자 양계초는 다시 정치주장을 바꾸어 허군공화(虛君共和)의 구호를 들고 나왔다. 원세개를 옹호했던 입장에서 호국군을 통한 반원세개투쟁으로, 호국에서 다시 북양군벌 단기서 지지로 양계초의 정치주장 행동이 변화무쌍함은 민국시기에도 변함이 없었다. 그러나 정치주장의 부단한 변화에도 불구하고 애국애민의 종지는 시종 변함이 없었다.

양계초는 서양의 근대적 사학이론은 맨 먼저 중국에 소개한 대표적 인물이기도 하였다. 무술변법 실패 후 일본에 머무는 동안 양계초는 서양사학을 접하게 되었다. 근대적 사학이론과 방법을 활용하여 1901년 『중국사서론(中國史敍論)』, 1902년 『신사학(新史學)』을 발표한 양계초는 중국의 봉건사학을 통렬히 비판하며 '사학혁명'을 창도하였다.

이들 작품을 통해 양계초는 비교적 계통적으로 사학의 효용가치, 역사철학, 역사연구의 방법과 태도 등 문제에 대해 새로운 주장을 제시하였다. 이후로도 그는 『중국역사연구법(中國歷史硏究法)』·『중국역사연구법보편(中國歷史硏究法補編)』 등을 발표하여 새로운 사학이론체계를 제시하였다. 양계초의 역사관이 투영된 이들 작품은 후일 중국사학의 발전에 광범위하고 지대한 영향을 미쳤다.

청 말의 가장 우수한 학자 중 한 사람으로 공인받은 양계초는 중국 역사상 손꼽히는 백과전서식 인물이었다. 현실정치에서 손을 뗀 뒤 그가 전력을 기울인 학술연구에서의 위대한 성과는 비견할 인물이 없을 정도였다. 양계초의 학술연구는 철학, 문학, 사학, 경학, 법학, 윤리학, 종교학 등 다양한 방면에 걸쳐 있었고, 매 영역의 연구마다 특별한 성과를 남겼다. 양계초는 맨 먼저 중화민족이라는 용어를 사용하였고, 일본식 한자 가운데서 경제, 조직, 간부와 같은 수많은 신조어를 흡수하여 중국에 소개하였다. 일생의 대부분을 정치활동에 바쳤으면서도 양계초는 평생 1,400만자에 달하는 각종 저작을 남겼다.

3. 홍수전(洪秀全)

홍수전(1814-1864)의 원명은 화수(火秀), 족보상의 이름은 인곤(仁坤)이다. 조상의 관적은 광동 가응주(嘉應州, 현 광동성 매주시 매현)이나 광동 화현(花縣, 현 광주시 화도구)에서 출생하였다. 도광제 연간 여러 차례 과거에 낙방한 뒤 기독교의 평등사상을 채용하여 배상제회를 조직하였다. 모두가 평등한 태평세상 건설을 명분으로 태평천국을 건립하고 천왕(天王)을 칭하며 1853년 남경을 수도로 삼아 천경(天京)이라 개명하였다. 1864년 천경에서 병사하였고, 그의 사후 얼마 지나지 않아 태평천국은 멸망하였다.

대대로 농사를 짓던 집안에서 태어난 홍수전은 7세 무렵 마을에 있는 서숙(書塾)에 들어가 사서오경과 기타 고적을 공부하기 시작하였다. 비교적 총명한 편이었던 홍수전에 거는 집안과 촌로들의 기대는 상당하였다. 1828년 처음으로 광주부에서 시행하는 원시(院試)에 응시하였으나 낙방하였다. 1836년 두 번째 과거시험에서도 낙방하였다. 두 번째 과거에 응시하기 위해 광주에 올라온 홍수전은 거리에서 기독교선교사들이 나누어 준 『권세양언(勸世良言)』이란 책자를 받아왔다. 이 책자는 영국 출신의 선교사 모리슨(Robert Morrison)의 제자인 중국인 양발(梁發)이 성경 가운데 중요한 문구만 추려 번역한 것으로 1832년 처음 간행되었다.

1838년, 25세의 홍수전은 세 번째 과거에 응시하였으나 또 다시 실패하였다. 세 차례 연달아 과거에 낙방한 홍수전은 크게 낙담하여 귀가 후 큰 병을 앓게 되었다. 병으로 혼미한 상황에서 홍수전은 하늘의 뜻을 받들어 인간세상의 요괴들을 물리치라는 계시를 받는 꿈을 꾸게 되었다. 병이 나은 뒤 여전히 과거준비에 몰두한 홍수전은 30세가 되던 1843년 봄 재차 광주 원시(院試)에 응시하였으나 또 다시 낙방하였다.

과거를 다시 준비할 것인가를 두고 고민하던 홍수전은 1836년에 받아왔던 권세양언을 자세히 읽어보게 되었다. 이 책을 읽고 기독교교의에 감화된 홍수전은 상제를 신봉하고 인간평등의 관념을 구현할 생각을 갖게 되었다. 아울러 권세양언의 내용과 몇 년 전 자신이 꾸었던 꿈의 내용을 연결시켜 자신을 상제의 둘째 아들이자 예수의 동생이라 스스로 믿게 되었다. 기독교교의를 따르기로 작정한 홍수전은 즉각 집안에 모셔두었던 공자의 위패를 상제의 위패로 바꾸어 버렸다. 이때까지도 아직 성경을 접해보지 못하였지만, 홍수전은 사람들에게 자신이 이해하는 범위 내에서 기독교교의를 선전하기 시작하였다.

홍수전은 처음에 광주 부근에서 선교에 나섰으나 별다른 성과를 거두지 못하였다. 홍수전은 친구 풍운산(馮雲山)을 설득하여 공자의 위패를 부수고 기독교를 믿게 한 뒤 그와 함께 선교활동에 나섰다. 홍수전은 공자의 위패는 물론이고 조상의 위패마저 부수고 마을의 서당까지 해산시켜 버렸다. 홍수전의 극단적인 전통파괴 행위는 주변 사람들의 반발을 불러일으키지 않을 수 없었다. 고향에서 활동이 어려워지자 홍수전은 1844년 4월 풍운산과 함께 고향을 떠났다. 광동의 남해(南海)와 번우(番禺) 등지를 거친 두 사람은 광서 귀현(貴縣)으로 들어갔다. 얼마 뒤 홍수전은 광동으로 되돌아가고 풍운산만 남아 포교하여 신도가 점차 늘어나는 성과를 보였다.

풍운산을 남겨두고 고향으로 돌아온 홍수전은 1845년부터 다음해까지 『원도성세훈(原道醒世訓)』·『원도각세훈(原道覺世訓)』·『백정가(百正歌)』 등을 저술했다. 유가사상과 기독교교의를 결합시켜 완성된 이 글들은 배상제회의 이론기초를 든든히 하는데 활용되었다. 기독교에 대한 정식의 교육을 받은 적이 없는 홍수전은 이 무렵 스스로 기독교에 대한 이해가 부족함을 느끼게 되었다. 이에 1847년 3월 광주로 가 몇 개월간 기독교 교회에서 공부한 뒤 세례를 청하였으나 교의에 대한 이해가 부족하다는 이유로 거절당하였다. 그러자 스스로 세례를 마친 홍수전은 7월 광서 계평(桂平)으로 가 3년만에 풍운산과 재회하였다.

풍운산의 협조 아래 홍수전은 계평에 배상제회(拜上帝會)를 조직하고, 양수청(楊秀淸)·소조귀(蕭朝貴)·위창휘(韋昌輝)등 2,000여 명의 회원으로 조직을 확대하였다. 회원이 늘어나자 홍수전과 풍운산은 지도기관을 설립하고 모세의 10계와 유사한 천조십금(天朝十禁)을 제정하는 등 규율과 의례를 정하였다. 배상제회의 영향력을 확대시키기 위해 이 무렵 홍수전은 직접 무리를 이끌고 주변의 우상과 묘(廟)를 파괴하였다. 배상제회의 조직이 확대되고 영향이 커질수록 지방정부와의 모순과 갈등도 심화되었다. 1850년 7월경 홍수전은 반청을 결심하고 준비를 서둘렀다. 홍수전은 각지로 사람을 보내 11월 4일 이전까지 금전(金田)에 집결하여 단영(團營)하라고 지시하였다.

1851년 1월 11일(음력 12월 10일) 자신의 38번째 생일을 맞은 홍수전은 이를 기념하여 기의를 선포하고 국호를 태평천국이라 정해 천왕을 자칭하였다. 극도로 만주족의 중국통치를 증오했던 홍수전은 기의의 최종목적을 청조타도에 두었다. 1851년 9월 나대강(羅大綱)이 지휘하는 태평천국의 선두부대가 영안(永安)을 점령하였다.

다음해 4월까지 이곳에 머물며 홍수전은 봉왕(封王)과 관제창립 등 건국의 기본조치를 제정하였다. 아울러 이미 금전기의 때 만들어졌던 태평천력(太平天曆)을 공식으로 반포하고 청의 역법을 부정하여 혁명의 의지를 내보였다. 1851년 4월 5일 청군의 포위를 뚫고 영안을 탈출한 홍수전은 계림(桂林) 공략에 실패하자 북진하여 호남성과의 경계지대에 위치한 전주(全州)를 공략하였다. 이 과정에서 홍수전의 가장 든든한 후원자였던 풍운산이 사망하여 후일 태평천국의 발전사에 큰 영향을 미치게 되었다.

전주를 버리고 호남으로 진격한 홍수전은 1852년 10월 장사(長沙)를 공격하였으나 함락시키지 못하자 다시 북상하여 호북과의 경계지인 악주(岳州)를 점령하였다. 장사 공격 과정에서 홍수전은 여동생의 남편인 서왕(西王) 소조귀(蕭朝貴)를 잃어 더욱 고립되게 되었다. 1852년 말에서 다음해 초 사이 태평천국군은 장강 중류의 요충인 무한삼진(武漢三鎭, 무창·한구·한양)을 점령하였다. 여기에서 하남으로 북진할 것인가, 서쪽의 사천으로 향할 것인가, 장강을 따라 동쪽으로 내려갈 것인가를 두고 논쟁을 벌인 태평천국 수뇌부는 결국 부유한 강소와 절강을 손에 넣기로 하여 우선 남경을 점령하기로 결정하였다.

1853년 2월 9일 수륙 양로로 나누어 무한을 출발한 태평천국군은 3월 20일 남경을 점령하여 수도로 삼고 천경(天京)으로 이름을 바꾸었다. 홍수전이 태평천국을 건국한 것은 인간세상 모두가 평등하고 천하가 한 집안처럼 태평한 나라를 만들기 위해서였다. 따라서 천경을 수도로 정한 뒤 배상제회의 이상과 이론에 따라 다방면에 걸친 정치와 사회개혁을 단행하였다. 이 가운데 가장 중요한 의미를 갖는 것이 천조전무제도(天朝田畝制度)의 반포였다. 이 제도는 기본적으로는 토지제도와 관련된 것이었지만, 그 내용은 정치, 경제, 군사, 문화 등 다방면의 개혁을 포함하였다. 다만 이 제도가 태평천국이 지배했던 모든 지역에서 보편적으로 시행되었다고 보기는 어려울 것이다.

태평천국의 정체는 군주제였다. 천왕은 최고통치자로 중국의 역대 제왕들과 마찬가지로 큰 권력이 부여되었고 왕위는 세습되었다. 그러나 사실상 태평천국 전기의 군정대사는 군사(軍師)들이 책임지고 홍수전은 막후로 물러나 직접 조정의 사무를 처리하는 경우가 많지 않았다. 대신 풍운산과 소조귀의 사망이후 동왕 양수청이 실권을 장악하였다. 천경 정도(定都) 후 홍수전은 사서오경을 금서로 규정하려 하였으나 양수청이 반대하였다. 결국 사서오경의 일부 내용을 수정하여 간행하기로 양보하였지만 태평천국이 멸망할 때까지 실제 간행은 이루어지지 않았다.

1856년 6월 태평천국군은 향영(向榮)이 이끄는 강남대영을 격파하여 3년간 포위되어 있던 천경의 숨통을 트이게 하였다. 강남대영 격파로 태평천국의 형세가 좋아지자 딴마음을 품기 시작한 양수청은 8월 천부하범(天父下凡, 천부가 이 세상에 내려왔다)을 명분으로 홍수전을 동왕부로 오게 하였다. 이 자리에서 양수청은 천부의 이름을 빌어 자신과 동왕부 세자도 만세를 칭할 수 있도록 압박하여 결국 홍수전의 약속을 받아내었다. 태평천국의 역사에서는 이를 핍봉만세(逼封萬歲)라 칭하였다.

홍수전이 영안에서 왕을 봉할 때 양수청을 여러 왕 가운데 첫 번째 의미를 지닌 동왕(東王)에 봉한 것은 그에 대한 신임의 표시이자 양수청이 그만한 조직과 실력을 갖고 있었기 때문이었다. 천경에 정도한 이후에도 양수청이 관장한 동왕부는 별도의 6부 기관과 부속인원을 거느려 그 권세가 위창휘나 석달개보다 위에 있었다. 홍수전이 유명무실한 천왕의 이름보다는 실제권력 장악에 나서려하자 태평천국의 모든 사무를 관장하고 있던 양수청과의 마찰이 심화될 것은 불을 보듯 뻔하였다. 핍봉만세 사건 이후 홍수전은 동왕이 자신의 자리를 노리는 것으로 여겨 천왕부의 방어를 더욱 튼튼히 하였다.

천왕과 동왕 사이의 모순이 날로 심해지는 상황에서 평소 양수청에게 불만이 많았던 위창위는 동왕을 주살하도록 주청한 적이 있었으나 홍수전은 이를 거절하였다. 이제 동왕이 권력을 찬탈하려 기도하고 있다고 확신한 홍수전은 전선에 나가 있는 위창휘와 석달개에게 속히 귀경하여 자신을 돕도록 밀조(密詔)를 내렸다. 1856년 9월 1일 천경에 도착한 위창휘는 당일 저녁부터 다음날 새벽 사이 동왕부를 습격하여 양수청과 그 가족 및 부하 등 2만여 명을 살육하는 이른바 '천경사변(天京事變)'을 일으켰다.

9월 중순에야 뒤늦게 천경에 당도한 석달개가 지나친 살육행위를 힐책하자 위창휘는 석달개마저 죽이려 하였다. 기미를 알아챈 석달개는 몰래 천경을 벗어났으나 그의 가족과 부하들은 모두 위창휘에게 죽임을 당하였다. 안경(安慶)으로 도망하여 위창휘토벌군을 조직한 석달개는 홍수전에게 위창휘를 주살하도록 요구하며 그렇게 하지 않으면 천경을 공격하겠다 하였다. 당시 천경 이외의 지역에서 활동하고 있던 태평군의 대부분은 석달개를 지지하는 편이었다. 홍수전은 부하들의 요청에 따라 위창휘를 주살하도록 명령하였고, 저항하던 위창휘는 11월 2일 체포되어 사형에 처해졌다. 이어 위창휘의 수급을 안경으로 보내 석달개의 불만을 풀게 하였다. 천왕을 제외하고 금전기의에 참가했던 왕들 가운데 유일한 생존자인 석달개는 11월 천경으로 돌아와 26세의 젊은 나이에도 군정대권을 장악하였다.

일련의 정치적 풍파를 겪은 뒤 홍수전은 주변인물들을 더 이상 믿지 못하게 되었다. 더구나 석달개가 돌아와 열광적인 환영을 받게 되자 그에 대한 의심이 더욱 커진 홍수전은 자신의 큰 형 홍인발(洪仁發)을 안왕(安王), 둘째 형인 홍인달(洪仁達)을 복왕(福王)에 봉하여 석달개를 견제하고자 하였다. 무능하고 탐오함에도 단지 천왕의 형제라는 이유만으로 두 사람이 왕에 봉해지자 이는 자신을 감시하기 위한 조치라 여긴 석달개의 불만이 커질 수밖에 없었다. 그러나 홍수전은 석달개의 불만을 무시하였고 석달개 또한 홍수전의 의심을 풀려고 노력하지 않았다.

자신을 향한 감시와 압박이 날로 거세지자 석달개는 1857년 6월초 자신을 따르는 무리를 이끌고 천경을 떠나 안경으로 가 버렸다. 천경 사변과 석달개의 이탈로 홍수전은 원하던 군정대권을 장악할 수 있었으나, 그가 직접 조정일에 간여하면서 태평천국은 하향세로 접어들었다. 지배체제 강화의 필요성을 느낀 홍수전은 진옥성(陳玉成)과 이수성(李秀成) 등 젊은 인재들을 중용하고 조세감면과 종교선전활동 강화 등을 통해 부흥을 꾀하였다.

태평천국 내부의 정세가 다소나마 안정되어 가고 있던 1859년 4월 사촌동생 홍인간(洪仁玕)이 천경에 도착하여 홍수전에게 큰 도움이 되었다. 홍인간은 금전기의가 폭발하자 광서로 들어갔으나 태평천국 본대와 합류하지 못하고 1852년 홍콩으로 가 선교사 집에 머물며 서양의 정치와 사회정책을 공부하였다. 홍인간이 천경에 도착하자 크게 기뻐한 홍수전은 그를 간왕(干王)이라 부르며 정무를 총괄하게 하였다.

국정을 통괄하게 된 홍인간은 태평천국을 크게 발전시킬 수 있는 계획을 담은 『자정신편(資政新編)』을 홍수전에게 제출하였다. 서방 자본주의국가의 제도를 모방하여 완성된 이 책에는 정치개혁, 경제개혁, 사회와 문화개혁, 외교정책 등이 담긴 태평천국 후기의 중요한 정강(政綱)이었다. 토지문제에 대한 직접적인 언급이 없는 아쉬움이 있기는 하지만 자정신편의 내용 가운데 어떤 것은 실행에 옮겨져 효과를 보기도 하였다.

1863년 겨울, 천경이 겹겹이 포위되어 위기에 처하자 이수성은 천경을 버리고 중원으로 진출할 것을 건의하였다. 이를 거절한 홍수전은 천경사수를 고집하였으나, 별다른 대응책을 마련하지도 못하였다. 단지 장차 상제가 보낸 천병(天兵)이 당도하여 청군을 물리쳐줄 것이라는 허황된 말로 부하들을 기만할 뿐이었다. 이 무렵 중병으로 건강이 좋지 않았던 홍수전은 1864년 6월 1일 사망하였다. 홍수전의 죽음은 식량이 부족하여 풀로 연명하다 병에 걸려 사망했다는 설과 더불어 음독자살했다는 두 가지 설이 있다. 홍수전 사후 장자 홍천귀복(洪天貴福)이 천왕의 자리를 계승하였다. 홍수전의 사망 소식은 열흘 뒤에야 공포되었고, 궁중에 안치되었던 시신은 천경이 함락된 뒤 훼손되었다.

중국역사상 최대규모의 그리고 가장 오랜 시간 계속된 농민기의를 주도한 홍수전에 대한 평가는 기본적으로 긍정적인 편이었다. 중국에서는 특히 문화대혁명 기간 태평천국을 미화하고 홍수전을 찬양하는 분위기가 극에 달하였다. 당시 태평천국농민운동은 신민주주의혁명의 시작이자 모범으로 평가되고 홍수전은 혁명영수이자 중국역사상 가장 완전한 인간으로 평가되기도 하였다. 그러나 문화대혁명의 회오리가 잠잠해진 1980년대 이후 홍수전에 대한 평가는 점차 냉철해지기 시작하였다. 수천만의 희생자를 낸 태평천국의 혁명방식에 대한 비판과 더

불어 이제는 홍수전을 정신병자, 폭군, 사이비종교의 교주로 간주하는
이도 없지 않다.

4. 손문(孫文)

손문(1866년 11월 22일-1925년 3월 12일)의 자는 재지(載之) 호는
일신(日新) 혹은 일선(逸仙)이며, 어릴 적 이름은 제상(帝象)이다. 일
본에 망명 중이던 1897년 중산초(中山樵)라는 가명을 사용하여 후일
손중산으로 널리 알려지게 되었다. 광동성 향산현(香山縣, 현 중산시)
의 농민가정에서 출생하였다. 하와이와 홍콩에서 공부하였고 1905년 중
국동맹회를 성립하여 반청혁명운동을 전개하였다. 신해혁명 후 중화
민국임시대총통을 지냈다. 1925년 북경에서 병사하여 유언에 따라
1929년 6월 1일 남경 자금산(紫金山)에 안장되었다. 1940년 국민정부
에 의해 중화민국 국부(國父)로 추앙되었다.

손문은 1866년 중국 남방 광동성의 빈곤한 농가에서 출생하였다.
후일 큰 형 손미(孫眉)가 하와이 마우이 섬에서 목장과 상점을 경영하
여 재산을 축적하면서 집안 형편이 나아지게 되었다. 10세 무렵 마을
서숙(書塾)에 들어가 전통교육을 받기 시작하였다. 한때 태평천국군에
가담했던 같은 마을 어른으로부터 태평군의 반청활동에 관한 애기를
듣고 성장하여 홍수전(洪秀全) 등에 대한 숭배감이 생겨났다.

1879년 큰 형의 초청으로 모친과 함께 하와이로 건너갔다. 이후 형
의 도움으로 손문은 하와이에서 이오라니 학원(Iolani College)의 3년
과정을 마친 뒤 다시 오하우 학원(Oahu College)을 졸업하여 일찍부
터 서양문물에 접할 수 있었다. 1883년 호놀룰루를 떠나 귀국한 손문

은 상대적으로 낙후된 중국의 현실에 대해 불만을 갖게 되었다. 고향 취형촌(翠亨村)에 머무는 동안 마을 친구 육호동(陸皓東)과 우상파괴 등 미신척결을 주도하다 사람들의 미움을 사 어쩔 수 없이 홍콩으로 가게 되었다. 홍콩의 발췌학교(拔萃學校, Diocesan School), 황인서원(皇仁書院, Queens College)에서 잠시 공부한 손문은 다시 형의 부름으로 하와이로 가 반년 정도 머물다 1885년 4월 귀국하여 황인서원을 졸업하였다.

청불전쟁이 발생한 뒤 청조의 무능함과 전제정치의 부패함을 목도하고 반청사상을 갖게 되고 중국을 개조할 방안이 무엇인지 깊이 생각하기 시작하였다. 이후 수시로 반청사상을 담은 언론을 발표하고 개량주의 선구자로 홍콩의 저명한 변호사 겸 의사인 하계(何啟), 유명한 유신주의 사상가 정관응(鄭觀應) 등과 교류하였다.

1887년 10월 하계가 세운 서의서원(西醫書院, The College of Medicine for Chinese, 현 홍콩대학 전신)의 1기생으로 입학하여 1892년 1등으로 졸업한 손문은 한동안 의사로 활동하였다. 마카오와 광주 등지에서 환자를 돌보는 한편으로 손문은 서의서원 재학시절부터 가까이 했던 동지들을 중심으로 반청성향의 비밀결사조직원들을 규합하여 혁명단체 창립을 준비하였다. 다만 이때까지도 손문은 완전히 혁명에 경도되지는 않아 개량주의자적인 면모를 보여주기도 하였다.

1894년 직예총독 겸 북양대신 이홍장(李鴻章)에게 개혁주장을 담은 글을 올린 것이 그 증거이다. 이홍장의 답을 얻지 못하자 상해를 거쳐 하와이로 간 손문은 같은 해 11월 24일 구제달로(驅除韃虜), 회복중화(恢複中國), 창립합중정부(創立合眾政府)를 기치로 내걸고 근대중국 최초의 혁명단체인 흥중회(興中會)를 조직하였다.

1895년 1월 하순 홍콩으로 돌아온 손문은 현지에서 활동하고 있던 양구운(楊衢雲), 사찬태(謝纘泰) 등이 조직한 보인문사(輔仁文社)와 연합하여 다음달 21일 홍콩흥중회(흥중회 총부)를 설립하였다. 건형행 (乾亨行)이라는 간판을 걸고 장사를 하는 척 위장하며 활동한 손문은 1895년 10월 26일을 기해 광주에서 거사하기로 결정하였다. 그러나 사전에 비밀이 누설되어 육호동은 체포되고 손문은 홍콩으로 탈출하 였다.

첫 번째 무장거사가 총 한방 쏴보지 못하고 실패하자 홍콩에 머물던 손문은 청조의 요청을 받은 홍콩정부에 의해 5년 동안 홍콩에서 추방 되었다. 진소백(陳少白)·정사량(鄭士良) 등과 요코하마로 망명한 손문 은 이곳에 흥중회분회를 조직한 뒤 1896년 1월 하와이로 건너갔다. 손 문은 반년 정도 하와이에 머물며 조직 확대를 꾀하고 이후 샌프란시스 코와 뉴욕을 거쳐 1896년 10월 런던에 도착하였다. 그러나 행적이 탐 지되어 10월 11일 주영중국공사관에 구금되어 중국으로 압송될 처지 에 놓였다. 다행히 서의서원 교무장을 지낸 캔틀리(James Cantlie)의 도움으로 석방될 수 있었다.

손문은 이 때의 일을 정리한 런던몽난기(倫敦蒙難記, Kidnapped in London)를 영문으로 저술하여 서구인들에게 중국혁명에 대한 관 심과 동정을 불러일으키고 자신의 이름을 널리 알렸다. 이후 한동안 손문은 도서관에 드나들며 구미의 정치, 경제에 관해 지식을 쌓고 구 미 각국의 진보적 인사들과 널리 접촉하여 삼민주의 이론의 기틀을 다 졌다. 1897년 7월 영국을 떠난 손문은 캐나다를 경유하여 8월 일본에 도착하였다.

일본 체류기간 손문은 카쓰라 다로(桂太郎), 미야자키 토라조(宮崎 寅藏), 토야마 미츠토(頭山滿) 등 중국혁명을 지지하는 일본의 정치 가, 학자, 낭인 등의 도움을 받게 되었다. 1900년 의화단사건이 발생하여 동남지역 지방관들이 '동남자보(東南自保)'를 선언하고, 양광총독 이홍장도 여기에 동조하였다. 이에 손문은 하계, 진소백 등과 상의하여 1900년 6월 홍콩총독 블레이크(Henry Arthur Blake)의 도움을 받아 이홍장에게 양광지방 독립을 권고하기로 하였다.

양광독립문제를 구체적으로 논의하기 위해 손문은 일본을 떠나 홍콩까지 왔으나 상륙금지 기간 5년이 지나지 않아 선상에서 의논만 하고 사이공으로 가 결과를 기다리기로 하였다. 결국 이홍장이 청조의 부름으로 직예총독 겸 북양대신의 직에 복귀하게 되면서 양광독립은 수포로 돌아갔다. 이 해 10월 손문은 정사량을 광동 혜주(惠州)로 보내 삼주전(三洲田)에서 회당을 모아 기의하도록 하였다.

애초 손문이 혜주기의를 계획한 것은 당시 대만총독 고다마 겐타로(兒玉源太郎)의 지원 약속이 있었기 때문이었다. 이에 손문은 대만으로 가 거사계획을 확정하고 기의가 성공하면 복건으로 건너갈 예정이었다. 혜주기의 초기 상당히 성공적인 전과를 올려 대오가 2만까지 늘어난 혁명군은 새로 수상에 취임한 이토 히로부미가 중국혁명 지원을 금지한 관계로 무기와 탄약을 제대로 공급받지 못하여 결국 실패하고 말았다. 혜주기의는 비록 실패하였지만 중국 내지에 널리 혁명을 선전하는데 큰 작용을 하였다.

1903년 7월말 태국에서 일본으로 돌아온 손문은 당시 일본에 유학하고 있던 중국학생들에게 혁명사상을 보급하기 위해 노력하였다. 1904년 11월 손문은 다시 하와이로 향하였다. 당시 하와이는 흥중회원이 많은 지역이었으나, 손문의 소개를 받은 양계초(梁啓超)가 이곳을 다녀간 뒤 보황회로 변신한 사람이 많았다.

하와이 각지를 돌며 보황의 잘못된 점과 혁명의 필요성을 역설하여 다시 흥중회의 기반을 공고히 한 손문은 다음해 2월 혁명선전을 위해 미국으로 출발하였다. 샌프란시스코를 중심으로 활동하며 보황당의 세력 확산을 막기 위해 노력한 손문은 1904년 12월 미국을 출발 유럽으로 향하였다. 영국, 벨기에, 독일, 프랑스를 돌며 현지 유학생들과 연계를 강화한 손문은 싱가포르를 경유하여 1905년 7월 일본으로 돌아왔다.

손문이 해외에서 고군분투하고 있는 사이 중국 내지에서도 혁명단체들이 하나둘씩 생겨나기 시작하였다. 1904년 2월 황흥(黃興)과 송교인(宋敎仁) 등 호남 출신이 주축이 된 화흥회(華興會)가 장사(長沙)에서 창립대회를 개최하였다. 11월 16일 자희태후의 70세 생일을 거사일로 삼아 기의하고자 하였으나 실패하자 황흥 등은 일본으로 망명하였다. 1904년 10월에는 채원배(蔡元培), 도성장(陶成章) 등 절강 출신이 주축을 이룬 광복회(光復會)가 조직되었다. 이 외에도 호북의 과학보습소(科學補習所), 복건의 공화산당(共和山堂), 안휘의 청년여지학사(靑年勵志學社), 강소의 여지학회(勵志學會)를 비롯하여 운남, 사천 등 곳곳에서 배만(排滿)혁명을 종지로 하는 조직이 속속 생겨났다.

일본에 도착하자마자 중국 각 혁명세력의 결집을 목표로 연계를 취하기 시작한 손문은 흥중회와 화흥회를 주축으로 한 혁명조직의 연합체인 중국동맹회(약칭 동맹회)를 조직하는데 성공하였다. 1905년 8월 20일 정식 창립대회를 개최한 동맹회는 본부를 동경에 두고 삼권분립의 원칙에 따라 총리 아래 집행, 평의, 사법 3부를 두기로 하였다. 손문은 총리, 황흥은 집행부 서무장, 왕조명(汪兆銘)은 평의부 의장에 선출되었다. 손문이 제출한 '구제달로, 회복중화, 창립민국, 평균지권'의 혁명 종지는 동맹회 강령으로 채택되었다.

송교인 등이 창간한 『20세기지지나(二十世紀之支那)』를 고쳐 발행한 『민보(民報)』는 동맹회 기관지로 역할하였다. 이 잡지의 발간사에서 손문은 처음으로 민족, 민권, 민생이라는 삼민주의를 제출하였다. 동맹회 성립은 전국적인 혁명운동의 발전을 촉진하는데 큰 몫을 하였다. 동맹회 장정(章程)에는 국내외에 9개 지부를 두도록 하고 해외에도 4개 지부를 두어 활동하도록 하였다.

동맹회 성립 후 국내외 각지로 사람을 파견하여 조직을 발전시키고 혁명을 선전하도록 한 손문은 1905-1906년 사이 직접 동남아 각지를 돌며 화교사회에 혁명을 선전하고 혁명경비를 모금하였다. 손문은 조직과 선전 외에도 무장기의를 혁명성공의 요소로 정하고 직접 전략방침을 제정하고 지휘하며 1906년 이후 화남 각지에서 일련의 무장기의를 일으켰다. 신해혁명이 폭발하기 전까지 손문이 주도한 무장기의는 단 한 차례도 성공을 거두지 못하였지만, 그 파급효과는 지대하였다. 특히 1911년 4월 27일 발생하여 72명의 희생자를 낸 황화강기의(黃花崗起義)는 중국 전역에 거대한 진동을 불러 일으켰다.

1911년 10월 10일 무창기의가 폭발하자 이에 호응하여 11월 하순까지 15개 성(省)이 독립을 선포하였다. 당시 혁명자금 모금을 위해 미국 덴버에 머물고 있던 손문은 현지 신문보도를 통해 무창기의 폭발 소식을 접하였다. 혁명을 성공으로 이끌기 위해서는 열강의 간섭을 막아야 한다고 판단한 손문은 즉시 귀국길에 오르는 대신 중국과 밀접한 관계에 있는 나라를 돌며 외교활동을 펼치기로 하였다. 영국의 동향이 가장 중요하다고 여긴 손문은 먼저 영국으로 가 외무성 당국자와 회담하였다.

손문은 청조에 대한 일체의 차관 중지, 일본이 청조를 지원하지 못하도록 알선해 줄 것, 홍콩을 비롯한 영국 각 속지(屬地)의 손문 추방령 취소를 요구하여 확약을 받고 대신 혁명정부는 청조가 영국과 맺은 모든 조약을 인정한다고 하였다. 다시 프랑스로 가 같은 약속을 얻어

낸 손문은 12월 21일 홍콩을 거쳐 25일 상해에 도착하였다. 12월 29일 남경에서 소집된 각성대표회의(17성 대표 45명, 화교대표 2명)는 총통선거를 실시 16표를 얻은 손문이 중화민국의 초대 임시대총통에 당선되었다.

1912년 1월 1일 상해에 머물고 있던 손문은 영접 온 인사들과 함께 남경으로 들어가 당일 밤 11시 총통부에서 취임식을 갖고 중화민국임시정부를 조직하였다. 중화민국이 성립되었지만 여전히 중국의 정체는 황제지배체제였다. 속히 청제를 퇴위시키고자 손문은 "만일 청제의 퇴위가 실현되어 공화제를 시행하면 원세개를 총통으로 추대하겠다."며 원세개의 결단을 촉구하였다. 손문의 보장을 받은 원세개는 강하게 황실을 압박하여 1912년 2월 12일 선통제(宣統帝)의 퇴위를 이끌어 내었다.

선통제 퇴위 다음날 손문은 약속대로 사퇴하고 그 다음날 참의원에서 실시된 선거에서 원세개가 만장일치로 중화민국 제2대 임시대총통에 선출되었다. 3월 10일 원세개가 정식으로 임시대총통에 취임하고 손문은 4월 1일 참의원에서 정식으로 퇴임인사를 했다. 이후 약 1년여간 손문은 평균지권 실행 등 민생주의 선전에 열을 올렸다. 한편으로 전국철로독판(全國鐵路督辦)을 자원하여 맡은 손문은 철도간선망 확충을 위해 동분서주하였다. 그러나 이미 원세개에게 권력이 넘어간 상황에서 10만 마일의 철도를 건설하고자 했던 손문의 원대한 계획은 실현되지 못하였다.

1912년 8월, 중화민국이 수립되기 전까지 비밀활동을 전개하던 동맹회는 공개정당으로 탈바꿈하여 국민당으로 개조되었다. 손문은 이사장에 추대되었으나 총간사 송교인이 이사장대리로 실제적인 당의 대표였다. 1913년 실시된 국회의원선거에서는 국민당이 다수를 차지하였다.

국회개원을 앞둔 3월 20일 밤 북경으로 가기 위해 상해역에 도착한 송교인이 무사영(武士英)의 저격을 받아 22일 사망하였다. 그 배후를 원세개로 지목한 손문은 무력토벌을 주장하였다. 이어 원세개가 국회도 모르게 대규모 차관을 들여온 일, 국민당 소속 3도독(강서도독 이열균, 광동도독 호한민, 안휘도독 백문울)을 면직시킨 일이 연달아 발생하자 7월 손문의 주도하에 무력으로 원세개를 토벌하려는 운동이 시작되었다. 이를 2차 혁명이라 칭한다. 두달만에 2차 혁명이 실패로 마감되자 손문은 일본으로 망명하였다.

일본으로 망명한 동지들과 2차 혁명 실패의 이유를 분석한 손문은 동맹회가 공개정당으로 변모한 뒤 당원들의 마음이 흩어지고 당원들이 당수에게 복종하지 않았기 때문이라고 결론 내렸다. 이에 혁명정신으로 무장한 동지들을 재집결하기 위해 중화혁명당을 조직하기 시작하였다. 1914년 7월 8일 동경에서 성립대회를 개최한 중화혁명당은 당원들에게 동맹회시기와 같은 규율과 정신을 요구하는 한편 입당 서약에서는 손문에 대한 복종을 서약하도록 하였다. 1915년 5월 초 귀국하여 공화제도의 유지를 위해 노력한 손문은 얼마 뒤 다시 일본으로 건너가 10월 25일 송경령(宋慶齡)과 결혼하였다.

원세개 사후 북경정부의 권력을 장악한 국무총리 단기서(段祺瑞)는 총통 여원홍(黎元洪)과의 불화로 일시 하야하였으나, 1917년 7월 장훈(張勳)이 주도한 복벽(復辟)사건을 수습하여 재차 국무총리에 임명되었다. 단기서는 참전의 명목으로 일본으로부터 차관을 들여와 자기 세력을 강화하는 한편 임시약법을 폐기하고 구국회의 회복을 불허하였다. 1912년 제정된 임시약법과 1913년 출범한 국회를 민국의 중요한 표지로 보고 공화국의 명맥으로 간주한 손문은 단기서의 행태에 강력히 반발하여 1917년 7월 17일 광주에 도착하여 반군벌투쟁을 준비하였다.

1917년 9월 1일 비상국회에서 육해군 대원수로 당선된 손문의 호법활동은 당시 양광(兩廣)을 지배하고 있던 광서군벌 육영정(陸榮廷)과 운남군벌 당계요(唐繼堯)와의 연합을 통해 가능하였다. 군벌들이 손문을 지지한 것은 손문의 명성과 혁명당의 위세를 이용하고자 함이었지 진정 호법에 뜻을 같이한 것은 아니었다. 군벌과 정객들의 배척을 받은 손문은 1918년 5월 대원수직을 사직한 다음 일본을 거쳐 상해로 가버려 호법전쟁은 실패로 마감되었다.

이후 상해에 머무는 동안 손문은 저서를 통해 자신의 주장을 세우고자 혁명이론을 연구하여 1918년 말 『손문학설(孫文學說)』, 1919년 8월 『실업계획(實業計劃)』을 완성하였다. 이 두 저서와 1917년에 완성된 『민권초보(民權初步)』를 합하여 1920년 『건국방략(建國方略)』이 완성되었다. 이상의 저서는 손문 혁명경험의 총결이자 새로운 중국건설의 원대한 계획이 담겨져 뒷날 중국국민당의 지도사상이 되었다.

5·4운동시기 학생운동을 높이 평가하고 지지하였던 손문은 같은 해 9월 상해에서 『건설(建設)』잡지를 창간 민주혁명론을 널리 선전하였다. 러시아혁명의 성공, 5·4운동을 보고 많은 고무와 계시를 받은 손문은 1919년 10월 10일 중화혁명당을 중국국민당으로 개조하고 총부를 상해에 두었다.

1920년 8월, 손문은 복건 남부에 주둔하고 있던 진형명(陳炯明)에게 광동에 자리잡고 있는 군벌을 타도하도록 지령하였다. 육영정을 비롯한 군벌이 축출되자 손문은 1920년 11월 국회의원들과 함께 상해에서 광주로 향하였다. 1921년 5월 손문은 비상대총통에 취임하여 제2차 호법정부를 이끌게 되었다. 광동에 호법정부가 들어서자 당황한 북경정부는 광서로 퇴각한 육영정에게 광동을 공격하도록 하였다. 그러나 광동정부가 오히려 육영정세력을 소멸시키고 광서까지 평정하였다. 이어 손문은 무력으로 군벌정권과 대적하기 위해 국회에 북벌안(北伐案)을 제출하여 통과시키고 계림(桂林)에 대본영을 설치하였다.

1922년 봄, 손문은 안휘파군벌 및 봉천파군벌과 연합하여 직예파군벌에 대항하려하였다. 그리하여 손문, 단기서, 장작림의 반직삼각동맹(反直三角同盟)이 형성되었다. 그러나 진형명은 직예파의 오패부(吳佩孚)와 결탁하여 손문이 추진하고 있는 북벌을 반대하고 6월 14일 총통부를 포위하고 손문이 머물고 있던 월수루(越秀樓)를 포격하였다. 장개석의 도움으로 위기를 모면한 손문이 상해로 떠나면서 제2차 호법정부도 와해되었다.

손문이 제1차 호법활동을 전개하고 있던 1917년 10월 러시아혁명이 폭발하였다. 당시 광주에 머무느라 여기에 깊은 관심을 보일 겨를이 없었던 손문은 다음해 여름 레닌과 소비에트정부에 혁명승리를 축하하는 전보를 보내었다. 제1차 호법운동에 실패하여 상해에 머물고 있던 1920년 가을, 진독수의 소개로 코민테른에서 파견한 보이틴스키(Voitinsky)를 만난 손문은 소비에트와 러시아 문제를 질문하는 등 공산주의에 많은 관심을 보였다.

1920년 11월 제2차 호법정부를 구성하기 위해 광주로 가면서 손문과 코민테른의 연계는 한동안 단절되었다. 손문이 북벌을 위해 계림의 대본영에 머물고 있던 1921년 12월 23일, 보이틴스키의 후임 마링(H. Maring)이 손문을 방문하여 9일간 머물며 세 차례 면담을 가졌다. 이때 마링은 중국공산당 및 소련과의 연합을 손문에게 건의하였다. 손문은 중국공산당과의 합작을 반대하고 소련과는 도의적인 관계만을 맺겠다고 하였다. 다음해 4월 광주에서 소련 전권대표를 만난 손문은 이

때부터 혁명성공을 위해 소련의 도움을 받을 의향을 다소간 갖기 시작하였다.

진형명의 반란으로 제2차 호법운동에 실패한 손문이 상해에 머물고 있던 1922년 8월 25일, 모스크바에서 개최된 코민테른 집행위원회에 중국의 형세를 보고하고 돌아온 마링이 재차 손문을 방문하였다. 이 자리에서 마링은 역시 중국공산당과의 합작, 소련과의 연합을 권고하고 중국국민당의 개조를 건의하였고 이번에는 손문도 이를 받아들였다.

1922년 7월 소련정부에 의해 주중국전권대표로 임명된 요페(Adorf Yoffe)가 8월 12일 중국에 도착하였다. 8월 하순 요페가 보낸 대표를 접견한 손문은 이후 요페와 여러 통의 편지를 주고받고 장계(張繼)를 파견하여 두 사람이 직접 만날 방안을 논의하였다. 1923년 1월 17일 상해에 도착한 손문은 22일 요페와 만나고, 26일 손-요페 공동선언을 발표하였다. 이후 요페가 병 치료차 일본으로 가자 손문은 요중개(廖仲愷)를 수행시켜 구체적인 합작방법을 논의하게 하였다.

상해에 머무는 동안 손문은 마링의 요청을 수용하여 중국국민당의 개진(改進)작업을 전개하였다. 1923년 1월 2일 상해에서 국민당 개진대회를 소집한 손문은 중국국민당 당강(黨綱)과 총장(總章)을 공포하였다. 전자는 삼민주의와 5권헌법의 기본 내용과 원칙을 천명한 것이고, 후자는 당원, 조직 회의, 경비, 기율, 부칙 6장으로 이루어졌는데 소련공산당의 것을 기본으로 삼았다.

개진과정에서 손문은 1월 21일 중국국민당 중앙 각 부의 부장을 임명하였다. 이때 중국공산당 당원인 임조함(林祖涵)이 총무부 부부장, 장태뢰(張太雷)가 선전부 간사에 임명되었다. 손·요페 공동선언이 발표된 뒤인 1월 말과 2월 초에는 담평산(譚平山), 이대조(李大釗) 등 중국공산당 당원이 중국국민당에 입당하였다.

1923년 2월 21일 손문은 진형명의 반란이 평정되자 다시 광주로 가 3월 1일 대원수 대본영을 설치하고 대원수에 취임하여 세 번째 혁명정부를 성립하였다. 1923년 8월 16일, 손문은 장개석(蔣介石)을 위시한 '손일선(孫逸仙)박사 대표단'을 파견하여 소련의 정치와 당무 및 군사를 고찰하도록 하고 이어 소련에 고문파견을 요청하였다. 이와 동시에 손문은 중국국민당 본부의 개조를 위해 10월 25일 중국국민당개조특별위원회를 소집 9명의 임시중앙집행위원, 5명의 후보위원을 위임하여 이들로 중국국민당 임시중앙집행위원회를 조직하였다. 소련이 파견한 보로딘(Michael Borodin)은 10월 6일 광주에 도착 임시중앙위원회 고문으로 초빙되어 중국국민당 당장을 기초하는 등 개조작업을 도왔다.

　개조 준비를 마친 중국국민당은 1924년 1월 20일부터 30일까지 광주고등사범학교 강당에서 165명의 대표가 참가한 가운데 제1차 전국대표대회(1전대회)를 개최하였다. 대회에서 손문은 중국국민당을 개조하여 힘 있는 정당으로 만들고, 정당의 힘으로 국가를 개조하자고 역설하였다. 대회는 당강과 당장을 통과시키는 한편 혁명 무장간부 양성을 위한 황포군관학교(黃埔軍官學校) 창설을 결의하였다. 새로운 당장의 규정에 따라 중앙집행위원 24명과 후보위원 17명이 선출되었다. 개인 자격으로 중국공산당에 가입한 중국공산당 당원 3명이 중앙위원, 7명이 후보위원에 선출되었다. 1전대회 후 소집된 중앙집행위원회 전체회의에서는 중국공산당 당원인 담평산이 조직부 부장, 임조함이 농민부 부장에 임명되었다.

　1924년 5월 5일 개교식을 갖고 6월 16일 개학식을 거행한 황포군관학교는 총리(손문 겸임), 교장(장개석)과 당 대표(요중개)가 최고의 지휘기관이었다. 학교에 당 대표와 정치부를 둔 것은 소련의 제도를 모방한 것이었다. 한편으로 정치부 주임을 중국공산당 당원인 주은래(周恩來)와 웅웅(熊雄)이 차례로 맡았고, 섭영진(聶榮臻)이 정치부 비서, 섭검영(葉劍英) 등이 교관을 맡아 황포군관학교 안에 공산당 인사가 진입하게 되었다.

중국국민당의 개조와 더불어 손문은 북경정부를 장악하고 있던 직예파군벌 타도를 혁명완수의 일차적 목표로 정하였다. 당시 광동의 군대만으로는 북벌할 조건이 되지 않는다고 판단한 손문은 여전히 안휘파 및 봉천파와 손잡고 북벌할 생각을 가졌다. 손문, 단기서, 장작림의 반직삼각동맹(反直三角同盟)이 여전히 유효한 상황에서 북방의 정세에 큰 변화가 발생하였다.

1922년 5월 제1차 직봉전쟁(直奉戰爭, 직예파와 봉천파 간 군벌전쟁)에서 패배한 이후 장작림은 동북지역으로 물러나 적극 경영을 통해 재기를 꾀하였다. 1924년 9월 안휘파인 절강독군 노영상(盧永祥)이 직예파의 공격을 받은 이른바 강절전쟁(江浙戰爭)이 일어나자 장작림은 반직삼각동맹 관계를 이유로 즉각 25만 명을 출동시켜 입관(入關)하게 하였다. 이에 맞서 직예파도 25만 명을 동원하였다.

이 전쟁에 직예파의 일원으로 참가했던 풍옥상(馮玉祥)은 비밀리에 직예파 수령이자 총통인 조곤(曹錕)을 축출할 계획을 세우고 1924년 10월 23일 새벽 군대를 이끌고 북경으로 들어가 중요 거점을 접수하고 총통부를 포위한 이른바 '북경정변'을 일으켰다. 11월 4일 조곤을 강제로 하야시키고, 다음날 마지막 황제 부의(溥儀)를 궁에서 축출하였다. 한편 풍옥상은 손문에게 북상하여 국사를 공동으로 토론하자고 제의하였다.

풍옥상의 초청을 받아들여 북상하기로 결심한 손문은 제반 준비를 마치고 광동을 떠나기 전 북상선언을 발표하였다. 그 내용의 핵심은 두 가지로, 하나는 불평등조약의 폐지이며 다른 하나는 국민회의를 소집하자는 것이었다. 국민회의 소집 주장은 이때 처음 제기된 것으로 이를 통해 중국의 통일과 건설을 도모하자는 의도였다. 손문은 국민회의 소집 전 먼저 예비회의를 소집하여 국민회의의 소집일자와 출석인원 및 선출방식 등 기초조건을 결정하자고 하였다.

북상선언에서 손문은 국민회의 예비회의에 참가할 단체를 제시하였다. 여기에는 현대 실업단체, 교육회, 대학, 각 성 학생연합회, 상회(商會), 공회(工會), 농회(農會), 조곤과 오패부에 반대하는 각 군, 정당 등이 포함되었다. 1924년 11월 13일 손문은 20여 명의 수행원을 이끌고 광주를 떠나 홍콩을 경유 상해로 갔다.

11월 15일 장작림과 풍옥상이 천진에서 회의를 열고 단기서를 임시집정으로 추대하는 등 북방의 상황에 변화가 발생하자, 손문의 북상에 대해 우려를 표시하는 의견이 없지 않았다. 이에 개의치 않고 손문은 일본을 경유하여 12월 4일 천진에 도착하였다. 이때 손문의 건강은 이미 상당히 좋지 않은 상황이었다.

당시 단기서는 손문의 국민회의 소집 주장에 대응하여 선후회의(善後會議) 소집을 주장하였다. 단기서는 각 성·구의 대표, 군인과 국가에 공로가 있는 사람 혹은 학식과 경험이 많은 특수한 인물들로 선후회의를 구성하자고 하여 전민(全民)의 대표가 참가하자는 손문의 주장과는 배치되었다. 단기서는 또한 임시집정부를 승인받기 위해 오히려 불평등조약을 존중한다고 하였다. 아픈 몸을 이끌고 북경으로 들어간 손문은 상당한 양보를 하였지만, 단기서는 1925년 2월 1일 선후회의를 소집하였다. 손문은 중국국민당 당원에게 선후회의에 참가하지 말도록 지시하였다. 희망이 사라진 손문의 병세는 더욱 악화되어 3월 12일 북경에서 간암으로 사망하였다.

사망 전 손문은 3통의 유서에 서명하였다. 그 가운데 하나인 국사유촉(國事遺囑)에서 손문은 "중국의 자유와 평등을 위해 40년을 힘써왔다. 40년의 경험을 통해 국민혁명의 목적을 이루기 위해서는 민중을 환기시키고 우리를 평등하게 대하는 세계의 모든 민족과 연합하여 공동으로 분투해야 한다는 것을 깨닫게 되었다. 혁명은 아직 성공을 거두지 못하였다. 동지들은 반드시 혁명성공을 위해 노력해 달라"고 호소하였다. 유언에 따라 손문의 유해는 1929년 북경에서 남경으로 옮겨져 자금산 남록의 중산릉에 이장되었다.

제11장

두 갈래 혁명의 길
– 국민혁명과 공산혁명

1. 장개석(蔣介石)

장개석(1887년 10월 31일–1975년 4월 5일)의 어
릴 때 이름은 서원(瑞元), 족보상의 이름은 주태(周
泰)이고 학명은 지청(志淸)이다. 본명은 중정(中正)이
나 1912년부터 사용한 필명 개석(介石)으로 널리 알
려져 있다. 조상의 관적은 강소성 의흥(宜興)이나 절
강성 봉화(奉化)에서 출생하였다. 청년시기 손문에게
발탁되어 정치와 군사의 지도자로 대일항전을 승리로
이끌었다. 약 반세기간 중국국민당을 이끌며 헌법반
포 후 27년간 중화민국 총통을 지냈다. 독재적인 정
치스타일로 비판을 받기도 하였으나 모택동과 더불어
20세기 중국사에 가장 큰 족적을 남긴 인물로 평가받
았다.

조부 때부터 고향에 옥태염포(玉泰鹽鋪)를 경영하
여 장개석의 집안형편은 그리 나쁘지 않았다. 부친의

이름은 장조총(蔣肇聰), 모친은 왕채옥(王採玉)이다. 모친은 한번 결혼하였다 실패하자 비구니가 되었다가 환속하여 개가하였다. 따라서 장개석은 동부이모의 형보다 12살이나 어렸다. 여섯 살 무렵부터 사서오경을 배우며 동자시(童子試)를 준비하는 등 전통교육을 받았다. 장개석이 채 열 살이 되지 않은 1895년 부친이 사망하여 모친 슬하에서 성장하였다. 1901년 같은 마을에 사는 모복매(毛福梅)와 중매 결혼하였다.

1902년 동자시에 응시하였으나 시험장의 불합리와 부패함을 보고 다시는 과거에 응시하지 않기로 결심하였다. 1903년 봉화 봉록학당(鳳麓學堂)에 입학하여 처음으로 영어와 산술 등 서학을 접하게 되었다. 1905년 영파(寧波)에 있는 전금학당(箭金學堂)으로 전학하였다. 전금학당 재학기간 장개석은 학당 창설자인 고청렴(顧淸廉)의 가르침을 받아 상당한 고문(古文) 실력을 쌓을 수 있었다. 1906년 1월 용진중학당(龍津中學堂)에 입학하였으나 3월 스스로 변발(辮髮)을 잘라 친구 편에 고향집으로 보내고 4월 일본으로 갔다.

장개석이 난생 처음 일본 땅을 밟은 목적은 군사학교에 입학하기 위해서였다. 그러나 당시 청조와 일본 간에 맺은 협정에 따라 정부에서 파견한 관비유학생이 아니면 군사학교에 입학할 수 없었다. 군사학교 입학 대신 동경 청화학교(淸華學校)에서 공부할 때 장개석은 후일 그의 인생에 큰 영향을 미치게 되는 진기미(陳其美) 등과 가까이 지내었다.

1906년 12월 귀국한 장개석은 다음해 보정(保定)에 있는 전국육군속성학당(全國陸軍速成學堂) 포병과에 입학 군사교육을 받기 시작하였다. 1907년 말 관비유학생 선발시험에 합격 1908년 봄 재차 일본으로 건너가 일본육군사관학교 예비학교인 진무학교(振武學校)에 입학하였다.

진무학교 재학 중 장개석은 당시 일본을 풍미하던 마르크스주의 열풍의 영향을 받아 마르크스의 주요 저작들을 탐독하였다. 최종적으로 마르크스주의와 자신의 이념이 맞지 않는다고 결론 내렸다. 1908년 여름 일시 귀국하였던 장개석은 도일 후 진기미의 소개로 중국동맹회에 가입하여 혁명의 길로 접어들기 시작하였다. 이 무렵 나카무라(中村)라는 가명으로 활동한 장개석은 진무학교를 졸업하자 일본육군 포병부대에 배치되어 이등병 계급의 사관후보생 자격으로 실습을 받았다.

1911년 무창기의가 폭발하자 실습 중이던 부대를 벗어나 미복차림으로 10월 30일 상해에 도착한 장개석은 진기미로부터 절강성 공격의 임무를 부여받았다. 선봉대 지휘관을 맡은 장개석은 1백여 명의 결사대를 이끌고 항주로 가 절강순무아문을 파괴하고 순무 증온(增韞)을 생포하였다. 상해로 돌아와 황부(黃郛) 휘하 호군(滬軍) 제2사 제5단 단장을 맡은 장개석은 강소성 전역을 혁명군의 수중에 넣을 계획을 진행하였다. 이때 진기미, 황부, 장개석 세 사람은 결의형제를 맺었다.

1912년 1월 14일 새벽, 장개석은 진기미의 지령을 받아 광복회(光復會) 핵심인물인 도성장(陶成章)을 암살하였다. 잠시 몸을 피하기 위해 장개석은 3월 일본으로 돌아가 독일유학을 목표로 독일어를 공부하면서『군성(軍聲)』잡지를 창간하였다. 이 잡지에 장개석은 발간사를 비롯하여「군정통일문제(軍政統一問題)」·「혁명전후군정지경영(革命戰後軍政之經營)」등 6편의 글을 발표하였다. 이 때의 경험을 통해 장개석은 초보적이나마 군사모략 방면에 이론체계를 세우고 이후 점차 이를 계통화하였다.

장개석이 일본에 체류하고 있던 1913년 3월 20일 밤, 국회개원을 앞두고 북경으로 가기 위해 상해역에 도착한 국민당 대리이사장 송교인이 무사영(武士英)의 저격을 받아 22일 사망하였다. 그 배후를 원세개로 지목한 손문은 무력토벌을 주장하였다. 이어 원세개가 국회도 모르게 대규모 차관을 들여온 일, 국민당 소속 3도독(강서도독 이열균·광동도독 호한민·안휘도독 백문울)을 면직시킨 일이 연달아 발생하자 7월 손문의 주도 하에 무력으로 원세개를 토벌하려는 운동이 시작되었다. 이를 2차 혁명이라 칭한다.

진기미가 손문에 의해 주호토원군총사령(駐滬討袁軍總司令)에 임명되자 장개석은 귀국하여 혁명에 참가하였다. 강남제조국(江南製造局) 공략에 실패하고 갑북(閘北)으로 퇴각한 장개석은 영국군에 의해 무장해제되었다. 2개월 만에 2차 혁명이 철저한 실패로 끝나자 손문은 일본으로 망명하여 중화혁명당 성립을 추진하였다. 진기미와 함께 조계로 몸을 숨겼던 장개석은 다시 일본으로 건너가 9월 1일 나가사키(長崎)에 도착하였다. 10월 29일 중화혁명당에 가입한 장개석은 처음으로 손문과 단독면담의 기회를 가질 수 있었다.

1914년 7월 8일 정식으로 중화혁명당을 성립한 손문은 장개석에게 상해 일대의 토원(討袁) 군사임무를 맡기고 제1로 사령을 겸하여 상해 서부로 진공하도록 하였다. 그러나 기밀이 탄로나 실패하자 장개석은 지령을 받고 일본으로 귀환하였다. 이 무렵 동북군이 혁명에 우호적이라는 소식을 접한 손문은 장개석을 파견하여 동북의 형세를 시찰하도록 하였다. 일본인으로 가장하여 조선을 거쳐 하얼빈에 도착한 장개석은 중국에 파견된 일본군과 접촉하여 동북점령을 획책하지 말도록 경고하였다.

1915년 12월 원세개가 정식으로 황제 존호를 접수하기로 결정하자 송호사령장관(淞滬司令長官)에 취임한 진기미는 장개석을 귀국시켜 함께 토원 군사 활동을 전개하고자 하였다. 여러 차례의 군사 활동이 실패한 1916년 5월 18일, 진기미는 원세개가 보낸 자객에게 피살되었다. 진기미의 장례를 마친 장개석은 손문의 명으로 산동 유현(濰縣)으로 가 중화혁명군 동북군 참모장에 취임하였다. 얼마 뒤 원세개가 사망하고 중화혁명군이 해산되자 장개석은 상해로 돌아가 활동하였다.

1917년 7월 손문은 광동에 제1차 혁명정부를 조직하고 육해군대원수에 취임하여 호법(護法)투쟁에 나섰다. 북방의 군벌세력을 제거하기 위해 손문이 북벌(北伐)을 추진하자 장개석은 북벌작전계획을 입안하여 손문의 격려를 받았다. 다음해 봄, 손문의 명으로 광동에 온 장개석은 민월군(閩粤軍)총사령부 작전과 주임에 임명되어 작전계획을 수립하는 한편 장주(漳州)전투에서는 직접 군사를 지휘하기도 하였다. 동년 겨울 영태(永泰) 공략에 성공하자 손문은 정전령을 하달하였다. 절강 출신인 장개석은 광동 출신이 주축인 월군 장령들의 배척을 받자 얼마 뒤 사직하고 상해로 가 장정강(張靜江)·진과부(陳果夫)·대계도(戴季陶) 등과 함께 증권거래 일을 하였다. 1년여의 기간 내에 1백만원의 이익을 낸 장개석은 이 돈을 손문의 활동자금으로 제공하였다.

5·4운동이 발생하자 장개석은 구미유학의 뜻을 손문에게 전하였으나 허락을 얻지 못하였다. 1919년 10월, 손문이 중화혁명당을 중국국민당으로 개조하자 장개석은 여기에 가입하였다. 동년 겨울 장개석은 단기간 일본여행을 다녀왔는데, 여행의 목적이 무엇인지는 잘 알려지지 않고 있다. 1920년, 장개석은 손문의 명으로 복건으로 가 작전계획 수립에 참가하였다. 진형명이 월군 제2군 전적총지휘관(前敵總指揮官)에 임명하였으나, 장개석은 연로한 모친을 모신다는 핑계로 고향을 거쳐 상해로 돌아갔다.

1920년 8월, 손문은 복건 남부에 주둔하고 있던 진형명(陳炯明)에게 광동에 자리 잡고 있는 군벌을 타도하도록 지령하였다. 장개석도 지령을 받고 남하하여 10월 5일 산두(汕頭)에 도착하였다. 육영정을 비롯한 군벌이 축출되자 손문은 1920년 11월 국회의원들과 함께 상해에서 광주로 향하였다. 1921년 5월 손문은 비상대총통에 취임하여 제2차 호법정부를 이끌게 되었다. 광동에 호법정부가 들어서자 당황한 북경정부는 광서로 퇴각한 육영정에게 광동을 공격하도록 하였다. 그러나 광동정부가 오히려 육영정 세력을 소멸시키고 광서까지 평정하였다. 이어 손문은 무력으로 군벌정권과 대적하기 위해 국회에 북벌안(北伐案)을 제출하여 통과시키고 계림(桂林)에 대본영을 설치하였다.

이 무렵 장개석은 계림으로 찾아와 손문에게 대본영을 소주(韶州)로 옮길 것을 제안하였으나 실현되지 못하였다. 손문이 단기서, 장작림과 반직삼각동맹(反直三角同盟)을 형성하여 적극 북벌을 추진함에 비해 진형명은 북벌에 반대하는 입장이었다. 그는 직예파의 오패부(吳佩孚)와 결탁 6월 14일 총통부를 포위하고 손문이 머물고 있던 월수루(越秀樓)를 포격하였다. 북벌에 반대하는 진형명의 행태에 불만을 품고 사직하였던 장개석은 위급상황을 알리는 손문의 전보를 받고 급히 광동으로 가 손문을 구출하였다. 손문을 안전하게 상해로 모신 장개석은 『손대총통광주몽난기(孫大總統廣州蒙難記)』를 지어 진형명의 죄상을 폭로하였다. 손문은 이 책의 서문을 직접 지어 장개석에 대한 신뢰를 표시하였다. 1922년 10월, 손문에 의해 동로토적군(東路討賊軍) 제2군 참모장에 임명된 장개석은 복건으로 가 진형명 잔당 토벌임무를 수행하였다.

1923년 2월 21일 손문은 진형명의 반란이 평정되자 다시 광주로 가 3월 1일 대원수대본영을 설치하고 세 번째 혁명정부를 성립하였다. 개진(改進)과정에서 국민당본부에 군사위원회가 성립되었다. 군사위원회 위원에 선임된 장개석은 직후 대원수부 대본영 참모장에 임명되어 손문을 지근거리에서 보좌하게 되었다. 이 무렵 중국혁명의 성공을 위해 외부의 도움을 절실히 필요로 하던 손문은 소련과의 연합을 염두에 두고 있었다. 1923년 8월 16일, 손문은 장개석을 대표로 '손일선(孫逸仙)박사 대표단'을 파견하여 소련의 정치와 당무 및 군사를 고찰하도록 하였다. 소련의 정치에 대해 매우 실망한 장개석은 3개월여의 고찰을 마치고 1923년 겨울 광동으로 귀환하였다.

1924년 1월 소집된 중국국민당 제1차 전국대표대회(1전대회)는 혁명군대의 훈련을 위한 필요에서 육군군관학교를 건립하기로 결정하였다. 1월 24일 손문은 대원수 명의로 장개석을 육군군관학교 설립준비위원회 위원장에 임명하였다. 2월 6일 장개석은 광주 남제(南隄)에 주비처를 설립하였으나 그로부터 한 달 뒤 위원장직을 사퇴하였다. 어떠한 일이 있어도 사직을 허락할 수 없다는 손문의 강경한 의사에 장개석은 4월 21일 광주로 돌아와 본격적인 학교설립을 준비하였다. 5월 3일, 손문은 장개석을 육군군관학교(황포군관학교) 교장 겸 월군총사령부참모장에 임명하였다. 6월 16일 황포군관학교 개교기념식이 거행되었다. 당시 손문의 축사를 축약한 구절은 후일 중화민국 국가(國歌)의 가사로 정해졌다.

장개석은 황포군관학교 교관 및 생도로 구성된 병력을 이끌고 1924년 10월 광주 상단(商團)의 반란을 진압한데 이어 다음해 2월에는 진형명 잔당 토벌을 위한 동정(東征), 6월에는 양희민(楊希閔)과 유진환(劉震寰)의 반란을 진압하여 국민정부 성립의 토대를 닦았다. 1925년 7월 1일, 광주에 국민정부가 성립되고 3일 군사위원회가 성립되어 장개석은 8인의 위원 가운데 한 명으로 임명되었다. 동년 8월 20일, 요중개가 암살되어 인심이 흉흉한 가운데 중국국민당은 사태를 수습하기 위해 특별위원회를 조직하였다.

정치와 군사 및 경찰의 전권을 위임받은 특별위원회 3인의 위원 가운데 한 자리를 차지한 장개석은 시국을 안정시키는데 큰 역할을 하였다. 이 과정에서 국민정부 주석 왕정위(汪精衛)를 지지하여 국민정부 외교부장 호한민(胡漢民)이 소련으로 출국하도록 하였고, 이어 월군총사령 허숭지(許崇智)를 실각시키는데 작용을 하였다. 허숭지가 거느리던 월군의 일부를 휘하에 편제하여 장개석은 일약 국민당 내 최고의 군사실력자로 대두하게 되었다.

이 무렵 황포군관학교 2기생이 졸업하고 당군(黨軍)이 국민혁명군 제1군으로 개편되자 장개석은 군장(軍長)을 맡게 되었다. 동년 10월, 제2차 동정을 지휘하여 진형명 잔당의 근거지인 혜주(惠州)를 점령하고 여타 전투에서도 모두 승리를 거두고 12월 광주로 개선하였다.

1926년 1월, 국민당 제2차 전국대표대회에서 장개석은 중앙집행위원, 중앙상무위원에 당선되고 2월에는 국민혁명군총사령에 임명되었다. 3월, 황포군관학교가 중앙군사정치학교로 개칭되었으나 장개석은 여전히 교장을 맡았다. 1926년 3월 20일 발생한 중산함사건(中山艦事件)을 마무리하는 과정에서 국민정부 주석 왕정위가 정치일선에서 물러나 은거하였다. 4월에는 개인자격으로 국민당에 입당한 공산당원의 활동제한, 소련고문의 역할 축소 등을 골자로 한 정리당무안(整理黨務案)을 통과시켰다. 4월 16일, 중앙당정연석회의에서 군사위원회주석으로 추대되고, 6월 1일에는 중앙당부 조직부장에 선임되었다. 6월 4일, 북벌이 결정되어 장개석은 국민혁명군총사령 자격으로 북벌을 총책임지게 되었다. 7월 6일에는 중앙집행위원회 상무위원회 주석에 추대되었다. 이로서 장개석은 당·정·군의 확실한 실력자로 자리매김하였다.

1926년 7월 9일, 국민혁명군총사령에 취임한 장개석은 당일 출정기념식을 갖고 공식적인 북벌을 시작하였다. 8월, 장사(長沙)에 진주한 장개석은 오패부(吳佩孚)토벌선언을 발표하고 국민혁명군 각 군의 진공을 독려하여 전략요충지인 정사교(汀泗橋), 하승교(賀勝橋)전투에서 승리하였다. 1926년 말까지 국민혁명군은 호남·호북·강서·복건 4성을 완전히 장악하고 하남·강소·절강으로 진격하였다. 동년 말, 국민당 중앙당부와 국민정부는 광주에서 무한(武漢)으로 이전하였다. 무한정부와 당 중앙이 좌파와 공산당에 의해 장악된 것으로 간주한 장개석은 남창(南昌)을 임시 수도로 정할 것을 주장하여 무한 측과 갈등을 빚었다.

1927년 3월, 국민당 2기2중전회는 당권제고, 개인독재와 군사전제 방지에 관한 일련의 결의안을 통과시켜 장개석이 맡고 있던 중앙상무위원회 주석과 군인부장 직무를 해제시켰다. 이에 더 이상 국민당 내 공산당의 활동을 좌시할 수 없다고 판단한 장개석은 4월 12일 상해를 시작으로 광동과 동남 각 성에서 공산당원들을 숙청하였다. 이 사건을 국민당 측에서는 청당(淸黨)이라 칭하며, 공산당은 4·12정변이라 불렀다. 이 사건을 계기로 국민당과 공산당의 '제1차 국공합작'은 막을 내리게 되었다. 4월 18일, 채원배(蔡元培) 등 장개석의 편에 선 국민당과 국민정부 요인들은 남경을 국민정부 소재지로 정한다고 결정하였다. 이로서 무한과 남경에 두 개의 중앙당부와 두 개의 국민정부가 병존하는 이른바 영한분쟁(寧漢紛爭)이 막을 올리게 되었다.

1927년 6월, 장개석은 풍옥상(馮玉祥)과 서주(徐州)에서 회합을 갖고 반공(反共)에 대한 의견을 같이하였다. 이에 앞서 외유를 마치고 귀국한 왕정위가 무한정부에 가담한데다 이종인(李宗仁)을 위시한 광서파와의 모순과 투쟁이 격화되어 장개석은 고립무원의 상황에 처하게 되었다. 이에 8월 '제1차 하야'를 선언하고 9월 말 일본으로 출국 11월

10일 기국힌 뒤 12월 1일 송미령(宋美齡)과 결혼식을 올렸다. 이로서 장개석은 송자문(宋子文), 공상희(孔祥熙)와 인친관계를 맺게 되었다.

장개석의 하야 후 북벌도 중단되고 말았다. 재차 북벌을 진행하기 위해 영도의 중심이 필요한 남경국민정부 요인들의 강력한 요청에 1928년 1월 4일 장개석은 국민혁명군총사령직에 복귀하였다. 2월 열린 국민당 2기4중전회에서 장개석은 중앙정치위원회주석과 군사위원회주석을 겸하게 되어 하야 이전보다 훨씬 강력한 권력을 쥘 수 있었다. 1928년 4월부터 시작된 제2기 북벌과정에서 국민혁명군은 4개 집단군을 구성하여 북경정부를 장악하고 있던 봉천군벌 장작림 세력을 일소하고 군벌통치시대를 마감시켰다. 10월 10일, 국민정부주석 겸 육해공군총사령에 취임한 장개석은 국민정부를 개조하고 이당치국(以黨治國, 국민당이 국민을 대신하여 정권을 행사)의 훈정(訓政)을 실시하였다. 12월 장학량(張學良)이 오색기(五色旗) 대신 청천백일만지홍기(青天白日滿地紅旗)를 채용하는 이른바 역치(易幟)를 단행하고 국민정부에 복속할 것을 선언하여 마침내 전국이 통일되었다.

북벌성공 후 장개석은 국가의 재정부담을 줄이고 군대의 국가화를 위한 편견(編遣, 국민혁명군 4개 집단군에 대한 정리와 재편작업)을 주도하였다. 이를 자신들의 권력을 삭감시키고 장개석 1인에게 군권을 집중시키려는 의도라고 인식한 여타 집단군총사령의 반발로 1930년 민국 최대의 내전인 이른바 중원대전(中原大戰)이 발발하였다. 중립적인 태도를 취하던 동북군 장학량을 끌어들여 내전을 승리로 이끈 장개석은 '훈정시기약법(訓政時期約法)'의 제정 문제로 입법원장 호한민과 마찰을 빚자 그를 유폐시키는 '탕산사건(湯山事件)'을 일으켰다. 이 사건으로 광동 출신 당·정 요인들의 집단반발이 발생하여 남경과 광주에 두 개의 당 중앙과 국민정부가 대치하는 '영월분쟁(寧粵紛爭)'이 발생하였다. 이 상황은 일본이 9·18사변을 일으키면서 일단락되었으나 통합과정에서 반대파는 장개석의 하야를 조건으로 내세웠다. 결국 장개석은 1931년말 국민정부 주석을 비롯한 모든 본직과 겸직을 내려놓고 두 번째 하야의 길을 택할 수밖에 없었다.

9·18사변에 이어 일본군이 상해를 침공하는 1·28사변을 도발하여 외환(外患)이 심화되었다. 국민정부는 낙양(洛陽)으로 천도를 결정하였고, 장개석은 야인 신분이었지만 각 군에 밀전을 보내 적극 항일을 독려하였다. 이런 상황 속에서 자연스럽게 장개석의 재등장이 요청되었다. 결국 1932년 3월 낙양에서 열린 국민당 4기2중전회의 결의에 따라 장개석은 3월 18일 군사위원회 위원장에 취임하였다. 복귀 후 장개석은 공산당토벌을 우선시하는 '안내양외(安內攘外)'정책을 기조로 하면서 다른 한편으로는 일본과의 전면전을 준비하였다.

1936년 12월, 서안(西安)에 진주한 장개석은 장학량과 양호성(楊虎城)에게 공산당토벌작전에 더욱 힘쓸 것을 지시하였다. 중국공산당 주력이 섬서 북부에 도달한 뒤 공산당토벌을 위해 현지에 주둔하고 있던 동북군 및 서북군과 왕래하고 있다는 정보를 입수하였지만 장개석은 장학량의 충성을 의심하지 않았다. 그러나 12월 12일, 장학량과 양호성은 장개석을 구금하고 공산당 토벌 중지와 정부개조 및 연합항일을 요구하였다. 이 사건을 서안사변이라 칭한다. 송미령과 송자문 등의 알선으로 장개석은 석방되어 12월 25일 남경으로 귀환하였다. 서안사변이 평화적으로 해결되기는 하였으나 장개석은 어쩔 수 없이 공산당 토벌작전을 중지하지 않을 수 없었다.

1937년 7월 7일, 노구교사변의 폭발로 중일 간에 전면전이 폭발하게 되었다. 대일항전의 군사지휘를 위해 장개석은 1938년 1월 1일 행정원장 직무를 사임하고 군사위원장직에 전념하였다. 동년 3월 29일 무창(武昌)에서 얼린 국민당 임시전국대표대회에서 장개석은 총재로 추대되었다. 1938년 4월, 장개석은 「항전건국강령(抗戰建國綱領)」을 선포하여 일면 항전, 일면 건국의 주장을 제시하였다. 아울러 삼민주의청년단 설립을 준비하여 전국 청년들이 삼민주의 신중국 건설을 위해 노력할 것을 호소하였다. 이외에도 전시 최고 민의기관인 국민참정회(國民參政會)도 설립하여 공산당을 비롯한 다양한 당파와 무당파 인사들을 참여시켜 민간의 의사가 국책에 반영될 수 있도록 하였다. 1939년 1월 국민당 5기5중전회는 전시 당·정·군의 통일지휘를 위해 국방최고위원회 설립을 결의하고 장개석을 위원장에 추대하였다.

1941년 12월 7일, 일본군이 진주만을 기습공격하면서 태평양전쟁이 폭발하게 되었다. 이를 계기로 중국은 미국·영국과 동시에 대일선전을 포고하였다. 이는 4년 이상 독자적인 힘으로 어렵게 대일항전을 전개하던 중국이 든든한 지원군을 얻게 되었음을 의미하였다. 1942년 1월 1일, 미국 워싱턴에서 26개국 대표가 서명한 반침략군공동선언에 동참한 중국의 영수 장개석은 중국전구(戰區) 최고 영수에 추대되어 중국·태국·월남 등지 동맹군의 작전을 총지휘하게 되었다. 이 지위를 효과적으로 활용한 장개석은 적극적인 외교활동을 펼쳐 미국과 영국으로부터 다량의 물자와 재정원조를 끌어내어 대일항전의 물질적 기초를 든든히 하였다.

동맹국의 일원으로 중국전구의 최고영수인 장개석은 실제로 세계대전의 전황이 동맹국에 유리한 방향으로 전개되는데 큰 역할을 하였다. 중국원정군을 버마(미얀마)에 파견하여 영·미연합군과 연합작전을 전개하였으며 중국과 인도 간 운송로를 확보하였다. 1942년 2월 송미령과 함께 인도를 방문하여 간디를 비롯한 지도자들과 회담한 장개석은 공동항일을 촉성하고 중·인 우호관계 강화에 힘썼다.

중국의 위상강화에 힘입어 장개석은 1세기 간 중국을 속박했던 불평등조약체제에서 벗어나기 위한 외교적 노력도 게을리 하지 않았다. 일본을 견제하기 위해서는 중국의 도움을 필요로 하였던 동맹국도 평등신약을 체결하여 중국에서 누리고 있던 특권을 포기하였다. 1942년 10월, 미국·영국·노르웨이는 중국에서 향유하고 있던 영사재판권 및 관련 특권을 포기한다고 선언하였다. 1943년 1월 11일, 중·미, 중·영은 각기 평등신약을 체결하였다. 동년 8월, 국민정부주석 임삼(林森)이 교통사고 후유증으로 서거하여 10월 장개석이 국민정부주석직을 계임하였다.

1943년 10월, 미·영·소 3국 외무장관은 모스크바에서 회합을 갖고 전후 세계문제에 대해 논의하였다. 여기에 중국대표인 주소대사 부병상(傅秉常)이 포함된 4국 대표는 10월 30일 장래 보편성 국제조직 설립에 의견을 같이하는 선언을 발표하였다. 동년 11월 카이로회담이 열리기 전 중국방면에서는 장개석의 지령으로 전후 유력한 국제평화기구 조직 등 회의에 제출할 중요 안건에 대한 논의를 진행하였다. 카이로회의 기간 루스벨트와 장시간 회담의 기회를 가진 장개석은 이 자리에서 가장 우선적으로 미래 국제조직 문제에 대해 의견을 제시하였고, 쌍방은 중국이 전후 4강의 일원으로 일체의 기구에 참가하기로 합의하였다. 12월 24일 루스벨트는 카이로와 테헤란 두 차례 회의와 관련한 담화에서 중국을 세계 4강의 일원으로 공식 간주하였다.

1944년 5월, 루스벨트는 영·소·중 3국에 초청장을 보내 최단기간 내에 워싱턴에 모여 국제 평화기구 건립과 관련한 구체적 의견을 교환하자고 제안하였다. 장개석은 즉시 회신을 보내 가능하다면 전쟁이 종식되기 이전에라도 국제평화기구 조직을 실현시키자고 화답하였다. 동년 9월 29일 미·영·중 3국대표가 참가한 가운데 열린 덤바튼 오크

회담(Dumbarton Oaks Conference)에서 중국대표 고유균(顧維鈞)
은 새로운 국제조직과 중요 국제문제에 대한 중국의 기본태도에 대해
체계적으로 의견을 제시하고 국제조직의 헌장(憲章)에 대해 적극적 건
의를 제출하였다. 1944년 10월 9일, 4국 대표는 국제평화조직 건립계
획에 의견을 같이하고 계획의 전문을 공동으로 발표하였다. 이 계획은
전체대회, 안전이사회, 국제법정, 경제 및 사회이사회, 비서처, 군사
참모위원회, 기타 필요기구 등 7개 부분을 포함하였다.

1945년 2월 14일, 중국정부는 연합국 성립을 위한 회담의 초청국으
로 나설 것을 공식 성명하였다. 3월 5일, 미·영·중·소 4국은 44개국
에 초청장을 발송하였다. 46개국 대표단이 출석한 가운데 1945년 4월
25일 오후 연합국대회가 샌프란시스코에서 개막되어 중국대표단 단장
인 송자문은 대회주석단의 일원으로 회의를 주재하였다.

1945년 7월 26일, 중화민국은 재차 열강과 공동으로 포츠담선언을
발표하였다. 당시 미국은 장개석이 영도하는 국민정부를 중요한 맹우
로 간주하기는 하였으나 전통적인 '유럽 우선'전략의 한계로 중국에 대
한 물질적 원조는 영국에 대한 원조에 비해 턱없이 부족하였다. 여기
에다 주중 미국연락관 스틸웰장군과 장개석은 전략과 전술면에서 의
견이 엇갈려 두 사람의 관계가 날로 악화되었다. 장기적인 관점에서
루스벨트는 스틸웰을 소환하고 웨드마이어를 후임으로 파견하였으나,
이 일로 장개석과 미국정부의 관계는 틈이 발생하였다. 1945년 6월
소련에 파견되어 소련당국과 협상을 벌인 송자문은 8월 14일 중소우
호동맹조약을 체결하여 일본을 공동의 적으로 명시하였다.

1945년 8월 15일, 장개석은 항전승리를 기념하는 방송연설을 통해
일본에 대해 보복성 배상을 요구하지 않을 것이라는 '이덕보원(以德報
怨)'을 공식화하였다. 8월 28일 장개석은 중경에서 중국공산당중앙위

원회주석 모택동을 만나 일련의 회담을 갖고 '회담기요(會談紀要)'에
서명하였다. 9월 4일 발표한 「항전승리고전국동포서(抗戰勝利告全國
同胞書)」에서 장개석은 삼민주의 신중국건립·민주헌정 추진·군대의
국가화를 건국의 3대 방침으로 정하였다.

1948년 4월 19일, 제1기 국민대회에서 장개석은 2,430표를 얻어
헌법 반포 후 첫 번째 중화민국 총통에 당선되어 5월 20일 취임하였
다. 국공내전의 형세가 불리하게 전개되고 있는 상황에서 이종인(李宗
仁)·백숭희(白崇禧) 등 광서파의 하야 압력이 거세지자 장개석은
1949년 1월 21일 '인퇴(引退)'를 선언하고 고향 봉화로 돌아갔다. 그러
나 이후에도 장개석은 국민당 총재의 자격으로 군정의 중요 사항에 대
한 의견을 제시하였다.

인퇴 후 장개석의 일차적인 관심사는 민주국가의 공동체를 구성하
여 공산주의의 확산을 막는 '반공연맹' 조직에 있었다. 북대서양조약기
구와 같은 성격의 조직 구성을 위해 장개석은 개인자격으로 7월 필리
핀을 방문 바기오에서 키리노대통령을 만나 협의하고, 이어 8월에는
한국 진해를 방문 이승만대통령과 의견을 나누었다. 서태평양 지역에
반공을 표방한 군사적 성격을 지닌 구역연맹체 출현에 미국이 반대하
여 장개석의 노력을 실현되지 못하였다.

장개석의 인퇴 후에도 국공내전의 형세는 더욱 격화되어 1949년 4월
23-24일 인민해방군이 남경을 점령하여 남경시 인민정부를 수립하였
다. 전면 도강(渡江)을 감행한 인민해방군은 화남을 비롯한 중국 전역
을 차례로 석권하여 1949년 10월 1일 중화인민공화국이 성립되었다.

1950년 3월 1일 다시 총통직무를 수행하기 시작한 장개석은 대만
(臺灣)을 삼민주의의 모범 성(省)으로 만들어 반공대륙(反共大陸)을 실
현하자는 기치를 내걸고 본격적인 대만경영에 나섰다. 이 무렵 한국전

쟁의 폭빌은 장개식과 대만에에는 호새로 삭용하였다. 전쟁쑥발 소식을 접한 장개석은 이승만에게 한국의 상황에 대해 관심을 표시하는 전보를 보내는 한편 대만병력의 한국파병 문제를 심각하게 고려하였다. 대만이 한국전쟁에 개입하는 것은 중공의 간섭을 야기시킬 수 있다는 미국의 우려로 지상군 파병은 성사되지 못하였다.

한국전쟁이 발발하자 트루먼대통령은 미 해군 제7함대에 대만해협 방위를 지시하는 한편 그동안 중단되었던 정부차원의 군사와 경제 원조를 대만에 제공하였다. 미국의 개입으로 대만의 방위문제에서 한숨을 돌리게 된 장개석은 7월 중국국민당개조안을 제출하여 국민당이 '혁명민주정당'으로 거듭나도록 지도 방침을 확립하였다. 아울러 각 민간기관과 단체에 국민당조직을 건립하도록 하고, 토지개혁과 지조(地租)감면 및 지방자치를 실시하여 정치와 민생의 안정에 주력하였다. 경제면에 있어서는 외자(外資)와 선진기술을 적극 유치하여 가공무역의 발전을 유도하였다.

1952년 4월 28일, 중일화평조약이 타이베이에서 체결되었다. 이 조약을 통해 장개석은 일본에 대한 전쟁배상 청구를 공식적으로 포기하였다. 1954년 3월 24일 제2대 총통에 당선된 장개석은 5월 20일 취임식을 거행한 자리에서 대만건설에 대한 청사진을 더욱 구체적으로 제시하였다. 1955년 3월부터 중미공동방어조약이 효력을 발휘하게 되었고 덜레스(John Foster Dulles) 국무장관은 대만을 방문하여 장개석과 협방(協防)문제를 논의하였다. 군사적 안전보장을 받을 수 있게 되면서 장개석은 대만건설을 더욱 적극적으로 추진할 수 있는 여유를 가질 수 있었다.

1965년 10월, 중국대륙이 원자탄 시폭(試爆)에 성공하자 장개석은 미국이 장비와 지원을 제공하고 대만국군을 대륙의 핵시설 파괴에 동원하자고 건의하였다. 아울러 장개석은 미국이 중국대륙에 대해 핵 공격을 하는 것은 어떠한 경우에도 반대한다고 하였다.

　냉전시기 장개석은 중화민국정부가 중국의 유일한 합법대표임을 줄기차게 주장하였다. 이 시기 중화민국 대표는 연합국을 비롯한 여타 국제조직에서 중국의 대표로 인정받았고, 대부분 국가들도 중화민국을 계속 승인하였다. 그러나 중화인민공화국의 외교 책략이 조금씩 성공을 거두면서 중화민국의 국제지위도 흔들리기 시작하였다. 미국이 중화민국과 중화인민공화국이 동시에 연합국의 회원국으로 남을 수 있다고 건의하였음에도 장개석은 1971년 10월 27일 연합국 탈퇴를 공식 발표하였다. 1972년 5월 20일, 장개석은 제5대 중화민국 총통에 취임하였다. 중화민국 총통을 여러 차례 연임하고 오래도록 중국국민당 총재의 자리에 있었지만 장개석은 술과 담배를 멀리하고 규칙적이다 못해 틀에 박힌 생활을 영위하였다. 평소 옷차림도 매우 검소하여 보통 옷감으로 만든 옷을 5-6년 계속 입고 특별한 경우가 아니면 양복도 입지 않았다.

　1969년 9월 16일 교통사고를 당한 장개석은 다음 달 건강검진에서 심장판막에 이상이 있는 것으로 확인되었다. 이후 건강이 갈수록 악화된 장개석은 병원과 관저를 오가며 치료와 휴양에 들어갔으나 별다른 차도를 보이지 않았다. 1974년 이후 몸을 움직이기도 힘들 정도로 신체가 허약해진 장개석은 1975년 4월 5일 청명절 밤 심장병으로 타이베이 외곽에 있는 사림(士林)관저에서 사망하였다. 다음날 부총통 엄가감(嚴家淦)이 법에 따라 제5대 총통직을 계임하였다. 당시 행정원장을 맡고 있던 장개석의 장자 장경국(蔣經國)은 중국국민당 총재에 취임하여 당·정·군의 실권을 장악하였다. 장개석의 유해는 도원현(桃園縣) 대계(大溪)에 있는 자호빈관(慈湖賓館)에 임시 안치되어 장차 중국대륙이 광복된 뒤 남경 자금산에 정식 봉안하기로 하였다.

2. 모택동(毛澤東)

모택동(1893.12.26-1976.9.9)의 자는 윤지(潤之) 필명은 자임(子任)으로 호남성 상담(湘潭)에서 출생하였다. 중국공산당 창시인의 한 사람으로 마르크스주의 중국화의 개척자로 평가받았다. 1949년부터 1976년까지 중화인민공화국의 최고영도자를 지냈다. 생전 그가 맡은 주요 직무는 거의 대부분 주석이라 칭하였기에 사람들로부터 '모주석'이라는 존칭으로 불렸다. 현대세계사의 전개과정에서 가장 큰 족적을 남긴 인물 가운데 한 사람으로 평가받아 미국 타임지는 그를 20세기 가장 영향력 있는 100인 가운데 한 명으로 선정하였다.

모택동은 1893년 12월 26일 호남성 상담현 소산충(韶山沖, 현 호남성 상담시)에서 비교적 부유한 농가에서 출생하였다. 8세부터 사숙에서 유가의 전통교육을 받은 모택동은 13세 무렵부터 2년간 학업을 그만두고 집안의 장공(長工, 머슴)들과 직접 농사를 지으면서 농민들의 어려움을 체험하였다. 1910년, 모택동은 친척의 도움으로 아버지를 설득하여 상담현립 동산소학당(東山小學堂)에 입학 비로소 근대적 교육을 접할 수 있었다.

동산소학당 재학 기간 양계초 등 유신파의 개량주의 사상에 대해 흥미를 느낀 모택동은 다음 해 장사(長沙)에 있는 상향주성중학(湘鄕駐省中學)에 입학하였다. 혁명당이 간행하는 신문과 잡지를 통해 황화강기의 폭발 소식을 접한 모택동은 학교에 만청(滿淸)타도, 민국건립을 지지하는 대자보를 붙이고 스스로 변발을 잘랐다. 무창기의가 폭발하여 장사의 혁명당이 솔선하여 이에 호응하자 모택동도 호남 신군의 일원이 되어 혁명군에 가담하였다.

1912년 2월, 마지막 황제 선통제 부의(帝溥)가 퇴위하자 혁명군에 가입한 목적을 실현했다고 여긴 모택동은 학업을 계속하기 위해 장사로 돌아갔다. 모택동은 시험을 거쳐 1912년 3월 호남공립고등상업학교에 입학하였다. 그러나 영어수준이 학업진도를 따라가지 못하여 1개월 뒤 퇴학당하였다. 모택동은 곧바로 호남전성공립고등중학교(湖南全省公立高等中學校)에 지원 1등으로 시험을 통과하였으나 교과과정이 마음에 들지 않은데다 학교의 규칙도 까다롭자 반년 만에 휴학하였다.

이후 호남성립도서관에서 서양의 정치 및 과학 관련 도서를 읽으며 자습하였다. 이 결정을 탐탁지 않게 여긴 부친 모이창(毛貽昌)은 경제지원을 끊어 버렸다. 1913년 봄, 모택동은 학비를 받지 않는 호남성립제4사범학교에 입학하였다. 이 학교는 다음해 2월 호남성립제1사범학교에 합병되었다. 1918년 6월 사범학교를 졸업한 모택동은 1918년 4월 채화삼(蔡和森) 등과 신민학회(新民學會)를 창립하였다.

1918년 8월, 모택동은 신민학회 총간사 소자승(蕭子升) 등과 함께 북경으로 가 채화삼과 합류하였다. 당시는 제1차 세계대전이 막 끝난 무렵으로 노동력이 크게 부족한 프랑스는 중국 청년들에게 일하며 공부할 기회를 제공할 참이었다. 북경에서 모택동과 채화삼 등은 근공검학(勤工儉學)이라 이름 붙여진 이 활동의 준비작업에 온 힘을 기울였다. 동년 10월, 모택동은 호남사범학교 시절의 은사이자 당시 북경대학 교수로 재직하고 있던 양창제(楊昌濟)의 소개로 북경대학 도서관 주임 이대조(李大釗)를 소개받았다. 이어 교장 채원배(蔡元培)의 동의를 얻어 모택동은 북경대학 도서관의 조수로 근무하게 되었다. 당시 이대조의 언행을 통해 모택동은 러시아 10월혁명과 마르크스주의에 대한 구체적 이해를 갖기 시작하였다. 이 기간 진독수(陳獨秀)와도 인연을 맺게 되어 그의 영향을 적지 않게 받았다.

1919년 봄, 모택동은 상해로 가 근공검학에 참여하여 출국하는 동료들을 배웅하고 4월 장사로 돌아왔다. 5·4운동이 폭발하자 학생들을 규합 새로운 호남학생연합회를 조직하고 동맹휴학을 발동하여 북경의 학생운동에 호응하였다. 1919년 7월, 모택동이 편집을 맡은 『상강평론(湘江評論)』이 장사에서 창간되었으나, 다음 달 중순 안휘파의 호남성 독군 장경요(張敬堯)의 지시에 의해 정간되었다. 동년 12월, 모택동은 장경요 축출을 위한 청원단을 이끌고 북경으로 가 청원운동을 전개하였다. 이 무렵 호남성에서는 연성자치운동이 활발하게 진행되고 있었다. 1920년 9월 13일 모택동은 장사 『대공보(大公報)』에 호남의 사무는 호남인민이 자결(自決)해야 한다는 취지의 글을 발표하였다. 이후로도 모택동은 개인 명의 혹은 타인의 이름으로 대공보를 비롯한 신문과 잡지에 호남자치의 구체적 방안과 주장을 담은 글을 연속적으로 발표하였다.

1920년 전후의 언행을 통해 알 수 있듯이 이 무렵 모택동은 자유주의와 개량주의에 바탕을 둔 점진적인 개혁에 깊은 관심을 가지고 있었다. 따라서 그는 강유위와 양계초 등 중국 유신개량주의자들의 주장을 숭상하여 마르크스의 주장을 너무 과격한 것으로 간주하였다. 그 예로 『상강평론(湘江評論)』 발간사 가운데서 모택동은 너무 과격한 마르크스의 주장보다는 온화한 크로포트킨의 무정부주의적 주장이 중국의 현실에 맞는다는 입장을 표명하였다. 그러나 장경요가 축출된 뒤 또 다른 군벌이 호남을 장악한데다 자치운동이 실패로 돌아가면서 모택동의 사상과 태도는 큰 변화가 있어 마르크스주의를 추종하기 시작하였다.

1920년 9월, 모택동은 호남제1사범학교 부속소학교 주사직을 맡게 되었다. 이 해 겨울 모택동은 은사 양창제의 딸 양개혜(楊開惠)와 결혼하였다. 이즈음 모택동은 호남공산당소조를 창건하고 1921년 1월에는 호남사회주의청년단을 조직하였다. 동년 7월, 모택동은 하숙형(何叔衡)과 함께 호남공산주의소조를 대표하여 상해에서 열린 중국공산당 제1차 전국대표대회에 참석하여 회의 서기원(書記員)을 맡았다. 8월 호남으로 돌아온 뒤에는 호남제1사범학교 국어교사로 재직하면서 공산당조직 건립에 나서 10월 10일 중공 호남지부를 조직하고 서기를 맡았다. 1922년 5월, 중공 상구(湘區)집행위원회가 성립되자 서기 직무를 맡았다. 동년 7월 중공 제2차 전국대표대회가 상해에서 개최되었지만 당무를 처리하느라 겨를이 없어 출석하지 못하였다.

1923년 4월, 모택동은 중공 총서기 진독수의 지령에 따라 상해로 가 제3차 전국대표대회 준비를 도왔다. 동년 6월 호남 대표로 광주(廣州)에서 열린 제3차 전국대표대회에 출석하였다. 이 대회에서 공산당원이 개인 자격으로 국민당에 가입하는 이른바 국공합작이 최종 결정되었다. 회의 시 발언을 통해 모택동은 자신의 경험으로 비추어 볼 때 자산계급과 연합전선을 건립할 필요성이 있다하여 국공합작에 찬성하였다. 이어 새로 조직된 중공중앙국의 비서를 맡게 되면서 모택동은 처음으로 중공 영도핵심의 일원이 되었다. 동년 9월, 호남으로 돌아가 국민당조직 건립에 힘을 보태고, 3개월 뒤 중공중앙의 지령에 따라 상해로 갔다.

1924년 1월, 모택동은 호남 국민당조직의 대표 자격으로 중국국민당 제1차 전국대표대회에 출석하였다. 회의 기간 장정(章程) 심사위원으로 활동하면서 여러 차례 발언을 통해 국민정부 조직, 출판 및 선전방면의 활동강화 필요성을 제안하고 국민당 제1기 중앙후보위원에 당선되었다. 대회 폐막 후 성립된 국민당 중앙당부는 중앙집행위원을 상해·북경·한구 등지에 파견하여 집행부를 조직하고 현지의 당무활동을 지도감독하기로 결정하였다. 이에 따라 모택동은 2월 상해로 파견되어 국민당 상해집행부위원 겸 조직부 비서를 맡게 되었다. 7월 조직부 비서직을 사퇴한 모택동은 건강이 좋지 않아 휴가를 청하고 12월 호남 소산(韶山)으로 가 휴양하였다. 이로 인해 다음해 1월 열린 중공 제4차 전국대표대회에 출석하지 못하고 중앙국위원 선거에서도 낙선하였다.

국민당 제2차 전국대표대회 개회준비에 참가하기 위해 1925년 9월 장사에서 광주로 간 모택동은 왕정위(汪精衛)의 추천으로 국민당 대리 선전부장에 지명되었다. 당시 이미 국민정부가 성립된 상황에서 국민정부 주석 외에 국민당 중앙집행위원회 상무위원, 정치위원회 주석, 선전부장 등 여러 당직을 겸하고 있던 왕정위가 선전부장직을 사직하면서 발생한 일이었다. 10월 7일부터 업무를 담당하기 시작한 모택동은 11월 중앙선전부 명의로 국민당중앙에 상해에 교통국(交通局)을 설립하여 중앙과 각지 당부 간 연락기관으로 삼을 것을 건의하였다. 같은 달 12일, 국민당 중앙집행위원회 제119차 회의에서 모택동은 제2차 전국대표대회에 출석할 각 대표의 자격을 심사하는 자격심사위원회 위원에 선임되었다. 이로서 더욱 많은 공산당원이 국민당 전국대표대회에 출석할 수 있게 되었다.

1926년 1월 광주에서 열린 국민당 제2차 전국대표대회에 출석한 모택동은 대리선전부장의 자격으로 대회에서 선전공작에 관해 보고하고 주석단의 요청으로 「농민운동결의안(農民運動決議案)」을 수정하였다. 또한 재차 중앙후보집행위원으로 당선되어 중앙농민위원회위원을 겸하였다. 모택동은 국민당 중앙농민부에서 주관하는 농민운동강습소

소장을 맡아 1기부터 6기까지의 교육을 주관하였다. 강습소 학생들을 대상으로 중국의 농민문제를 강의할 때 모택동은 신해혁명과 5·30운동이 실패한 까닭은 중국 인구의 8할 이상을 차지하는 농민들의 도움과 옹호를 얻지 못하였기 때문이라고 지적하였다. 따라서 그는 "국민혁명의 목표는 공·농·상·학·병 각 계급의 문제를 해결하는데 있으며, 농민문제를 해결하지 못하면 각 계급문제의 해결도 없다, 국민혁명은 곧 농민혁명이다"며 농민문제의 중요성을 거듭 강조하였다.

1926년 3월 20일 발생한 '중산함사건(中山艦事件)'은 국민당 내 공산당원의 활동에 큰 타격을 주었다. 5월 15일부터 22일까지 열린 국민당 제2기 제2차 중앙집행위원회전체회의는 '정리당무안(整理黨務案)'을 통과시켜 개인자격으로 국민당에 가담한 공산당원은 국민당 중앙당의 요직을 맡을 수 없도록 하였다. 이 결정에 따라 모택동도 대리 선전부장직을 더 이상 맡을 수 없게 되었다. 따라서 이후 모택동의 주요 활동도 선전방면에서 농민운동방면으로 변화가 있게 되었다.

1926년 11월 중공중앙 농민운동위원회 서기를 맡게 된 모택동은 1927년 3월 「호남농민운동고찰보고(湖南農民運動考察報告)」를 발표하였다. 이어 전국농민협회 총간사를 맡는 한편 등연달(鄧演達) 등과 무창(武昌)에 중앙농민운동강습소를 창설하였다. 1927년 4월 12일 장개석이 상해에서 공산당 숙청작업을 시작하면서 193명의 중공당원이 수배자 명단에 올랐다. 모택동도 여기에 이름이 올라가면서 더 이상 국민당 중앙기관의 일을 맡을 수 없게 되었다. 1927년 4월말부터 5월초까지 중공 제5차 전국대표대회에 출석한 모택동은 후보중앙집행위원에 피선되었다.

장개석이 주도한 공산당 숙청사건에 이어 국민당 좌파와 공산당이 연합하여 이끌던 무한정부(武漢政府)마저 1927년 7월 15일 공산당과의 결별을 공식 결정하였다. 이에 중공중앙은 8월 7일 한구(漢口)에서 긴급회의를 소집하였다. 이를 8·7회의라 한다. 회의에 출석한 모택동은 유명한 "정권은 총구에서 나온다"는 관점을 표시하고, 중공의 독자적 세력 확대를 주장하였다. 이에 따라 회의에서는 모택동을 중공의 군중기초가 비교적 튼튼한 호남성으로 파견하여 추수기의를 발동하기로 결정하였다. 9월, 중공중앙 특파원 자격으로 호남에 파견된 모택동은 기의를 주도하였으나 실패하자 다음 달 남은 병력을 이끌고 정강산(井岡山)으로 들어갔다.

1928년 4월, 전년 8월 남창기의(南昌起義)를 주도하였다가 실패한 주덕(朱德)이 일부 병력을 이끌고 정강산으로 들어왔다. 모택동과 주덕이 지휘하던 부대는 홍4군(紅四軍)으로 개편되었다. 5월, 모택동은 본처인 양개혜와 이혼하지 않은 상태에서 하자진(賀子珍)과 중혼(重婚)하였다. 1928년 10월, 모택동은 처음으로 노동자와 농민을 주축으로 한 '무장할거'주장을 명확히 하고 '농촌으로 도시를 포위하자'는 초보적 전략방침을 건립하였다.

1930년 6월, 중공중앙의 지시에 근거하여 홍4군, 홍12군과 홍6군이 중국 공농홍군 제1로군으로 개편되어 주덕이 총지휘, 모택동이 정치위원을 맡았다. 이보다 앞서 1929년 고전(古田)에서 열린 회의에서는 당이 군대를 영도한다고 결정한 바 있었다. 1930년 8월, 홍1군단과 홍3군단이 회합한 뒤 홍1방면군이 조직되어 중공 홍1방면군총전적(前敵)위원회와 중국공농혁명위원회가 성립되었다. 제1방면군총사령은 주덕이 담당하고, 모택동은 총전적위원회서기 겸 총정치위원과 중국공농혁명위원회 주석을 맡게 되었다. 다음 달 열린 중공 6기 3중전회에서 모택동은 중앙정치국 후보위원에 당선되어 정식으로 중공중앙정치국에 진입하게 되었다. 1930년 10월부터 다음해 9월까지 1년 사이,

모택동과 주덕은 국민정부군의 세 차례에 걸친 대규모 포위소탕전을 잘 막아내었다.

1931년 11월, 강서성 서금(瑞金)에서 이른바 감남회의(贛南會議)라 불리는 중공소비에트구 당조직의 제1차 대표대회가 개최되었다. 회의를 주재한 항영(項英)은 모택동에 대한 비판을 가하고 정치결의안을 통과시켜 모택동의 소비에트구 중앙국 대리서기의 직책을 박탈하였다. 이 무렵 코민테른은 중국 내 혁명기운이 성숙한 곳에 중화소비에트공화국을 건립하도록 지시하였다. 이에 당시 상해에 있던 중공중앙은 정강산에 중화소비에트공화국을 건립하기로 결정하였다. 1931년 11월 7일부터 20일까지 중화소비에트 제1차 전국대표대회가 서금 금엽평촌(金葉坪村)에서 거행되어 모택동은 중화소비에트공화국(임시) 중앙정부주석에 피선되었다. 이후부터 모택동은 사람들로부터 '모주석'이라 불리기 시작하였다.

1932년 10월, 영도(寧都)에서 소집된 소비에트구중앙국회의에서 비판의 대상이 된 모택동은 홍군총정치위원 직무를 내려놓게 되었다. 다음 해 1월 왕명(王明)이 이끄는 임시중앙정치국이 소비에트구로 옮겨가 소비에트구중앙국과 합쳐 중공중앙국으로 탈바꿈하였다. 이때 중앙국 구성원의 일원이 된 모택동은 1934년 1월 거행된 중공 6기5중전회에서 처음으로 정식 중앙정치국위원에 당선되었다.

왕명을 대표로 하는 중공 중앙은 상해에서 소비에트구(중앙혁명근거지)로 들어온 뒤 홍군에 대한 모택동의 영도권을 약화시키기 위해 주력하였다. 더불어 국민정부군의 포위섬멸작전에 대응하는 전략도 이전 4차례와는 달리하여 결국 5차 반위초(反圍剿)전투에서 실패하였다. 이에 중공중앙과 홍군총부 및 홍군주력과 후방인원 8만 6천 명은 1934년 10월 10일 저녁 서금을 출발하여 호남성 서부로 퇴각하는 장정(長征)을 시작하였다. 모택동도 중공 중앙과 함께 행군에 나섰다.

1934년 12월 11일 호남성의 서남단 통도(通道)에서 열린 긴급회의에서 모택동은 홍2, 6군단과 회합하기로 했던 원래 계획을 포기하고 국민정부군의 역량이 비교적 약한 귀주(貴州)방면으로 전진하자고 제안하였다. 모택동의 제안을 따르기로 한 중공중앙은 다음해 1월 초 오강(烏江)을 건너 7일 귀주성 준의(遵義)를 점령하였다. 1월 15일부터 17일까지 사흘간 준의에서 열린 정치국확대회의에서 모택동은 증원된 중공중앙정치국상무위원에 피선되었다. 동년 3월에는 주은래(周恩來)·왕가상(王稼祥)과 함께 군사3인단의 일원이 되어 군사지휘권을 회복하고 새로운 중공 영도집단의 대표가 되었다. 1936년 12월 7일, 통일된 중공중앙혁명군사위원회가 섬서성 보안현(保安縣)에서 성립되어 모택동은 위원회 주석에 선임되었다.

1936년 12월 12일, 중국근대사상의 중대 사건인 서안사변(西安事變)이 발생하였다. 장개석이 유폐되었다는 소식을 접한 모택동은 애초 이 기회에 장개석을 처단할 것을 주장하였다. 그러나 장문천(張聞天) 등 당내 일부에서 반대하는데다 코민테른방면에서도 사태의 평화적인 해결을 주장하여 결국 장개석은 석방되어 남경으로 귀환하였다. 다만 이 사변을 통해 국민당은 공산당에 대한 공개적 토벌을 중지하고 국공 양당이 힘을 합쳐 일본에 대적하자는 '항일민족통일전선'이 결성되어 중공은 위기에서 벗어날 수 있었다.

1937년 4-7월, 모택동은 연안(延安)의 항일군정대학에서 변증법과 유물론을 강의하였다. 후일 이를 정리하여 출간한 것이 「실천론」과 「모순론」이다. 두 편의 글에서 모택동은 역사유물변증법의 실천관과 모순관을 창조적으로 해석하여 후일 『중국혁명과 중국공산당』·『신민주주의론』 등 저작의 철학적 기초를 세웠다.

1937년 7월 7일, 노구교사변의 발생으로 중일 간 전면전이 폭발하게 되었다. 8월 22-25일, 중공중앙은 낙천(洛川)에서 정치국확대회의를 개최하였다. 이 자리에서 모택동은 군사문제 및 국민당과의 관계에 대해 보고하였다. 회의에서는 '목전의 형세와 당의 임무에 관한 중앙의 결정'·'중국공산당 항일구국 10대강령' 등 결의안을 통과시켰다.

당시 모택동은 홍군의 기본 임무를 근거지 창조, 적 소멸, 우군의 작전에 호응한 전략지원, 홍군역량의 보존과 확대, 민족혁명전쟁의 영도권 쟁취 등 다섯 가지로 요약하였다. 아울러 홍군의 작전방침은 독립자주적인 산지 유격전 및 평원지대로의 유격전쟁 확대로 정하였다. 유격전 전개를 위해 모택동은 임표(林彪)의 115사(師)를 진찰기(晉察冀, 산서·찰합이·하북)산악지대로, 하룡(賀龍)의 120사를 산서 서북 산악지대로, 유백승(劉伯承)의 129사를 산동과 하북평원으로 진입시켜 근거지를 발전시키도록 하였다.

1939년 12월, 모택동은 『중국혁명과 중국공산당』을 발표하여 농촌을 혁명근거지로 삼아 혁명의 전면적 승리를 위해 노력해야 한다고 역설하였다. 이 책에서 그는 혁명의 최후 목적은 적들의 주요 근거지인 도시를 탈취하는데 있다며 '농촌으로 도시를 포위하자'는 전략방침을 명확하게 제시하였다. 다음 해 1월 발표한 『신민주주의론』에서 모택동은 더욱 성숙된 신민주주의 이론을 제시하였다. 1941년 5월 19일, 모택동은 연안에서 열린 간부회의석상에서 '우리의 학습을 개조하자'는 제목의 보고를 행하고 주관주의에 반대한다는 관점을 제출하였다. 이 보고에서 그는 '실사구시'의 개념에 대해 새로운 해석을 가하고 이를 중공의 사상원칙으로 삼을 것을 주장하였다.

1942년 2월 1일, 모택동은 중공중앙당교(黨校) 개학식에서 '당의 작풍(作風)을 정돈하자'는 제목의 보고를 행하였다. 이어 중공중앙선전부가 소집한 간부회의석상에서는 '당팔고(八股)에 반대한다'는 보고를 발표하여 연안정풍운동(延安整風運動)을 시작하였다. 동년 5월 2일 연안 양가령(楊家嶺)에서 소집된 문예공작자 좌담회에서 모택동은 "문예는 인민대중, 특히 노동자·농민·군인을 우선적 대상으로 삼아 복무해야 한다."고 주장하였다. 이 발언은 이후 문예창작에 대한 중공의 지도강령으로 정해졌다. 5월 하순 중앙정치국은 중앙총학습위원회를 성립하여 정풍운동을 영도하도록 결정하였다. 연안정풍운동을 통해 모택동사상은 중국공산당의 주요 정치사상으로 자리 잡아갔다.

1943년 6월, 모택동은 중공중앙을 위해 작성한 '영도방법에 관한 약간의 문제'라는 글을 통해 군중노선에 대한 명확한 해석을 가하였다. 1945년 4월 중공 제7차 전국대표대회가 연안 양가령에서 개최되었다. 대회 개막사를 대신하여 행한 '연합정부를 논함'이라는 정치보고에서 모택동은 "인민, 오직 인민만이 세계역사를 창조하는 원동력"이라고 강조하였다. 이 대회에서 모택동사상은 중국공산당의 지도사상으로 확정되었다. 6월 19일 양가령에서 열린 제7기 제1차 중앙전체회의에서 모택동은 중앙위원회 주석(당주석)에 선출되었다. 이외에도 중앙정치국주석, 중앙서기처 서기 및 중앙서기처 주석을 겸하여 정식으로 중국공산당의 최고영도자로 추대되었다.

일본이 투항한 뒤인 1945년 8월 28일, 모택동은 주은래, 국민당대표 장치중(張治中), 주중미국대사 헐리와 함께 연안을 출발 중경에 도착하였다. 다음 날부터 회담을 가진 장개석과 모택동은 10월 10일 쌍방의 의견이 결집된 '쌍십기요'를 발표하여 전후 건설을 위해 국공 양당이 협조할 것을 약속하였다. 1946년 1월 중공과 국민정부 간에 정치협상을 통한 결의가 체결되고, 미국특사 마샬의 거중조정으로 국공 간 무장투쟁이 일시 소강상태에 접어들었다. 3월 하순, 2차 대전 종전 후 일본군의 수항(受降)사무를 관장하기 위해 진주했던 소련군이 동북지방에서 철수하자 이 지역을 두고 국공 간에 쟁탈전이 격화되어 본격적인 내전이 폭발하였다. 특히 이 해 가을 헌법제정을 위한 국민대회가 소집되면서 국공관계는 완전히 파국으로 치닫게 되었다.

1947년 3월 20일, 호종남(胡宗南)이 지휘하는 국군부대가 연안을 점령하자 모택동은 임필시(任弼時)·강청(江靑) 및 기타 중공인원들과 곤륜종대(崑崙縱隊)를 조직하여 황하 서안에서 투쟁활동을 전개하였다. 1948년 3월, 모택동과 주은래 등 중공중앙의 핵심들은 황하를 건너 진찰기(晉察冀)해방구로 진입하였다. 1948년 9월부터 다음해 1월까지 중공군은 동북과 화북에서 결정정인 승리를 거두었다. 다음 해 4월 20일 국공간의 마지막 담판이 완전 결렬되자 중국인민혁명군사위원회 주석 모택동과 중국인민해방군총사령 주덕은 당일 연명으로 전면적인 진군령을 하달하였다. 1949년 6월 30일 모택동은 '인민민주전정(專政)을 논함'이라는 글을 발표하여 인민민주전정의 범주에 대한 기본적인 정의를 내렸다. 이 글에서의 주장은 그로부터 얼마 뒤 건국된 중화인민공화국 국체의 이론기초로 작용하였다.

1949년 9월 21일부터 30일까지 열린 중국인민정치협상회의 제1차 전체회의는 헌법과 같은 의미를 지니는 '중국인민정치협상회의공동강령'을 제정하여 건국 작업이 막바지에 이르렀음을 알렸다. 회의를 주재한 모택동은 중화인민공화국중앙인민정부 주석에 당선되었다. 10월 1일 오후, 중앙인민정부위원회 제1차 회의를 주재한 뒤 모택동은 전체 위원들과 함께 천안문에 올라 개국전례(開國典禮)에 참가하였다.

중공이 영도하는 신중국 탄생 후 모택동은 군사통일, 국가제도의 확립, 국민경제의 회복 및 유리한 국제환경을 조성하여 국가안전을 보장해야 하는 어렵고도 중대한 임무를 수행해야 하였다. 1950년 10월, 모택동은 팽덕회를 총사령으로 하는 중국인민지원군을 파견하여 한국전쟁에 참전하도록 하였다. 1954년, 전국인민대표대회 제1기 제1차 회의에서 만장일치로 중화인민공화국 초대 주석에 당선된 모택동은 중화인민공화국헌법이 정식으로 제정되었음을 선언하였다.

1956년 5월, 모택동은 예술방면에서는 '백화제방(百花齊放)', 학술방면에서는 '백가쟁명(百家爭鳴)'의 쌍백방침을 정식으로 제출하였다. 같은 해 하반기 중국에서는 경제면의 공급부족 현상이 심화되어 파업과 동맹휴학이 발생하고, 정부에 비판적인 의견도 많아지는 등 사회적 모순이 점차 대두하기 시작하였다. 이를 대하는 일부 중공간부들의 처리방식이 모순을 더욱 격화시키는 상황을 모택동은 상당히 중시하였다. 이 일련의 과정에 대해 모택동은 사회주의가 대두하면서 기존의 모순은 해결되었지만 필연적으로 새로운 모순이 부각될 수밖에 없다고 인식하였고, 문제의 근원은 관료주의라고 규정하였다.

9월 열린 중공 제8차 전국대표대회에서 모택동은 중공 내부에 대한 두 번째 정풍을 염두에 둔 듯한 발언을 서슴지 않았다. 그는 수많은 중공당원이 사상적으로 주관주의, 업무처리에 있어서는 관료주의, 조직상으로는 종파주의에 물들어 있다고 강력히 비판하고, 사상교육의 방법으로 이 같은 심각한 결점을 극복해야 한다고 강조하였다. 11월 열린 중공 8기2중전회에서 모택동은 관료주의적 작풍의 만연을 경계하며 중공당원이 인민들과 동떨어진 새로운 귀족계층을 형성하는 것에 일침을 가하였다. 아울러 그는 관료주의에 반항하는 군중의 행위에 대해서는 긍정적으로 평가하였다. 이 회의에서는 다음해인 1957년부터 새로운 당내 정풍을 전개하기로 결정하였다. 그 방법에 있어 모택동은 당내의 모순과 인민 내부의 모순은 비평과 자아비판의 방법으로 해결해야지 무력을 채용해서는 안 된다는 점도 제출하였다.

1957년 2월 모택동은 1,800여 명이 참가한 최고국무회의 제11차 확대회의에서 행한 연설에서 사상 영역면에서 인민내부의 모순을 어떻게 처리할 것인가에 대한 자신의 견해와 주장을 피력하였다. 강연의 내용을 정리하여 발표된 '인민내부 모순의 정확한 처리문제에 관하여'라는 글은 민주인사와 지식계층에 강렬하고 광범위한 반향을 불러 일으켰다. 이 글의 발표는 사실상 중공 정풍운동의 공식적인 시작을 알렸다. 그러나 당외 인사들의 열렬한 반응과는 달리 중공당내의 분위기는 매우 냉담하였다. 인민일보를 비롯한 중공의 기관지에는 모택동의 관련 발언이 일절 보도되지 않았고, 이에 대해 모택동은 상당한 불만을 표시하였다. 이에 당 전체에 대한 정풍운동을 서둘러 전개하기로 결정한 모택동은 1957년 4월 30일 각 민주당파의 책임자들과 좌담회를 갖고 공산당 정풍에 대한 적극적 의견제시를 요청하였다.

1957년 5월 1일 인민일보에는 '정풍운동에 관한 지시'가 공개적으로 발표되어 정풍운동이 정식으로 개시되었음을 알렸다. 이후 당외 인사와 지식계급 내부에서 중공에 대해 비판적인 의견이 점차 출현하였다. 그러나 보름이 지난 5월 중순 정풍운동은 큰 전환점을 맞게 되었다. 5월 15일 모택동은 중공 고위층에게 우파의 비판적 의견 제시를 잠시 용인한 뒤 때를 보아 전면적인 반격에 나서자는 의향을 전달하였다. 이는 모택동이 반우파운동을 준비하고 있음을 알리는 신호였다.

5월 22일, 중공중앙선전부가 주관한 좌담회에 출석한 민맹(民盟)중앙부주석 라융기(羅隆基)는 공산당, 민주당파 및 무당파민주인사들로 삼반(三反), 오반(五反), 숙반(肅反)운동 중의 잘못과 편차를 검사하는 평반(平反)위원회를 조직하자고 건의하였다. 민맹 부주석이자 농공민주당 주석인 장백균(章伯鈞)은 양원제 실행을 건의하였다.

1957년 6월 1일, 중공중앙통일전선공작부가 소집한 좌담회에서 광명일보사 편집국장 저안평(儲安平)은 종파주의의 공고화로 인해 당과 군중 간의 관계가 악화되었으며 이런 현상이 나타나게 된 것은 당 중앙의 책임도 적지 않다고 비평하였다. 인민일보와 광명일보가 이를 대서특필하자 극도의 경각심을 갖게 된 모택동은 강렬한 반응을 보였다. 6월 8일 모택동은 인민일보에 직접 집필한 사론을 발표하고 중공중앙을 위해 정식 반우(反右)의 내용을 담은 지시를 기초하였다. 이로서 인민내부의 모순 처리를 위주로 시작되었던 정풍운동이 반우파운동으로 변질되었다. 모택동은 처음 전국적으로 4천 명의 우파가 활동하고 있다고 지목하였다. 그러나 등소평(鄧小平)과 팽진(彭眞)이 실제 반우파운동을 집행하는 과정에서 투쟁의 대상이 크게 확대되어 당원과 비당원을 포함 55만 명의 지식인들이 우파로 지목되었다.

1958년 5월, 모택동의 주도하에 중공 제8차 전국대표대회 제2차 회의에서 대약진운동의 정식 개시를 알리는 결의안이 통과되었다. 이후 3년 사이에 강철과 무연탄 등의 생산량을 비롯한 공업생산지수가 급격히 증가하고 도시와 농촌의 기초건설도 대규모 성장을 보였다. 그러나 생산실적을 부풀려 보고하는 등 여러 문제들이 부각되면서 대약진운동의 실패가능성이 높아지기 시작하였다. 대약진 후기 공업부문에 비해 상대적으로 주목하지 않았던 농업부문의 생산량 감소로 식량파동이 발생한 것은 결정적이었다.

1959년 7월 열린 여산(廬山)회의에서 팽덕회는 대약진운동의 문제점을 지적한 상서를 모택동에게 올렸다. 회의 시작 전 과도한 좌경주의를 비판했던 모택동은 '팽덕회 반당집단'에 대한 공격으로 방향을 바꾸어 반우경운동이 재차 전개되었다. 팽덕회는 중공중앙군사위원회부주석과 국방부장직이 해제되고 임표(林彪)가 중앙군사위원회 일상 업무를 총괄하게 되었다. 대약진의 최종적인 실패에 자연재해까지 더해지면서 운동이 전개된 3년 간 수많은 사람들이 비정상적으로 사망하였다. 이 기간 모택동도 영양불량으로 부종병에 걸렸다.

1958년 7월 31일, 소련공산당 중앙제1서기 후루시초프가 중국을 방문하였다. 8월 4일 중남해에서 회합을 가진 두 사람은 '회담공보'를 발표하였다. 이후 두 사람은 여러 문제를 두고 의견이 엇갈려 이로 인해 중소관계가 날로 악화되었고 결국 소련은 중국에 대한 원조를 중단하였다. 모택동은 소련은 이미 사회주의국가에서 제국주의국가로 변질되었다고 공격하였다. 동년 8월 20일 모택동은 금문도(金門島)에 대한 포격을 직접 지시하였다. 금문도의 점령에 실패한 모택동은 이후 미국과 수교하기 전까지 홀수일마다 금문도에 대한 포격을 계속하도록 하는 정치군사책략을 채용하였다.

1962년 모택동은 인도와의 국경분쟁이 전쟁으로 이어질 당시 후방에서 전쟁을 지휘하였다. 같은 해 발동한 사회주의교육운동은 1964년 '4청운동(四淸運動)'으로 발전하여 문화대혁명의 전주로 작용하였다. 1964년부터는 월맹을 지원하여 월남전에 적극 개입하기 시작하였다. 1964년부터 4청운동의 일부 문제점을 두고 모택동과 유소기 사이에 갈등이 불거지기 시작하였다. 다음해 열린 중앙공작회의에서 최고조에 달한 두 사람의 갈등은 이후 다시는 완화되지 않았다.

1965년 11월, 모택동은 임표와 합세하여 인민해방군 참모총장 나서경(羅瑞卿)을 실각시켰다. 12월, 요문원(姚文元)이 북경시부시장 오함(吳晗)이 창작한 신편 역사극 해서파관(海瑞罷官)을 비판하는 글을 공개적으로 발표하였다. 이 글은 모택동으로부터는 찬사를 받았으나 북경시위원회와 중앙선전부의 비판을 받아 평가가 극명하게 엇갈렸다. 1966년 1월, 팽진 등은 요문원의 글로 인해 촉발된 갈등과 관련하여 '2월제강(二月提綱)'을 기초하여 변론은 학술차원에 머물러야지 정치적 비판으로 변질되어서는 안 된다고 강조하였다. 모택동의 동의 없이 팽진은 제강을 당 조직 전체에 하달하였다.

1966년 2월말 모택동과 임표는 무한(武漢)에서 은밀히 심양군구(瀋陽軍區)의 제38군을 북경으로 이동시키는 지령을 하달하였다. 3월에는 인민일보와 방송국 등 중요 시설을 장악하였다. 이번에는 그간 정치문제에 간여하지 않았던 강청(江靑)이 나서 강연을 통해 건국 이후 문예계에 만연한 여러 부정적 현상을 비판하였다. 군사배치가 완성되자 5월 16일 항주(杭州)에 머물고 있던 모택동은 강생(康生) 등을 조종하여 북경에서 정치국회의를 열도록 하고 여기에서 '5·16통지'를 통과시켜 문화대혁명의 막을 올렸다. 통지는 팽진을 지목하여 대대적인 비판을 가한 외에 2월제강의 철폐, 5인소조를 조직하여 문화혁명을 지도하도록 결정하였다.

1966년 여름에 접어들자 북경의 학생들이 조직결성을 시작하였다. 국가주석 유소기는 모택동의 지시를 받아 공작조를 조직하여 질서유지에 나섰다. 8월 북경으로 돌아온 모택동은 8기 11중전회를 소집하여 유소기를 강력히 비판하고 '사령부를 포격하라'는 제목의 선동적인 글을 발표하였다. 중앙상무위원선거를 통해 임표가 당내 제2인자로 부상하였다. 임표는 중공중앙의 유일한 부주석의 자리를 차지하였고, 국가주석 유소기의 당내 서열은 8위로 밀려났다.

주은래의 주도 하에 임표는 모택동의 '친밀한 전우이자 후계자' 신분으로 각종 매체에 연일 이름이 오르내리기 시작하였다. 8월부터 모택동은 여러 차례 홍위병을 접견하기 시작하였고, 북경과 전국 각지는 혼란상태에 빠져들었다. 12월, 북경에는 유소기타도의 표어가 공개적으로 나붙기 시작하였다. 1967년 1월, 모택동은 마지막으로 유소기를 접견하였다. 그로부터 4일 후 유소기 집의 전화선이 철거되었다. 같은 달 모택동의 동의하에 국무원 부총리이자 중공중앙선전부부장 도주(陶鑄)가 숙청되었다.

1967년 8-9월, 모택동은 의도적으로 북경을 떠나 남부지방을 순회하였다. 이 와중에 유소기는 공관(公館)이 있는 중남해(中南海)에서 심한 폭행을 당하였다. 무한에 도착한 모택동은 백만 군중의 조직적인 포위에 갇혀 위태로운 상황에 처하기도 하였으나 주은래의 긴급구원으로 위기에서 벗어날 수 있었다. 급하게 비행기편으로 상해로 몸을 피한 모택동은 군중들의 조직적 행동을 지지한 무한군구사령관 진재도(陳再道)를 숙청하였다. 1967년 하반기 모택동은 전국적 범위의 지식청년 하향운동(下鄕運動)을 발동하였다. 문화대혁명 전기 중국대륙 전역에는 모택동 개인숭배의 광풍이 휘몰아쳤다. 당시 모택동에게는 위대한 길잡이, 위대한 영수, 위대한 통수, 위대한 조타수 등 호칭이 붙여졌다.

1968년 10월, 모택동이 주재한 중공 8기12중전회는 국가주석 유소기의 당적박탈을 결정하였다. 1969년 4월 소집된 중공 제9차 전국대표대회에서 모택동은 만장일치로 중앙위원에 당선되었다. 이어 개최된 9기1중전회에서는 재차 만장일치로 중앙위원회 주석에 당선되었다. 1970년 8월 중공 9기2중전회가 여산(廬山)에서 소집되었다. 회의에 즈음하여 모택동은 '나의 소소한 의견'이라는 글을 발표하여 임표와 막역한 관계인 진백달(陳伯達)을 공개적으로 비판하였다. 이리하여 여산회의는 모택동과 임표 두 사람 관계의 전환점이 되었다.

여산회의 후 모택동은 정풍운동을 발동하여 중공중앙군사위원회판사조와 조원이자 임표의 부인인 엽군(葉群)을 주된 공격의 대상으로 삼았다. 1971년 8월, 비밀리에 남부지방을 순시한 모택동은 연도에 부단히 제10차 노선투쟁을 언급하여 임표 타도의 여론을 준비하였다. 소식을 접한 임표와 그의 아들 임립과(林立果)는 '소함대(小艦隊)'라는 비밀조직을 동원 모택동을 암살하려 하였으나 실패하였다. 9월 12일 모택동이 예정을 앞당겨 돌연 북경으로 돌아오자 임표와 그의 부인, 아들은 소련으로 도망하다 9월 13일 새벽 3시경 몽고에서 추락사하니 이를 '임표사건'이라 한다.

1972년 2월 21일 오후, 모택동은 미국대통령 닉슨과 역사적 회담을 가졌다. 1973년 중공 제10차 전국대표대회에서 모택동은 왕홍문(王洪文)을 후계자로 삼을 뜻을 비쳤으나 얼마 지나지 않아 그에 대해 실망의 뜻을 표하였다. 이어 모택동은 등소평을 중용하기 시작하였다. 1974년, 모택동은 비림비공(批林批孔)운동을 발동하여 임표와 공자를 함께 놓고 비판하기 시작하였다. 동년 11월, 모택동은 장사에서 왕홍문을 공개적으로 비판하고 등소평 등을 국무원에 끌어들였다. 그러나 다음해 11월 모택동은 등소평에 대한 비판의 날을 세우고 우경분자에 대한 반격을 강화하였다.

1976년 1월 주은래가 사망하였다. 동년 4월 북경의 군중들이 자발적으로 천안문광장에 모여 주은래를 공격한 요문원에 대해 항의를 표시하였다. 인민영웅기념비 부근에는 화환 등 주은래를 기리는 각종 기념물이 수없이 등장하였다. 당시 병상에 있던 모택동은 이 모든 것의 배후에는 등소평이 있다고 보고 민중의 행동을 4·5반혁명사건이라 규정지었다. 이로 인해 등소평의 당내외 모든 직무가 정지되고 화국봉(華國鋒)이 중공중앙 제1부주석 및 국무원 총리직을 차지하였다.

임표사건 후 급격하게 건강이 악화된 모택동은 1972년 1월 한 차례 혼절하기도 하였다. 얼마 뒤에는 백내장으로 실명상태에 이르렀으나 1975년 수술을 통해 절반의 시력은 되찾을 수 있었다. 1974년 가을, 검진결과 모택동은 운동신경에 점진적인 퇴행이 일어나는 중증 신경

계 질환 이외에도 폐심증, 관상동맥경화, 오른 어깨 욕창, 혈중산소결
핍 등 다양한 질병을 앓고 있는 것으로 확인되었다.

1976년 5월 27일 파키스탄대통령을 접견한 것을 마지막으로 모택
동은 더 이상 얼굴을 드러내지 않았다. 동년 7월, 당산대지진(唐山大
地震)이 발생하자 모택동은 직접 관련 보고를 챙기고 희생자들에게 애
도의 뜻을 표하였다. 8월 18일 당산대지진에 관한 중공중앙의 보고서
가 모택동이 생전에 마지막 열람한 문건이었다. 이후 급격하게 건강이
악화된 모택동은 수시로 혼미상태에 빠졌다. 죽기 전 모택동의 마지막
소원은 고향 소산(韶山)으로 돌아가는 것이었으나 중공중앙정치국은
그의 요구를 받아들이지 않았다. 임종 전 모택동은 화국봉과의 대화에
서 자신의 인생을 정리하면서 대만수복, 문화대혁명 완성을 후대가 완
성해야 할 두 가지 유산으로 정하였다.

1976년 9월 초, 위급한 상태에 빠진 모택동은 9일 0시 10분 북경
중남해 202호 별장에서 83세로 사망하였다. 당일 오후 4시 중국 정부
는 모택동의 사망소식을 정식으로 공포하였다. 9월 18일 오후 3시 천
안문광장에서는 '위대한 영수이자 인도자인 모택동주석 추도대회'가
성대하게 거행되었다. 1956년에 모택동은 사후 화장하여 호남 상담
(湘潭)에 묻어줄 것을 주변에 청하였다. 그러나 후일 팔보산(八寶山)
공동묘지에 자신과 강청의 묘자리를 직접 정하기도 하였다. 모택동의
바람과는 달리 당시 정치적 분위기를 감안하여 중공중앙정치국은 사
망 당일 모택동의 시신을 영구보존하며 천안문광장 중앙에 모주석기
념당을 건립하기로 결정하였다. 아울러 기념당이 완공되기 전까지 유
해는 당분간 인민대회당에 안치하기로 하였다. 방부처리를 거친 모택
동의 유해는 1977년 9월 기념당으로 옮겨 일반에 공개되기 시작하였
다. 개혁개방 후 등소평은 모택동의 유해는 원 모습대로 보존할 것이

라고 여러 차례 강조하였고, 지금도 모택동의 유해는 기념당에 보존되어 있다.

　모택동은 세계현대사의 흐름을 바꾼 중요 인물 가운데 하나로 평가받는다. 1998년 미국 타임잡지는 20세기 가장 영향력 있는 인물 100인 중 20명의 정치가 가운데 하나로 평하였다. 타임잡지는 2011년 재차 인류 역사상 가장 중요한 정치인물 25명 중 모택동을 세 번째 자리에 놓았다. 그만큼 모택동은 생전과 사후 중국은 물론이고 세계역사에 강하고 깊은 영향을 미친 인물이다. 자신의 말대로 모택동은 중국의 민족부흥과 중화인민공화국의 건립에 확실히 엄청난 공헌을 하였다. 그러나 말년에 발동한 문화대혁명의 성격에 대해 지금까지도 여전히 쟁론이 이어지고 있는 것은 모택동의 공과(功過)에 대한 평가에 있어 부정적으로 작용하고 있다.